提炼数据内涵．
回归数学精髓．
提升教学质量．

张景中 2019年10月

丛书主编　方海光

中小学教育大数据分析师系列培训教材

数据驱动的智慧教育

数据驱动的智慧课堂

数据驱动的精准教学

郭君红 | 主编　王飞　杨琳玲 | 编

电子工业出版社

Publishing House of Electronics Industry

北京·BEIJING

未经许可，不得以任何方式复制或抄袭本书之部分或全部内容。

版权所有，侵权必究。

图书在版编目（CIP）数据

数据驱动的智慧课堂. 数据驱动的精准教学 / 郭君红主编；王飞，杨琳玲编. —北京：电子工业出版社，2020.11

中小学教育大数据分析师系列培训教材

ISBN 978-7-121-39935-0

Ⅰ. ①数⋯ Ⅱ. ①郭⋯ ②王⋯ ③杨⋯ Ⅲ. ①课堂教学－教学研究－中小学－师资培训－教材 Ⅳ. ① G632.421

中国版本图书馆 CIP 数据核字（2020）第 221754 号

责任编辑：张贵芹　　文字编辑：仝赛赛

印　　刷：北京天宇星印刷厂

装　　订：北京天宇星印刷厂

出版发行：电子工业出版社

北京市海淀区万寿路 173 信箱　邮编 100036

开　　本：787×1092　1/16　印张：27　字数：691.2 千字

版　　次：2020 年 11 月第 1 版

印　　次：2020 年 11 月第 1 次印刷

定　　价：140.00 元（全 4 册）

凡所购买电子工业出版社图书有缺损问题，请向购买书店调换。若书店售缺，请与本社发行部联系，联系及邮购电话：（010）88254888，88258888。

质量投诉请发邮件至 zlts@phei.com.cn，盗版侵权举报请发邮件至 dbqq@phei.com.cn。

本书咨询联系方式：（010）88254510，tongss@phei.com.cn。

丛 书 主 编：方海光

本 书 主 编：郭君红

本书编写者：王　飞　杨琳玲

指导专家委员会

指导专家委员会成员：

黄荣怀	北京师范大学	荆永君	沈阳师范大学
李建聪	教育部教育管理信息中心	赵慧勤	山西大同大学
王珠珠	中央电化教育馆	杨俊锋	杭州师范大学
李　龙	内蒙古师范大学	李　童	北京工业大学
王　素	中国教育科学研究院	纪　方	北京教育学院
余胜泉	北京师范大学	郭君红	北京教育学院
刘三女牙	华中师范大学	徐　峰	江西省教育管理信息中心
顾小清	华东师范大学	高淑印	天津市中小学教育教学研究室
尚俊杰	北京大学	陈　平	南京市电化教育馆
魏顺平	国家开放大学	黄　艳	沈阳市教育科学研究院
曹培杰	中国教育科学研究院	罗清红	成都市教育科学研究院
胡小勇	华南师范大学	杨　楠	北京教育科学研究院
李　艳	浙江大学	李万峰	北京市通州区教师研修中心
张文兰	陕西师范大学	马　涛	北京市海淀区教育科学研究院
蔡　春	首都师范大学	石群雄	北京教育学院丰台分院
方海光	首都师范大学	卢冬梅	天津市和平区教育信息中心
张　鸽	首都师范大学	陕昌群	成都市教育科学研究院
鲍建樟	北京师范大学	李俊杰	北京教育学院丰台分院
陈　梅	内蒙古师范大学	管　杰	北京市第十八中学
梁林梅	河南大学	顾国齐	OKAY智慧教育研究院
杨现民	江苏师范大学	楚云海	伴学互联网教育大数据研究院
肖广德	河北大学		

序 一

近年来，大数据、人工智能等技术在教育管理变革、学习模式变革、教育评价体系变革、教育科学研究变革等方面的作用日益凸显。国家高度重视教育大数据的发展，鼓励教师主动适应信息化时代变革。2018年1月，《中共中央国务院关于全面深化新时代教师队伍建设改革的意见》明确提出，"教师要主动适应信息化、人工智能等新技术变革，积极有效开展教育教学"。2018年4月，教育部印发《教育信息化2.0行动计划》，指出要深化教育大数据应用，大力提升教师信息素养。2018年8月，教育部办公厅印发通知，启动人工智能助推教师队伍建设行动试点，将探索应用大数据支持教师工作决策、优化教师管理作为重要试点内容。2019年3月，教育部印发《关于实施全国中小学教师信息技术应用能力提升工程2.0的意见》，强调大数据、人工智能等新技术的变革对教师信息素养提出了新要求，教师需要主动适应新技术变革。

当前，随着新技术的不断涌现与发展，很多原有的教育理论都迸发出了新的火花，大数据、人工智能等技术与教育的深度融合，将促进我们加快发展伴随每个人一生的教育，平等面向每个人的教育，适合每个人的教育，更加开放灵活的教育。教育大数据可以让教师读懂学生，让教育教学更加智慧，让教育研究更加科学。教育大数据可以让管理者读懂学校，由"经验式"决策变为"数据辅助式"决策，推动教育、教学、教研、管理、评价等领域的创新发展。

我认识方海光教授好多年了，启动"中小学教育大数据分析师系列培训教材"（简称丛书）的策划工作时，海光还提出，希望请重量级人物来担纲主编，但我不这么认为。我觉得像他这样的中青年学者已经成长为学科发展的一线主力，理应主动承担起更大的责任。这套丛书的出版确实也让我有眼前一亮的感觉。丛书内容丰富、形式新颖，根据学校的不同角色分成了五个系列：教育大数据——迈向未来学校的智慧教育、数据驱动的技术基础、数据驱动的智慧学校、数据驱动的智慧课堂和数据驱动的教育研究。丛书符合中小学教师信息技术应用能力提升工程2.0的要求，相信将在各级单位信息化领导力培训、信息化教学创新培训、数据能力素养培训等工作中发挥重要作用，能够为教育管理者的数据智能决策提供帮助，为教师教育的研究者提供参考，更值得广大的学校管理者、教师阅读和学习。

希望这套丛书的出版能够促使教育大数据更好地助推教育教学改革和培训教研改革，引领中小学教育的整体变革，进而推动教育的跨越式发展。

华东师范大学教授　任友群

序 二

国家教育现代化和智慧教育示范区的建设都强调了教育大数据的应用方向，教育大数据中心建设和区域数据互联互通成为当前教育信息化的发展重点。

从我国教育信息化的发展趋势来看，基础环境和资源建设与应用快速推进，师生信息化应用能力和水平显著提升。信息化不断发展带来知识获取方式和传授方式、教与学关系的革命性变化，很多学校面临知识的体系化建设阶段。在大数据和人工智能的环境下，我们面临很多新的问题：如何建设学校的知识体系？如何指导学生的学习过程？学习过程的数字化带来了更多的大数据，人工智能的数据处理引擎带来了更复杂、更精准的应用场景，更自然、更贴近人们日常生活的人机交互带来更直观的体验。各种教育大数据和人工智能应用层出不穷，学校的选择空间很大，但是在此之前，我们必须对学校的定位和自身需求有一个明确的认识：学校为什么需要教育大数据？教育大数据能帮学校做什么？学校是否需要转变应用数据的思维方式？

实际上，教育大数据并不神秘，它一直伴随着数字校园、智慧教室学习环境的建设，学习空间的应用，在线教育的发展等。教育大数据具体可以应用于精准教学、学情分析、精准管理、科学决策、学生生涯成长过程记录、学校数据统一优化。未来学校和智慧教育示范区的建设离不开教育大数据，教育大数据的应用也离不开管理者和师生对它的认识和理解，这些都是产生信息化价值的重要基础。

为了服务新时代大数据、人工智能等技术带来的教育变革需求，促进广大教育工作者深入理解和学习有关教育大数据应用的价值和知识，这套丛书应运而生。这套丛书内容全面、新颖，案例丰富且适合实践，可供关注教育大数据和教师培训的研究者和实践者使用，更值得关注未来学校发展和教师队伍建设的学校使用，也期待丛书能根据使用情况和技术的发展，愈加完善。

北京师范大学教授　黄荣怀

序 三

以人工智能为代表的新一代信息技术对教育的发展具有重要影响，国家高度重视智慧教育的发展，希望加快人工智能在教育领域的创新应用。利用智能技术支撑人才培养模式的创新、教学方法的改革、教育治理能力的提升，构建智能化、网络化、个性化、终身化的教育体系，是推进教育均衡发展、促进教育公平、提高教育质量的重要手段，这也是实现我国教育现代化的重要动力和有力支撑手段。

对于学校，数据将会成为学校最重要的资产，这是教育大数据生态的基石。学校将是一个教育大数据中心，能够实现多层面数据价值的共享。对于课堂，数据的核心价值是形成闭环，并通过这种闭环迭代，使学生的学习效果越来越接近预期目标。如何迎接新时代教育大数据的挑战是学校面临的问题，本套丛书旨在帮助学校应用教育大数据，探索基于数据的思维转变过程，掌握应用教育大数据进行教育创新的方法。

本套丛书采用了新颖的内容组织形式，各册均采用扁平化组织，只有章的结构，没有节的结构。各章的结构要素包括知识检查点、能力里程碑、核心问题、问题串、活动。其中，知识检查点是知识检查的基本单元，能力里程碑是任务完成的标志性能力。各章通过核心问题引发学习者思考，以系列问题串组织内容，引导学习者通过评估性问题和反思性活动进行探究，实现知识学习和能力提升的演化过程。活动包括自主活动、小组活动和评价活动。在自主活动中，学习者首先对本章内容进行反思，反思在平时的教育实践中是否出现过类似的问题或现象等，然后写个人心得，结合本章内容阐述在以后的教学实践中可以有怎样的举措。在小组活动中，集体讨论本章所学内容，然后各抒己见，思考如何改善教学质量，属于小组层面的交流。评价活动用于评价和检测，不仅适用于参加教师培训的教师、教育管理者，还适用于不参加培训的广大学习者。这三个活动的设置符合研修的典型特征，每个活动都有一个聚焦的主题，不限定具体的活动内容，有利于组织者安排工作，根据实际的需要展开活动，也适合学习者的自主学习、反思。

本套丛书分为五个系列，它们分别是：教育大数据——迈向未来学校的智慧教育（全1册）、数据驱动的技术基础系列（全4册）、数据驱动的智慧学校系列（全4册）、

数据驱动的智慧课堂系列（全4册）、数据驱动的教育研究系列（全4册），共计17册。本套丛书的任何一册都可以单独组成8～12学时的培训课程，又可以以系列教材为主题组成培训主题单元模块。本套丛书既适用于国家层面、各省、各市、各区县级、各级各类学校进行有组织的教师教育和培训活动，又支持一线教师、教研员、管理者、研究者及教育服务人员的自主学习，还适合大学、研究生及高校教师进行参考和学习。本套丛书难免存在各种问题和不足，恳请各位同仁不吝赐教！

方海光

首都师范大学

前言

进入新时代以来，我国对信息技术新兴领域投入了极大的支持，以大数据和人工智能为代表的新兴技术正在向世界展示中国的科技实力，同时这些技术也极大地改变着我们的生活。作为传统的教育行业，大数据、人工智能也为我们注入了新的活力，信息技术与教育的深度融合成为教育改革热点，需要每一位教师更新教育观念，与时俱进，努力做到减负增效。作为教育主阵地的课堂教学，如何更好地实现信息技术深度融合也是值得我们关注的重点话题，基于数据的精准教学成为我们势在必行的转变方向。

2019年6月，国务院颁布的一系列新时代基础教育改革指导意见中都提出了推进信息技术与教育教学深度融合、加强数据分析等意见，基于此，我们开展了本教材的编写工作，希望广大一线教师通过本书的学习能够对数据驱动的精准教学有比较全面的了解，希望本书能够对教师日常的教育教学工作有所指导和帮助。

本书从实际案例出发，以问题为导向，聚焦数据驱动技术在教育领域的作用和价值，分四章介绍了数据驱动精准教学理论和实践基础、实施目标与系统框架、实施现状及常用模式、实现技术，在理论实践的基础上又分三章就课堂观察、课堂实施以及个性化学习方案的设计方法和策略进行了详细的阐述。

本书具有以下特点：

1. 研究观点新颖，紧跟时代发展

紧抓国家教育方针政策，以解决教育变革和发展的重要问题为驱动，采用理论探讨和实践应用相结合的方法，研究大数据在精准教学中的应用，提供创新的解决策略，给广大教师提供丰富的教学策略和实践方法。

2. 写作视角新颖，选取案例丰富

选取中小学实践成果和教学课例为案例，辅助介绍了一系列在线教学平台，使对应用问题的研究与对理论依据和实践应用的探讨有机结合，体现大数据应用与精准教学的深度融合。

3. 实用性强，关注一线教学实际

书中选用了大量一线教师的实践经验和专家研究成果。精准教学要注意什么？"不精

准"的问题有哪些？遇到问题如何解决？教材中都会以问题的形式一一解答，带领读者掌握数据驱动下的精准教学。

4. 讲解深刻，重难点安排合理

对重难点问题进行了篇幅的相应设置，尽量做到让读者知其然也知其所以然，同时设计了一系列活动，帮助读者灵活使用本教材，也让读者能够从根本上理解、掌握并灵活运用书中介绍的精准教学策略。

由于时间仓促和作者水平有限，书中难免有不妥之处，恳请广大读者批评指正！

郭君红
北京教育学院

目 录

第一章　初识数据驱动的精准教学 / 001

002　问题一：如何理解数据驱动与精准教学？

004　问题二：精准教学在我国的发展态势如何？

007　问题三：从传统的课堂教学范式到数据驱动的精准教学经历了怎样的发展？

010　问题四：基于数据驱动的精准教学具体关注哪些内容？

012　问题五：一线教师开展精准教学需要了解哪些技术？

第二章　数据驱动精准教学的系统框架与实施目标 / 015

016　问题一：当前课堂教学中"不精准"的问题有哪些？

017　问题二：数据驱动教学的系统框架是什么？

018　问题三：数据驱动教学在教学模式的创新上需要达到哪些目标？

020　问题四：数据驱动教学在教学评价层面需要达到的目标？

022　问题五：数据驱动教学在提升教学质量层面需要达到的目标？

023　问题六：数据驱动教学在优化教学决策方面需要达到的目标？

第三章　数据驱动精准教学的实施现状及常用模式 / 027

028　问题一：数据驱动下的精准教学国内外实施现状如何？

029　问题二：如何判断精准教学的有效性？

031　问题三：国内外专家学者提出的精准教学模式研究有哪些？

033　问题四：现阶段学校实施精准教学的常用模式有哪些？

036　问题五：基于学科特点的精准教学实施模式有哪些？

第四章　数据驱动精准教学的技术实现 / 040

041　问题一：应用大数据平台主要实现哪些目标？

043　问题二：数据平台主要有哪些功能？这些功能的数据指标是什么？

046　问题三：数据驱动平台的技术原理和使用原则是什么？

050　问题四：如何使用数据平台开展教学应用？

052　问题五：应用数据平台要关注哪些基本数据内容？

第五章　数据驱动下的课堂观察 / 059

060　问题一：为什么要在中小学开展数据驱动下的课堂观察？

061　问题二：在不同类型的课堂中，如何对课堂互动行为数据进行采集？

063　问题三：学生学习行为数据的组成与采集方法有哪些？

064　问题四：课堂观察数据的分析方法有哪些？

068　问题五：国内外典型的课堂观察互动分析系统有哪些？

第六章　数据驱动精准教学的课堂实施 / 076

077　问题一：精准教学课堂实施的设计环节有哪些？

078　问题二：为更好地进行课堂实施，在备课中教师需要如何确定教学目标？

080　问题三：如何依托教学目标设计教学内容以及选取教学资源？

081　问题四：数据驱动下的精准教学的课堂策略如何设计？

087　问题五：中小学常用的数据驱动下的精准教学策略有哪些？

第七章　数据驱动环境下个性化学习方案的设计 / 094

095　问题一：如何理解个性化学习及其意义与作用？

098　问题二：个性化学习系统是如何工作的？

101　问题三：如何利用大数据技术开展个性化学习？

103　问题四：如何在教学中合理使用个性化学习手册？

106　问题五：在个性化学习过程中教师需要掌握哪些实施策略和方法？

参考资料 / 109

第一章　初识数据驱动的精准教学

本章学习目标

在本章的学习中，要努力达到如下目标：
- ◆ 了解数据驱动和精准教学的概念及二者的关系（知识检查点1-1）。
- ◆ 了解数据驱动教学范式的概念和价值（知识检查点1-2）。
- ◆ 能够说出数据驱动下的精准教学具体包含哪些内容，并描述其背后的技术要素（能力里程碑1-1）。
- ◆ 能够描述课堂教学范式的发展历程，并说出数据驱动教学范式关注的方向（能力里程碑1-2）。

本章核心问题

数据驱动的精准教学关注的内容是什么？如何使用数据驱动教学的方式优化自己的课堂教学？

本章内容结构

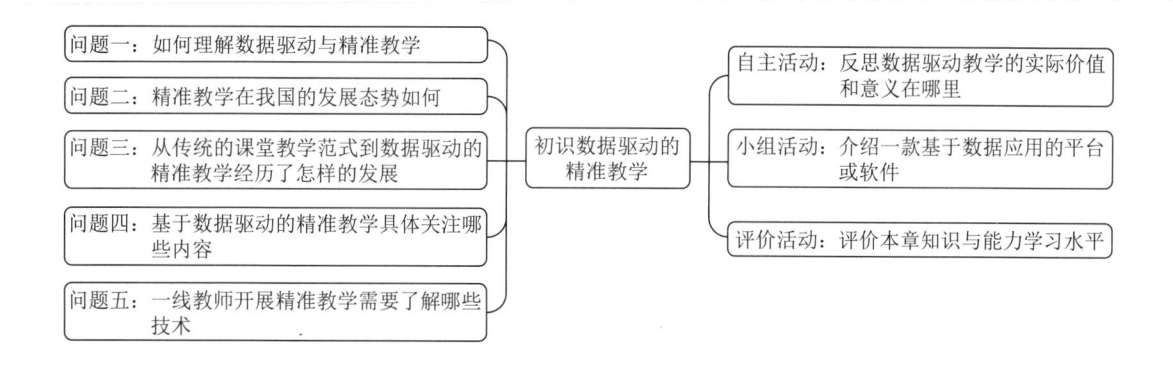

问题一：如何理解数据驱动与精准教学	自主活动：反思数据驱动教学的实际价值和意义在哪里
问题二：精准教学在我国的发展态势如何	
问题三：从传统的课堂教学范式到数据驱动的精准教学经历了怎样的发展	小组活动：介绍一款基于数据应用的平台或软件
问题四：基于数据驱动的精准教学具体关注哪些内容	评价活动：评价本章知识与能力学习水平
问题五：一线教师开展精准教学需要了解哪些技术	

中间节点：初识数据驱动的精准教学

引 言

人类从 IT 走向 DT 时代的过程中，作为新兴力量，大数据正在改变着世界，正在迅速地改变着人们的思维理念和生活方式，大数据融入到各行各业。

作为传统的行业，教育领域也受到了数据的巨大冲击，发生了一场看似平静实则波涛汹涌的革命。伴随教育信息化的推进和人工智能技术的发展，各类平台、终端、移动 APP 以及可穿戴设备的逐步完善，教育大数据得到了良性的循环与发展。从教育政策制定、课程方案的规划到课堂教学的具体实施、考试评价等相关内容都需要大数据的参与和支持，并在整个环节中起到至关重要的作用。

作为一线教师，你一定也发现了大数据已经在逐步改变我们的课堂教学理念。传统的以教师、课本、课堂为中心的基于经验的知识传递逐步被基于数据的分析诊断，实现精准教学的理念与方式所取代。教育大数据的发展是实现精准教学的第一步。

问题一：如何理解数据驱动与精准教学？

作为了解本书内容的第一步，首先要了解数据驱动和精准教学的概念。

一、数据驱动

从信息学的角度，可以将其理解成以网络技术或者相关软件与平台为手段采集海量的数据，将这些数据进行组织，形成有用的信息，将这些信息进一步整合与提炼，从而在数据的基础上经过训练和拟合，形成自动化的决策模型。

二、精准教学

精准教学（Precision Teaching）是 Lindsley 于 20 世纪 60 年代根据 Skinne 的行为学习理论提出的一种教学方法。起初，精准教学面向小学教育，旨在通过设计测量过程来追踪小学生的学习表现并提供数据决策支持，以便"将科学放在学生和教师的手中"；后来，精准教学发展为用于评估任意给定的教学方法有效性的框架。历经 50 余年的发展，精准教学现已形成了一套理论方法。

精准教学主要是指借助现代化的教学技术，依据课程指导思想，通过数据对教学进行准确定位，并与学生的发展实际相结合，设计精准教学目标、教学内容以及基于学生生成数据的教学活动等方式，使整个课堂可度量，从而实现个性化教学目标，促进学生综合素质提高与教师专业化发展。

信息技术的发展，为精准教学提供了强有力的支持。2017 年 1 月，我国《国家教育事业发展"十三五"规划》指出"鼓励学校利用大数据技术开展对教育教学活动和学生行为数据的收集、分析和反馈,为推动个性化学习和针对性教学提供支持"以及"综合利用互联网、大数据、人工智能和虚拟现实技术探索未来教育教学新模式"。

理论导学

1. 精准教学的理论依据——Skinne 的行为学习理论

Skinne 是美国新行为主义心理学的创始人之一,他认为人类行为主要是由操作性反射构成的操作性行为,操作性行为是作用于环境而产生结果的行为。人类的一切行为几乎都是操作性强化的结果,人们有可能通过强化作用的影响去改变别人的反应。在学习情境中,操作性行为更有代表性,因此操作性反射在学习过程中尤为重要。1954 年,Skinne 将这一理论引入教学,认为教学就是提出学生应达到的目标并对学习过程进行控制,辅以训练、反馈和纠正性补救等措施,形成所要求的行为,即达到目标并立即给予强化;对于那些偏离目标或未达到目标的行为,则在不强化的前提下进行纠正。

2. 精准教学的衡量指标——流畅度(Fluency)

精准教学中的最大"精准"在于教学评价,而衡量教学是否达到目标、学生是否真正掌握知识或技能,关键在于检测学生学习的行为过程及其反应。基于此,精准教学引入流畅度指标,用于衡量学生的学习质量。流畅度涵盖了"准确度"和"速度"两个方面,也就是说,学生的学习质量既包括对知识或技能的准确掌握,也包括运用知识或技能的速度。流畅度具有五大属性:持久性(Maintenance)、耐久性(Endurance)、稳定性(Stability)、应用性(Application)和生成性(Generativity)。其中,持久性是指在无额外练习的情况下,学生根据需求执行任务的能力;耐久性是指为了满足真实需求,学生在长时间内持续执行任务的能力;稳定性是指在有干扰的情况下,学生能够继续实施一项技能的能力;应用性是指学生将知识或技能应用于新情境的能力;生成性是指在没有明显的指导下,学生出现复杂行为技能的能力。

——上文摘自付达杰,唐琳.基于大数据的精准教学模式探究[J].现代教育技术,2017(7).

三、对二者关系的理解——基于数据驱动的精准教学

本书聚焦的是数据驱动技术在教学领域的作用和价值,因此可以将题目解读成数据驱动教学。它是指运用现代互联网技术,对教学对象进行线上线下学习数据的采集与分析,从而研究出数据载体的行为习惯和发展趋势,依照研究结果对教学环节、教学对象进行改进与提升。

基于数据驱动的精准教学主要遵循如下过程。

1. 课前形成学习者模型：基于数据调查，分析学习者特征，优化教学目标，重组教学内容。

2. 教学数据采集与记录：借助大数据技术和云平台，做好教学实施过程中的数据采集、检测与存储。

3. 课后诊断和分析：利用数据分析学习者的特征、行为，对教学过程中发生的行为和出现的问题进行针对性的诊断和科学的调整，从而合理规划与调整教学设计。

随着大数据技术在教育领域探索的加快与推进，数据驱动教学逐渐显现以下四大特征。

1. 科学化：打破传统的经验主导教学模式的局限性，结合教学的设计、组织、实施、评估等，以真实数据为基础，以数据为支撑，实现课堂教学线上线下有的放矢。数据在教学中的嵌入式应用，彰显数据的科学化。

2. 精准化：具体是指教学设计精准化、教学组织精细化以及教学辅导精益化。这些内容实现的基础在于随着终端设备和数据技术的发展，采集的颗粒逐步精细，频率和精度越来越高，渠道越来越广。

3. 智能化：基于人工智能技术，在教学数据累计的基础上，为教学系统赋予智能乃至智慧。如适应性学习系统、智能学习软件、自评测试工具等平台的开发，能够更好地把握和分析学习者的学习进度、学习习惯、学习偏好等，从而自动推送更多具有针对性的学习资源，自动化完成批改作业、搜集资源等内容，使得教师将更多的精力投入到创新性教学和个性化辅导中。

4. 个性化：通过挖掘与分析海量学习者群体和个体数据，探寻隐藏在客观数据背后的规律，从而精准定位每位学习者的学习需求和学习特征。利用真实的数据，可以使教师们对学生的行为见微知著，同时能够对学生的学习轨迹进行精准的预测，结合预测模型对积极因素进行强化，对不良要素进行及时干预，真正实现个性化教学。

问题二：精准教学在我国的发展态势如何？

一、发展的总体概况

由于精准教学对信息技术和教师素养有较高的要求，目前我国"精准教学"的研究和应用尚未形成体系和规模。要在未来一段时期全面提升我国各层级的教育水平和教育质量，理念和技术上的更新变革刻不容缓，尤其当前进入到大数据时代，能够实现"科学、精准、智能"目标的数据驱动型教学模式将会开启教育的新纪元，而精准教学则是符合上述目标的行之有效的方式之一。近几年，随着教育信息化的深入推进，"精准教学"逐渐成为我国教育研究者一大研究新热点，但总体而言，我国精准教学的研究和应用还处于初始阶段，精准教学的尝试主要集中于中小学，研究的对象多为某一门课程，研究的内容多为精准教学的某一个环节，在理论研究和实践经验方面有待进一步填补相应空白。

二、近期我国在精准教学方面的相关成果和研究举例

1. 政府相关政策对精准教学的支持

《新一代人工智能发展规划》（2017年7月）提出：要利用智能技术推动教育教学方法改革。至此，人工智能在教育领域的发展问题正式被提上国家日程。

《教育信息化2.0行动计划》（2018年4月）提出：通过实施教育信息化2.0行动计划，到2022年基本实现"三全两高一大"的发展目标，即教学应用覆盖全体教师、学习应用覆盖全体适龄学生、数字校园建设覆盖全体学校，信息化应用水平和师生信息素养普遍提高，建成"互联网+教育"大平台，推动从教育专用资源向教育大资源转变、从提升师生信息技术应用能力向全面提升其信息素养转变、从融合应用向创新发展转变，努力构建"互联网+"条件下的人才培养新模式、发展基于互联网的教育服务新模式、探索信息时代教育治理新模式。

《中国教育现代化2035》（2019年2月）是我国第一个以教育现代化为主题的中长期战略规划，其中再次强调，要保证财政性教育投入稳定增长，要推动教育信息化变革，使教育资源借助信息化技术实现互通互联，打造好教学、管理和服务平台，促进教育精准化管理和科学化决策。

《关于新时代推进普通高中育人方式改革的指导意见》（2019年6月）提出：减少高中考统测和日常考试，加强考试数据分析，认真做好反馈，引导改进教学。

《关于深化教育教学改革全面提高义务教育质量的意见》（2019年6月）提出：精准分析学情，重视差异化教学和个别化指导。

2. 地区精准教学案例

当前，我国关于数据驱动精准教学的相关研究也逐步开展起来，主要集中在平台的研究开发与应用上，关注平台在教育实施、评价等方面发挥的作用和价值。

2014至2015年，徐州市教育局联合该市教研团队开发了"智能巡课系统"并在全市逐步推行开来，由此建设了全市教学管理的新常态。"智能巡课系统"的基本思路是从教师活动、学生活动及课堂秩序等维度，将课堂上呈现的师、生外显行为及课堂状态归纳为一系列观察指标，并在巡课过程中如实记录。通过对采集的数据进行挖掘与分析，总结出课堂在教师讲授、小组合作等方面的具体特征，形成对学校日常课堂教学状况的全景描述。将报告生成可视化数据，可以一窥教学全貌，具体如图1-1所示。

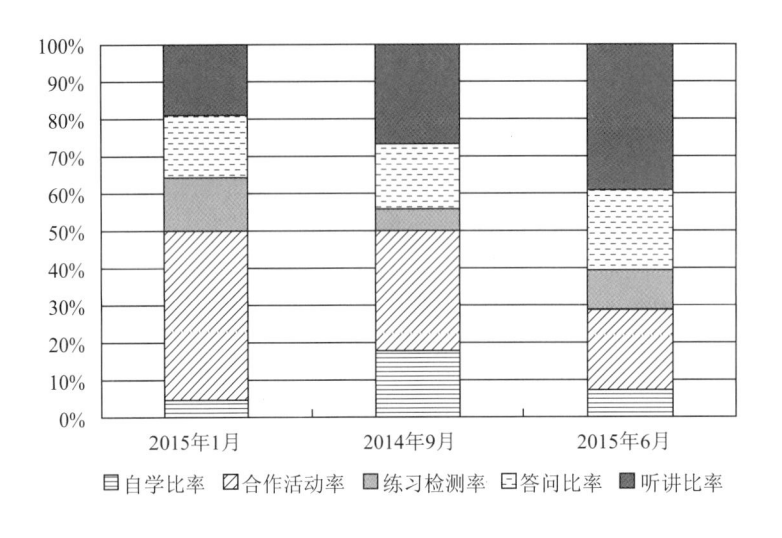

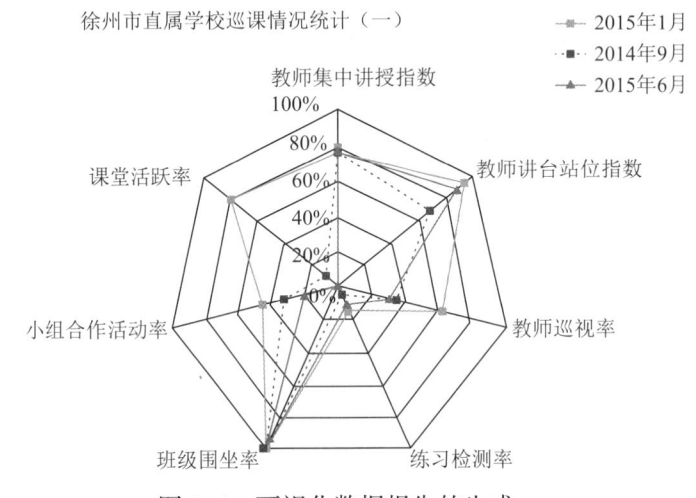

图 1-1　可视化数据报告的生成

2016年6月17日"数据驱动改善教与学经验交流会",在北京市三十五中学举办。会议聚焦如何帮助区域及各校建立数据驱动改善教与学的有效机制,以及如何借助专业化评价工具使教学走向精确化、专业化、个性化。主要讨论了学习诊断在学校中的理论依据,分享了学习诊断系统的应用经验。建议将教学目标、教学活动、教学评价三者相统一,使用与教学目标一致的评价方法,合理运用评价结果,使教师改进教学,促进学生反思、自我评估和自我改进,提升教师的教学设计能力,将学习经历变成经验,将教学工作变得理性、客观、科学,这无疑是提升教学质量的有效途径。

2018年2月,浙江省与科大讯飞股份有限公司建立浙江省基础教育精准教学研究院,共同研究人工智能大数据背景下的精准教学问题促进新型教育产品和相关技术的研发和创新,推动大数据精准教学"浙江模式"落地;8月,举办4期"基于智慧教育环境的精准教学设计与实践"培训班,开展精准教学理论和实操的师资培训;12月,浙江省教育厅出台《浙江省教育信息化三年行动计划(2018—2020年)》。

问题三:从传统的课堂教学范式到数据驱动的精准教学经历了怎样的发展?

教学范式是对教学这一复杂活动的概括性解释,是某个时期或阶段教学综合特征的体现,包含教学理论与研究方法,又包含教学模式、学习策略及教学评价方式等。

美国是教育数据决策应用的领先者。大数据分析已经在美国的公立教育中得到快速和广泛的应用。近年来,中国部分地区已经开始意识到基于数据驱动的教学范式不是一蹴而就的,在教学范式的发展过程中,偶然要素与必然要素相结合,依托于特定时期的历史背景和技术的发展,整个发展时期可以分为如下三个阶段,具体如图1-2所示。

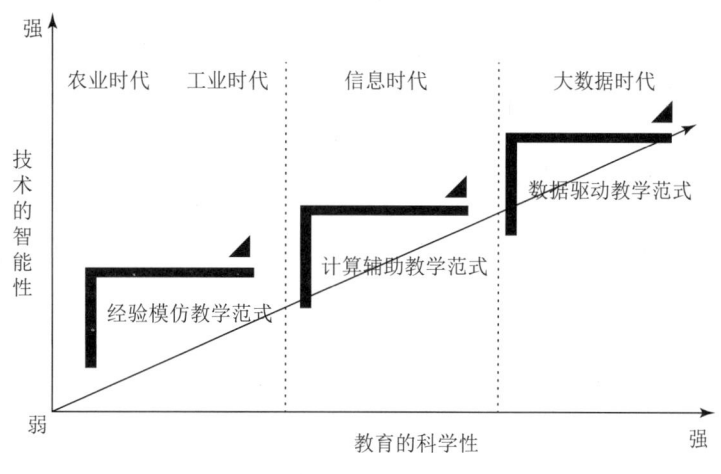

图1-2 教学范式的发展历程

一、经验模仿教学范式

经验模仿教学范式是教学史上最古老的教学范式,盛行于农业和工业时代,其核心在于知识经验的传递,在教学中注重模仿与知识的再现。

17世纪,捷克教育学家夸美纽斯提出"班级教学"后,班级授课制得到了教育界的广泛认同,迅速成为当时乃至今日最普遍的教学形态。借此"东风",经验模仿教学也随之快速传播,成为教育界最有影响力的教学范式。

如图1-3所示,在经验模仿教学范式下,教学者在整体的教学结构中占据绝对的主导地位,学习者大多扮演被动接受者的角色,教学内容以课本知识、已有经验和技能为主,教学媒介限于纸笔、课本、黑板、粉笔等传统教学工具。

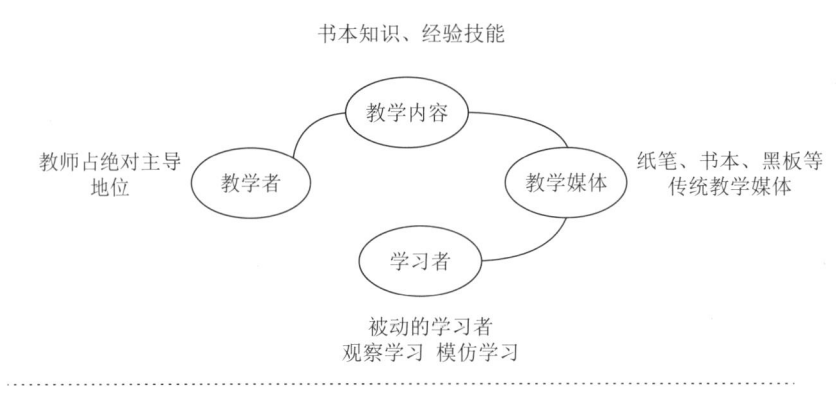

```
                    书本知识、经验技能
                         │
                      ┌──────┐
                      │教学内容│
                      └──────┘
                       ╱     ╲
教师占绝对主导    ┌──────┐    ┌──────┐   纸笔、书本、黑板等
地位              │教学者│    │教学媒体│   传统教学媒体
                  └──────┘    └──────┘
                       ╲     ╱
                      ┌──────┐
                      │学习者│
                      └──────┘
                         │
                    被动的学习者
                    观察学习 模仿学习
```

图1-3 经验模仿教学范式

二、计算辅助教学范式

20世纪40年代末50年代初，以信息技术为首的第三次技术革命席卷全球，人类开始以惊人的速度走出工业文明，步入信息时代。多媒体、计算机及网络技术的出现改变了人类的认知及生活方式，教育也开始了技术支持下的变革探索之路。

随着信息技术的发展与人们教育观念的转变，计算辅助教学范式逐渐形成并开始流行起来。该范式出现的初衷是希望借助技术的力量去解决经验模仿教学中存在的内容来源单一、呈现方式单调、学习者兴趣不足等弊端，进而提高教育教学生产力和生产效益。技术的介入是计算辅助教学范式最大的特征，互联网等各种新兴技术与媒体的应用使得知识的产生和传输速度持续飙升。教学内容开始超越传统教材，延伸至广阔的互联网。教学内容的形态也逐步多样化，音视频、图片、动画等资源开始在教学中广泛应用。教学媒体也变得丰富起来，由传统的教学"老三样"（黑板、粉笔、课本）演变为"新四样"（电脑、网络、白板、多媒体课件）。具体如图1-4所示。

三、数据驱动教学范式

舍恩伯格与库克耶合著的《大数据时代：生活、工作与思维的大变革》被认为是大数据研究的开创之作，真正把大数据推向了公众视野。

随着数据密集型科学的快速发展，数据成为了驱动社会创新发展、综合竞争的重要指标，也成为教育研究和利用的主要对象。与此同时，以大数据、云计算、泛在网络、虚拟现实、人工智能等为代表的新技术开始在教育教学领域"崭露头角"。学习空间超越了封闭的物理空间，走向虚实融合的无边界学习场域；学习过程从课堂、家庭、图书馆等断点式的学习活动，走向家校贯通、双线（线上、线下）融合的学习连续体。与此同时，越来越多的教与学行为被网络教学平台、移动APP、可穿戴设备等"真实"地记录下来。

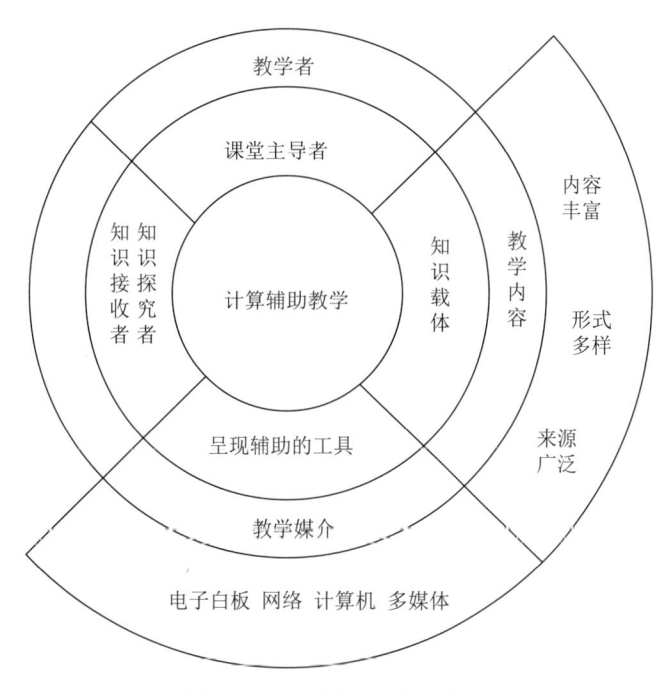

图 1-4 计算辅助教学范式

教学过程与结果数据的持续采集，逐步形成教学大数据，通过对教学大数据的深度挖掘和多元分析，能够将数据背后反映的教学意义与价值清晰地呈现出来，进而辅助教师更精准地"教"、指导学生更精益地"学"。随着数据流在教学各个环节的生成与运行，一条具有正向反馈机制的教学链条开始形成，数据驱动教学范式开始出现，具体如图 1-5 所示。

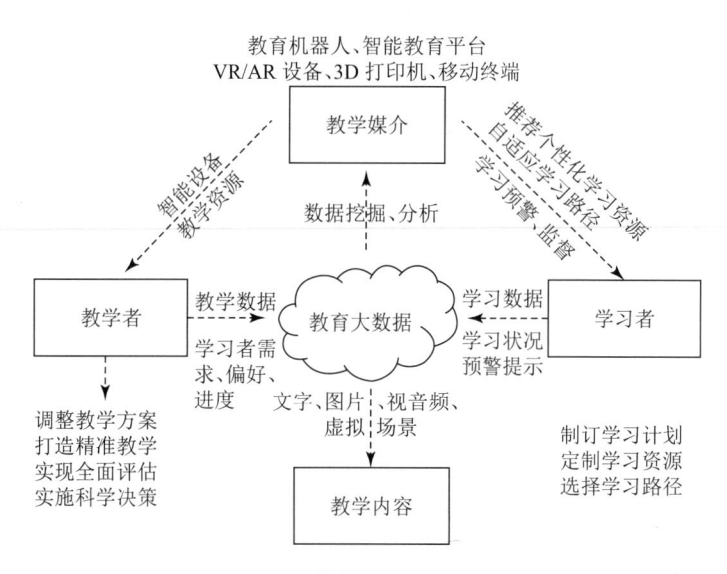

图 1-5 数据驱动教学范式

1. 数据的采集与传递过程

教学者和学习者的各种行为数据（如做题、点击视频链接、分享资源、在线提问等）均以数字化的形式存储下来；教学内容以文字、图片、声音、视频、虚拟场景等形式在多种教学媒介（教育机器人、智能教学平台、VR/AR 设备、3D 打印、移动终端等）中呈现，教学者和学习者在使用教学媒介的同时将"教"和"学"的数据存储在媒介终端；教学媒介既是教学内容的载体，又是教学数据的采集终端和传输渠道，为教学大数据的运行提供支撑。

2. 数据的深度挖掘与利用

借助教育数据挖掘与学习分析技术，可以将课堂环境与网络环境中生成的教学数据"翻译"成有价值的信息，如学困生的识别、知识缺陷的发现、学科能力的诊断、教学目标的达成度等，进而为教学者的教学决策（调整教学方案、打造精准教学、实现全面评估、施行科学决策等）与学习者的学习决策（制订学习计划、定制学习资源、选择学习路径等）提供更准确、更及时、更全面的支持，推进数据驱动的精准教学和精准学习。

问题四：基于数据驱动的精准教学具体关注哪些内容？

学习基于数据驱动的精准教学，需要关注哪些内容？要想掌握数据驱动教学的具体操作方式，需要从哪些方面入手呢？可以从如下五个方面进行讨论，它们也是本书的学习与讨论方向。

一、数据驱动的精准教学需要解决什么问题

数据驱动教学的根本目的在于精准地解决当前教学中存在的困难与问题。从问题分析的角度，我们可以从教学实施、教学评价、教学质量提升、教学决策改善等方面出发，发现在课堂教学中大量"不精准"的现象。

这些问题产生的原因和面临的挑战根源在于经验式教学的弊端。诚然，丰富的教学经验可以使我们的课堂更加高效，但是对于课堂问题的界定、学情的把控、课堂教学的灵活调整、合理全面的评价等方面无法做到客观、精细。利用数据对客观事实进行分析、对操作行为做出调整可以更加准确地找到教学的症结所在，使教学这项工作做得更加科学化、专业化。

二、数据驱动的精准教学如何实施

作为一种教学范式，数据驱动教学的出发点和落脚点始终是关注课堂教学的时效性。教学实施的过程是一个精细的专业化的技术工作，关注如何利用数据使课堂教学质量得到

更加全面的提升。在这个过程中，我们会考虑教学目标如何制订？教学任务如何设计？教学资源如何利用？如何利用数据将教师教和学生学的行为进行整合，并根据学情进行实时地调整？如何利用大数据技术实现学生的个性化学习，给予学生个性化的学习方案与资料。

基于数据驱动的教学工作的实施，将打破以往上课的传统方式，在尽可能地丰富教学信息的同时，能够动态地调整教学过程，推送个性化的教学方案，能够从实践角度将"因材施教"的目标予以落地。

三、如何借助数据观察课堂

随着课程改革的不断深入，课堂研究的逐渐兴起，课堂观察作为研究课堂的一种方法开始受到教学界的关注与中小学教师的青睐。通过课堂观察，发现教师教和学生学存在的问题，并进行相应的策略调整。传统的课堂观察借助于经验制订计划，设定观察的变量，制作观察量表，对现场观察的数据进行采集，后期进行统计、整理与分析。随着大数据技术的广泛应用，课堂观察得到了更大规模的应用和拓展。

数据驱动教学本身就是对教与学的行为实时进行全方位数据的采集。采集的这些数据存储在平台的服务器上。我们可以关注学习行为和教师行为的相关性，学生兴趣、态度、基本能力对课堂行为的影响因素，学生的心理因素（注意力、学习动机等）对学习行为的影响等。利用数据进一步多元化、多角度的分析课堂教与学的行为是课堂观察的发展趋势。

四、个性化学习如何开展

大数据技术将大力促进我国教育现代化的实现，依托大数据能为学习者提供更智能的学习过程支持。大数据能够根据学科知识体系将学习资源碎片化处理，从而构建个性化微课资源体系，以供学习者利用碎片化时间完成跨平台学习，从而推动智慧教室和云端一体化学习评测的发展，实现规模化与个性化的和谐统一。未来教师可以通过分析学生的讨论内容、学习状态、学习行为、学习进度、测试成绩、知识状态等数据，了解学习者的知识掌握情况、学习情况和情绪等深层次信息，从而给予学生个性化的教学指导，帮助学生解决问题。

五、多元化的教学评价如何进行

传统的课堂教学评价聚焦学生的作品评价以及学生作业、考试成绩的评价等。学生上课的过程性评价通常为教师的主观观察，比如学生的发言或动手表现。这样的评价角度单一，过于片面。我们在教学中想要追求更加全面的，能够反映学生综合能力的评价标准和量规，但通常受到技术限制，难以实施，在评价过程中很难规避主观要素。

数据驱动教学的范式为我们的多元化评价提供了可行性的操作方法，我们可以将评价分成两个要素：基于教师教学以及与之相对应的学生行为，对教学效率进行诊断与分析；

基于学生的作品、成绩，并与学生行为、认知结构、情感体验、思维变化、学业表现以及学习空间信息相结合的多元化评价，用于完成对学生的学业质量检测与分析。

问题五：一线教师开展精准教学需要了解哪些技术？

作为一线教师，需要掌握哪些方面的知识才能够顺利开展基于数据驱动的精准教学呢？

一、合理利用大数据平台资源

要实现精准教学，首先要合理利用信息数据综合大平台，提高信息的互补性和流动性。通过国家教育研究院的调查和盘点，发现教育部目前常态性汇集数据的数据库共有600个以上（未包含规划中与保密性数据库），地方教育局处构建的数据库更是超过了800个。随着技术的发展，数据库间的通信性能和数据的流通性将会逐步加强，需要我们对这些数据有较强的敏感性，同时能够进行准确的搜索、获取、存储、组合与分析。

二、教育教学网络平台和软件的辅助与支持

除了大平台的构建外，作为精准教学的实施主体，教师是否拥有行之有效、可供选择的教学技术以及具有教学相关功能的软件，直接关系到精准教学实施过程中数据的采集、教学的实施和后期数据分析反馈的效果。目前的教育教学网络平台和软件有很多，教师可根据需要选用，在此就不一一做介绍。

三、数据挖掘技术的开发和利用

要使教学数据产生价值、形成决策，最终需要依靠数据挖掘和分析工具（平台）。在教育数据分析技术中常用的有三种模型：学习评价模型、学习干预模型与学习分析模型。其中学习分析是核心，包括聚类分析、关联分析、离散点检测以及交互分析等。这些结果可以作为模型创建的基础，同时也可以用于干预与指导教师的教学和学生的个性化学习。作为非专业数据员出身的一线教师，我们不需要对采集的原始数据进行操作，这些分析可以由计算机和数据分析平台帮我们完成，我们只需读懂数据的意义，并能够根据反馈开展精准教学工作即可。

本章内容小结

本章我们学习了数据驱动和精准教学的概念（知识检查点1-1）；通过了解我国数据驱动教学的研究现状及其在教学领域的发展历程，理解了数据驱动教学范式的概念及其价值（知

识检查点1-2）；掌握了数据驱动精准教学的一般过程（能力里程碑1-1）；在分析过程的基础上，了解了背后支持的相关技术，并能够尝试利用这种方法去优化自己的课堂教学。

本章内容的思维导图如图1-6所示。

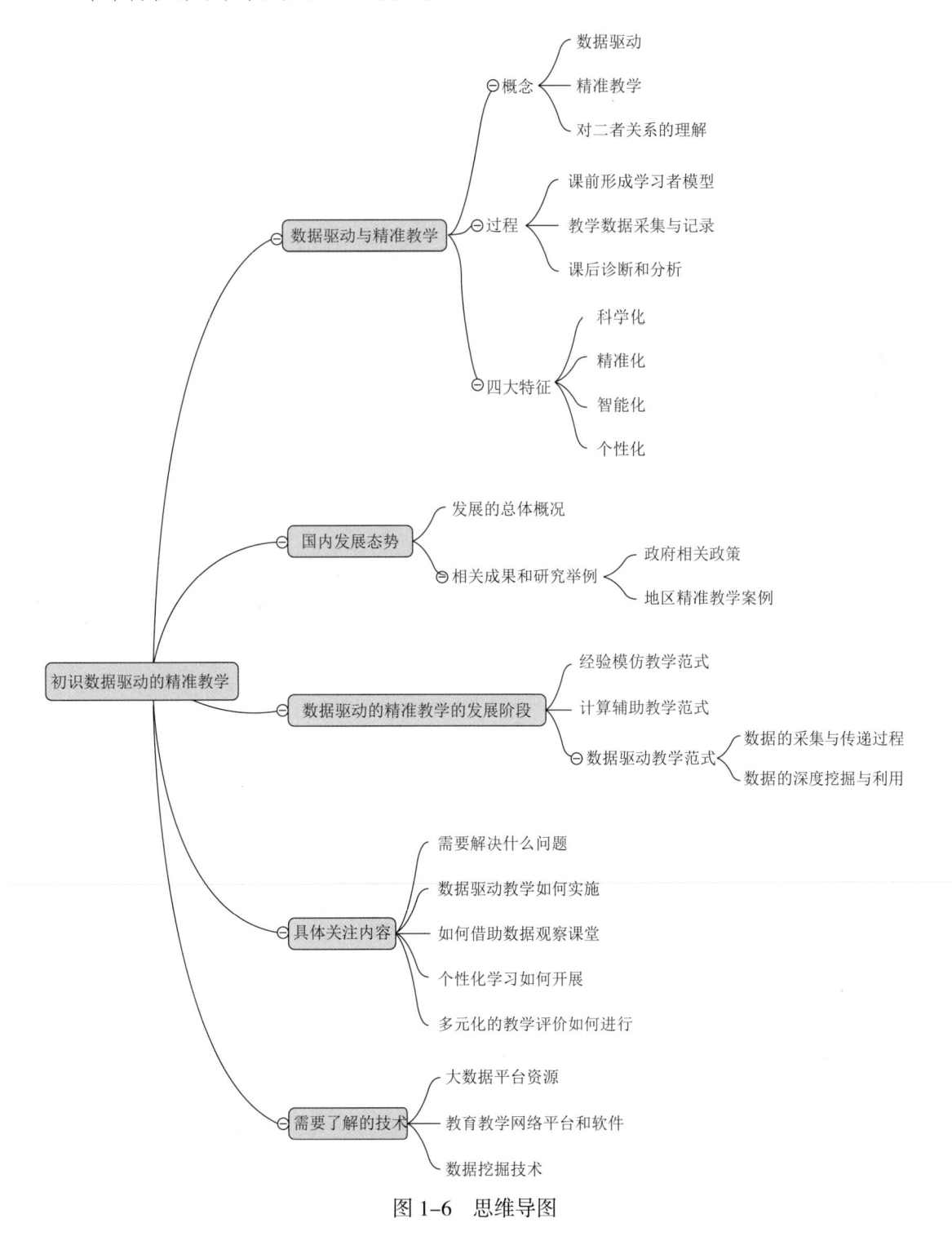

- 初识数据驱动的精准教学
  - 数据驱动与精准教学
    - 概念
      - 数据驱动
      - 精准教学
      - 对二者关系的理解
    - 过程
      - 课前形成学习者模型
      - 教学数据采集与记录
      - 课后诊断和分析
    - 四大特征
      - 科学化
      - 精准化
      - 智能化
      - 个性化
  - 国内发展态势
    - 发展的总体概况
    - 相关成果和研究举例
      - 政府相关政策
      - 地区精准教学案例
  - 数据驱动的精准教学的发展阶段
    - 经验模仿教学范式
    - 计算辅助教学范式
    - 数据驱动教学范式
      - 数据的采集与传递过程
      - 数据的深度挖掘与利用
  - 具体关注内容
    - 需要解决什么问题
    - 数据驱动教学如何实施
    - 如何借助数据观察课堂
    - 个性化学习如何开展
    - 多元化的教学评价如何进行
  - 需要了解的技术
    - 大数据平台资源
    - 教育教学网络平台和软件
    - 数据挖掘技术

图1-6 思维导图

自主活动：反思数据驱动教学的实际价值和意义在哪里

请学习者在学习完本章内容后，进行自我反思，并记录个人学习心得。

小组活动：介绍一款基于数据应用的平台或软件

请学习者围绕本章的学习主题进行组内交流，并做好小组学习记录。

评价活动：评价本章知识与能力学习水平

一、名词解释

数据驱动（知识检查点1-1）

精准教学（知识检查点1-1）

数据驱动教学（知识检查点1-2）

二、简述题

1.你理解的数据驱动和精准教学的概念是什么？二者的关系是如何界定的（知识检查点1-1）？

2.数据驱动教学的价值在哪里？在你的学科中是否有必要开展数据驱动教学（知识检查点1-2）？

3.请你畅想并描述未来数据驱动教学在你所授学科中的发展方向（能力里程碑1-2）。

三、实践项目

选择你熟悉或者教材中提到的开源交互平台，在平台上完成学科的课程创设测验或交互环节，围绕该平台设计一节课，关注如下内容并进行回答。

1.设计过程中生成了哪些数据？

2.这些数据各自代表什么问题？

3.采用这样的方式对你的课堂教学有哪些促进作用？

4.对于这样的方式，你有哪些困惑和质疑？

第二章　数据驱动精准教学的系统框架与实施目标

本章学习目标

在本章的学习中，要努力达到如下目标：
- ◆ 了解数据驱动精准教学需要解决的问题（知识检查点2-1）。
- ◆ 了解数据驱动教学范式的系统框架（知识检查点2-2）。
- ◆ 能够描述数据驱动下的精准教学系统框架，并概括出其在不同层面的做法（能力里程碑2-1）。

本章核心问题

数据驱动精准教学的目标是什么？基于目标构建的系统框架是什么？数据驱动的精准教学可以着重解决当前学科教学的哪些困惑？

本章内容结构

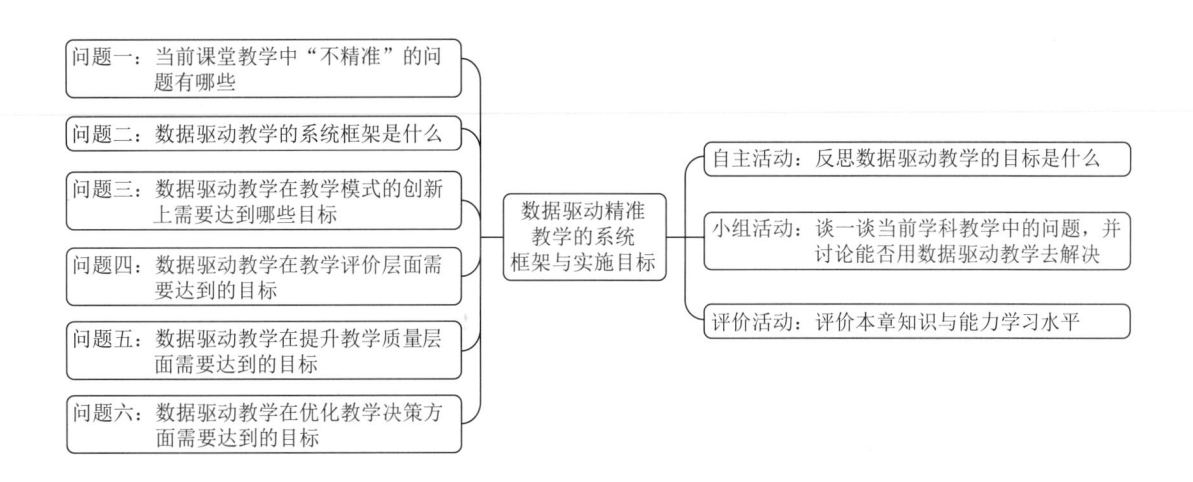

数据驱动精准教学的系统框架与实施目标	
问题一：当前课堂教学中"不精准"的问题有哪些	自主活动：反思数据驱动教学的目标是什么
问题二：数据驱动教学的系统框架是什么	小组活动：谈一谈当前学科教学中的问题，并讨论能否用数据驱动教学去解决
问题三：数据驱动教学在教学模式的创新上需要达到哪些目标	评价活动：评价本章知识与能力学习水平
问题四：数据驱动教学在教学评价层面需要达到的目标	
问题五：数据驱动教学在提升教学质量层面需要达到的目标	
问题六：数据驱动教学在优化教学决策方面需要达到的目标	

引言

作为教育教学的主阵地,学校、课堂都是产生教育数据的重要来源,也是深化教育改革质量的落脚点,因此,大数据可以促进课堂教学的整体优化与变革,是实现有效改进教育方式和提升教育质量的突破口。

数据驱动的精准教学目标设计一定要聚焦当前课堂教学中的困惑和一系列问题。目标框架的设计要聚焦精准利用数据实现教学层面的问题。而数据驱动教学今后的发展趋势也是关注利用数据逐步提高课堂教学的精准性,使传统课堂中的优秀课例进行更好的数据化,得到更深、更广的发挥空间。

问题一:当前课堂教学中"不精准"的问题有哪些?

了解数据驱动精准教学的目标框架,首先要明确在课堂教学中哪些现象是不精准的,给我们的教学带来了哪些困难和影响。

一、教学目标常见问题

教学目标是课堂教学的灵魂,是教师实施课堂教学的基石。只有准确、全面地细化教学目标,才能尽量避免教学过程中的片面性和随意性,从而提高课堂教学的时效性。通常,教学目标制订过程中会出现如下问题:

①教学目标缺乏达成的途径和方法;
②教学目标缺乏层次性;
③教学目标的制定与教学内容脱节。

二、教学内容常见问题

在新课程中,人们对教学内容理解为"教学过程中同师生发生交互作用、服务于教学目的达成的动态生成的素材及信息"。教学内容是教学活动的基础和核心,是知识传递的载体。正确解读和把握教学内容,是教学活动的关键。在教学内容设计过程中,通常会出现如下问题:

①教学内容与教学目标游离;
②教学内容的范例性不够;
③教学内容对学生发展的独特性不够重视;
④教学内容的组织缺乏大学科观;
⑤教学内容与学生学习的可接受性不一致。

三、教学活动和过程的常见问题

①教学活动与教学目标的内在联系不够；
②教学方式与教学内容匹配度不够；
③教学活动中学生的主体地位不明确；
④教学过程中学生的认知路径不丰富；
⑤教学过程中教师缺乏教学艺术性。

四、教学评价常见问题

①评价内容过于片面，过分追求成绩；
②没有统一的量规和严格的操作规定；
③定性定量相结合的原则不能广泛落实；
④忽视教学过程、个性化学习过程以及教学效率的评价。

鉴于上述的问题，需要考虑在教学环节中做好顶层设计方案，从学生的需求出发来设计课堂和教学，切实解决好"教什么""怎么教""如何实现教学设计及过程最优化"以及"如何实现课堂评价的科学化、合理化"等一系列问题，同时在教学过程中还应该关注教学质量的不断提升，以及不断调整教学过程，优化教学决策。

问题二：数据驱动教学的系统框架是什么？

通过对上述问题的描述，我们可以清醒地认识到，数据驱动教学的核心目标是利用数据促进课堂教学的整体优化与变革。在该教学方式下，寻求利用数据有效改进教学方式、提升教育质量的突破口。

数据驱动教学最核心的方式在于利用教育+互联网的方式将教学行为、教学主体、教学过程、教学作品进行数据化。通过数据的互通和数据的深度挖掘，能够找到教学问题中的内在联系，克服教育活动中的不精准现象，使教育教学过程更加科学化、精细化。

《中国基础教育大数据2016—2017：走向数据驱动的精准教学》一书中，将解决当前问题的目标落实在教学模式创新、教学评价精准化、教学决策科学化以及教学质量全面提升四个维度上。具体如图2-1所示。

通过该系统框架的构建，将尝试从上述角度有意识地解决教学中的"不精准问题"，打造科学合理的数据驱动教学范式。在这个过程中，需要将教学看成是一个系统的方法。这需要在活动中阐明目标，在收集数据的基础上，针对不同的维度提出各种解决方案，并选择最佳方案。继而对学生的整体过程进行评价，修改方案，得出最终的有效策略。

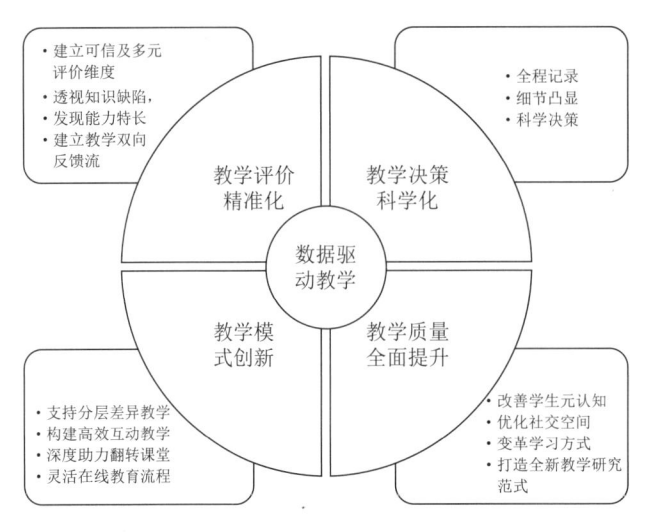

图 2-1 数据驱动教学的系统框架

问题三：数据驱动教学在教学模式的创新上需要达到哪些目标？

教学模式是在一定的教育思想、教学理论、学习理论的指导下开展教学活动进程的稳定结构形式，是开展教学活动的一套方法论，是基于教学理论而建立起来的较稳定的教学活动的框架和程序。宏观上，我们要站在系统论的角度上，将教学模式的各要素看成有机的整体，要充分把握其内部之间的功能和各要素之间的关系，充分考虑其系统结构；微观上，要充分考虑教学模式各要素的实施步骤，考虑设计过程中具体的方法、程序的实施序列与步骤。随着数据挖掘技术和学习分析技术的发展，从数据上发现新问题、分析新现象的研究思路，打破了教学模式中经验化、理论化的固有观点，使得教学模式的实施过程更加细致与聚焦。数据驱动教学的教学模式主要关注实施的步骤、课堂互动效率、教学方式的改变以及流程的程序化再造等。

一、差异性问题的解决

在教学过程中我们经常强调充分考虑学生的差异性，开展分层教学，落实因材施教。在实现过程中，分层教学的概念虽然"时髦"，但难度较大。特别是在缺乏数据支撑的情况下，教师通常会走上重点培优，难以兼顾的老路，无法全面照顾不同程度的学生。而通过数据驱动的教学，可以在这个问题上打开突破口。

1. 根据客观行为，对学生进行分层。通过客观数据可以直接统计和分析学生触控点击题目选项的结果或者输入的数值。

2. 分析学生主观行为，结合智能移动终端自带的文本输入、录音和拍照等功能提交数据，由系统根据前期设计好的编码规则进行文本分析，或者对图像或语音识别之后进行内容分析。判断学生的认知水平和状态，并进行分层。

3. 深度挖掘衍生数据，系统根据学生提交的客观数据或主观数据实时分析，教师根据显示结果进行分层教学，如推送适应不同层次学生的学习资源，推荐不同的学习策略和路径等。

近年来，利用大数据平台进行分层教学的案例逐步增多，也日趋成熟。例如，自2016年来，江苏省引进某大数据平台，通过对学生的学业采集和学情追踪，将教与学的信息用常规软件工具进行捕捉、管理和处理。通过系统，生成基于教育大数据和信息化应用的解决方案：基于实时测试数据，利用数据诊断，对学习状态进行归因，进行合理的目标分类，从而完成对学生的分层教学。

二、高效互动策略的支持

建立高效的互动教学是学校追求的目标。大数据好比是"水中望月"的慧眼，判断学生的学习动态，提高教学的互动质量。"高效"是指在有限的学习时间内，最大程度提高教学目标达成率；"互动"则强调课堂中的师生、生生以及师生与教学内容和教学媒体之间的全方位互动。

1. 全方位互动

高效能课堂需要通过多种技术手段来量化师生的教学行为，通过量化的数据，帮助教师更好地优化教学计划，设计丰富的教学方案以提高学生的课堂参与度，并激发他们的积极性。通常来讲，实现高效课堂的基本目标为：通过电子书包、交互式电子白板、平板电脑、点阵笔等，全方位提供现实环境，提高人与人、人与设备、人与资源的多维互动。

2. 数据把控

通过大数据分析技术分析课堂数据，及时了解学情、调整教学计划。来自传感器和智能终端的数据，记录着学生的学习状况，形成合理的学习路径，这些路径既能作为教育诊断的基础，还能够形成合理的知识图谱，完善学生的个性化学习。

3. 精准反馈

通过数据，反映学习者的学习状态，同时要符合不同学习者的需求。对于数据的要求，不能仅仅是帮助教师实时捕获有用的信息，还需要对学生出现的学习问题进行及时干预，能够帮助教师给出优化的方案与方法，同时还需要帮助学生进一步巩固、深化、运用知识。

4. 轻负高质

利用数据的精准反馈，保证教师在最短时间内完成高质量的教学任务：保证课堂教学有足够的信息量，这些信息首先聚焦班级的共性问题，帮助学生集中突破知识难点；同时，针对学生的个性问题，给出相应的解决方案。通过少而精的教学任务，实现高效教学。

三、翻转课堂的有效参与

翻转课堂能够体现"混合式学习"的特点，更符合人类的认知规律，有助于构建新型师生关系，促进教学资源的有效利用和研发（何克抗，2014）。利用大数据和人工智能相关技术，使翻转课堂的质量和高度有了进一步提升。关于翻转课堂，借助于数据，需要达到如下三点目标。

①通过收集学习者信息、学情信息、课堂行为等数据，实现符合个性化认知习惯的学习路径。

②利用大数据分析技术探究影响学业表现的因素，预测学习需求，从而对线上资源推送和线下课堂教学进行针对性的设计与动态调整，实现精准量化评估。

③利用数据使翻转课堂系统实现自动化的调节，形成有针对性的知识点。借助大数据提高翻转课堂的质量与有效性。

四、教学流程的动态优化

将学情分析、学习测评、教学设计、情境创设、探究学习、实时检测、总结提升、课后作业、微课辅导、反思评价等教学步骤分为课前、课中和课后三大环节：课前，利用大数据进行精准的学情分析，在此基础之上进行教学设计；课中，教师进行合理的情境创设、任务导入，并基于反馈调整教学。学生进行任务探究，完成作业，在这个过程中，基于数据反馈信息再进行合理调整；课后，结合学生的具体数据，推送个性化的作业和辅导资料。

大数据的应用可以使教师以往静态化的设计步骤变得丰富、灵活，更加符合学生的学情。使整个教学过程处在实时的动态调整中，同时能够符合学习者的个性化需求。

问题四：数据驱动教学在教学评价层面需要达到的目标？

数据驱动的教学评价主要关注两方面的内容：通过课堂观察与编码分析教师的教学行为和与之呼应的学生行为，诊断课堂的教学效率与质量；通过作品内容、成绩差异性分析、量表统计分析等诊断学生的学业质量。以此为基础，多种教学情境为背景，基于大数据的评价方案，通过不断获取、整合和分析学习过程中的学生学习行为、认知建构、情感体验、思维变化、学业表现及学习空间信息等多模态数据，来制订教学中的学习改进方案，形成有效学习的新形态。基于数据驱动的评价方法，期待达到如下目标。

一、建立多维度评价体系

教育大数据的特点是具有非结构化和结构化两种状态；数据的形式也多种多样，包括文本、语音、视频等；随着技术的发展，采集数据的方式呈现出灵活多样性。这些特点都使我们在评价时不再拘泥于传统的统计学方法，如抽样归类等。这些特点也可以使我们更加灵活地创设多样的评价体系，深度挖掘教育现象背后的本质规律。

当前基于数据驱动，我们可以采用更加先进灵活的评价方法，如通过混合式学习对学生进行前置性评价、过程性评价、总结性评价以及社会性评价等。提高评价的信度与完整性；通过相关分析，实现特征拼接法，对学习要素之间的关联度进行因子分析，并创建模型，找到问题的相关性，应用于教育诊断；基于人工智能技术，进行要素分析，将人的思维方式和思考方法赋予系统中，对教育要素进行客观的评价。

二、知识与能力并重

利用教育大数据，打破传统评价中重知识轻能力的特点，关注学生能力的发展。注重成绩背后的能力构建与评价机制。

利用先进的个性分析模型，将学习内容个性化、学习评价个性化、学习活动个性化和学习方式个性化作为分析维度，从显性的学习成绩与行为入手，关注个性的隐形的心理发展机制，从而实现对学生个性化的评价，并根据他们的能力进行相应的知识推送与能力指导。除此以外，伴随可穿戴技术、情感计算在教育领域的结合，研究者也在个性化学习中将"体态行为"作为重要的研究因素。如眼动技术在信息获取、加工、分辨方面的作用，以及在知识加工过程中对注意力的影响等。通过这些生理和心理机制的研究，更加客观地对学生的学业进行全面评估。

三、建立双向反馈机制

教与学是双向互动的过程，教师和学生也是相互依存的共同成长的角色，不存在完全脱离学生的教师。面向教师和学生的双向反馈流，才是促进教学质量和效果改进的有效方式。

在评价的整个过程中，信息要在学生和教师之间进行双向的反馈，二者根据自己的身份和职责，提取对自身有用的信息，并适时调整自己的行为。对于学生而言，要了解自身知识点掌握情况、答题情况、学习行为、学习结果等反馈内容，了解当前学习状态、明确下一步学习目标；对于教师而言，要了解学生的整体学业表现，实时掌握学生的学习兴趣、学习薄弱环节、学习行为偏好等情况，分析影响其学业表现的因素，并对不同程度的学生提供适当的教学干预。这个任务对于一般教师而言，技术实现通常由教学管理平台完成。教学管理平台支持学期计划、课表编排等教务管理，自主学习平台、问卷调查平台和测验考试平台服务于课内外的教学活动。通过平台实时收集各项数据，及时进行全面的采集，并将学习内容、学习状态、学习情况等数据存储到知识库中，进行基于大数据的学习分析，向师生提供双向反馈流，以改善教与学的双向互动效果。

问题五：数据驱动教学在提升教学质量层面需要达到的目标？

教学质量最终关注的是培养对象的成长。数据驱动的精准教学，关注的是学生个性化的培养和全面的发展，因此提升教学质量的过程应该是学生个性化的品质、能力、思维全面提升的过程。数据驱动的教学在教学质量提升过程中应关注如下三点。

一、认识自我，优化学习策略与方法

认识自我，优化学习策略与方法的过程是提升元认知的过程。元认知与学习能力密不可分，它关注的不再是知识本身，而是自身获取知识、加工知识的方法或渠道，以及解决问题的策略与方法。利用大数据分析系统，可以在学生元知识的改进和强化上给出有力的帮助。可以使学生更加认清自我的状态，并通过诊断报告和数据分析结果，评估自身的能力水平与基础。

当前在这一层面内容的基础是利用数据平台分析学生的先导知识、获取学生的知识背景、判定学生的学习风格、分析学生的知识能力，挖掘学生的学习偏好、知识能力层级等，并依据这些数据向学生推荐适合的学习资源，指导学生认知到其原有学习方式的不足，重新调整学习方式，优化学习过程。同时还有部分系统，能够从心理学的认知原理和学生的个性心理特征出发，量化学生的学习规律，帮助学生深度了解自我，认识到学习行为、认知力、学习动机及学习内容，有利于学习中的自我监控、自我反思与自我调节。

二、发现"志同道合"的同伴

在当前的教育领域中，关注学习群体的学习行为。关注学习群体的分类，最典型的问题在于协作学习的落实。提高小组合作学习的参与度与合作的效率一直是协作学习中的难题。如何关注信息感知维度、信息输入维度、信息理解维度、信息加工维度等方面存在的较大差异，使他们高质量地完成任务，是协作学习的首要目标。因此，帮助学习者寻找志同道合的伙伴，是提升教育质量的重要目标之一。

在教育大数据的支持下,利用数据匹配学习者信息,建立关联度,进行合理分类是首要目标;在学习伙伴分组策略需求应用现状分析基础上,剖析学习者的学习风格、认知能力、知识水平、学习需求等个性特征,计算学习者之间的相似度及类别权重是分类的基础;教师根据情境导入功能,和学生共同选择有价值的学习目标,并根据目标进行学习分工,使用多种交互功能,开展协作学习是具体的操作过程。

三、改变自身学习方式

《中国基础教育大数据 2016-2017:走向数据驱动的精准教学》一书中指出:当大数据进入学习情境后,学生的学习方式不再只是根据教师给出的指导意见和评价完成既定的学习任务,而是可以通过与数据即时互动,佐之以教师的帮助,结合个人特征对症下药,精准学习,基于教师经验指导和数据分析结果而形成的多元外力开展学习。

通过在线系统挖掘学生学习风格偏好、学习方式、学习环境、管理方式、学习结果等相关的数据,记录学生在学习过程中实时产生的大量数据,包括通过节点数、问题提问数、测试重复率、完成率及正确率、作业得分、置顶(精选)问题数、回答问题花费时间等,将产生的数据实时发送给自适应学习推荐引擎,形成个性化学习指导的基础;推荐引擎会根据学生的交互与表现水平,学生特征库、知识图谱及资源库,预测学生需要在合适时间内依次学习哪些学习内容和资源,由此推荐学习路径,才能更为有效地提升学习效果;将最终的内容形成自主学习方案,对学生的学习行为进行干预和指导。此外,通过个性化的精准评价可以使学生看到自身的不足,利用日常的连续的学习行为数据和作业评价的累积,描绘出学生的知识图谱和能力模型,作为教师给学生提供针对性学习辅导和学生自我评价的依据。

问题六:数据驱动教学在优化教学决策方面需要达到的目标?

对于教师而言,教学决策的获得通常依赖于理论的学习、实践经验的积累、"师父"的言传身教、自身的教学感悟等。数据技术的全局纵览、细节深挖能力,为教学决策提供了科学依据。面向全体学生的决策支配着学校教学改进方向,面向个别学生的决策提供了因材施教的可能。利用大数据,我们力求实现打破经验主义的局限,优化教学决策科学性的目标。

一、提升教学决策的高度,实现全面化

利用大数据,首先要实现对教学过程的全记录:从传统的阶段性和局部性研究,上升

到全程性、流动性的研究过程。通过对学生群体样本和完整学习链条的分析，有助于构建具有针对性的教学模式，同时发现普遍的规律。这些规律具有一定的普适性和指导性，可以通过数据的匹配，对相应的群体进行科学的，具有一定范式的处理，切实提高决策的时效性和影响力。

二、关注问题的细节和学生的差异性

在传统教学环境下，教师很难发现隐性的学习细节，比如安静内向学生学习表现的波动，班级某些学生在特定知识点上的动态差异，或者学习伙伴之间潜在的相互影响等。进入大数据时代，通过"在线"和"数据化"的课程记录，教师和研究者有能力透视隐藏的学习特征、动态与差异，使课堂教学细节得以凸显，能够读懂课堂，读懂学生。利用数据化的思维方式，可以对学生进行全面、细致的分类与分层，教师能够帮助同一类问题的学生在共同的问题上调整、补救与改进。除此之外，通过这些隐藏的差异性数据，可以及时发现学生即将出现的问题，这些问题为教师在课堂决策中提供"预测分析"，从而促进教师及时调整课堂教学。

三、能够对教学进行动态调整和节奏把控

学习分析是进行教学决策的重要基础。学习分析是以学生与学习情境为研究对象，以学习活动过程中产生的大量交互数据为基础，为教与学提供科学决策，也是动态调整教与学进度和节奏的依据，进而优化教与学的效果。依据有效的学习分析，教师就具备了更强大的教学智慧，能够开展更为科学的教学决策。教师要根据学生的个人特征、前期知识基础、兴趣态度等非智力因素以及参加活动的全过程和全样本数据，实时修改教学方案；通过关注学生的在线学习行为，了解学生课程参与度，分析学生持续学习的意向，调整教学步调；对学业表现不佳的学生进行及时的干预与激励，从而帮助其坚持完成课程学习。

本章内容小结

本章我们学习了数据驱动精准教学需要解决的问题（知识检查点2-1），数据驱动教学范式的系统框架（知识检查点2-2），并且能够描述数据驱动下的精准教学系统框架，并概括出其在不同层面的做法（能力里程碑2-1）。

本章内容的思维导图如图2-2所示。

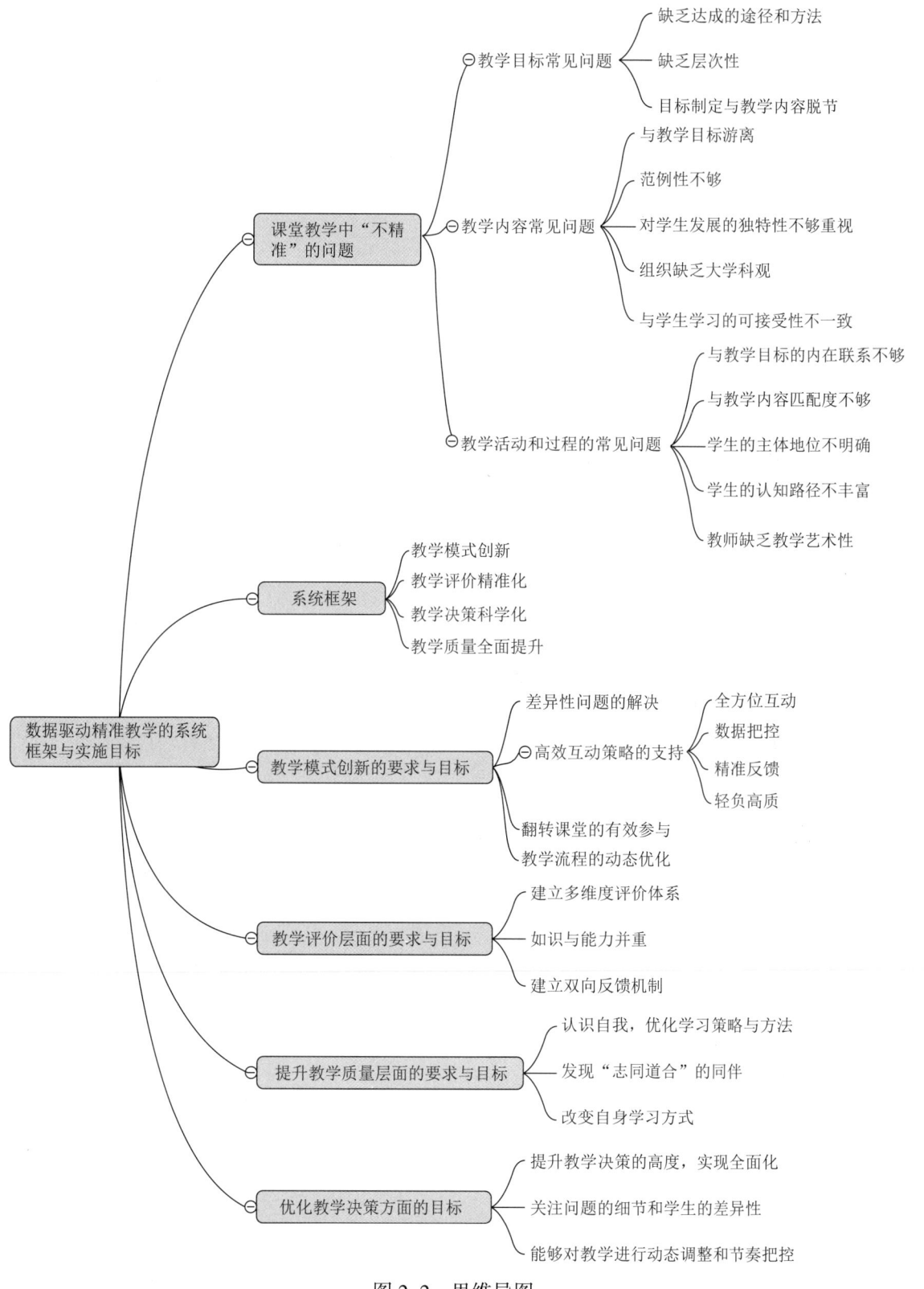

第二章 数据驱动精准教学的系统框架与实施目标

- 数据驱动精准教学的系统框架与实施目标
  - 课堂教学中"不精准"的问题
    - 教学目标常见问题
      - 缺乏达成的途径和方法
      - 缺乏层次性
      - 目标制定与教学内容脱节
    - 教学内容常见问题
      - 与教学目标游离
      - 范例性不够
      - 对学生发展的独特性不够重视
      - 组织缺乏大学科观
      - 与学生学习的可接受性不一致
    - 教学活动和过程的常见问题
      - 与教学目标的内在联系不够
      - 与教学内容匹配度不够
      - 学生的主体地位不明确
      - 学生的认知路径不丰富
      - 教师缺乏教学艺术性
  - 系统框架
    - 教学模式创新
    - 教学评价精准化
    - 教学决策科学化
    - 教学质量全面提升
  - 教学模式创新的要求与目标
    - 差异性问题的解决
    - 高效互动策略的支持
      - 全方位互动
      - 数据把控
      - 精准反馈
      - 轻负高质
    - 翻转课堂的有效参与
    - 教学流程的动态优化
  - 教学评价层面的要求与目标
    - 建立多维度评价体系
    - 如识与能力并重
    - 建立双向反馈机制
  - 提升教学质量层面的要求与目标
    - 认识自我，优化学习策略与方法
    - 发现"志同道合"的同伴
    - 改变自身学习方式
  - 优化教学决策方面的目标
    - 提升教学决策的高度，实现全面化
    - 关注问题的细节和学生的差异性
    - 能够对教学进行动态调整和节奏把控

图 2-2　思维导图

自主活动：反思数据驱动教学的目标是什么？

请学习者在学习完本章内容后，进行自我反思，并记录个人学习心得。

小组活动：谈一谈当前学科教学中的问题，并讨论能否用数据驱动教学去解决？

请学习者围绕本章的学习主题进行组内交流，并做好小组学习记录。

评价活动：评价本章知识与能力学习水平

一、简述题

1. 请论述数据驱动教学需要解决哪些问题（知识检查点2-1）。
2. 请论述数据驱动教学要达成的目标（知识检查点2-2）。
3. 请论述在达成数据驱动教学目标中采用的方法是什么（能力里程碑2-2）。

二、实践项目

结合本章所学，在第一章活动项目的基础之上探讨进行教学设计时需要在教学目标上进行哪些新的举措与尝试。如何在教学策略、教学评价、教学质量及教学决策方面有所体现？

1. 在以往的教学设计中会遇到哪些问题，本节课的教学设计需要进行哪些尝试？
2. 为了这些目标，将着重关注哪些数据？
3. 预测利用这些数据，哪些问题可以得到解决，哪些问题还会存在？
4. 采用这样的方式有哪些困惑和质疑？

第三章 数据驱动精准教学的实施现状及常用模式

本章学习目标

在本章的学习中,要努力达到如下目标:
◆ 了解数据驱动下的精准教学在国内外中小学的实施现状(知识检查点 3-1)。
◆ 了解数据驱动下精准教学的有效性判断(知识检查点 3-2)。
◆ 了解数据驱动下精准教学的常用模式(知识检查点 3-3)。
◆ 能够说出精准教学在所教学科中的应用范围和方式(能力里程碑 3-1)。
◆ 能够选取学科知识,获取数据,设计精准教学(能力里程碑 3-2)。

本章核心问题

如何评价精准教学的有效性?目前在中小学中常用的数据驱动的精准教学模式有哪些?

本章内容结构

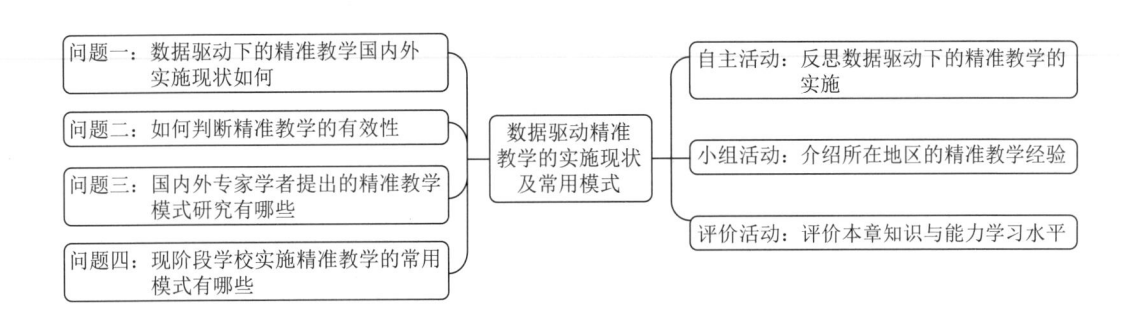

问题一:数据驱动下的精准教学国内外实施现状如何
问题二:如何判断精准教学的有效性
问题三:国内外专家学者提出的精准教学模式研究有哪些
问题四:现阶段学校实施精准教学的常用模式有哪些

数据驱动精准教学的实施现状及常用模式

自主活动:反思数据驱动下的精准教学的实施
小组活动:介绍所在地区的精准教学经验
评价活动:评价本章知识与能力学习水平

引　言

数据驱动下的精准教学是一种典型的"互联网＋教育",借助大数据分析的优势开展精准教学，能够激发中小学教学内在活力。数据驱动下的精准教学可以通过信息化手段将学生的学习的习惯、行为、内容、过程以及效果等数据进行记录与整理，教师可以利用技术手段对这些数据进行深度挖掘，从而开展精准教学；教师在保证精准地针对数据问题展开教学的同时，也可以利用数据进行个性化干预，为学生提供个性化的学习体验。

大数据驱动下的个性化学习领域中，有学者对学习过程结构、可视化及学习效果等方面进行分析，研究表明，对学习行为与知识技能掌握数据的分析，能够给学生推荐合理的学习路径与难度适合的学习资源，同时可以对学生的学习做出及时、准确的反馈，提供个性化服务干预。同时家长与学校之间通过信息化平台进行学业数据应用，基于数据与授课教师的精准互动和及时交流，实现学习过程及结果的共享管理，也能够更好地提升学习的效果。

问题一：数据驱动下的精准教学国内外实施现状如何？

近几年随着大数据、人工智能等技术的高速发展，国内越来越多的研究人员和企业加入到数据驱动下的精准教学研发团队中，据有关数据表明，北京师范大学等十余所高校组织了专门的教育大数据研究团队，开展相关研究，全国有15000多所中小学，8000多万名师生应用了各类大数据精准教学系统，浙江省、江西省、成都市、武汉市、天津市等地区在教育大数据应用方面已经显现出区域性特色。

尤其是浙江省，2016年以来省内很多地区如衢州市、温州市、东阳市、慈溪市等都展开了基于大数据的个性化教学研究和实践，涌现出了一大批有典型应用经验的学校。浙江省以浙江省基础教育课程改革重点研究项目"大数据背景下的精准教学"为抓手，成立了中小学大数据研究联盟，遴选出20多个有一定基础的区域和学校共同开展大数据应用研究和实践，实现在大数据、人工智能环境下教与学的变革，对数字化环境下课程的改革、教学方式的突破进行探索和论证。

在教育部"2017-2018年度基础教育信息化应用典型示范案例"的4个区域与17所学校中，无一例外都将数据驱动下的教学作为应用重点进行阐述。以江苏南通一中为例，该校2015年在高三数学备课组开展基于大数据的精准教学实践；2016年，全校推广使用学业大数据系统，全面实施精准教学和个性化学习；2017年高一年级4个班级成为智慧课堂试点，全体师生配备智能终端，基于大数据、云计算等技术的智慧课堂正式进入实施阶段；2018年5月，《"人工智能+数学"课程基地》被江苏省教育厅批准纳入省级建设计划。

同时，各教育信息化企业开展了学习互动系统的开发和制作，大多数平台配备了基于平板电脑或智能手机的学习互动系统，学生通过网络测试完成学习效果的诊断，教师利用其即时统计功能，就可以发现某位同学或者某几位同学在特定知识上有薄弱环节，而像其他一些互动学习平台还会标记出哪些同学在回答过程中出现了犹豫及犹豫的时间，教师能够快速地发现总是在犹豫的同学或者频繁出错的同学，帮助学生定位他们在知识掌握或者学习状态上的问题，及时采取补救和改进措施。

还有一些企业建立起专门的精准教学研究部门，在开发平台的基础上进行教学实施的研究，例如科大讯飞就从全国超过70所"科大讯飞智慧教育产品应用示范校"中选取了较有代表性的七所学校（位于贵州、安徽、浙江、广东等地）开展案例调研，同时与Lindsley关于精准教学的观点进行对照、比较，设计出大数据精准教学应用模式。

在国外，各国都开展了一系列基于教育数据的研究实施，基于数据的隐私性，多数国家以政府行为为主，集中采集数据并在可控范围内的各学校进行应用和实施。其中，美国政府依托一个完整的自上而下的教育问责体制，建立了教育大数据在K12中的实施体系。其中学校评估系统（school evaluation system）通过对学生课堂行为数据的收集与分析，评估各班级学生的学习质量，为教师及家长跟踪学生的学习效果提供便利。该体系系统地收集了每个地区的教学数据、学业成绩数据、学业完成率数据等，每个美国公民都有权利知晓其孩子所在地区及教师的教学效果。而各州政府通过查看当地教学水平及升学率，则会依据其自身的发展现状实施不同的策略或项目，以改进当地教学水平和升学率。如纽约教育部发起的School of One（SO1）项目，主要目的是提升纽约地区学生的科学计算能力、数学学习效果及阅读能力，将大数据具体地整合到STEAM（科学、技术、工程、艺术、数学）教学中。其主要的运转形式是：研发包含学习算法的机器学习技术，收集学生的行为数据，通过算法分析为学生及教师自动生成推荐课表，以优化学生学习路径，进而提升学生计算机科学和数学方面的能力。

问题二：如何判断精准教学的有效性？

在课堂教学中，教师们经常会产生这样的疑问：怎样实施教学才能做到精准有效呢？要回答这一问题我们有必要从精准教学的起源开始谈起，美国在二战结束以后，学生学业水平显著降低，中小学生的计算能力与阅读能力普遍较弱，为了推动科学技术的发展、提升全民素质，美国开始进行教育改革，强化普通教育，尤其关于数学、语言、自然等学科教学质量的提高十分迫切。精准教学模式是在斯金纳学习理论基础上产生的，利用信息技术给予教学充足的技术支持，利用有效度对学生课堂进行衡量，从而提高教学实效。这里面我们就需要讨论目标定位、教学过程以及结果评价的有效性。精准教学有效性判定过程如图3-1所示。

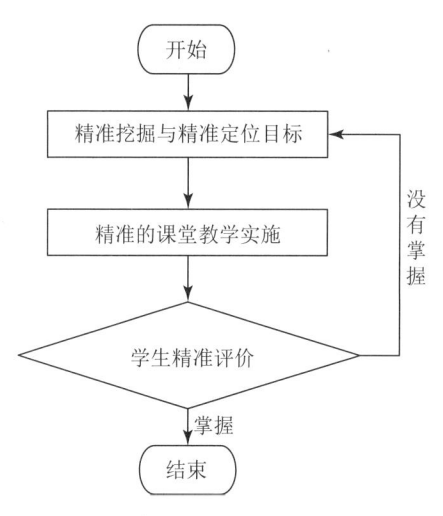

图 3-1 精准教学有效性判定过程

一、目标定位有效

斯金纳学习理论以操作反射为核心，认为学习属于操作性条件反射，在操作以后便会得到一定的强化，从而使掌握操作的概率增加。反映到教学过程中，就是通过设定学习目标来对学习过程进行控制，经过不断的训练、纠正以及反馈等实现目标。

二、教学过程有效

斯金纳认为，判断课堂有效性最为关键的要素便是学生行为本身。在精准教学中可以从五个角度对学生行为进行分析：一是能否根据需求完成学习任务；二是能否长时间坚持完成学习任务；三是能否在遇到阻碍时继续学习某项技能；四是能否熟练应用技能；五是能否在没有明显指导情况下掌握复杂行为技能。学习情况通常通过"准确度"与"速度"两类指标表示出来，并随着时间增长而发生一定的改变，对这些相应的数据进行分析，得出结论，能够帮助教师判定教学方式的有效性。

三、结果评价有效

在结果评价方面，精准教学能否在教学数据平台对教学环节获取精准数据从而对教学精准优化是结果评价的关键，有了评价数据才能通过特定技术手段，为教师教学提供有效的分析工具，从而通过数据分析产生学习评价结果，判断教学的有效性。同时，在数据支持下，教师对所有学生都进行个别化精准关注，明确其学习短板，从而构建科学的、能及时更新的评价系统，使评价结果更加有效，这也是数据驱动下精准教学的评价有效性的重点。

问题三：国内外专家学者提出的精准教学模式研究有哪些？

当我们要进行一系列实践之前，有必要先了解一些专家和学者在这方面的研究成果。近五年以来，数据驱动的精准教学模式研究呈井喷式发展，许多专家和一线教师都在进行相关的实践研究，提出了众多有一定操作性的精准教学模式。

祝智庭和彭红超提出的信息技术支持的精准教学模式，分为四个关键环节：精准确定目标、开发材料与教学过程、计数与绘制表现和数据决策。管珏琪设计的基于电子书包的数学复习课教学模式，将教学过程分为"理、练、评、测"四个环节。彭红超和祝智庭分析智慧教育境域中精准教学"以测辅学"的机制与原理，包括测量时"以测识学"、记录时"以绘视学"和决策时"以评辅学"。

余燕芳（2015）构建了移动学习的 O2O（Online to Offline）翻转课堂学习平台，将学生课上、课下的学习时间与学习模式进行重构和设计，融合"移动微课程+移动微考试+快速课堂录像+离线学习+微文档+学习沟通+学习群组+报表统计"等功能，为学习者提供了更符合认知习惯的学习路径。线上学习中，教师将微课程等学习资料上传至平台，并发布学习任务、组建学习小组等；学生则在线浏览学习资源、完成学习任务、参与线上讨论。在线下课堂中，学生对相关学习内容与任务进行汇报、提出自己的疑问，教师则组织学生进行讨论、回答学生的提问等。在学习过程中，教师实时收集学生的基本信息、在线学习行为、提交的学习资料等客观数据，利用大数据分析技术探究影响学业表现的因素，预测学习需求，对线上资源推送和线下课堂教学进行有针对性的设计与动态调整，从而实现 O2O 翻转课堂学习的精准量化评估。

李红美等（2015）学者开发了基于智慧教室的教学应答系统（Audience Response System，ARS），构建了课前、课中、课后贯穿一体的教学互动模式，并将其运用到高中历史课堂与数学课堂，以实现高效互动的课堂教学。面向智慧教室的 ARS 教学互动模式包括四次教学互动反馈：第一次为复习性检查反馈，即检查学生在讲授新课前已学知识或预习情况；第二次为新授效应性反馈，即在讲授新课后检查学生的新知了解情况；第三次为巩固深化性反馈，即根据具体练习题反馈了解学生对新内容的认知深度；第四次为运用发散性反馈，即根据相关的思维练习题反馈获取学生对根本规律的理解程度及举一反三的能力。在课堂中，使用 ARS 教学应答系统实时回收全班学生的作答情况，并以柱状图、直方图等形式进行可视化呈现，帮助教师及时掌握班级整体与学生个体的学习情况，再确定后续采用何种具体的教学策略（如小组同伴讨论、班级整体交流、教师具体讲评等），使教学效率大幅度提高。

Lindgren 等（2016）开发了 MEteor 行星交互式模拟仿真系统，它可投影在大型（30*10 英尺）地面及墙壁幕布上，精确表示天文物体的位置。使用 MEteor 的激光扫描技术可以精确跟踪学习者的实际位置，让学习者变身为宇宙中移动的行星。该系统应用于美国中学七年级的物理课堂，学生模拟宇宙中的行星运动来探究重力和行星运动的关系，基于激光技术的 MEteor 系统实时采集学生的位置数据，将学生的行动路径反馈至屏幕和地板上，教师可通过观看学生的行动路径记录与分析结果，掌握学情，并即时讲解与引导，提升了学生在课堂中的参与度、积极性和交互性。

Lai 等（2016）在小学四年级的数学课堂中，创建了基于数据分析实现自我调节策略的学习系统，以实现数据驱动的翻转课堂实践。该系统由外部学习系统、自我调节监控系统、教师管理系统及数据库组成。其中外部学习系统用以支持学生课前的电子书阅读及测试答题；自我调节系统则用来设定学习目标，并进行学习前后的比对，评估其学业表现及自我调节能力；在教师管理系统中，教师可以发布学习资源，查看学习过程与学生反馈；学生在学习过程中所产生的日志记录与行为表现都会被记录在数据库中，包括学习时间、测验正确率、制订的学习目标、交互记录等数据。系统依据客观数据评估学习目标的偏差与时间管理能力，帮助学生进行自我调节。同时，教师可以在系统中查看学生的学习情况，并依据学生的评论与反馈了解错误率较高的问题与知识点，在课上进行针对性的讲解。这不仅实现了课外预习、课内交流的翻转学习，而且借助大数据分析结果提高了翻转课堂的质量与有效性。

刘邦奇（2016）认为智慧课堂包括学情分析、学习测评、教学设计、情境创设、探究学习、实时检测、总结提升、课后作业、微课辅导、反思评价十个教学步骤，并将这些步骤归类于课前、课中和课后三大环节。例如，课前，教师通过智慧课堂信息技术平台查询学生的历史学习成绩与作业情况，精准分析学情，进行教学设计；学生借助平台学习微课，预习新知。课中，教师创设情境导入新课，布置学习任务，并依据课堂反馈进行讲解；学生在智慧课堂信息技术平台进行任务探究，完成课堂测试题，提交任务成果。课后，教师依据课前、课中情况，依托信息技术平台给每位学生布置个性化的课后作业，并推送针对性的辅导资料；而学生则可以在提交作业后，看到平台的自动批改结果和反馈结果，了解自己的问题所在，查缺补漏。有了多源数据的持续性收集、即时性分析和可视化呈现，这三类十环节的教学流程可以根据实际情况进行灵活调整，使技术服务于教学、教师服务于学生，取得教与学双赢的局面。比如作业自动批改可以在课中进行，便于教师及时判断学生的知识掌握程度，针对性的辅导资料是在自动批改后由教师人工推送或系统自动推送。

孙众等（2017）以校园混合课程的动态设计为切入点，一方面收集传统环境下能获得的学习者个人特征、前期知识基础、兴趣态度等非智力因素，另一方面积累学习者在线学习的全过程全样本数据，综合起来开展学习预测。结果发现班级干预比个别干预更能激发学生的在线学习参与度；面授与在线相结合的教学干预比单纯的面授更能建立良好的社会化学习网络；深层干预与浅层干预对于中低分组的学生均有正向促进作用，但深层干预对于学弱群体的教学改善作用更为明显。另外，分析使用微信发布课程信息的全过程数据后可知，用户对于课程学习内容的微信阅读峰值是在每天晚上六点后的两三个小时，这个时段不仅是微信使用的高发时段，也是公众号学习内容得到最大阅读人次和较高转发次数的时段。因此教师即时调整，改变原来随机发布内容的方式，改为晚上六点发布，且在微信学习群里同步公告，提高了学习资源的传送及阅读的有效流量。

问题四：现阶段学校实施精准教学的常用模式有哪些？

近两年教育部组织了一系列的信息化应用相关典型学校和区域的评比，这其中涌现出了一批具有实践经验的数据驱动的精准教学案例，下面我们将初步学习几种常用的模式，对数据驱动下的精准教学进行全面的认识和理解。

一、数据驱动下的精准教学所涉及的要素模型

数据驱动下的精准教学的核心在于精准定位分析，那么就要我们充分利用信息技术处理，对已形成的结构化数据进行再加工，并通过一系列策略和方法，实现精准定位分析，形成对教学应用有直接决策价值的决策数据。精准教学驱动要素模型如图 3-2 所示。

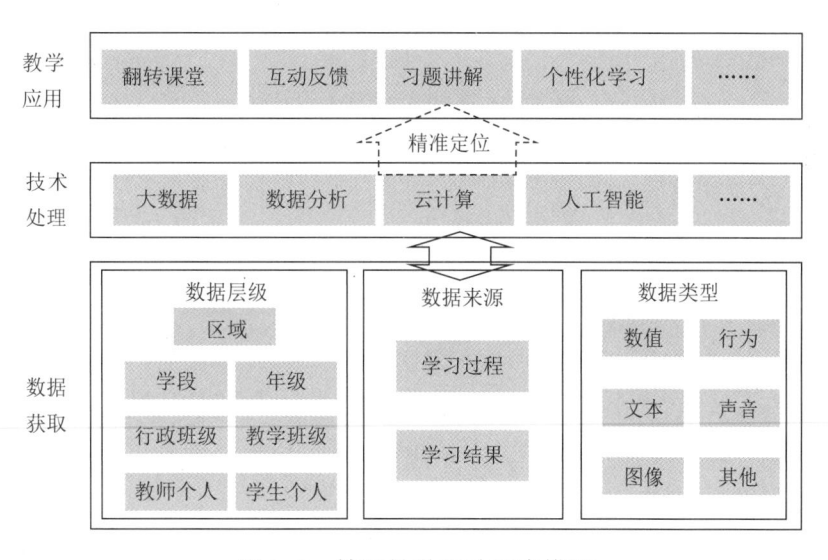

图 3-2　精准教学驱动要素模型

二、基于移动设备数据驱动下的精准教学

1. 电子书包赋能的精准教学模式

全国教育信息技术研究专项课题"基于数据分析的初中生自适应学习应用研究"的研

究成果中提出了电子书包赋能的精准教学模式,如图3-3所示,该模式分为七个精准环节:精准目标、精准分组、精准理解、精准研学、精准评估、精准反思和精准拓展。在以上七个精准环节中,学生的学习活动依次包括:单元测验、精准分组、微课自学、小组研学、变式练习、策略研讨和课后拓展。为支持学生的精准学习,教师开展的教学活动有设计测验、诊断问题、自学引导、研学指导、设计测验、总结提升和拓展知识,电子书包的赋能模块有单元测验、学习分析、微课录制、错题管理、智能推送、微课学习、在线讨论、错题订正、学习评价和作业管理。

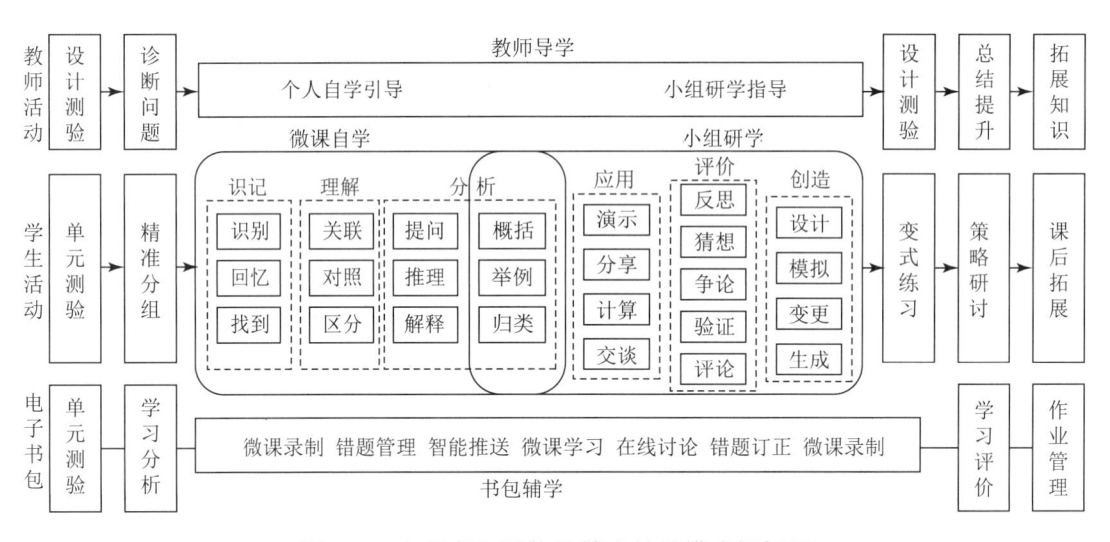

图 3-3 电子书包赋能的精准教学模式框架图

2. 基于 BYOD 的精准教学

BYOD(Bring Your Own Device)指携带自己的设备办公,这些设备包括个人电脑、手机、平板电脑等(而更多的情况指手机或平板电脑这样的移动智能终端设备),通常我们所指的 BYOD 是用于课堂教学的平板电脑。依托企业开发的 BYOD 学习平台优势,教师可在平台的教师端上通过网络直接推送教学资源到学生端,并能实时监控他们的完成进度,及时给予评价反馈,具有较好的交互性。教师可从课前、课中、课后三个环节使用 BYOD,实行"八步教学法",有效实现精准教学。

三、基于大数据获取的精准教学模式

大数据精准教学模式由大数据采集系统、大数据精准教学系统、练习中心三部分组成,涵盖考试数据采集、测验数据采集、日常练习数据采集、基础数据分析以及智能题库、精准备课、精准讲评等功能模块,依托人工智能+大数据+优质资源,实现考试、测验、练习等全场景数据的采集,通过人工智能的知识图谱和习得顺序,精准分析每个班级的学业

情况和每个学生的学习情况,从而精准实现教与学,提高教学效率,提升教学效果。基于大数据获取的精准教学模式如图 3-4 所示。

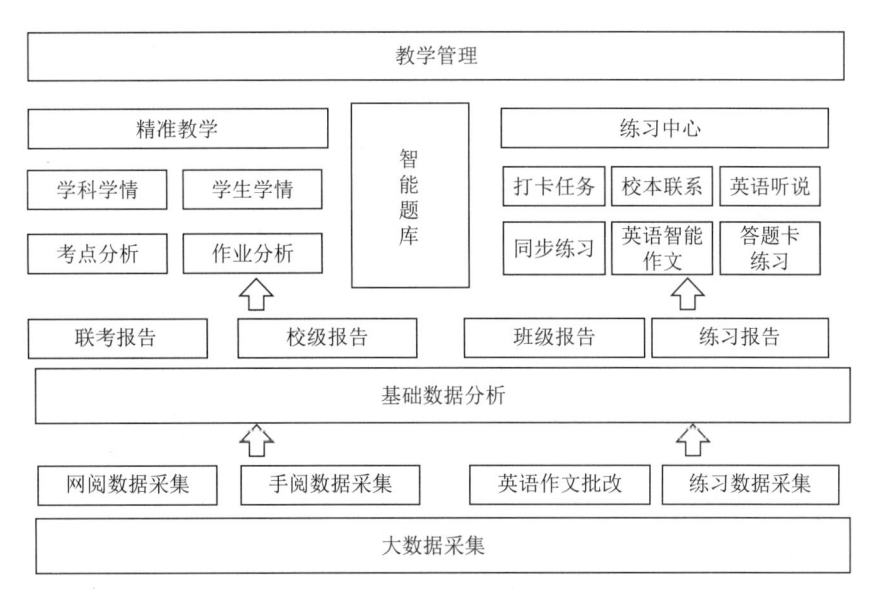

图 3-4 基于大数据获取的精准教学模式

四、基于实施环节的精准教学模式

要实施数据驱动的精准教学,必须建立一套切实可行的操作模式,这一模式框架的建立,应以教学活动实施的一般流程为依据,即设定教学目标→组织与传递教学内容→设计学习活动→对学习结果进行测评与反馈。精准教学模式实施环节如图 3-5 所示。

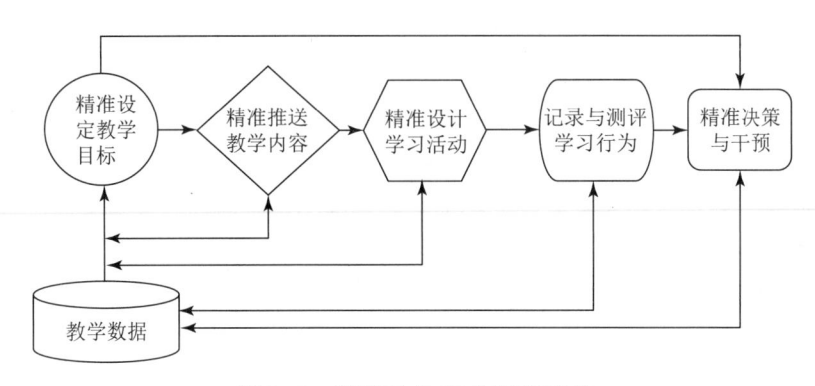

图 3-5 精准教学模式实施环节

这一模式是指在综合考虑学生学习现状和学习偏好的基础上,为不同学生精确设定不同的结果预期;根据学习者特征,主动为学生推送适合其学习需要的教学内容。在具体设计精准教学活动时,应综合考虑学生的学习偏好、互动偏好、学习支持及活动组织等因素。

在教学过程中，用信息化手段和工具精准记录课堂中学生的学习行为和表现，并深入挖掘、分析学生在各个维度的历史学习表现数据，获取其学习行为的潜在规律和特点，发现其学习过程中存在的潜在问题与缺陷；同时，立足于学生的个性化学习特点和学习过程中出现的各种问题，有针对性地采取相应的干预措施，以不断完善、优化后续的教学过程。

五、基于高效互动课堂的精准教学模式

《中国基础教育大数据2016-2017：走向数据驱动的精准教学》一书中提出了高效互动课堂5J模型，由精心设计、细心授导、精炼研习、精准评估和精益辅导五部分构成。该模型在不影响师生正常教学行为习惯的前提下，以"低耗高效、轻负高质"为目标，采用纸笔互动的方式，自然、持续地记录课堂教学产生的数据，并进行实时分析和可视化呈现，以实现在有限的课时内最大程度地提高教学效率。高效互动课堂教学模式如图3-6所示。

图3-6 高效互动课堂教学模式

上述模式从不同角度对数据驱动的精准教学进行了具体的实施设计，在后续章节中再进行具体的介绍，并依托具体实例进行分析。

问题五：基于学科特点的精准教学实施模式有哪些？

上面问题中，我们都在研究普适性的数据驱动下的精准教学，那么不同的学科会有其特定的数据或者教学方法，比如英语的听说、数学的运算、体育的运动体征以及物理的实验等，这时我们就不能完全套用上述的模式。很多行业专家和一线教师也认识到了这一点，开展了一些针对学科特点的数据驱动精准教学的研究和实践。

罗莹和谢晓雨提出基于智慧学伴的初中物理精准教学模式，将课堂教学分为课前诊断、课堂教学、课后作业和反思四个环节，根据实验结果发现，该教学模式能有效提高教学效果，在关注学生个性化需求、帮助学生构建自己的知识体系方面有显著效果。郑林开展"智慧学伴"促进初中历史精准教学的研究，将学生学科能力分解为识记、说明、概括、比较、解释、评价、建构、考证和探究九个层次，以此解析课程内容、制订教学和开发微课资源，

然后利用"智慧学伴"开展在线测试，诊断目标达成度和推送资源，根据实验结果发现，基于"智慧学伴"的精准教学能有效提升学生的历史学业成绩。

谭威（2014）将 Hiteach 智慧教室系统（以下简称 Hiteach）引入小学数学课堂，使课堂互动更为高效。教师可以在课堂上考察当堂的知识点，并可立即收到学生的数据反馈，了解学生的掌握情况。教师也可将 PPT 上的页面"抓"入 Hiteach，发送到每个学生的平板电脑上进行展示，学生可将自己的学习、作答页面上传共享。Hiteach 内有学习诊断分析接口，可以与私有云及公有云技术的 ADAS 云端诊断分析系统结合，将运算数据上传至云端，并取得包括成绩统计、排名、正确率等数据图表及学生的学习态度与学习能力诊断分析报告，实时帮助教师进行有针对性的辅导，打造数据驱动下的高效互动课堂。

目前随着中高考改革的深化实施，英语听说训练的精准教学模式也在逐渐成熟，英语听说课堂通过教学管理平台预置与课程同步、主题相关的听说智能化教学资源，可用于校级、班级便捷开展英语听说课堂教学活动、随堂测试练习及课后听说练习，并自动汇总统计学生的课堂互动、测试记录和学习记录，形成学情分析报告，指导教师制订并修改教学计划，辅助教学主管部门进行教学研究和管理决策。课后，学生不仅能按教师要求完成课程的听说作业，也可以针对自己的口语水平选择适合的题型进行自主学习。英语听说平台的工作模式如图 3-7 所示。

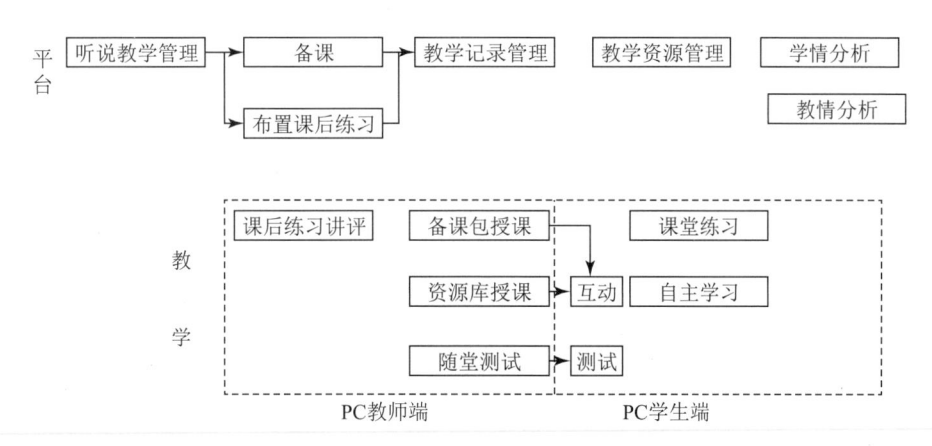

图 3-7 英语听说平台的工作模式

本章内容小结

本章我们学习了数据驱动下精准教学的国内外实施现状（知识检查点 3-1），判断了精准教学的有效性（知识检查点 3-2），了解了国内外专家学者提出的精准教学模式（知识检查点 3-3），并掌握了精准教学的应用范围和方式（能力里程碑 3-1），能够选取学科知识，获取数据，设计精准教学（能力里程碑 3-2）。

本章内容的思维导图如图 3-8 所示。

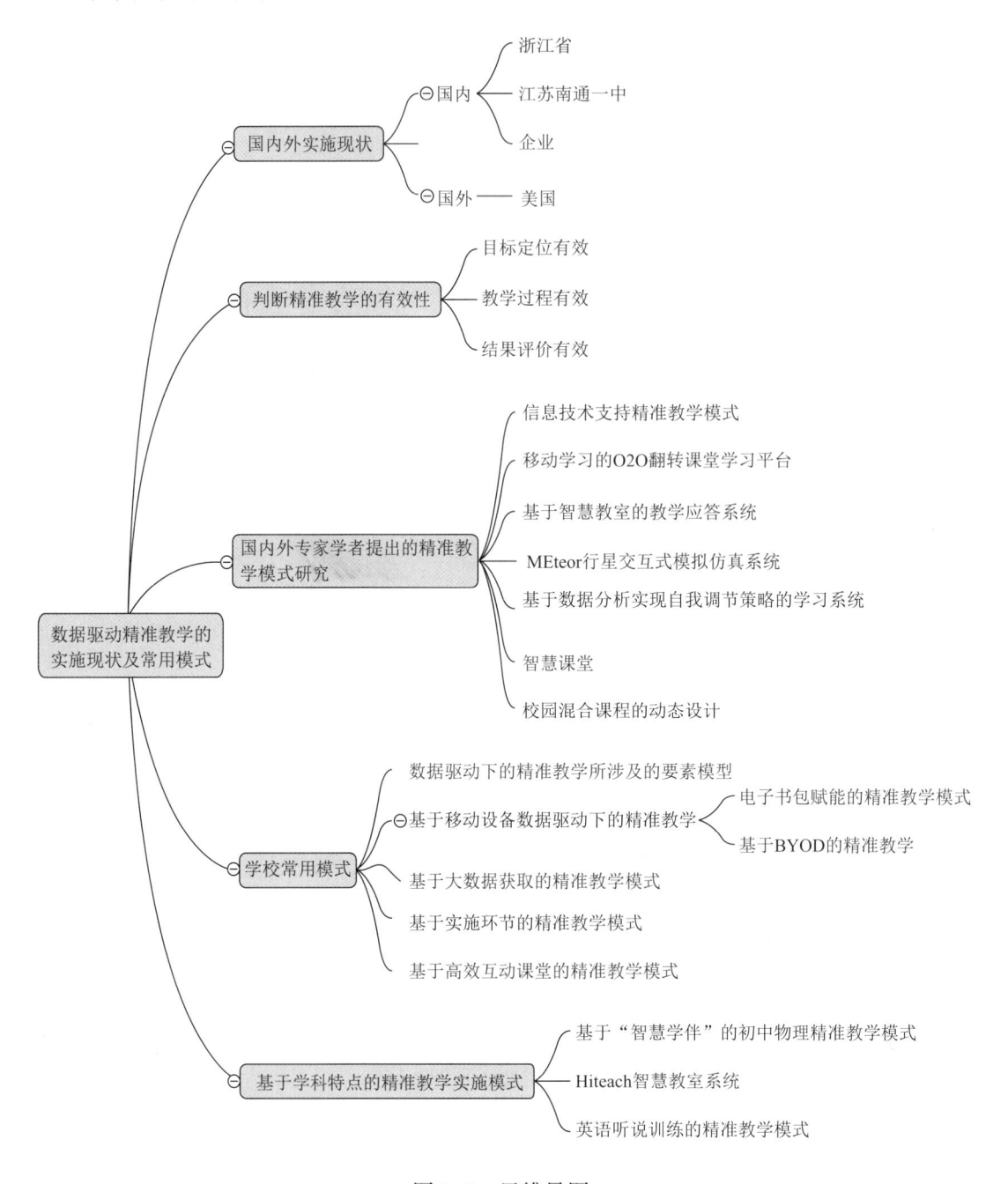

```
数据驱动精准教学的实施现状及常用模式
├─ 国内外实施现状
│   ├─ 国内
│   │   ├─ 浙江省
│   │   ├─ 江苏南通一中
│   │   └─ 企业
│   └─ 国外 ── 美国
├─ 判断精准教学的有效性
│   ├─ 目标定位有效
│   ├─ 教学过程有效
│   └─ 结果评价有效
├─ 国内外专家学者提出的精准教学模式研究
│   ├─ 信息技术支持精准教学模式
│   ├─ 移动学习的O2O翻转课堂学习平台
│   ├─ 基于智慧教室的教学应答系统
│   ├─ MEteor行星交互式模拟仿真系统
│   ├─ 基于数据分析实现自我调节策略的学习系统
│   ├─ 智慧课堂
│   └─ 校园混合课程的动态设计
├─ 学校常用模式
│   ├─ 数据驱动下的精准教学所涉及的要素模型
│   ├─ 基于移动设备数据驱动下的精准教学
│   │   ├─ 电子书包赋能的精准教学模式
│   │   └─ 基于BYOD的精准教学
│   ├─ 基于大数据获取的精准教学模式
│   ├─ 基于实施环节的精准教学模式
│   └─ 基于高效互动课堂的精准教学模式
└─ 基于学科特点的精准教学实施模式
    ├─ 基于"智慧学伴"的初中物理精准教学模式
    ├─ Hiteach智慧教室系统
    └─ 英语听说训练的精准教学模式
```

图 3-8　思维导图

自主活动：反思数据驱动下的精准教学的实施

请学习者在学习完本章内容后，进行自我反思，并记录个人学习心得。

小组活动：介绍所在地区的精准教学经验

请学习者围绕本章的学习主题进行组内交流，并做好小组学习记录。

评价活动：评价本章知识与能力学习水平

一、名词解释

精准教学的有效性（知识检查点 3-2）

BYOD（知识检查点 3-3）

高效互动课堂 5J 模型（知识检查点 3-3）

二、简述题

1. 你所在的地区在精准教学方面都做了哪些尝试，通常采用哪些教学模式（知识检查点 3-1，知识检查点 3-3）？

2. 你所教的学科中有没有值得推荐的精准教学模式（能力里程碑 3-1）？

3. 是不是学科的所有课堂都适合使用数据驱动的精准教学，为什么（能力里程碑 3-2）？

三、实践项目

请对你所教学科的知识点进行整理，选择合适的数据驱动下的教学模式，撰写一篇学科课堂实施精准教学的方案（能力里程碑 3-2）。

第四章 数据驱动精准教学的技术实现

本章学习目标

在本章的学习中,您要努力达到如下目标:
- ◆ 了解基于大数据精准教学平台的主要功能(知识检查点 4-1)。
- ◆ 了解基于大数据精准教学平台的主要技术框架(知识检查点 4-2)。
- ◆ 能够利用大数据平台提供指标数据对教学过程进行基本描述(能力里程碑 4-1)。
- ◆ 能够根据自己学科的特色,利用平台合理设计教学过程(能力里程碑 4-2)。

本章核心问题

精准教学平台的主要功能是什么?我们如何应用这些功能去落实精准教学?

本章内容结构

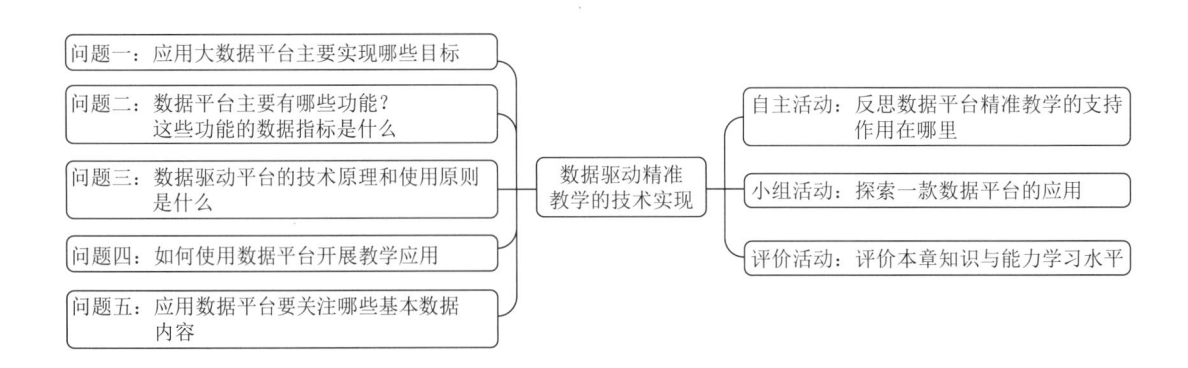

```
问题一:应用大数据平台主要实现哪些目标
问题二:数据平台主要有哪些功能?
       这些功能的数据指标是什么
问题三:数据驱动平台的技术原理和使用原则      数据驱动精准
       是什么                              教学的技术实现
问题四:如何使用数据平台开展教学应用
问题五:应用数据平台要关注哪些基本数据
       内容

自主活动:反思数据平台精准教学的支持
        作用在哪里
小组活动:探索一款数据平台的应用
评价活动:评价本章知识与能力学习水平
```

引 言

在前面的讨论中,我们谈到精准教学的主要目标:全面落实学生的个性化学习和因材施教。通过数据采集、数据分析以及智能化信息的推送、指导与服务等一系列操作，可以帮助我们实现目标。在以往很长的一段时间里，由于涉及相关教育学、统计学以及信息学等知识过多，这些操作只能够被少数教师掌握。随着大数据和人工智能相关技术的教育平台的出现和不断完善，使这些复杂的操作变得容易，为广大教师提供了强有力的技术保证，使他们可以专心聚焦于数据驱动教学的设计与实施。

随着以大数据、人工智能为代表的智能技术的兴起，借助各类教育信息化系统，教师便可从多个维度了解班上每个学生的情况。在相关教学理论的支持下，更多的学生有机会获得教师的"差异化教学"指导和应用系统的"个性化学习"推荐，符合新时代教育教学的发展趋势。在本章的学习中，我们不会聚焦某一个平台，而是提供常用平台的工作过程和应用思路，在理解简单技术的背景后，为大家提供进一步思考与挖掘应用的思路。

问题一：应用大数据平台主要实现哪些目标？

数据平台的研发与改进使一线教师不需要更多专业的统计学与信息技术相关学科知识，经过一段时间的学习与训练，就可以使教学科学化、合理化、专业化。

虽然越来越多的教师依赖于各类数据平台开展教学活动，但是在应用的过程中，一部分教师也陷入了盲区。过分关注技术的应用效果和呈现形式，而忽略了平台的真正作用和数据的价值，在上课时为了使用平台和数据而设计教学，出现了本末倒置的现象。因此，我们首先要明确利用数据需要解决的问题与目标。

一、教育信息化在教学活动中的有效融合

信息技术的迅猛发展，强调人类在思维、学习方式上的重大变革，也给教育带来了空前的机遇。2018年3月18日，由北京师范大学、美国北德克萨斯大学、互联网教育智能技术及应用国家工程实验室联合主办的第三届中美智慧教育大会在京召开，教育部科技司雷朝滋司长作了题为《新时代的中国教育信息化：从1.0走向2.0》的报告。他指出，通过教育信息化2.0的实施，要努力实现"三全两高一大"的基本目标，并力争实现"三个转变"，即实现从教育专用资源的开发、应用和服务向大资源的开发、应用和服务转变，实现从提升信息技术应用能力向提升师生信息素养转变，实现教育信息化从融合应用向创新发展转变。

当前教育信息化教学的应用，更多的关注优质资源的整合、移动教学、学情分析、智能阅卷、个性化学习、智能服务等。通过教育大数据平台，以刚需为驱动，将数据进行整合；以应用为核心，进行针对性实践，保证课堂教学的精准。

二、打造闭环系统，打通学习认知环节

所谓学习闭环指的是一个完整的学习过程，包括预习、听课、课后练习、复习和测验等环节。这些环节相信所有的人都很熟悉，因为这就是传统学校教育一直遵照的学习模式，也是被教育科学所证明了的科学的、高效的学习模式。由于缺乏有效的监督、人工处理判断受经验限制、线上学习和课堂学习目标不同、学习内容和方式的区别等，在不借助数据平台的基础上，在教学环节上依然处于孤立状态，无法做到因材施教。

而数据平台给我们提供了一种这样的思路：通过各类考试、日常测验、作业收集动态数据；通过数据发现并分析具体问题，进而展开自适应测试；通过反馈进一步解释问题，最终达到助力教师个性化教和学生自适应学的目的。保证教师在数据平台的指导下有设计、有检测、有优化，科学严谨，有关联和事实依据地落实每一个环节。

三、将教育大数据应用于实际教学

近些年，广大教师应用数据的意识和手段有了明显提升，但对数据的发掘存在着严重的不足。其主要原因在于，数据的结论没有应用到教学的指导过程中：教师的主观经验依然主导其意识，导致不能对数据进行深入的挖掘，难以实现高效目标的管理；采集管理受限，无法对发生的实时数据进行提取与加工；教师处理数据的能力有限，无法形成有效数据并应用于学生的个性化学习中；对课堂上生成的数字化图像、语音、文本等，未能做进一步的量化处理与分析。

借助大数据平台，可以打破这些局限。通过"傻瓜"似的处理方法，可以完成对这些数据的有效生成。数据的处理与匹配，可借助平台服务来完成。教师需要掌握的知识为：能够看懂生成的数据，如可视化的信息图表，量化的数据报告等，并结合教育教学原理和自身丰富的经验，进行方案的优化与改进，从而使教育大数据切实完成在精准教学中的应用。

四、打造人工智能+教育情境

当前大数据教育平台和人工智能技术承载着更多的责任：利用人工智能技术加快人才培养模式的形式，教学方法的改革，构建智能教学、交互式学习的新型教育体系；利用人工智能技术在教学、管理、资源建设等方面全流程应用。

通过人工智能技术，结合大数据平台，可以提高教育平台的认知智能。在教学环节可以帮助教师构建完善的知识图谱，结合学情数据推送更精准的教学内容。语音识别技术、机器翻译、知识推理等技术的应用可以使教师和学生双重受益。在教师层面，可以进行更深度和更广度的知识建模操作，能够更好地将教学内容进行梳理与完善。而在学生层面，辅助的人工智能技术能够帮助学生进行更加友好的交互和学习情境的创设，完成学生的个性化学习。

问题二：数据平台主要有哪些功能？这些功能的数据指标是什么？

结合大数据和人工智能技术构建的教育数据平台，为个性化的在线教学提供了可能。其技术的关键在于在线教学数据的全面采集与分析。虽然当前的数据平台多种多样，但就共性而言，不管我们选择何种大数据平台，通常来讲，一个比较完善的在线学习平台包括课程学习、资源管理、互动问答、成果总结、练习测试、在线讨论六大模块，如图 4-1 所示。

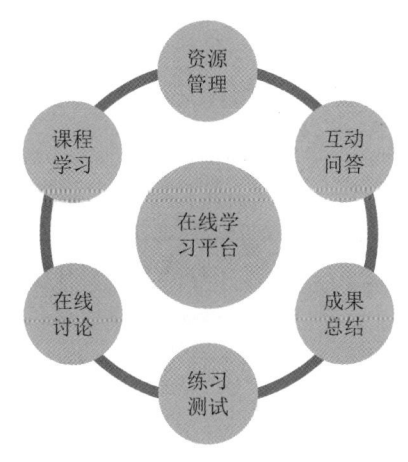

图 4-1　在线学习平台的构成模块

一、课程学习模块

课程学习模块的学生行为主要有课件浏览、在线发言及课程笔记三部分，每个部分包含不同的基本数据指标，主要记录了观看学习内容、学习中的发言、学习记录三方面的行为，并进行采样与描述，课程学习模块包含的指标如表 4-1 所示。

表 4-1　课程学习模块指标

行为数据	基本数据指标
课件浏览	点播次数　暂停次数　观看时长　观看轨迹　快进次数　快退次数　重播次数
在线发言	发言类型　发言次数　发言时间　发言内容
课程笔记	笔记次数　笔记时长　笔记内容

反映学生在何时何地有哪些学习行为，进而判断学生的学习情况，为深层次挖掘学生的学习成效奠定基础。除此之外，分析的角度还可以是课件热度、学习准备度、学习投入度及课件兴趣点等。

二、资源管理模块

资源管理模块的数据主要包括学生在线浏览学习资源时对资源的一系列操作行为，具体包括资源下载、资源上传、资源删除、资源更新、资源分享、资源浏览、资源转载、资源订阅、资源收藏、资源评论等多个部分。

其中资源的上传、下载、删除、更新是管理资源的重要数据指标；资源的分享和转载是实现资源扩散的重要手段；资源的浏览是学习者浏览资源的过程性行为数据，记录着学生的学习轨迹；资源的订阅、收藏在一定程度上反映了学生对资源的需求与爱好，通过订阅操作，可以完成对后续资源的持续更新与推送。资源评论用来描述看法、行为、建议等。资源管理模块的基本数据指标如表 4-2 所示。

表 4-2　资源管理模块的基本数据指标

行为数据	基本数据指标
资源下载	次数 时间 内容 路径 终端
资源上传	次数 时间 名称 格式 路径 终端
资源删除	数量 时间 内容
资源更新	次数 时间 内容
资源分享	次数 时间 内容 路径 方式
资源浏览	次数 停留时长 内容 路径 终端
资源转载	次数 时间 内容 路径
资源订阅	次数 时长 内容 路径 方式
资源收藏	次数 时长 内容 路径
资源评论	时间 内容 情况 次数

通过对这些数据指标进行分析，可以充分了解学生对在线学习平台中学习资源的使用状态，以及学生的学习需求，进而有针对性地向其推送个性化的学习资源。除上述基本指标外，资源管理模块还有资源热度、资源扩散度、资源淘汰指数三个新的数据指标。

三、在线讨论模块

在线讨论区是供学生进行交流的空间，学生可以在社区内讨论任何关于课程的话题，并对他人的观点或问题进行回复。

其中发帖、回帖模块记录了学生发表言论及回复他人的行为；置顶、加为精华、点赞模块可以作为学生的积极行为。在线讨论模块的基本数据指标如表 4-3 所示。

表 4-3　在线讨论模块的基本数据指标

行为数据	基本数据指标
发帖	次数、字数、内容 时间
回帖	次数、字数、内容 时间
置顶	次数 字数 时间
加为精华	数量 时间 内容
点赞	次数 内容 时间
灌水	时间 内容 次数
举报	时间 内容 次数

在线学习平台中最常见的分析方法是根据讨论区中的发帖、回帖行为对学生进行评估与预测。通过发帖次数、回帖次数、参与时长等行为数据，可以分析出学生在线上学习的积极程度、活跃度等，进而判断其学习状态和态度，并对未达标的学生进行预警，及时提供干预措施，提升其学习效率。

四、互动问答模块

互动问答模块包括的行为数据主要有提问、回答、追问三个部分。通过提问，记录学生在学习过程中产生的即时问题，以及再次提问的行为。互动问答模块的基本数据指标如表 4-4 所示。

表 4-4　互动问答模块的基本数据指标

行为数据	基本数据指标
提问	次数 时间 内容
回答	时间 次数 内容
追问	次数 时间 内容

在互动问答模块中，通过聚焦学生的提问次数，得知学生的知识盲点；根据提问方式，判断学生的思维方式与逻辑是否合理；通过回答内容的质量，了解学生对知识的掌握程度。同时，根据上述数据指标，还可以分析出学生在线学习的疑难点、兴趣点及学习者和教学者之间的互动情况等。主要从提问响应率、问题重复率、问题生成率三个指标进行分析与描述。

五、练习测试模块

练习测试模块中的学生行为数据主要有练习、测验、考试三个部分。

练习，指学生在日常学习中针对某门课或某个知识点所做的练习题；测验，指学生针对某个专题或课程进行的自我测验，意在考察自己的知识掌握情况；考试，指由课程管理者发起的在线考试，教学者一般用其来测验学生的知识掌握程度。练习测试模块的基本数据指标如表 4-5 所示。

表 4-5　练习测试模块的基本数据指标

行为数据	基本数据指标
练习	次数 时长 内容 类型 轨迹 终端 正确率 错误率
测验	次数 时长 内容 类型 通过率 正确率 错误率
考试	次数 时长 内容 类型 成绩 优秀率 及格率 进步率 退步率

在线学习中的练习测试模块最能反映学生对所学知识的掌握程度，从学生的练习次数、正确率、错误率、考试成绩等方面，可以看出对于该学生来说，哪些知识是容易掌握的，哪些知识在理解上存在一定的困难。在分析过程中，重点关注做题粗心度、错题重复率、题海压力指数等指标，并进行分析与讨论。

六、成果总结模块

成果总结模块包括的学生行为数据主要有三部分：发布成果、分享心得及自我反思。

发布成果，主要记录了学生在学习一段时间后成果化的现行数据；分享心得，学生在学习后以文字或者图片的形式对课程学习心得进行分享；自我反思，学习课程之后，学生针对课程学习的内容、学习方法、学习思维等方面进行反思，可以以文字、图片、思维导图等形式来呈现。成果总结模块的基本数据指标如表 4-6 所示。

表 4-6　成果总结模块的基本数据指标

行为数据	基本数据指标
发布成果	次数 时间 内容 类型
分享心得	时间 次数 内容 方式
自我反思	次数 时间 内容 时长 方式

成果是学生在线学习结果的一种显性化反映，课程学习完成后，学生会通过平台上传本课程的作业，提交最终成果，其中也包括一些总结性的反思和心得。教学者可通过分析这些显性化的学习成果，对学生的学习结果做出判断，并及时干预和调整在线教学策略。分析内容聚焦在学习反思力和成果外显度两个方面。

问题三：数据驱动平台的技术原理和使用原则是什么？

作为一般的一线教师，我们不需要过多的系统运行的相关知识。但作为平台直接的应用者，我们在很多时候需要结合自身的需求，对平台的开发提出合理、专业的建议。因此，我们需要弄清平台的基本工作原理，从而有更好的理解，在应用时有更高的站位。平台的种类多种多样，但殊途同归，我们需要了解保障平台正常运行的以下几点内容。

一、平台的技术要求

无论选择何种平台进行教学，对于一个完整的平台来讲，通常需要满足以下三个要求。

自动记录：是指教育信息化系统自动记录学习行为数据，包括行为过程数据（如课堂举手行为、课堂提问行为、开始答题行为、提交答题行为等）、行为结果数据（如课堂举手作答结果、答题评测结果等）以及行为实录数据（如课堂音视频实录、考场音视频实录等）。

多维观察：即基于学情分析工具，从多个维度观察与解析学习行为数据所反映的学生情况；在实践过程中常用的学情分析工具包括分析班级学情的"知识点分布图""成绩趋势分布图""师生社交网络图"和分析学生学情的"学生时效矩阵""个人知识图谱"等。

案例：多维观察

从知识点掌握的角度，观察班级与个体知识点掌握分布图，如图4-2所示，以了解班级的整体情况和学生的个体情况；从成绩变化的角度，观察班级成绩上升下降预测图如图4-3所示，重点了解表现异常的学生个体。班级成绩上升下降预测图的核心是成绩预测模型，该模型是利用学生的历次考试成绩，结合近期的学习行为及其结果和答题行为及其结果构建而成的。

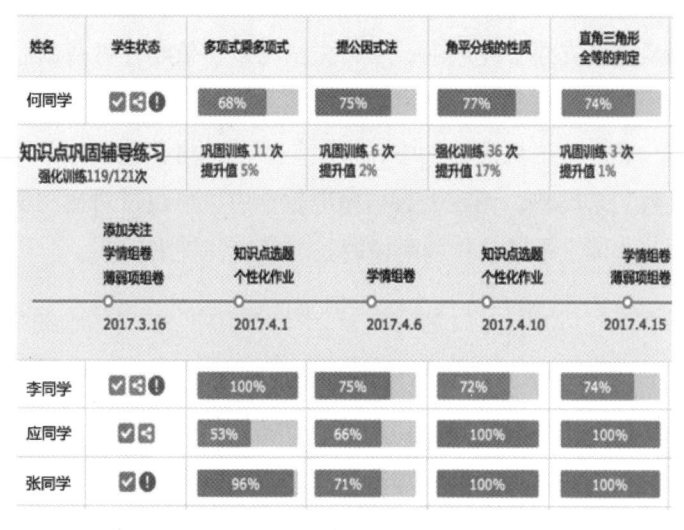

图4-2 班级与个体知识点掌握分布图

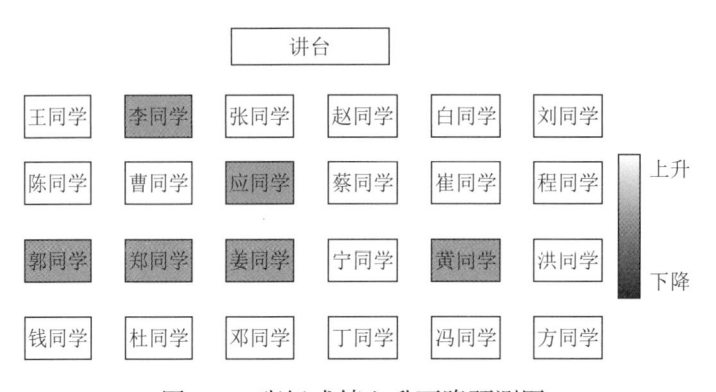

图 4-3　班级成绩上升下降预测图

精准调整：即基于学情分析结论和相关的专家经验，精准干预班级的教学方法和个人的学习策略；在实践过程中，常见的调整措施有调整授课形式、布置针对特定知识点的强化练习、面向特定学生提供个别辅导等。

二、常用的支持技术

1. 大数据技术

麦肯锡全球研究所对大数据给出的定义是：一种规模大到在获取、存储、管理、分析方面大大超出了传统数据库软件工具能力范围的数据集合，具有海量的数据规模、快速的数据流转、多样的数据类型和价值密度低四大特征。

基于大数据技术的精准教学，其学习行为记录的过程由教育信息化系统自动完成，不仅记录的过程更容易，而且记录的内容更系统、更全面；行为数据分析是在"学情分析系统"等大数据应用系统的支撑下完成的，学习方法与教学策略在教育信息化系统的支撑下也更易于调整。使用传统方法只能采集可被直接观测到的行为，而利用大数据技术可以记录隐藏的行为动作。如在传统精准教学中，学生是否"性格害羞"，可通过观测"教师提问时学生低头的次数"来反映；而在大数据精准教学中，可通过对比"学生评价教师微课资源的内容与频次""课堂举手动作的响应时长与频次"等来反映。

2. 知识图谱

在维基百科的官方词条中：知识图谱是 Google 用于增强其搜索引擎功能的知识库。本质上，知识图谱旨在描述真实世界中存在的各种实体或概念及其关系，构成一张巨大的语义网络图，节点表示实体或概念，边则由属性或关系构成。现在的知识图谱已被用来泛指各种大规模的知识库。

在教学平台中，我们可以将知识图谱理解成根据语义标签建立的网状知识拓扑图，包括许多教学大纲没有阐述和解释的知识点之间的复杂关系。与传统的树形图相比，网络知识拓扑图更加符合学生的学情要求，可帮助学生灵活运用学到的知识，实现知识的融会贯通。某数学知识图谱如图4-4所示。

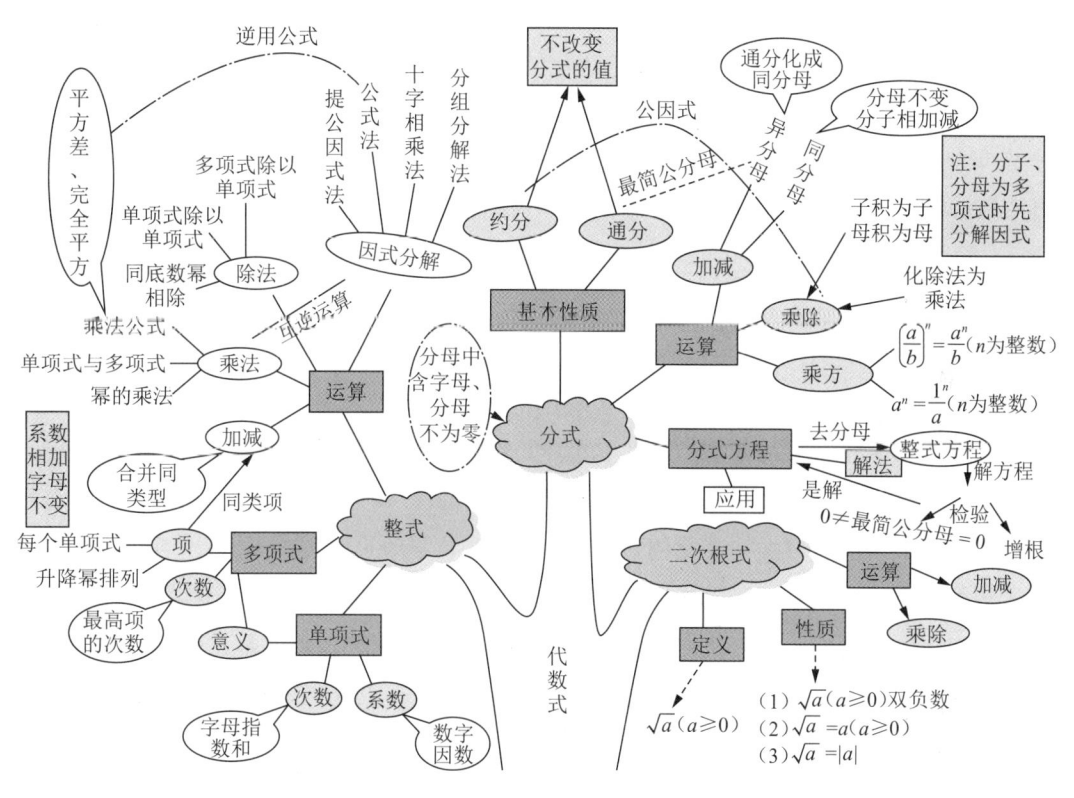

图 4-4 数学知识图谱样例

通过知识图谱，探测学生的知识点掌握状态。通过教师布置作业或学生自主学习，系统记录学生作业、练习、考试、答疑等学习轨迹，借助大数据分析，可视化展示学生知识点掌握程度，精准定位学生的学习短板及教师的教学弱项。

3. 学习行为模型库构建

根据学习行为数据库中的数据进行建模分析，提取学生的行为特点（如学生的知识点掌握度、信息处理、思维能力等）建立学生行为模型，并根据模型预测学生的学习效果，精确反映学情。基于人机智能交互技术与传统统计回归预测方法构建的模型，可以有效地预测学生的学习效果。

4. 智能学习推荐技术

根据学习资源语义库与学习行为模型的整合与分析，可形成学生学情智能分析系统。

对每个学生的行为进行实时对比与分析，判断学生的异常情况与学习的强弱项目，从而进行智能推荐。

异常检测与智能推荐是技术的两大核心要素：异常检测是指在教学平台的交互过程中对学生的行为进行实时的监测，当发现异常行为时，对学生采取相应的反馈措施，帮助学生意识到自身学习方法上的不足，从而达到因材施教，提升质量的目的。异常检测的核心数据来自学习行为模型，并通过海量用户的数据交互，利用深层神经网络技术对学生的学习行为进行建模与训练，提取出每个学生的学习行为数据，进行匹配与分析；智能推荐是指评估每一位学习者的知识点掌握情况，进行个性化的推荐。基于知识图谱技术，通过比较真实数据与样本数据，在知识图谱中探寻知识路径，给予学生最优化的解决方案，推荐最合适的资源。

问题四：如何使用数据平台开展教学应用？

借助大数据平台，可以开展数据驱动教学的模式创新与探索。整个平台的应用可以贯穿在教学的始终，我们可以根据需求，选择需要的平台，构建全新的模式，也可以选取教学中的某个环节，进行数据精准化创新。

大数据平台为教学全过程的数字化与信息化提供了有力的保证。利用各类外设以及平台交互功能，将课堂发生的行为接入到系统中，进行数据化和模型匹配，对课堂数据的实时反馈有助于教师动态、灵活地调整课堂教学。

一、全面实现课堂的智能化

通过局域网与互联网技术，将智能终端、教师端和学生端连接在一起，实现教学活动的全程数字化，保证数据的全面采集。如图 4-5 所示。

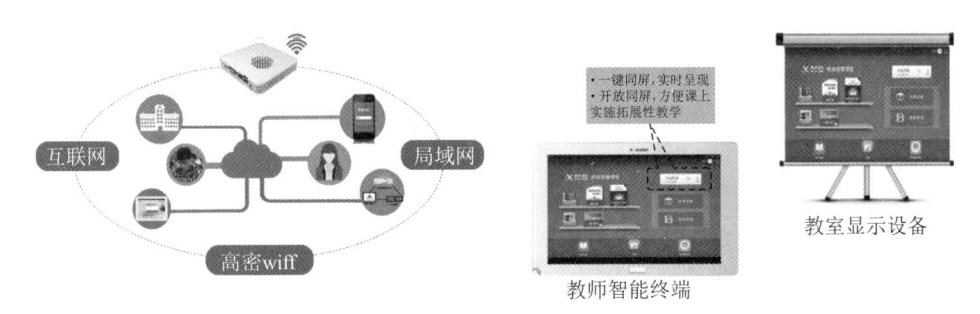

图 4-5　课堂智能化设备

二、教学资源和内容的整合

借助于教师智能终端，教师在课堂教学中可以将电子教材、课件、电子白板、摄像机、移动实物展台和微课等多种资源进行整合。如图4-6所示。

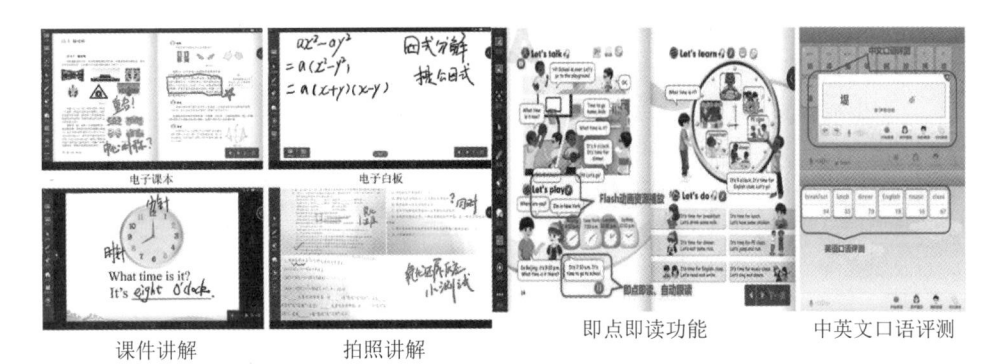

电子课本　　　　　电子白板

课件讲解　　　　　拍照讲解　　　即点即读功能　　　中英文口语评测

图4-6　教学资源整合

三、基于平台的高效课堂互动

大数据平台可以帮助教师与学生进行立体化互动交流：试题发布、回答、即时反馈一气呵成。有助于即时改进课堂教学；针对不同的学生实施个别化、针对性的辅导，使得每个学生都能根据自己的学习程度和基础主动参与教师的辅导，减少复习的盲目性。如图4-7所示。

图4-7　高效课堂互动

四、利用数据平台实现高效管理

智慧课堂支持对教师教学质量监控，从管理平台上，可以清晰地了解教师为学生布置作业、推送微课及素材的详情，为教学管理者的决策提供数据依据。如图 4-8 所示。

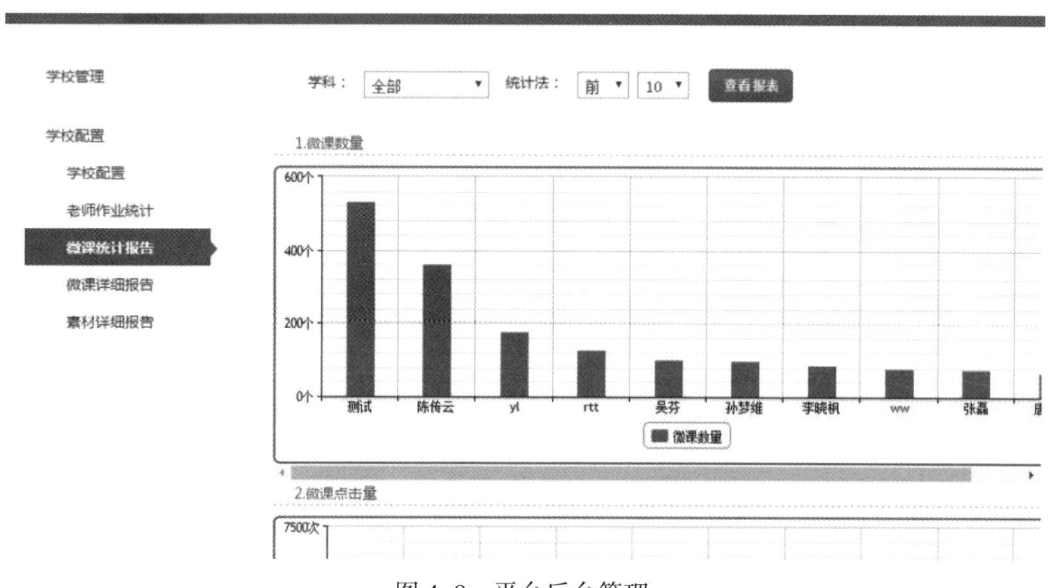

图 4-8　平台后台管理

问题五：应用数据平台要关注哪些基本数据内容？

随着数据平台的发展，在很多情况下，不需要我们对数据进行专业的处理。对于广大教师而言，需要做的就是看懂数据图表，了解其相关意义，读懂相应的数据和参数。

一、可视化图表

可视化图表是数据平台呈现最多的内容，清晰直观、简单明了，可以让我们快速抓住海量数据背后的本质内容。可视化图表的应用主要集中在以下几个方面。

1. 基础指标对比

以条形图的方式展示各班级平均分、及格率、优秀率的情况。"平均分对比"时，在右侧按照各班级平均分的情况进行排序，并显示各班级该科目的授课教师，及该班级该科目的成绩增长或下降情况等。如图 4-9 所示。

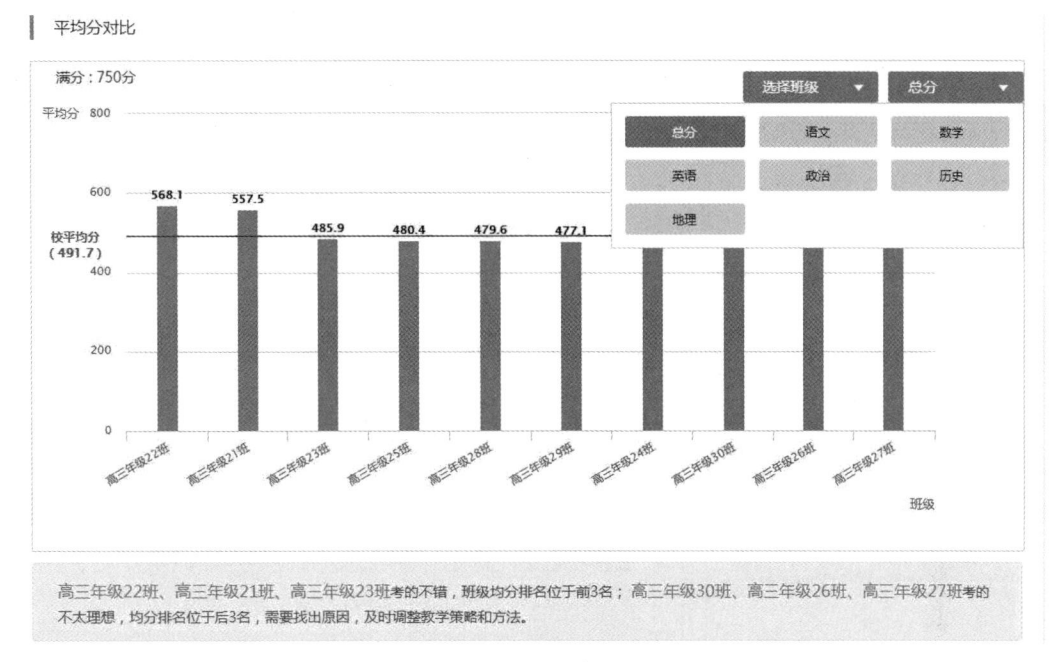

图 4-9　基础指标对比

2. 数据占比分析

利用饼图查看不同等级数据占比。如支持按照分数和名次统计各班级优秀、良好、合格、不合格人数及占比。自定义结果会同步修改全校及各班级的优秀率、及格率。如图 4-10 所示。

图 4-10　数据占比分析

3. 数据分段对比

利用折线图完成数据的分段对比。例如统计各班级某学科的得分分布情况，支持设置按照 X 分为一段，支持导出人数和占比。如图 4-11 所示。

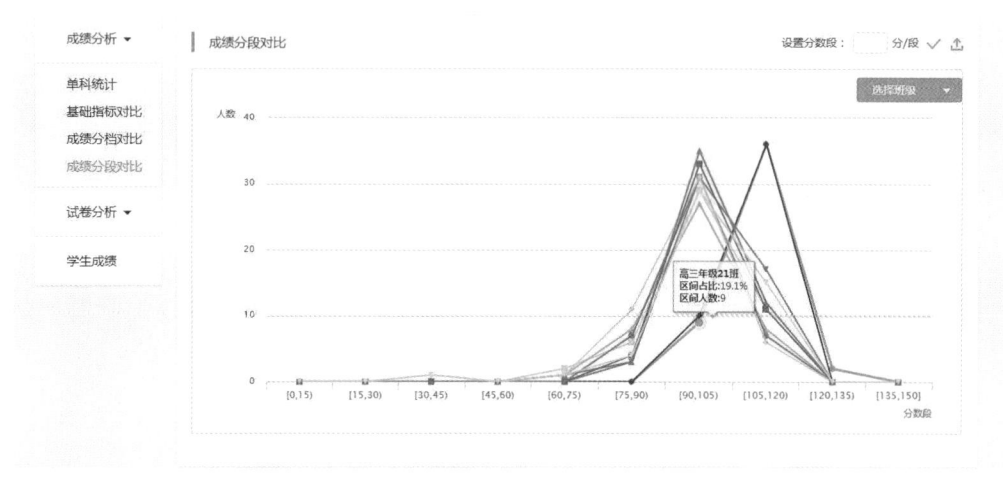

图 4-11 数据分段对比

4. 能力及优劣势对比

利用雷达图完成优劣势的分析。以优劣势学科对比模块支持查看各班级学科均衡度为例：学科成绩已换算成标准分数（z 分数）进行比较，雷达图塌陷处为班级劣势学科，需要多加关注；z 分数 =（班级平均分 – 年级或所选班级平均分）/ 标准差，学科对比中区分特色班与非特色班。如图 4-12 所示。

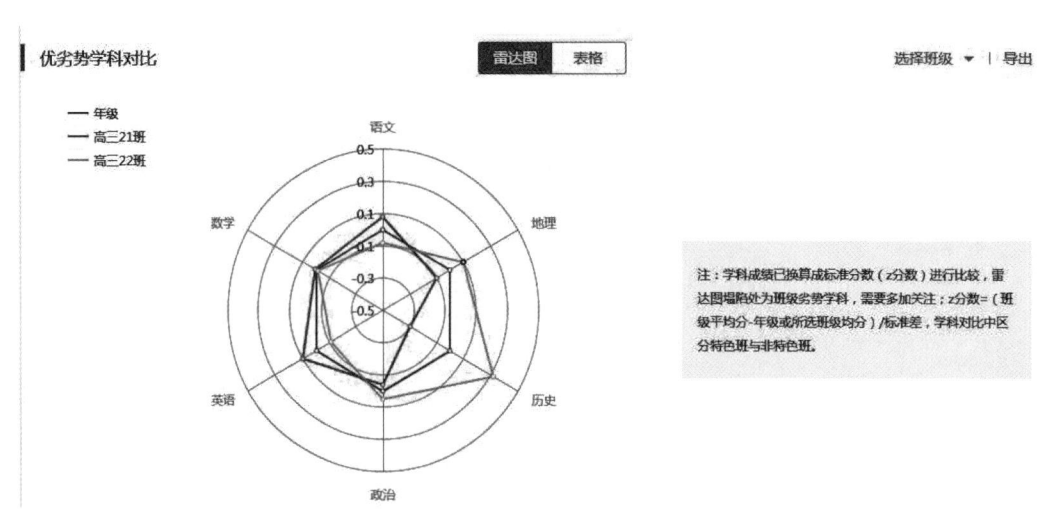

图 4-12 雷达图与能力优势分析

二、参数指标

在学科成绩对比中，我们需要关注的指标有实考人数、缺考人数、满分、最高分、最低分、标准差、正态分布等。

1. 实考人数

实际参加某次考试或作业的学生人数。根据统计范围的不同，又可分为：年级考试人数（某学校某年级实际参加考试的学生数）和班级考试人数（某班实际参加考试的学生数）。一个班或年级参加该科目考试的人数，以该科目非缺考的人数为准；一个班或年级总的参考人数，以参加任一应考科目的学生人数为准。

2. 缺考人数

缺考人数指未参加考试和扫描不成功或未扫描的人数。缺考人数 = 应考人数 – 实考人数，即缺考标记人数 + 未扫描人数。

3. 满分

试卷卷面分满分，默认为卷面分。

4. 最高分

参加考试的学生成绩的最大值，根据统计范围的不同，又可分为年级最高分、班级最高分。

5. 最低分

参加考试的学生成绩的最小值，根据统计范围的不同，又可分为年级最低分、班级最低分。

6. 平均分

参加考试的学生成绩的平均值，根据统计范围的不同，又可分为年级平均分、班级平均分。

7. 标准差

$$S=\sqrt{\frac{\sum_{i=1}^{n}\left(x_i-\bar{x}\right)^2}{n}}$$

方差的算术平方根，反映一个数据集相对于平均值的离散程度，标准差越大说明学生之间的表现差异越大。其中：x_i 为学生成绩，$\bar{x}$ 为年级/班级平均分，n 为年级/班级考试人数。

8. 正态分布

成绩正态分布，一种概率分布的特殊表现形式，在统计某次考试成绩分布规律的时候，将成绩按分数段制成类似下图的统计图，如果成绩分布如图 4-13 所示，中等成绩占最多数，其余成绩以中等成绩为中轴，向两侧逐次降低，则称这次成绩呈正态分布。

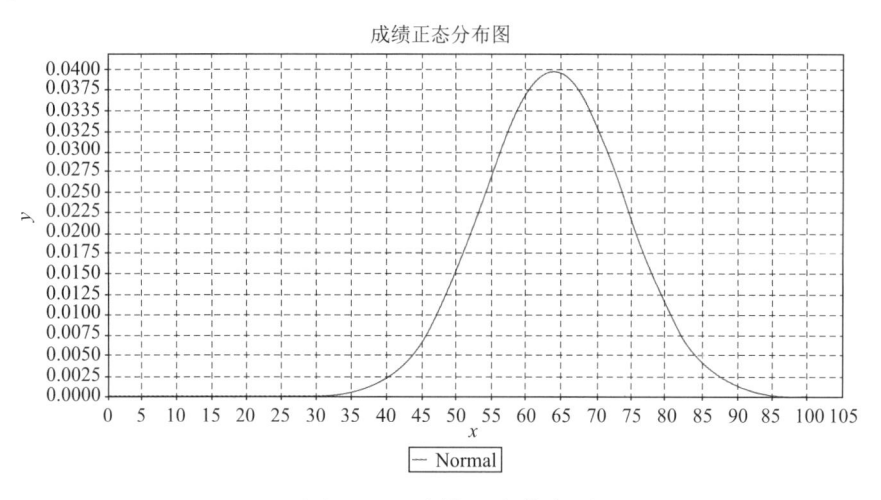

图 4-13 成绩正态分布图

9. 相关

相关分析就是对总体中确实具有联系的标志进行分析，其主体是对总体中具有因果关系标志的分析。它是描述客观事物相互间关系的密切程度并用适当的统计指标表示出来的过程。如学习成绩和学习时长之间的关系等。

10. 信度

信度用于测试对象的稳定度。在数据平台中，通常用来测试试卷或评价量规的稳定度。对于试卷，信度评价考试的稳定程度。介于 0 ~ 1 之间，值越大越好，0.9 以上为优秀，0.7 ~ 0.9 为良好，0.35 ~ 0.7 为中等，0.35 以下为低信度。

本章内容小结

本章我们学习了基于大数据精准教学平台的主要功能（知识检查点 4-1）、基于大数据精准教学平台的主要技术框架（知识检查点 4-2），并且能够利用大数据平台提供指标数据对教学过程进行基本描述（能力里程碑 4-1），以及根据自己学科的特色利用平台合理设计教学过程（能力里程碑 4-2）。

本章内容的思维导图如图 4-14 所示。

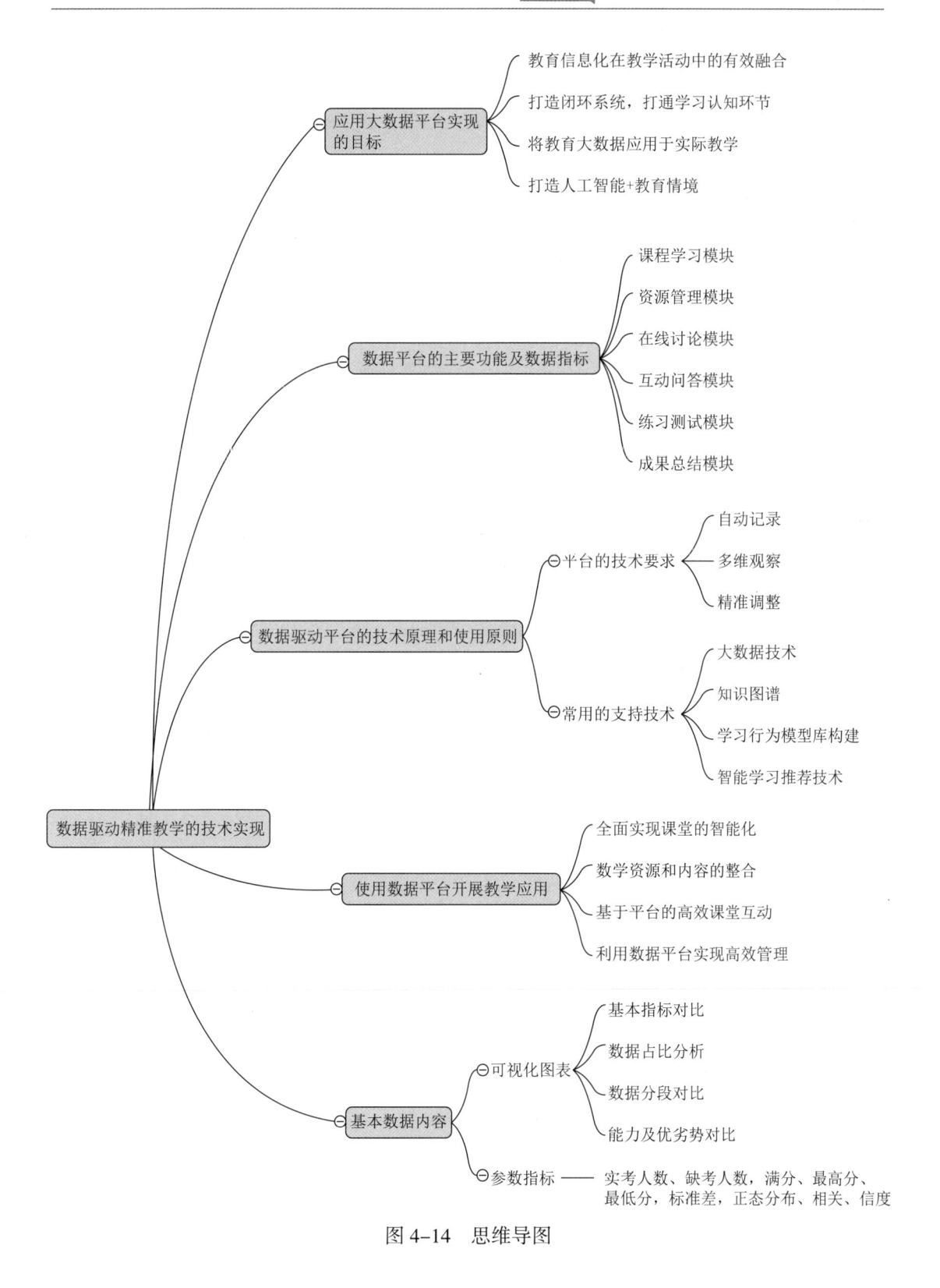

第四章 数据驱动精准教学的技术实现

```
数据驱动精准教学的技术实现
├─ 应用大数据平台实现的目标
│   ├─ 教育信息化在教学活动中的有效融合
│   ├─ 打造闭环系统，打通学习认知环节
│   ├─ 将教育大数据应用于实际教学
│   └─ 打造人工智能+教育情境
├─ 数据平台的主要功能及数据指标
│   ├─ 课程学习模块
│   ├─ 资源管理模块
│   ├─ 在线讨论模块
│   ├─ 互动问答模块
│   ├─ 练习测试模块
│   └─ 成果总结模块
├─ 数据驱动平台的技术原理和使用原则
│   ├─ 平台的技术要求
│   │   ├─ 自动记录
│   │   ├─ 多维观察
│   │   └─ 精准调整
│   └─ 常用的支持技术
│       ├─ 大数据技术
│       ├─ 知识图谱
│       ├─ 学习行为模型库构建
│       └─ 智能学习推荐技术
├─ 使用数据平台开展教学应用
│   ├─ 全面实现课堂的智能化
│   ├─ 教学资源和内容的整合
│   ├─ 基于平台的高效课堂互动
│   └─ 利用数据平台实现高效管理
└─ 基本数据内容
    ├─ 可视化图表
    │   ├─ 基本指标对比
    │   ├─ 数据占比分析
    │   ├─ 数据分段对比
    │   └─ 能力及优劣势对比
    └─ 参数指标 ── 实考人数、缺考人数，满分、最高分、最低分，标准差、正态分布、相关、信度
```

图4-14 思维导图

自主活动：反思数据平台对精准教学的支持作用在哪里

通过本章所学，你认为是否有必要选择一款数据平台或利用数据化工具进行精准教学？请结合你的学科以及熟悉的工具，思考能否利用它们开展教学实践活动？

请学习者在学习完本章内容后，进行自我反思，并记录个人学习心得。

小组活动：一款数据平台的应用

选择一款你熟悉或通过网络搜索到的数据平台，从备课、上课、评价等环节中选取一个或若干个环节，在小组内浅谈利用数据平台进行优化和改进教学的方案。

请学习者围绕本章的学习主题进行组内交流，并做好小组学习记录。

评价活动：评价本章知识与能力学习水平

一、名词解释

大数据技术（知识检查点4-1）

知识图谱（知识检查点4-1）

智能学习推荐（知识检查点4-1）

二、简述题

1. 请论述大数据精准教学平台有哪些功能（知识检查点4-1）。
2. 数列举大数据精准教学平台的技术原理（知识检查点4-2）。
3. 请谈一谈数据平台在当前的精准教学过程中还有哪些问题与不足（能力里程碑4-2）。

三、实践项目

在小组讨论的基础上，为你的教学设计选择一款合适的平台，并进行教学尝试。

1. 你使用的平台是什么？
2. 在教学过程中你主要依靠平台解决什么问题？
3. 使用平台主要收集、处理、分析了哪些数据？它们是如何指导教学活动的？
4. 对于这样的方式，你有哪些困惑和质疑？

第五章　数据驱动下的课堂观察

本章学习目标

在本章的学习中，要努力达到如下目标：

◆ 了解数据驱动下的课堂观察的作用与意义（知识检查点5-1）。
◆ 知道不同课堂类型中课堂互动行为数据的采集方式（知识检查点5-2）。
◆ 知道学生学习行为数据的组成与采集方法（知识检查点5-3）。
◆ 能够说出一两种课堂观察数据分析方法（能力里程碑5-1）。
◆ 掌握典型的课堂观察互动分析系统的应用（能力里程碑5-2）。

本章核心问题

如何研究教师的教学行为和学习者的学习行为？课堂观察理论、方法、实现的基本过程是什么？

本章内容结构

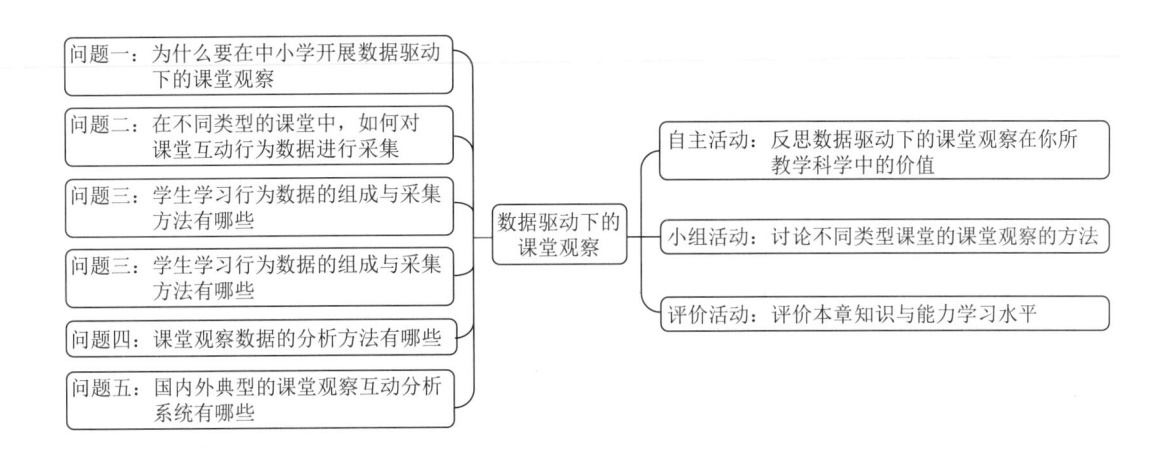

- 问题一：为什么要在中小学开展数据驱动下的课堂观察
- 问题二：在不同类型的课堂中，如何对课堂互动行为数据进行采集
- 问题三：学生学习行为数据的组成与采集方法有哪些
- 问题三：学生学习行为数据的组成与采集方法有哪些
- 问题四：课堂观察数据的分析方法有哪些
- 问题五：国内外典型的课堂观察互动分析系统有哪些

数据驱动下的课堂观察

- 自主活动：反思数据驱动下的课堂观察在你所教学科中的价值
- 小组活动：讨论不同类型课堂的课堂观察的方法
- 评价活动：评价本章知识与能力学习水平

引 言

无论从什么地方开始，对任何一个社会机构的研究，其必不可少的部分便是细致与长期的个体观察。通过这种观察，研究者能获得很多材料，并以此来清洗自己的观点和思想，修正自己先前的某些临时分类，检验某些试探性的假设。步入大数据时代的今天，先进的技术手段使得我们对个体的观察变得更加多元，也更加细致和快捷。

教育领域研究大数据的意识逐渐觉醒，教育重要环节——课堂教学中所产生的数据，因具备大容量、多样性和多维价值等特征，而能够对教学进行较为客观且全面的描述。从教育数据中提炼出有意义、有价值的教学信息，并且依据实际教学情况将其应用于课堂教学中，可以达到优化教学效果的目标。下面我们将讨论一些数据驱动下的课堂观察对中小学精准教学所起的作用，以及需要采集哪些数据，如何采集并分析这些数据，以帮助我们更好地开展精准教学。

问题一：为什么要在中小学开展数据驱动下的课堂观察？

课堂是学校教育教学的主要场所，课堂实施一般具有双重属性：预设和生成。在课堂教学过程中，特别要注重实时过程的预设和生成信息，同时还需要在教学中分析和提炼经验策略。因此，课堂观察是优化课堂教学的重要途径，是提升课堂管理实效的主要手段，也是专业地开展课堂教学的重要方法。

数据驱动下的课堂观察就是教师借助信息化工具直接或间接地从课堂情境中采集课堂师生互动行为以及学生学习行为等数据资料，并进行相应的定量分析与研究，得出相应结论，指导教师进行精准教学的教育科学研究方法。

大数据在教育中的典型应用之一就是学习分析，美国新媒体联盟把学习分析定义为：利用松散耦合的数据工具和分析技术，研究学习者参与、学习表现和学习过程的相关数据，进而对课程、教学和评价进行适时的修正。利用信息化工具对学生课堂中的行为数据进行统计，可以把学生特定阶段内的学习过程可视化，以此让学生了解自己的不足，认识自我，重新定制个人学习计划。教师也可以在这个过程中发现自己的不足，从而改善教学计划和安排。

课堂教学有效性研究的核心是通过探究师生互动行为与学生学习行为之间关系的本质和规律，从而分析如何更好地组织与实施课堂教学，更有效地实现教学目标。依据课堂行为的具体表现形式及其在教学过程中所承担的不同职能，有学者遵循"排他性""简明化"与"整体分解"等原则，将其分为陈述行为、提问行为、讨论行为、倾听行为、指导行为、管理行为、展示行为、观察行为、反馈行为、评价行为和反思行为。在课堂观察过程中，通过对这些数据的处理与分析，对学生的学习和参与状况进行精准定位，并挖掘其中隐含的规律，从而实现对教师教学方面和学生学习方面的有效干预，达到参与度的提升，进而改善学习效果。

教师方面：主要通过行为数据的分析来改善教师为学生所提供的互动、资源与环境，包括优化学习活动、改善学习资源等，同时针对不同的学生实行差异化教学。例如，通过分析学生对文本、视频等学习资源和学习工具的利用情况，以及行为过程与结果之间的关联分析，教师可对教学环境、教学资源、教学模式、教学环节时间安排等进行调整，以使教学设计尽可能地满足学生。与此同时，每个学生的能力、学习态度等都具有差异性，其行为表现也各不相同，通过对学生各类行为过程和行为结果的数据进行分类与聚类分析，可以实现对学生的分层差异教学，也可以对学生进行个性化教学。例如分层教学中，对学生在一定时间内学习行为发生的频率和学习结果的状况，将学生分为"效果较好""积极无效""消极无效"三类，在教学过程中为学生提供指导时则可区别对待，对"积极无效"者提供较易的学习内容与习题，同时注重学习方法的指导；对"消极无效"者提供较易的学习内容与习题，同时更注重对学习动机的激发；对"效果较好"者提供难度较高的习题，还可提供拓展资料。

学生方面：通过行为数据的分析来促进个体的参与，提高学生的努力程度。这方面更多地需要激发学生学习的内在动机和外在动机，主要包括对学生的及时反馈和问题预警，使学生能够掌握自己的学习状况及其所处的层次。通过观察学生时间维度上行为过程与结果的变化情况，即参与度的持续情况，及时对问题学生进行预警，提醒学生接下来该做的事情，以防问题情况继续持续。例如，一位学生长时间没有在课堂上发言或者长时间没有登录在线学习平台，教师则可以口头对学生的课堂表现进行点评或者通过发邮件的形式提醒学生。

精准挖掘通过收集、分析学习过程中的特定行为数据，并将其转换成有价值的结构化信息，如学情数据、行为轨迹等，再通过精准定位帮助教师发现学习者当下的学习状态、所遇到的学习困难、预估学习者可能面临的失败风险，最后基于精准挖掘与精准定位所发现的情况，对学习者做出有针对性的教学干预，帮助其有效避免学习失败的风险，实现自我学习目标。

问题二：在不同类型的课堂中，如何对课堂互动行为数据进行采集？

有学者对课堂互动行为进行了分类，受大众认可的课堂互动主要分为以下几种。根据教师与学生在课堂中的定位、参与度与控制强度分为教师中心、学生中心与知识中心三种，在"教师中心"的课堂上，教师主动传输知识，学生被动学习，基本以教师的价值取向为核心;"学生中心"则是围绕学生学习这一中心,教师提供引导与帮助,鼓励学生进行自主和合作探究学习;而"知识中心"的课堂上,教师利用知识的重要性来掌控课堂全局,学生则功利性地参与到课堂活动中。根据课堂中的互动媒介还可以将课堂互动分为:人与人之间的互动,人与物之间的互动。赖格卢斯、莫尔将人与人之间的互动划分成师生互动与生生互动,将人与物之间的互动划分为师生与工具、师生与信息以及师生与环境之间的信息传递活动。

如今的课堂中,教师引导学生通过自主学习、师生互动、生生互动、学生与内容互动等学习行为和活动,改变和提升学生在认知、感情、行为等方面的能力。因此,由学生、教师、教学内容与教学媒体等四大因素之间发生的信息传递活动成为课堂教学过程中的主要互动形式,我们所要观察的课堂数据也出自这四部分。在中小学课堂观察中,从传统课堂、混合式学习到数字化课堂,国内外学者对课堂互动行为分析均有一定探索和研究,随着技术与环境的改变,也提出了新的研究思路。不同类型数据采集过程对比如表5-1所示。

表 5-1 不同类型数据采集过程对比

	传统课堂	混合式学习	数字化课堂
学习资源	以纸质教材为主	包含纸质教材、数字资源、多媒体工具与服务等	包含纸质教材、数字资源、多媒体工具与服务、学习平台等
设备环境	黑板、投影仪等传统教具	黑板、投影仪等传统教具、无线网络、交互式电子白板、移动设备等电子设备、学习管理平台	黑板、投影仪等传统教具、无线网络、交互式电子白板、1对1移动设备(电子书包、移动电脑等)、学习管理平台
互动形式	以面对面的语言等互动行为为主,如提问、回答、课堂联系、评价等	结合传统课堂与完全在线学习的互动行为,互动形式较为丰富	互动形式最为丰富,包含传统课堂与在线学习的互动行为,还包含编辑资源、作品展示、模拟演示等移动设备支持服务

传统课堂中的师生处于实时教学环境中,教师与学生面对面进行互动,互动往往由教师主导,互动形式多以语言方式呈现。混合式学习环境结合了传统课堂与在线学习课堂的资源、设备、环境与互动形式,除此之外,新加入了交互式电子白板等设备。而数字化课堂则可理解为混合式学习的升级版,其融入更多的移动技术、交互式工具,进一步融合传统课堂与信息技术,具备多样的数字资源、设备环境,互动形式也更加丰富。课堂互动行为复杂,即便根据清晰的评价体系,利用SPSS等工具进行分析,所得到的

结果对于缺乏统计知识的人也难以读懂。课堂互动行为数据采集及应用场景特征如表 5-2 所示。

表 5-2 课堂互动行为数据采集及应用场景特征

	传统课堂	混合式学习	数字化互动课堂
互动行为数据收集途径	录像、成绩单，通过人工观察和记录	人工和计算机记录相结合	通过计算机、移动设备、学习平台记录、挖掘数据
数据分析及呈现方式	主要由人工编码、分析，以简码、单图表形式呈现	由人工编码和整理，平台工具分析，以简单图表形式呈现	计算机智能分析，除简单图表形式，可生成直观的可视化结果
教学干预的特点	真实性、不精准、非实时、局限性、难以个性化	局限性、不精准、非实时、难以个性化	实时性、精准化、真实性、可个性化
应用场景	面对面传统课堂	翻转课堂、网络学习空间课堂	移动终端平台课堂

从表 5-2 中可以看出课堂互动行为形式与数据量复杂多样，传统课堂中人工记录和分析的方式，不仅会漏记很多重要的数据，也大大加重人工负担。相比之下，数字化课堂互动行为数据具备可挖掘、可视化的特征，对这些数据进行实时分析可产生具备即时性、精准化、真实性与个性化的教学干预。在移动设备和相关技术的支持下，一方面可以利用大数据、云计算所提供的数据挖掘技术，更加精细、全面地获取课堂上的互动行为数据，而相比过去的人工分析以及简单的统计计算，引入学习分析技术，可更加系统地对数据进行全面分析。而学习分析技术的出现契合数字化课堂的分析需求，能有效降低技术门槛，将分析结果可视化、直观化，帮助不具备统计和分析知识的学生和教师快速对自身的学习或教学情况做出判断。

问题三：学生学习行为数据的组成与采集方法有哪些？

学习行为是学习过程数据的主要部分，并且具有可观察、可测量的特性。学习行为分析当前主要对线上和线下学习行为分别进行采集，而这两类行为数据的采集在方法、目的等方面都存在较大差异。

一、线下学习行为

对线下学习行为数据的采集主要聚焦于课堂教学行为视频拍摄、录像等，通过对技术支持的课堂环境下的学生学习表现进行分析，发现教学设计与实际教学效果的差距以及教学过程中存在的问题，便于进一步调整和改善，促进互动形式的多样化与互动层次的深入化，提高学生参与度，最终达到信息技术与教育教学的深度融合。

学生线下学习行为数据包括了每个学生在课堂中的所有表现，集中体现在听讲的情况、课堂讨论情况、对知识点的掌握情况，原则上应该是学生在课堂上产生的所有数据，包括学生课堂上的语言、行为、所处的环境以及学生的知识储备、性格、家庭背景等能反映学生个人情况的所有数据。但是由于条件、隐私等的限制，在前人研究的基础上，结合实际情况（时间、环境、制度、技术所限），只能采集学生在课堂上产生的大数据中有代表性的部分数据用来分析。

二、线上学习行为

线上学习行为是学生在电子设备上进行学习操作时所展现出来的行为，这些行为通常会被平台记录下来，通过数据挖掘、学习分析等数据分析方法与技术对其进行分析。当前，对于线上学习行为的分析，主要聚焦于线上学习行为评价指标的确立、线上学习行为分析技术与工具的研发、线上学习行为与学习绩效（学习成绩、认知水平、知识建构水平）的关系等。

学生线上学习行为数据包含通过信息化工具有效采集的学生线上资源学习、电子课本学习、练习作答、课堂练习作答、课后家校互动、微课辅导学习、作业、测验、个性化错题以及英语作文练习等数据，利用这些数据可以为学生"画像"，客观、全面、真实地揭示出学生的学习情况，从而为精准教学的顺利开展提供客观的依据。

问题四：课堂观察数据的分析方法有哪些？

近年来，以智慧教室为代表的智慧学习环境建设发展迅速，为破解线下教学大数据采集难的问题提供了新的解决方案。智慧学习环境是一种能感知学习情景、识别学生特征、提供合适的学习资源与便利的互动工具、自动记录学习过程和评测学习成果，以促进学生有效学习的学习场所或活动空间。在教学大数据的采集上，智慧学习环境能通过可穿戴设备、传感器件、眼动跟踪等感知设备或技术，获取学生在学习兴趣、学习参与度、学习投入度、课堂互动、知识摄取甚至情感状态等的详细情况。以可穿戴设备为例，通过可穿戴式传感器可随时随地感知学生身体和周围的环境变化，在不干扰学生个体的情况下自动获取其生理数据和学习行为数据，由此全方位追踪学生的学习过程，实时提供多维度的数据来源，对线上教学大数据进行有效补充。

面向课堂观察数据的分析,以数据挖掘技术和可视化技术作为支撑。

数据挖掘技术:对海量课堂行为数据进行处理与分析,挖掘其中隐含的信息。通过数据挖掘技术,将杂乱无章的数据处理为可读的数据,可对学生在课堂上的发言、讨论等行为,以及在平台上的点击按钮、进入模块、调用工具等行为的过程和其所产生的结果进行分析,并挖掘其关联性,实现对数据的准确处理,从而达到对教与学过程和结果的准确把握。

可视化技术:将经过处理的学习过程和学习结果数据以图表形式向教师和学生呈现的一类技术。将数据分析结果以图形化的形式呈现,能大大降低教师与学生阅读数据的复杂度与困难度,并能帮助其快速理解数据,获取数据背后隐藏的信息。通过可视化技术,能快速反映学生当前的学习状况、参与情况等,同时为教师快速做出干预决策提供支持。

1. 课堂观察过程数据分析

课堂观察过程数据是指师生在课堂过程中的互动与学习行为,体现的是师生参与的数量,主要指向参与维度,对行为过程数据进行分析并反馈,可以说是一种"形成性"的分析。

对于学习过程中的所有行为,课堂观察数据分析包括以下几个方面。

(1)课堂行为时间、频次的统计与分析,如阅读教学资源的时间和次数、发帖的时间和次数,以及对其他各类工具的使用时间和次数等,对这些行为频次的统计能够使利益相关者获得学生的整体学习情况,并且可以挖掘学生的学习态度、学习兴趣,还可以在一定程度上推测出学生对知识的掌握度。

(2)行为之间的关系挖掘,用于发现行为过程数据集中变量之间的关系及其关联强度。通常关系挖掘包括关联规则挖掘、相关性挖掘、序列模式挖掘和因果性挖掘。关联规则挖掘是发现数据变量之间的"如果-那么(IF-THEN)"规则;相关性挖掘是发现变量之间正向或负向的线性关系;序列模式挖掘是探究在时间序列上课堂行为发生的关系,对于学生的自主学习,可以获取学生的个性化学习路径,发现学生采用的学习策略,而对于教师引导的教学,则可以知道教学设计实施的具体情况,从而为教学条件和环境的改善以及学生个性化的资源推荐提供依据;因果性挖掘则是探究一个行为是否是另一个行为产生的原因,或者一种行为是否会导致另外一种行为的发生,通常用于对课堂行为表现的预测。

(3)根据行为表现对学生进行分类与聚类,分类是在事先确定类别的基础上,判断学生属于哪一类,从而实现对所有学生的分类;聚类则并不确定分类的特征及所分类别,完全由学生课堂信息的相似程度来决定,通过学生间的相似性自然组合,将完整的数据集分成多个类别或集群。通过分类与聚类,可以实现差异化教学,并有助于个性化与自适应指导与推荐的实现，达到所有学生的高效参与。对于学生的参与互动行为，有些学生之间交流较多，而有些学生则处于边缘状态，与其他学生无交流，因此，在很多情况下可对学生的互动行为进行社会网络分析，以发现其相互之间的交互关系及交互模式，了解课程的整体讨论情况、单个学生在学习群体中的表现等，从而及时发现边缘学生。

2. 学生学习结果数据分析

学生学习结果数据分析是指对课堂学习过程中产生的结果性数据进行分析，体现的是学生课堂参与的质量，主要指向专注维度，对课堂行为结果数据进行分析并反馈，可以说是一种"总结性"的分析。

对于学生学习结果数据的分析，主要关注笔记、参与互动以及总结应用等行为的结果。笔记以及参与互动的结果是学生笔记的内容及其所发帖子、所说话语的内容等，对其分析多采用文本挖掘、话语分析、内容分析等技术，以发现文本中隐藏的信息，实现对学生认知水平、思考深度、学习状况等的了解。总结应用行为结果可以是学生完成课堂测试、练习或任务后的成绩，也可以是教师评价、学生自评或互评所得分数，通常这些分数都可以与对应的知识点和相应的能力进行匹配，以此得知学生对某一知识点的掌握情况及其某一能力的发展情况。

以上均是课堂观察的过程数据和结果数据中对学生参与、专注维度的总体情况及其特点的分析，而对于持续维度，则可以通过学生学习过程数据和行为结果数据的累积，获得学生个人和班级整体在时间维度上行为表现的变化情况，学生个人可进行自我查看，以激发学习动机，也为教师进行及时、准确的表扬与干预提供数据的支撑；与此同时，对于参与、专注降低的时间段，则可进一步探索其原因，从而提升学生参与度。

案例分析

基于运动监测仪来监测学生体育课堂运动情况《田径——耐久跑》

授课过程中采用了学生练习检测仪，学生的练习情况和身体变化能在大屏幕上清晰地展示出来，教师能根据学生的数据来调整练习强度和间歇时间，学生也可根据数据清楚地知道自己的身体状态，教师和学生在大强度练习的间歇，通过看屏幕数据能了解全班练习情况和个人练习强度情况，为后续练习做调整；当学生心率偏高时，在屏幕上也能通过不同颜色和数据显示，这样教师可以提示部分学生放慢速度，进行调整。将信息化手段结合到体育课堂，能让练习时效性更好，将运动强度和学生体质不同情况进行区分，让学生更科学地锻炼。具体数据分析如图 5-1 所示。

（1）班级整体情况

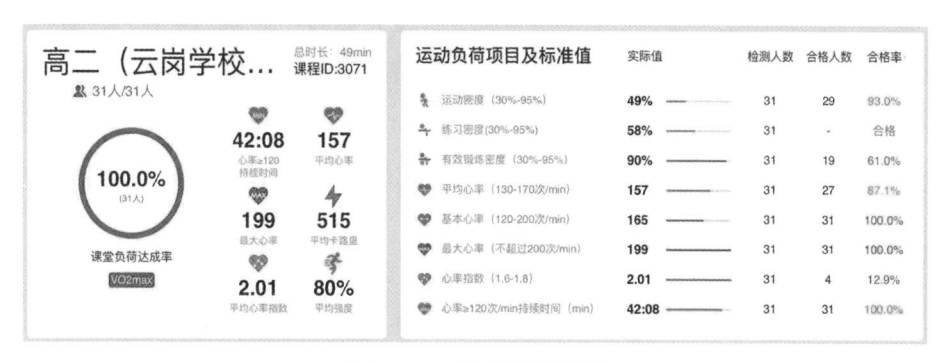

图 5-1　班级整体情况

通过运动监测仪记录的数据可以得出以下信息。

班级平均心率：157 次 / 分钟　　　班级练习密度：58%

最大心率：199 次 / 分钟　　　　　有效运动时间：42:08

平均卡路里：515　　　　　　　　课堂运动负荷达标率：100%

通过数据可以发现：与教师制订的负荷目标相符，符合耐久跑项目所要求学生达到的运动强度要求，体现出教师课堂内容设计的合理性。

（2）班级整体心率曲线如图 5-2 所示。

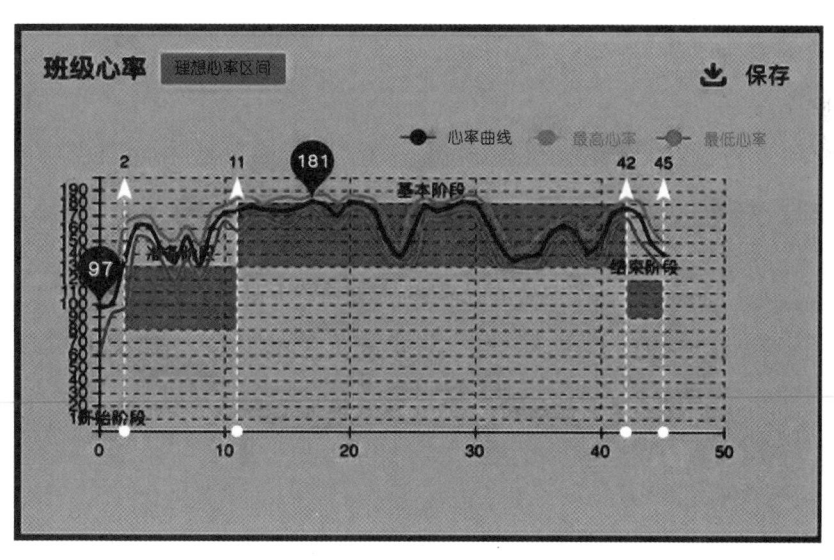

图 5-2　心率曲线图

通过整节课班级整体心率曲线变化情况可以看出以下信息。

- 本次心率高峰值出现在课堂基本部分的第 12 ～ 20 分钟、42 ～ 43 分钟，符合北京市体育课课程标准要求。
- 从课堂的开始部分到准备部分，心率呈现不断上升状态，并出现峰值，高于理想心率区间，说明准备活动高效，学生参与度高，很快进入上课状态。
- 课堂基本部分心率位于理想心率区间，并呈现多处小波动，说明授课教师在带领学生高强度的运动状态下，也注重对学生运动量的把控，做到实时监测、及时调整。
- 课堂结束部分，学生的心率得到较明显的恢复与调整，但整体高于理想心率，教师应把拉伸放松环节时间加长，或调整放松内容，让学生能得到较好的恢复。

（3）对比男女生心率与班级平均心率

上课班级是高二3班，班级总人数为31人，本课班级平均心率达到157次/分钟，心率大于或等于157次/分钟的人数为18人，心率小于或等于157次/分钟的人数为13人。

本节课高于班级平均心率的男女生人数比为1：1，由于班级内女生人数较少，可以看出，同等运动内容的授课对女生来说会表现出较强运动强度，教师在后续课程的结构设计中可针对女生的运动能力做适当调整。

本节课低于班级平均心率的男女生人数比为9：4，低于班级平均心率的男生人数占整个班级男生人数的一半，教师后续课程中可将男生运动量适当增加，并监控男生是否保质保量完成练习内容。

问题五：国内外典型的课堂观察互动分析系统有哪些？

基于前面的内容，我们可以明确课堂观察采集与分析的主要过程是：第一，从数据库中提取需要分析的教学实例；第二，选取合适的分析方法对课堂实例进行量化的观察和数据处理；第三，依据分析方法，对课堂教学行为量化记录，透视课堂特点；第四，基于可视化的分析结果，帮助教师把握课堂教学情况，深度反思教学过程，进而不断改进和完善课堂教学。下面介绍两种比较典型的课堂观察互动分析系统。

一、弗兰德斯互动分析系统及改进应用

1. 弗兰德斯互动分析系统 FIAS

弗兰德斯互动分析系统（Flanders Interaction Analysis System，FIAS）是美国学者弗兰德斯（N.A.Flanders）于20世纪60年代提出的一种课堂行为分析技术。该系统主要由3个部分构成：一套描述课堂互动行为的编码系统；一套关于观察和记录编码的规定标准；一个用于显示数据、进行分析、实现研究目的的矩阵表格。系统主要关注师生之间的言语交流，并且将教师和学生在课堂中的互动行为（以语言为主）分为10种，并分属为3类

互动行为编码系统。FIAS 如图 5-3 所示。

	分类	编码	内容		分类	编码	内容
教师语言	间接影响（学生驱动）	1	表达情感	学生语言	（教师驱动）	8	学生被动说话
		2	表扬或鼓励				
		3	接受或使用学生的主张		（学生主动）	9	学生主动说话
		4	提问				
	直接影响（教师主动）	5	讲授		沉默或混乱	10	无有效语言
		6	给予指导或指令				
		7	批评或维护权威性				

图 5-3 FIAS

为了便于观察各个变量的发生频次与交互情况，观察者在对课堂中的师生言语行为进行量化记录后，还要对数据做进一步的处理。

整个数据处理流程主要分为以下五步。

第一步，课堂观察记录。在课堂中对教学行为进行观察，每 3 秒记录一次，并将对应的行为按照编码表对应记录，一节课的数据量在 800～1000 个节点。

第二步，数据录入库。将整理好的编码按照行为发生顺序两两组合，把收集的数据输入数据库，利用 Excel 或 SPSS 软件进行相关分析。

第三步，建立矩阵模型。将先前的组合填入对应的矩阵表格中，以便清晰地观察到各个行为编码的次数和各行为之间的交互情况。

第四步，课堂行为分析。根据研究的目的，对矩阵中的统计情况进行类别分析和结构分析。此外，还可以对师生行为的频次和频率进行统计，最后得出的结果可以展示出课堂的结构状况或教师的风格、倾向。

第五步，建立二维曲线图。将师生的互动情况数据建立二维曲线图，通过曲线图，研究者可以清楚地看出师生在各时间段内发生的课堂行为，发现课堂存在的优势与不足。

总的来说，使用 FIAS 可以对课堂师生的语言行为进行分析，把握了课堂教学中的师生语言行为，由此透析出来的课堂教学模式及教师风格，都可以作为课堂改进的依据，从而针对具体实况提出相应的策略建议。美中不足的是，分析系统虽然具有强烈的结构化、定量化研究的特点，但在课堂观察中缺少除师生语言之外的物品展示、身体姿态、面部表情等记录。

2. 改进型弗兰德斯互动分析系统 iFIAS

方海光、高辰柱等专家为了使 FIAS 更好地被用于信息技术支持的数字化课堂教学的分析，在保留 FIAS 部分传统分析功能的基础上，形成了改进型弗兰德斯互动分析系统（improved Flanders Interaction Analysis System, iFIAS），其编码系统如表 5-3 所示。

表 5-3　iFIAS

教师语言	间接影响	1		教师接受情感
		2		教师表扬或鼓励
		3		教师采纳学生观点
		4	教师提问	4.1　提问开放性问题
				4.2　提问封闭性问题
	直接影响	5		教师讲授
		6		教师指令
		7		教师批评或维护教师权威
学生语言		8		学生被动应答
		9	学生主动说话	9.1　学生主动应答
				9.2　学生主动提问
		10		学生与同伴讨论
沉寂		11		无助于教学的混乱
		12		有益于教学的沉寂
技术		13		教师操纵技术
		14		学生操纵技术

　　iFIAS 互动分析系统有 16 组编码类别，能够对教师、学生语言编码，能够对沉寂、信息技术应用进行编码，能够对教师提问类型以及学生的主动行为加以区分，为了进一步简化 iFIAS 的分析过程，提高弗兰德斯分析方法的可实施性，研究团队还开发了 iFIAS 辅助分析工具。iFIAS 辅助分析工具主要包含 iFIAS 分析程序和 iFIAS 编码助手程序。iFIAS 分析程序同时兼容 iFIAS 编码系统、ITIAS 编码系统、传统 FIAS 编码系统，以及其他定义方式的编码系统，它不仅可以根据课堂观察记录的课堂教学互动行为编码表生成分析矩阵及统计分析数据，还可以绘制出教学互动行为比率的动态折线图。为了简化观察与记录过程，还可以借助 iFIAS 编码助手程序，使课堂观察的编码过程更加简便，输出的编码记录表可直接被 iFIAS 分析程序导入并进行分析。

二、多元交互式课堂教学观察分析方法

　　朱雪梅老师的《"多元交互式"教学评价体系的建构与实践》项目荣获基础教育国家级教学成果一等奖，"多元交互式"课堂教学观察平台是该成果的支撑性评价工具，它将传统的、主观的、经验式的听课转变成数字化、标准化、可测量的课堂教学观察。课堂观察平台通过嵌入可预设、可调节的各类专门化课堂教学行为观察量表，利用手机、平板电

脑等移动终端，以行为编码的方式在听课过程中采集"教"与"学"的表现性数据信息，经过后台计算与图形化处理，为评估结论提供客观的量化证据，实现科学的课堂诊断，以达到矫正偏差性教学行为的目的。"多元交互式"课堂观察平台在"互联网＋教育"的大背景下，将互联网技术与教学评价相结合，用更具说服力的数据评价代替了传统的"印象评价"，进而实现评价的精准性和客观性。图5-4为教师教学行为观察示意图。

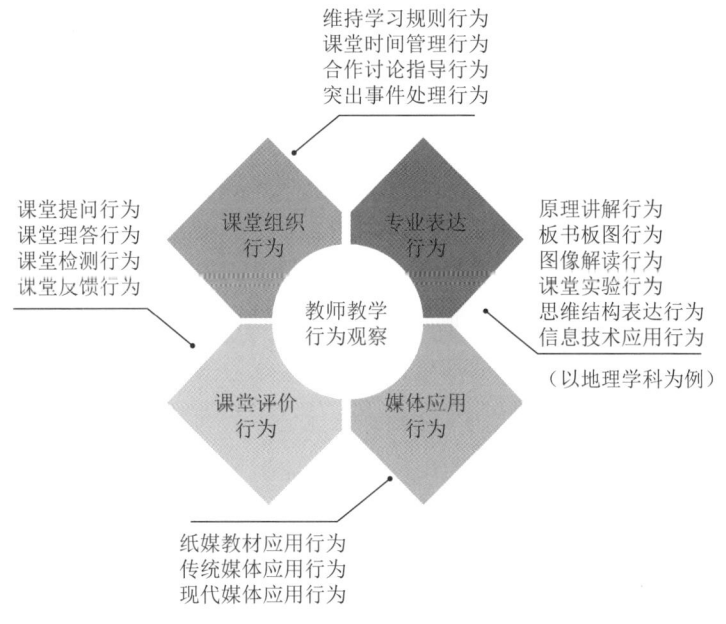

图 5-4　教师教学行为观察示意图

就内容来看，"多元交互式"课堂观察平台主要关注课堂中最为活跃的教与学的行为，从教师教学行为、学生学习行为、教学过程实录、教学竞赛量化评价、交互研讨论坛、执教者反思表、学生学习质量评价表和教学效能综合评价等维度设置观察表，构筑课堂教学评价体系。使用者可以根据自身的需求选择相应的观察表开展课堂观察与评课活动。在课堂教学过程中，观察者可以根据具体的观察标准，按照系统中设定的观察量表对教学行为的表现性信息与数据进行采集，最后根据课堂中的记录选择总体评价效果，完成后，平台会根据统计数据自动进行可视化处理，将结果以统计柱状图和比重结构图的形式呈现，从而为撰写课堂教学质量评估结论提供客观证据。

教师教学行为的观察可分为专业表达行为、课堂组织行为、媒体应用行为和课堂评价行为四大主题，每类主题设立独立的观察表，分设一级指标与二级指标。以"课堂提问行为"观察为例，包括教师提问、候答时间、学生应答和教师理答四个角度。"教师提问"需要记录教师的提问内容，并判断问题指向和问题类型；"候答时间"需要记录等候学生作答的时间；"学生应答"需要记录学生答案，判断答案获得途径、应答形式、应答水平的类型；"教师理答"需要记录教师评析和理答方式。课堂提问行为观察表如表5-4所示。

表 5-4 课堂提问行为观察表

教师提问							候答时间（秒）	学生应答									教师理答					
提问内容	问题指向		问题类型					学生回答	获得答案途径			应答形式			应答水平			教师评析	理答方式			
	明确	模糊	描述性问题	判断性问题	论证性问题	归纳性问题	操作性问题			读书	思考	讨论	无应答	集体应答	个人应答	合作交流	错误	基本正确	正确有逻辑		打断或代答	不理睬批评	追问或补问	直接评判	组织评议

在线下学生行为观察方面，按照学生的座位排列发布观察任务，一个任务可以由多名观察者负责，每名观察者负责观察一个区域的学生。观察项目的设计借助互动分析分类原理，将学生在完成任务过程中的学习行为（倾听、阅读、思考、讨论、书写、绘图、提问、实验、计算、评议等）进行编码，在观察过程中根据具体的学生行为表现进行对应勾选，以此来获取每个学生个体的学习行为信息，判断学生学习的参与度。

教学过程实录将整个教学过程用文字形式记录下来，包括课堂教学的基本情况、主要优缺点及教学过程和评议。这种文字形式其实是质的分析，是观察者在听完课程后对课程的直观感受、简单的评价甚至是提出建议的方式。在教学过程实录中，教师不必局限于某一特定的标准和规范，而可以从不同视角去评价课程，使得评价的结果更为直接、灵活、深入。

交互研讨论坛主要用于课后研讨，使用该平台可以记录线上或线下的内容，教师可以在平台上进行经验交流、学术探讨，并且提出相应的建议和思考，为教学研究提供帮助。

执教者反思表则是将具体的教学行为细化，从教学准备、过程、效果三方面进行考察，同时由教师对自己各方面的表现进行打分，反思自己的优势与不足，及时调整策略，进而促进自身专业发展。如图 5-5 所示。

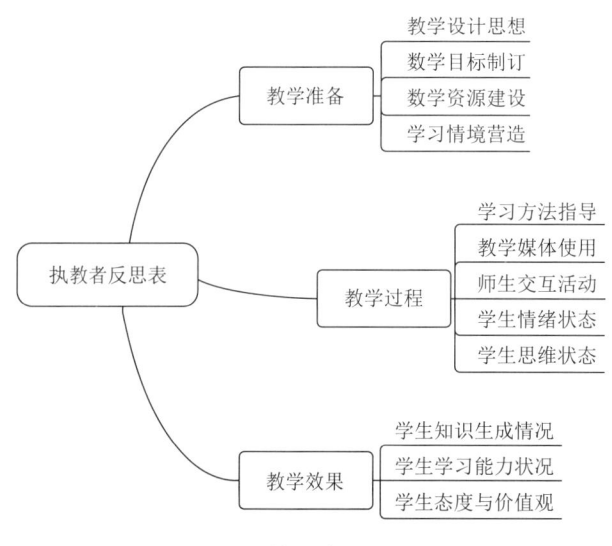

图 5-5 执教者反思过程

教学效能综合评价与教学竞赛量化评价展示了对课堂的综合评价，多用于教学竞赛，根据教师讲解的教学目标、教学内容、教学策略、教学流程几个维度进行打分，如果有多位听课者，后台会自动计算平均得分。

学生学习效能调查表由学生填写，包括学生的学习内容（教材处理的合理性、与实际经验的关联性、重难点的突出程度）、学习过程（课堂情境的激励性、师生关系的和谐程度、教学语言的艺术性、专业思维的积极性、学习方法的掌握程度、教学媒体的有效性），及规定具体的习得性评价等级。学生根据实际情况评价自己的学习效果，并通过学生的课堂学习效能来反映教师的课堂效率。

上传评价量表后，系统利用Highchart图表组件将录入的观察信息转化为可视化图形，以柱状图、饼状图等图表呈现，使观察数据更加直观，为观察结论提供数据支撑。

总的来说，"多元交互式"课堂观察系统能准确展示各个观察量表的指标，克服了传统评课标准不一的缺陷。其利用手机、PAD、电脑等移动终端，完整采集课程数据，替代了传统的纸笔听课。课程数据经过后台计算与图形化处理后，直接为课堂评估提供客观的量化证据，从而让课堂诊断更科学。该系统从定量和定性两方面对课堂进行客观、科学的评估，提出多元化的建议，帮助执教者与观课者有针对性地改进不足，提升教学质量，促进专业发展。同时，教学过程中获取的所有评价信息均在后台进行处理与分析，提供的多元化分析结果与报告则为教学管理者提供了决策依据。

案例平台介绍

听课大师是一款简单实用的数字化课堂记录工具，该软件可以把所听的课堂教学过程记录下来，供使用者反复研读。作为一种课堂教学辅助服务应用，听课大师具有富媒体、量化分析、个性化及多人协同等特点，主要包括课堂记录、课堂分析和课堂评价三个模块。

在课堂记录方面，首先填写课程的基本信息（学科、年级、教程版本）及教师的基本信息（姓名、城市、学校）；接着进入听课模式，在听课过程中听课大师会对各个环节自动计时，根据实际的课堂流程，将各个时段对应的教师活动、学生活动、媒体应用等情况记录下来，支持各种媒体（音频、视频、图片、文字、涂鸦）的应用，丰富了课程的记录形式。

在课堂分析方面，课程结束后，该工具会自动统计记录的内容，根据即时的记录情况自动生成分析报告，将课堂中的教师活动、师生活动及生生活动占比以饼状图的形式呈现，同时将具体的时间分布以表格形式呈现，以此为基础分析课堂的教学结构和教师的教学风格，有针对性地进行教学评价，提供改进建议。此外，系统根据具体的教学内容，推荐相关的教学资源，以供学生进行研读与学习。

在课程评价方面，听课结束后，该工具根据具体的分析情况，对课堂的总体情况进行总结性评价、讨论及反思，并提供多个维度的课堂评分量表（教师语言及基本功、重难点突破和目标达成、问题设计及理答、学生创新思维培养、学生学习习惯和方法渗透、课堂组织与评价、拓展资源选择和应用、板书设计、技术有效融合等），便于教师及时发现不足，加以改进。

  总的来说，这种基于记录共享和多人协作的数字化教育辅助应用为一站式课程记录提供了便利的条件，可随时随地在PC、网页和手机客户端同步访问所有存储的记录。对于教师来说，不仅可以记录自己多年的听课记录，形成个人执教成长轨迹，还能汇聚其他教师给自己每堂课的评价反馈，及时反思自己的不足，并对课程进行调整，形成适合自己的优化教学风格。此外可以在线上随时查看其他教师的课程记录，便于同行之间的交流，共同成长、共同进步；对于教研员来说，可以实现动态的课堂数据采集，根据师生的互动比例和时长，分析课堂的教学结构和教学风格，并提出有针对性的建议，为数据驱动教学提出相应的优化策略。

本章内容小结

  本章我们学习了数据驱动下课堂观察的作用与意义（知识检查点5-1），知道了不同课堂类型中课堂互动行为数据的采集方式（知识检查点5-2），以及学生学习行为数据的组成与采集方法（知识检查点5-3），学会了课堂观察学习行为数据的分析方法（能力里程碑5-1），并掌握了典型的课堂观察互动分析系统的应用（能力里程碑5-2）。

  本章内容的思维导图如图5-6所示。

自主活动：反思数据驱动下的课堂观察在你所教学科中的价值

  请学习者在学习完本章内容后，进行自我反思，并记录个人学习心得。

小组活动：讨论不同类型课堂的课堂观察的方法

  请学习者围绕本章的学习主题进行组内交流，并做好小组学习记录。

评价活动：评价本章知识与能力学习水平

一、名词解释

数据驱动下的课堂观察（知识检查点5-1）

课堂互动（知识检查点5-2）

学习行为（知识检查点5-2）

图 5-6　思维导图

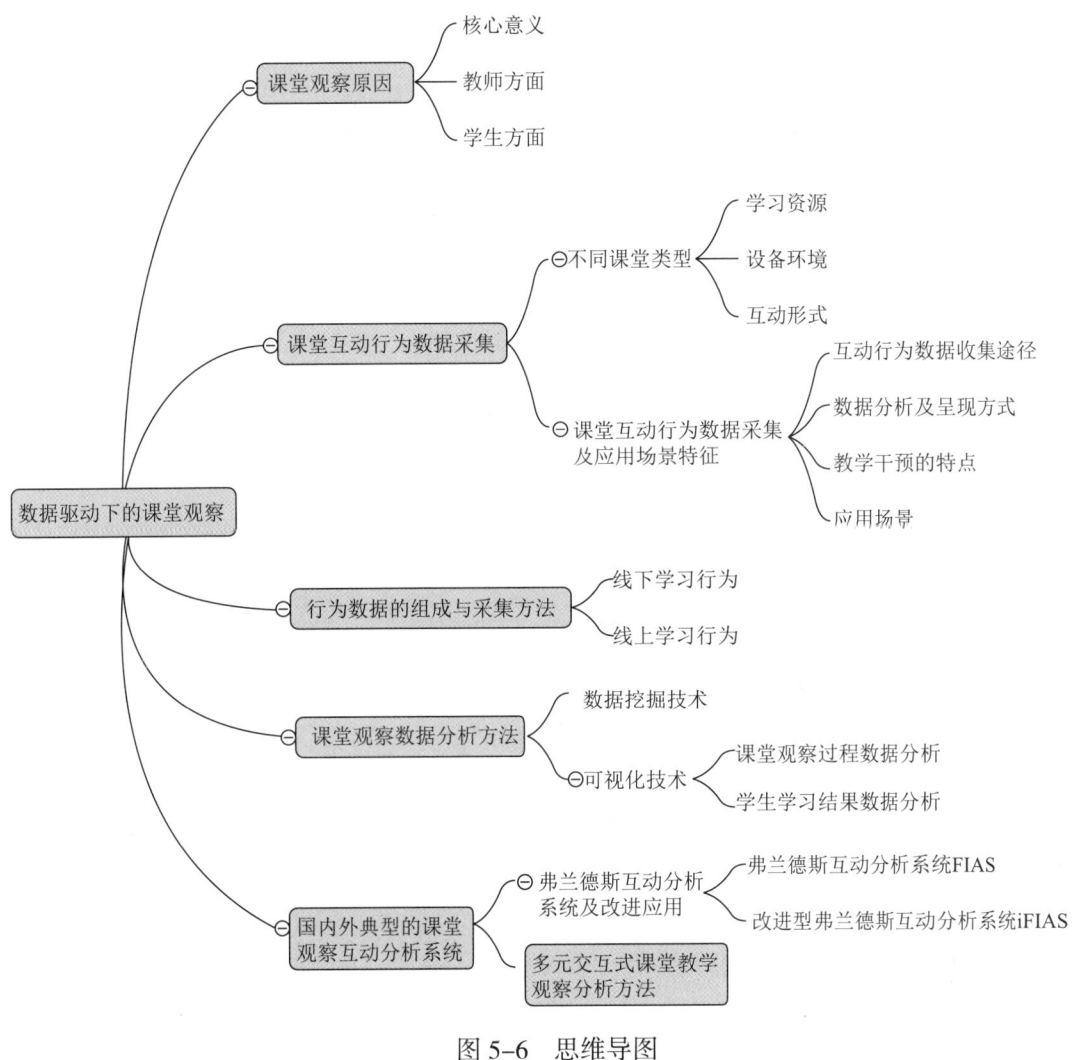

二、简述题

1. 为什么要在中小学开展数据驱动下的课堂观察（知识检查点 5-1）？
2. 如何在课堂中利用观察数据及时对课堂进行调节（能力里程碑 5-1）？
3. 分析书中介绍的常见的课堂观察分析系统的优势与不足（能力里程碑 5-2）。

三、实践项目

以一节课的课堂实录为例，选择书中介绍的课堂观察分析系统进行数据分析，写出教学设计改进方案（能力里程碑 5-2）。

第六章 数据驱动精准教学的课堂实施

本章学习目标

在本章的学习中，要努力达到如下目标：
- ◆ 了解数据驱动精准教学课堂实施的设计环节（知识检查点6-1）。
- ◆ 了解数据驱动精准教学的目标设置（知识检查点6-2）。
- ◆ 学会依托教学目标设计教学内容以及选取学习资源（能力里程碑6-1）。
- ◆ 能够基本熟练地使用课堂教学策略的基本方法（能力里程碑6-2）。
- ◆ 完成学科精准教学课堂教学设计（能力里程碑6-3）。

本章核心问题

教师如何通过数据进行精准教学？有哪些策略可以应用到我们的课堂中？

本章内容结构

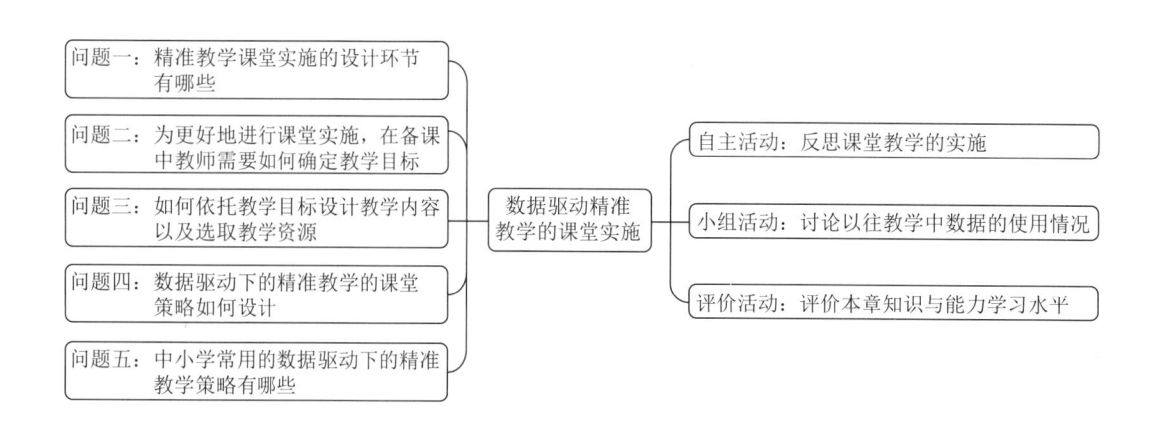

- 问题一：精准教学课堂实施的设计环节有哪些
- 问题二：为更好地进行课堂实施，在备课中教师需要如何确定教学目标
- 问题三：如何依托教学目标设计教学内容以及选取教学资源
- 问题四：数据驱动下的精准教学的课堂策略如何设计
- 问题五：中小学常用的数据驱动下的精准教学策略有哪些

数据驱动精准教学的课堂实施
- 自主活动：反思课堂教学的实施
- 小组活动：讨论以往教学中数据的使用情况
- 评价活动：评价本章知识与能力学习水平

引言

精准教学主张"学习者最清楚"原则，即学生的行为能够比其他任何途径更好地反映教学的有效性，比如，如果某个知识点的教学资源表现形式或内容不符合学生解决问题的需要时，学生对于该教学资源或内容的学习次数就会减少，那么教师就需要及时更换资源；如果某个学生每个资源都已经认真学习过，但在测试中总是拿不到高分，那么就应该针对这个学生调整教学方法。

本章将在了解数据驱动下的精准教学课堂实施的设计环节的基础上，以高三语文写作课《紧扣论点，分析例证》以及某校初三物理一模之前月考试卷讲评课为例，探讨数据驱动下精准教学课堂实施的环节设计、内容选择以及教学策略等内容，希望对教师们的学科课堂实施有所帮助。

问题一：精准教学课堂实施的设计环节有哪些？

中小学课堂教学所承担的任务一般包括向学生传授新的知识，复习巩固学习过的知识；将所学的知识运用于实际，形成技能、技巧；检查对知识的掌握程度等。根据任务划分可以将课堂教学分为以下几种类型：新授课、复习课、练习课、实验课以及测验课等。在不同的课型中，数据的获取方式、课堂作用以及呈现时机可能会略有不同，但是精准教学中的参与者为教师与学生，在教学活动正式开始之前，需要对学生的学习个性等方面进行分析，才能够使教学工作做到有的放矢。而教师作为教学活动的组织者与引导者，应充分发挥自身的能力，理解和了解学生，并真正明白什么是学会和掌握，这样才能够选出正确的教学路径。

1. 选好教学起点

教学起点至关重要，起点过低或过高都会影响到整节课的教学效果。以往主要靠教师的个人经验，而基于数据的精准分析，就使得教学起点的选择更加科学。通过数据分析，对学生前一节课（章节）的课后作业完成情况进行精准分析，教师在备课前就已经对学生的学情有了初步了解，可以精准备课。如果可以通过课前预习反馈、基础测试等环节的在线数据分析，教学起点的选择就会非常精准。

2. 精准的教学目标

正确把握一节课的教学目标，明确教学重难点，精心设计并开展突破性教学，是一节课成败的关键。教学目标不一定完全照搬教参，而要根据具体课程内容、班级以及学生个体的基础和能力，对目标达成层次进行适当调整。这就更加突出了数据的作用，教师可以通过对学生预习过程的数据采集与分析，明确课堂目标，确定重点与难点。

3. 多元的学习内容和资源

为了充分调动学生的学习热情，打破以往教学过程中硬性教学的现象，在精准教学活动当中，教师要考虑到教材目标要求与学生特点，根据学生短板知识对教学资源进行拓展和开发，对学习材料进行优化设计，从而使其更具有多元化与趣味性。为了便于教学，教师还可以与精准目标相结合，建立相应的教学资源库，为学生精准地推送教学内容与资源。

4. 有针对性的课堂互动

课堂提问和师生互动也是课堂教学的重要环节。什么时候互动、提什么问题、让哪个学生回答等，都会对课堂的教学效果产生影响。通过课堂学习数据实时反馈，可以让课堂的精准性大大提升，实时呈现学生的掌握情况，教师可以实时调整教学策略，从而让课堂更加鲜活，学生的主体地位也更加凸显。

5. 个性化的补偿教学

学生的差异性是客观存在的。对于学习能力弱的学生，课后需要对其进行个性化的辅导与答疑；对于学习能力强的学生，课后需要对其进行个性化的激励与提升。借助数据信息，教师很容易就能掌握每一个学生的学习情况，从而主动开展一些补偿性教学，包括录制一些知识点或者题目的讲解微视频，推送给相关学生，指导他们自主学习，并及时进行答疑。

6. 个性化的作业布置

当前学生学业负担较重的一个重要因素是所有学生做同一份作业，很多学生做了"不该做"的作业。根据学生学习过程中分析得到的差异性数据，教师完全可以布置不同层次、不同类别、不同难度的题目，因材施教，实现个性化的课后作业，切实减轻学生的学业负担。

7. 有针对性的命题测试

学生做题，教师必然就要出题。备课组教师搜索、选择、编辑题目耗费了大量时间和精力。但由于一个年级往往是同一份作业、同一份试卷，一位教师对自己的班级相对了解，而对于其他班级却不甚了解，这样命题针对性、有效性就相对欠缺。有了数据分析，全体学生课堂学习、平时作业、常错题目等数据信息一目了然，命题教师可以做到轻松组题、精准命题。

总的来说，数据驱动下的精准教学课堂实施需要教师将数据的采集和分析应用于课堂教学的课前、课中及课后，有规划、有思考地运用数据，根据数据来引导学生学习，同时提升自身的教学专业能力。

问题二：为更好地进行课堂实施，在备课中教师需要如何确定教学目标？

精准教学目标通常以目标树的形式展现，以知识或者技能的性质为依据，将其划分为多个层次，形成知识技能树，并设置对应的测试题库。例如，在教学中，教师可以根据学生的表现，利用题库中的测试题对学生知识与技能的掌握情况进行考核，没有达到标准的知识便自动顺延。精准目标树的特点在于全部叶子都代表着短板知识与技能目标，当这些目标达成以后，将会自动从树上脱落，剩下的便成为新的知识目标。因此，可以通过回归方式对教学过程进行反复循环，逐渐完成各个短板知识目标，最后实现总体教学目标。使用精准目标树能够明确学生的短板知识，对教学起到指挥棒的作用。教师能够通过对学生掌握程度的考核，适当地调整教学进度与行为，这样师生都能够在目标明确的情况下开展活动，有效地解决了以往困扰着教师的诸如"应该教什么"以及"怎么去教效果更好"的问题，使教师的教学行为更具有方向感，学生的学习效率自然能够得到显著提升。

精准教学目标的设定，实质上是在学习者特征与教学预期之间建立一种准确的映射关系，步骤如下：第一步，对教学目标进行细化和量化；第二步，对已有学生的教学大数据进行分析，提取并构建包括学生初始能力（已有知识和技能基础）、认知结构、认知风格、学习动机、学习态度等多维特征在内的单个学习者模型，对影响教学目标实现的关键学习者特征进行分析；同时，建立细化的学习者特征与教学目标维度的一一映射关系，并依据学习偏好来匹配教学目标的差异化设计要素，设定与学习者特征高度匹配的教学目标。

教师可以针对学生的前期课堂的行为数据和学习结果，利用数据统计分析和数据挖掘技术进行多维度的学情分析，分析班级、学习小组或学生个体的学业情况和学习活跃度。数据分析结果要直观，能以数据可视化方式呈现。

实例分析

举个例子，教师根据经验可以判断高三学生需要进一步学习举例论证，通过云平台测试功能，可以获得相关数据，更准确地了解学生对举例论证的知识技能的掌握情况。课前，教师在云课堂平台布置了两道难度不同的选择题，来测试学生对举例论证的掌握情况。

题目1

分数的高低并不等于能力的大小，古今中外的事实充分证明了这一点。远的如古时的赵括，军事理论说得头头是道，带兵打仗，却一败涂地。近的如留苏的王明，马克思主义的书本背得滚瓜烂熟，但他的脱离实际给革命造成了巨大损失。在国外，美国二战时期的巴顿将军，在西点军校考试成绩很差，而且不守校规校纪，曾被关过禁闭，受过警告处分，可后来却成为屡建奇功的名将。而他那些成绩优秀的同学，毕业后虽多工作于国防部，却大都没有干成什么大事。种种事实证明，分数与能力并非成正比。

这段论述在论证分析方面：

A. 论证手法有两种　分析阐释充分

B. 论证手法单一　分析阐释单薄无力

C. 论证手法单一　分析阐释充分

D. 论证手法有两种　分析阐释单薄无力

答案：D

题目2

要证明论点"一个充满热忱的人能战胜各种困难"，以下两段话是否合适？

①音乐家冼星海在延安时，没有钢琴供他练奏，对音乐满怀热忱的他，以乐观的心态，用碗、碟、盆、罐等代替钢琴，经过长期酝酿，终于创作出了史诗般的作品——《黄河大合唱》。

②周恩来总理从少年时期就树立了"为中华之崛起而读书"的远大理想，抱定了救国救民的信念，以极大的热忱投入到伟大的革命事业当中，最终成为新中国的缔造者之一。

A. 都合适　　　　　　　　　　　B. ①合适②不合适

C. ①不合适②合适　　　　　　　D. 都不合适

答案：B

测试数据显示，某该班级学生两道题的正确率分别为78.9%和15.9%，这说明学生对例证的理解很不理想。一是学生对论据和论点关系理解不到位；二是学生对分析阐释论据与论点之间的内在联系认知欠缺。由此，教师可以确定，给这个班级上一节举例论证写作指导课是必要的，知识与技能教学目标有两点，一是理解例子与论点的关系，二是学习举例论证的方法，并在写作实践中运用。第二条目标作为本节课的教学重点与难点。

问题三：如何依托教学目标设计教学内容以及选取教学资源？

精准教学始于识别并发现学生的短板知识与技能，在课堂教学中，学生的短板知识与技能通过单元测验中错误试题的属性分析获得。对此，教师一方面需要不断收集或设计课程各单元的测试题，准备数量充足的课程单元测试题，另一方面需要分析题库中测试题的属性，包括知识点、技能点、难度和目标层级等，剔除质量不好的试题，保证试题库组卷测验具有良好的信度和效度。其次，精准教学基于知识点深刻与全面的理解，学生短板知识的精准理解通过微课自学完成。因此，教师需要针对课程单元知识点与技能点，采用"心动"设计方法，以问题、故事、实验、概念图和游戏等形式研制自学微课，增加学生微课自学的趣味性和自主性，保证学生对短板知识的精准理解。

精准教学资源主要包括以下两方面内容。

（1）资源内容与教学目标相对应

在信息时代背景下，传统教材已经难以符合现代教育需求，教学资源也应从纸质材料转变为电子书、视频、PPT、3D 仿真、在线题库等多种类型，无论是何种教学资源，在资源的设计上都应与精准目标相关联，并保障资源是为了解决精准的系列问题而设计。

（2）资源表现形式多种多样

要想充分调动学生的学习热情，需要应用多样化的，具备简洁明了、精美、生动有趣、方便快捷等特征的教学资源，使学生能够充满热情地投入到学习中，并在正式上课之前完成课前自主学习任务。

实例分析

在高中写作教学中，教师通常要采用大量书面批语和面批的方式来进行。然而，书面批语互动性差，学生可能看不懂或不看。面批费时费力，经常要占用师生大量课余时间才能实现。云平台为写作教学提供了因材施教的更多可能性。

教师通过云平台发布多种学习资源，给不同程度的学生提供个性化学习、个性化作业的机会。学生写作基础不同，课上完成写作任务需要的时间不同。教师可以通过云平台的资源功能，为学生提供一些不同内容的自学材料，完成课堂学习任务较快的学生可以学得更多，学习进度慢的学生可以有继续学习困难点的机会。

在写作之前，学生提出了很多问题。教师将问题整理为四大类，共 26 个小问题，并根据大家的问题提供了一些学习资料，资料共有 1 万多字，如果逐字阅读，一节课时间可能都不够用，因此需要设计目录，明确阅读的顺序和主次。

问题四：数据驱动下的精准教学的课堂策略如何设计？

在具体设计精准教学活动时，应综合考虑学生的学习偏好、互动偏好、学习支持及活动组织等因素。基于数据的精准教学活动设计遵循以下步骤：差异检测→动态分组→并列教学→差异教学。其中，差异检测是指通过大数据测量、辨识学生的差异，包括学生自身发展方面的差异，如多元智能、学习兴趣等，学生与学生之间的差异，如学习风格、思维方式等；动态分组是指按照学习活动与教学内容性质，根据学习者特征差异进行同质化分组和异质化分组；并列教学是指针对学生的共性需求，实施一致化的教学活动；差异教学则指在并列教学之后，根据学生的学习现状和个性化学习需求，实施差异化的教学，并对学生进行有针对性的指导。

教师可根据自身教学方式与实际教学条件，采用"翻转课堂+精准教学"的方式。精准教学要求翻转课堂的实施明确精准目标，并在此基础上采用恰当的方式开展教学活动，如微课教学、创客教学、慕课、现场教学等，使现代化教学方法有效融入到精准教学当中，设计出更加高效的教学过程。在信息技术的支持下，教学方法的使用应与学生个体特点相结合，可采用差异化教学、创作式教学以及小组合作教学等。其中，前两种教学方法以基础知识与技能培养为核心，后两种教学方法以提高学生综合能力为核心。

同时，我们还可以实现学习数据在试卷精准讲评中的应用，快速、精准定位讲评重点，提升讲评效率和讲评质量。需提供按试题错误率及试题题号两种形式形成讲解列表，每道题目配备知识点及解析，根据班级学生的作答数据统计每个知识点的班级整体的掌握程度，将班级得分率，学校的得分率进行对比，找出差距。教师可充分利用课堂时间，重点讲解班级的共性问题；可按照分数段统计作答情况，并查看答错学生名单及调取答题原卷；也可直接调取阅卷时标记的典型优秀卷，方便在课堂上直接讲解学生的解题思路，让教师有的放矢，做到以学定教。教师使用PAD、手机端讲评时，可在白板模式下进行手写讲解，并可将讲解内容录制成微课，分享给班级整体或个别学生。

下面以两个实例分别介绍新授课和复习课中如何开展精准教学。

实例一　高三语文写作课新授课设计

一、例子和论点的关系

提问：请说出例子与论点的关系。

补充："论如析薪　贵能破理"——刘勰《文心雕龙·论说》，作论文像劈柴一样，贵在能按照木材中固有的纹理把它破开。明确：论点是主，例子为观点服务的。举例是为了更好地阐明道理。

二、怎样举例论证观点

（一）评述事例内容要紧扣论点关键词，不足则补，无关则删去。

1.公布"课前测试题目1"答案：赵括、王明的例子以及巴顿违反校规校纪的内容与论点"分数的高低并不等于能力的大小"中的"分数的高低"与"能力"关系不明。赵括、王明的例子如果要保留，应该围绕分数与能力的关系加以改造，巴顿违反校规校纪的内容则应删去。

提问：关于举例论证，你悟出什么方法或原则？

总结：举例评述事例一定要紧扣论点关键词，与论点无关的要删改。

板书：紧扣关键词

2.公布课前测试 题目2答案（云平台）

要证明论点"一个充满热忱的人能战胜各种困难"以下两段话：

A. 都合适　　　　　　　　　　B. ①合适②不合适

C. ①不合适②合适　　　　　　D. 都不合适

答案：B

明确：论证的观点是"一个充满热忱的人能战胜各种困难"，事例②提到"战胜各种困难的事实"应修改与补充周总理战胜了哪些困难。

总结：缺少论点关键词，对应的事实分析要补充。

3. 测试巩固

发布题目：

假如我们手头有这样一则材料，我们如何根据中心论点进行处理？

要论证"直面痛苦，战胜痛苦"，下面的材料中哪些内容可以忽视？

①彼埃尔·居里不幸被一辆马车的车轮轧死

②这沉重的打击，使居里夫人陷入深深的静默孤寂之中

③居里夫人在1911年第二次荣获诺贝尔奖金

④居里夫人患恶性贫血而死

明确：①④与论点无关的事例内容要删去。

某班课上测试数据显示，④项较为容易辨别。有四分之一的学生错误。教师根据数据，调查错选原因，排除看错题的学生，只有个别学生不能理解。这样，这个选项就不必在课上花太多时间。①项较难辨别，数据显示全军覆没，超出教师的预计，需要在课上重点讨论与讲解。

（二）适当分析阐释事例

1. 测试思考发布题目2

用居里夫人的材料论证"直面痛苦，战胜痛苦"，哪种写法更好？

A.①   B.②   C.①②

答案：B（100%符合老师预期）

2. 划出与上题①②不同的地方。 讨论：②为什么更好？

明确：①（例子＋论点），没有分析阐释；②围绕论点分析事例，阐释道理充分。（论如析薪，贵在破理）

3. 总结分析论证的方法

明确：

运用分析句式、论断性标志词语

"正因为……才能（所以）……""为什么……因为……""之所以……是因为…"
"并没有……反而……""人生难免……重要的是……""是……还是……"

4. 补充材料

《六国论》片段

论点：六国破灭，弊在赂秦

向使三国各爱其地，齐人勿附于秦，刺客不行，良将犹在，则胜负之数，存亡之理，当与秦相较，或未易量。

明确："假如（如果）……如何（怎能）……""试想……"

三、运用所学方法，修改或写作例证段落

1. 推送练习一：

以上四处评述句，哪一处需要修改？

① 1 处 ② 2 处 ③ 3 处 ④ 4 处

2. 练习二

分组练习，在②③处给练习一材料增加分析阐释句 （抢答或调组）

3. 练习三

运用所学知识，修改写作论证段落。

原文

而且新闻上公交车坠江事件，也是因为个别人的毫无社会责任感的自私所致，只因一女子错过自己的目的地，与司机大打出手置全车乘客生命于不顾，使司机无法全心开车，造成惨剧。

一车，两人，因一个人错过一站地，一车人错过了后半生。这就是严重缺乏社会责任感的自私表现，而代价是多少家庭的破碎，多少希望的破灭。（康曼琳）

已修改：

明确论点：缺乏社会责任感会酿成悲剧。（康曼琳）

4. 组织答题，反馈讲评答案

运用所学知识，修改写作论证段落。给某位学生修改好的段落评分。

① 分析阐释精当　② 分析阐释充分

③ 分析阐释单薄无力　④ 分析阐释缺失

5. 安排答题快的学生通过云平台自主学习优秀论证段落

这节课 3 道不同阶段测试题的总体数据表明，举例论证对该班学生而言，是一件不容易掌握的技能，需要后续巩固练习。教师应该增加该知识点的教学内容。如图 6-1 所示。

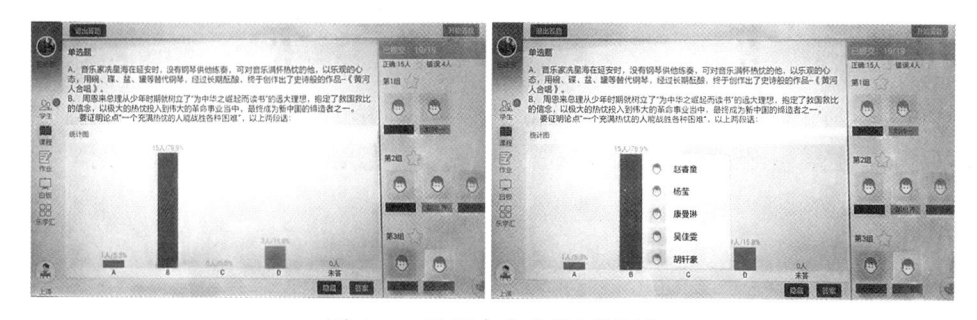

图 6-1　云平台自主学习案例

课堂即时数据的即时可视性，也有利于激励学生。准确了解自己和同学的学习数据，这种即时反馈能激发学生的好胜心，给他们讨论问题的动力，增加学习自信。他们会更积极地投入学习，也会更积极地思考与交流。

而在习题和试卷讲评课中，通过数据分析系统对学生作业、考试数据进行分析，教师对整份试卷或作业、每个题目的得分情况、得分率较低的题目归因、每个学生的解答情况等都做到了心中有数。教师讲评时，可以随时调看某个学生某个题目的解答情况、某个题目的错误分类、某个题目值得推荐的样本等，突出重点，有针对性地开展教学活动，包括后续的跟进练习。

实例二　初三物理一模前月考试卷讲评

一、分析本次考试整体情况

图 6-2 是班级学生考试整体情况，表扬进步幅度较大的同学，提示退步幅度较大的同学分析原因并引起重视。

共6个班级 190人参与测验/本班39人实际参与测验，0人缺考。立即查看
年级平均分73.9
84.5　　95　　56.4%　　100%

图 6-2　考试整体情况

二、分析试卷整体情况

试卷整体情况如图 6-3 所示。

本学科试卷共28道题，主观题12道，分值占比64%，客观题16道，分值占比36%；学科总分100。　打印　一键导出

0.74　　**0:5.4:4.6**　　**0.86**　　**0.39**
难度　　难度比例(难:中:易)　　信度　　区分度

大题分析　　　　　　　　　　雷达图　表格　　　　　　+添加班级　｜　导出

题型	对应题号	分值	占比	年级均分	年级得分率	九年级1班均分	九年级1班得分率	九年级2班均分	九年级2班得分率	九年级3班均分	九年级3班得分率
主观题	17,18,19,2...	64	64%	46.17	72.14%	45.18	70.59%	39.1	61.09%	54.31	84.86%
客观题	1,2,3,4,5,6,...	36	36%	27.73	77.02%	28.26	78.51%	27.43	76.2%	30.15	83.76%
单选题	1,2,3,4,5,6,...	24	24%	21.04	87.69%	21	87.5%	21.07	87.78%	22.15	92.31%
多选题	13,14,15,16	12	12%	6.68	55.68%	7.26	60.54%	6.37	53.06%	8	66.67%
实验探究题	17,19,20,2...	50	50%	37.38	74.75%	36.47	72.94%	32.67	65.33%	42.1	84.21%

图 6-3　试卷整体情况分析

三、试卷讲评

介绍整体试卷作答情况

试卷作答情况如图 6-4 所示。展示每道题的正答率，明确问题试卷中的难点题目为 12、15、16、21、25。对困难问题逐一分析答题情况，进行讲解，提出重点需要抓住的要点；以 21 题为例，呈现错误答案如下。

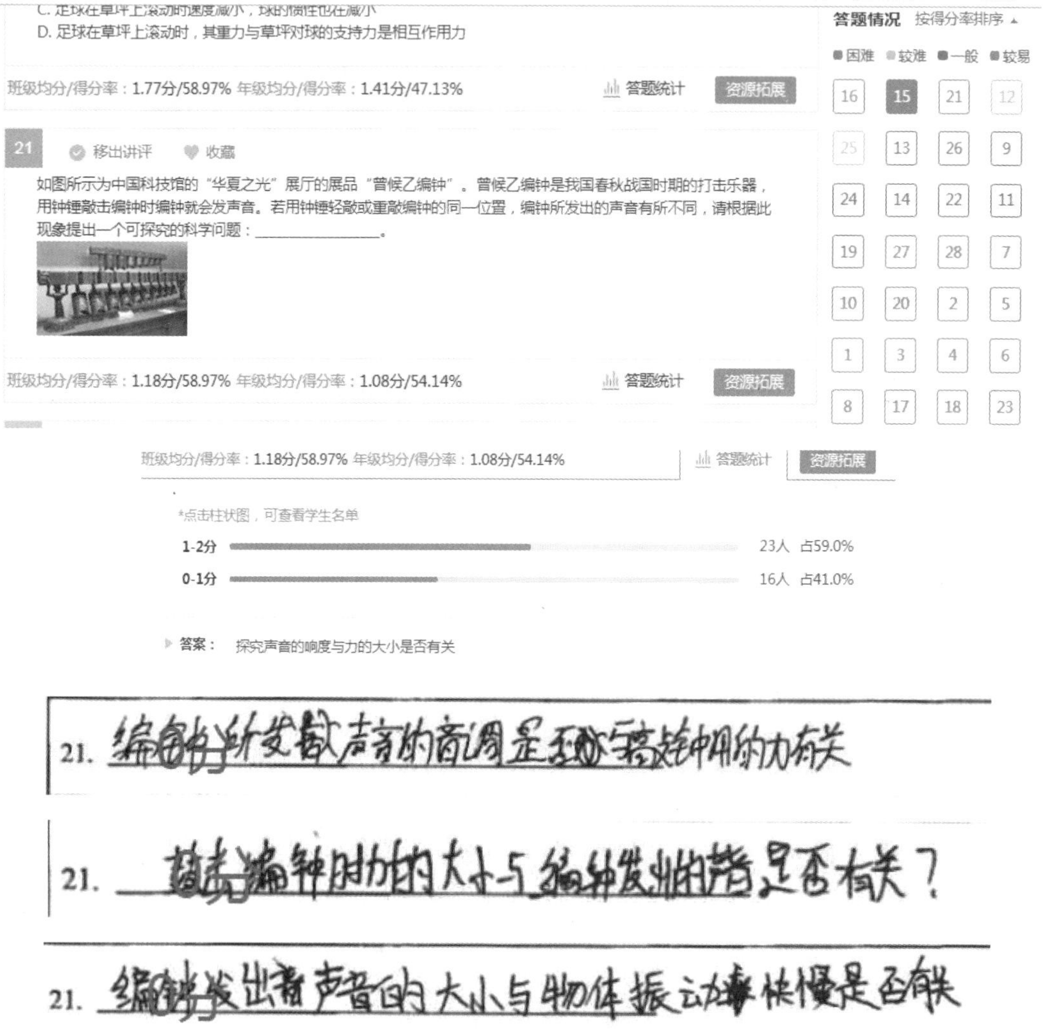

图 6-4　试卷作答情况分析

讲解：本题考查学生对乐音的三个特征——响度、音调和音色的掌握情况，属于基础知识。若用钟锤轻敲或重敲编钟的同一位置，编钟所发出的声音有所不同，轻敲和重敲时编钟所用力的大小不同，响度不同，故可以探究声音的响度与力的大小是否有关。故答案为：探究声音的响度与力的大小是否有关。

讲完要求学生进行订正，随后进行资源拓展练习，如图 6-5 所示。

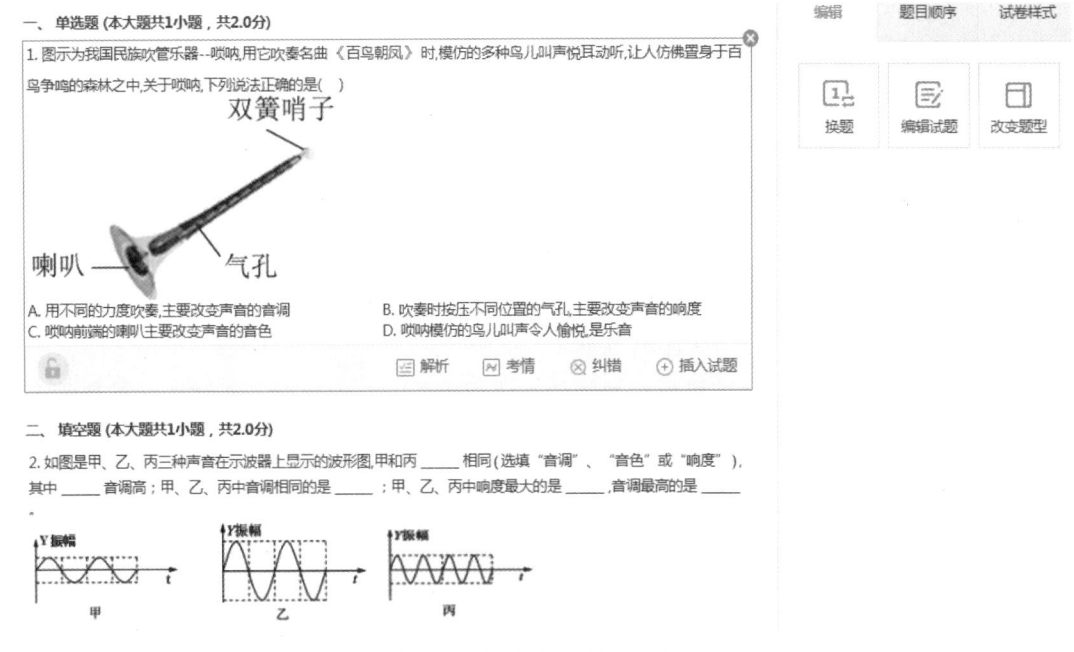

图 6-5 讲解与拓展资源

作为初三复习阶段，试卷分析完后，对相应的困难知识点需要进行新一轮的系统复习。如图 6-6 所示。

图 6-6 复习资源推送

问题五：中小学常用的数据驱动下的精准教学策略有哪些？

近几年，很多专家和一线教师依托企业开发的精准教学平台进行了大量的一线教学实践，总结出了很多可供大家参考的教学策略，下面选取三种比较典型的教学策略进行介绍。

一、基于电子书包的精准教学实施策略

电子书包的赋能作用覆盖课前、课中和课后师生活动的关键环节，包括备课、预习、授课、自学、讨论、测试、作业及其他功能。在精准教学中，电子书包使用多种人机、传

感和体感技术，记录学生的学习行为表现，依据教育测量理论分析学生的短板知识与技能，采用干预技术自动导引学生的学习行为，同时生成支持教学决策的学习检测报告。因此，在教学实践中，师生应善于和乐于应用电子书包的数据分析与测评功能，以提供个性化和高效率的精准干预。具体包括两个方面：一方面，电子书包题库测验功能应基于认知诊断理论和游戏悦趣化动力机制，教师善于应用智能组卷功能设计单元测验和变式练习，学生乐于参与游戏闯关型的单元检测和变式练习；另一方面，电子书包提供图表型的学习检测报告和自动干预机制，教师善于"看报告"和"开处方"，学生乐于"看报告"和"思策略"。

电子书包赋能的精准教学实施流程如下。

环节一：单元测验，精准目标。教师依据课程单元的学习目标，在试题库挑选六个认知目标层次的试题，包括识记、理解、应用、分析、评价和创造，组成单元测验试卷，将试卷推送到电子书包的学生端。学生使用电子书包接收教师发布的单元测验，在预定的时间内完成单元测验。

环节二：诊断问题，精准分组。首先，教师使用电子书包批阅学生单元试卷，查看学生的测验结果，针对测验中错误率高的试题，分析学生的解题思路与过程，发现学生存在的问题及其错误原因，确定学生单元学习的精准问题。其次，根据精准问题的类型与分布，学生被分成三种同质小组：初级组、中级组和高级组。其中，初级组是指识记与理解层次学习目标存在问题的学生；中级组是指达成理解层次学习目标，但是应用和分析层次存在缺陷的学生；高级组是指达成应用与分析层次目标，但尚未达成评价与创造两个层次的学生。

环节三：微课自学，精准理解。针对单元中的精准问题，教师使用电子书包的微课功能录制微课，使用智能推送功能将微课推送给不同级别小组的学生。学生使用电子书包的微课功能，接收其错误试题的微课，基于微课开展个人自主学习，重复提取原单元知识点的记忆，找到错误试题对应的盲点知识，增强知识点之间的关联，对照知识点的正确理解，区分知识点的错误理解，对错误试题进行逻辑推理，概括知识点的类别与属性。

环节四：小组协作，精准研学。在微课自主学习之后，学生开展小组协作研创学习，相互提出错误问题疑惑、解释错误试题原因和举例说明错误试题，分享错误试题的正确理解，演示和讨论错误试题的订正方法，反思、争论和验证错误试题的解题过程，提出错误试题的多种解题方法，设计和模拟类似题目及解题方法，生成单元试题的解题策略。在各小组开展协作研创学习时，教师将错题解析微课录制设定为小组的学习任务，以任务驱动小组开展协作学习，引导学生经历分析、评价和创造三个层次的学习，达成对错误试题对应盲点知识的深度学习。

环节五：变式练习，精准评估。基于单元测验发现的精准问题，结合微课自学的精准理解和小组协作的精准研学，教师使用单元测验功能编制变式练习试题。学生使用单元测验功能开展变式练习，应用微课自学中的知识点理解和小组研学中的策略方法，在新的问题情境中探究短板知识的应用与创新。电子书包的精准评估功能统计学生在本单元的掌握程度，绘制学生单元知识图谱，分析学生每个知识点的目标达成层次，生成单元测验报告。

环节六：策略研讨，精准反思。学生查阅单元测验报告，订正变式练习的错误试题，结合教师总结的学习策略与技巧，绘制单元复习课的思维导图，反思单元知识的学习过程，生成单元知识的学习策略。教师批改学生订正的变式练习，组织学生研讨学习策略，指导学生绘制学习策略的思维导图。

环节七：课后作业，精准拓展。教师设计分层作业，使用电子书包发送给不同的学习小组，引导学生在课后开展分层学习，对课堂知识进行精准的拓展。

二、基于高效互动课堂教学模式的实施策略

高效互动课堂教学模式能够充分发挥"教师主导，学生主体"的教学理念，有效利用大数据优势，提升课堂教学的质量，在有限时间内让每一位学生获得最大化效益。结合课前、课中和课后教学阶段的实际需求，《中国基础教育大数据2016-2017：走向数据驱动的精准教学》一书中提出了高效互动课堂教学的教学策略体系。

1. 课前教学准备策略

- 基于学情分析制订适合的教学目标

教师可通过在线课程系统追踪记录学生的学习过程行为，分析其学习经验和风格，掌握学情。教师要考虑学生已经学会什么、想学什么、能学什么等一系列问题，进而有针对性地设计出可实现的教学目标，满足不同层次学生的不同需求（顾小清等，2016）。

- 选取适合的内容快速制作微课

首先，教师应选取适宜的知识点生成微课，知识点的选取不局限于教学重难点，既可聚焦解决实际问题，还可介绍相关背景信息，又可设置悬念，激发兴趣。其次，教师依据教学风格和教学内容，选取不同的制作方式，为课程的展开作铺垫。微课的制作方法主要有教学录像、屏幕录制、多媒体讲解、动画讲解及视频剪辑等（孟祥增等，2014）。

2. 课堂教学组织策略

- 旧知快速检测，掌握学生认知准备度

根据教学需要，测试题目的难度设置要有一定的层次性。教师可借助投票系统进行知识储备检测，将学情分析可视化，少而精地选择教学内容，对学生未掌握的知识加深巩固，已掌握的内容则不再讲解，力求课堂教学的每一分钟都能让学生获得最大效益。

- 重启发引导，激发思维活性

在授课过程中，教师应抓住知识主线、突出重点，并注重启发学生发现问题，引导学生主动思考解决方案，对不同学生的不同思维做出合理的判断和决策，真正做到与学生友好对话，调动学生的主观能动性，使其自主投入到学习过程中。

- 多元互动，集体参与

高效互动课堂不同于传统的互动教学，不仅有师生间、生生间的语言交流讨论，还能够借助大数据技术对整个教学过程产生的数据实时分析，准确反馈，促使学生集体参与教学活动，实现师生与多种媒体技术的多元互动。

- 精准练习，反馈纠正

教师通过布置适量的随堂检测题来检验学生的学习效果。所选习题应突出教学重难点，具有一定的启发性、典型性。学生完成后，系统将其思考过程与结果可视化，教师采用共性问题精讲、疑难点精讲、个别问题个别辅导的策略，帮助学生做到"堂堂清"。

3. 课后教学辅导策略

- 适度拓展，培养学生自主学习习惯和能力

学习不仅要让学生掌握基础知识，更重要的是要促进学生学习能力的发展。基于学生的现有认知水平，教师需结合兴趣、性格、能力等因素适当地安排不同层次的拓展性训练，并提供相对应的指引，促进学生自主质疑与探究，在获取知识的同时培养自学与自主探究能力，实现全面发展。

- 布置情境化任务，促进知识迁移运用

为充分调动学生的学习热情，教师可将学习任务情境化，如针对某个问题展开在线分组辩论、在特定场景中进行角色扮演等。学习任务是学生在课堂上已学过的、与生活息息相关的内容，并且具有一定的挑战性。此外，教师可适当地引入小组竞争机制，检验学生的知识迁移运用能力。

三、"8+8 流程"模式的实施策略

精准教学模式采用的是"8+8 流程"模式，即包括教师教的 8 个环节和学生学的 8 个环节，共同组成课前、课中、课后的完整课堂教学过程，构成了教学持续改进的过程循环。

1. 课前环节

（1）学情分析：教师通过精准教学云平台提供的学生作业与成绩分析，精确地掌握来自学生的第一手学情资料，初步确定本节课的教学目标。

（2）资源发布：根据拟订的教学目标和学情，教师向学生推送富媒体预习内容（微课、课件、图片、文本等），同时推送预习检测的内容。

（3）学生预习：学生预习教师推送的富媒体材料，完成并提交预习题，记录在预习过程中遇到的问题。

（4）课前讨论：针对预习中产生的问题，学生在论坛或平台上进行相关讨论，提出疑问或见解。

（5）教学设计：教师根据学情分析结果、教学目标、教学内容，以及学生预习检测统计分析和讨论的情况，拟制和优化教学设计方案。

2. 课中环节

（1）课题导入：教师采取多种方法导入新课内容，主要通过预习反馈（对学生提交的预习检测统计分析）、测评练习和创设情境等方式导入新课，提示或精讲预习中存在的问题。

（2）展现与分享：学生展现课前自学成果，围绕新课导入进行演讲展示、分享观点，并重点听取在预习中理解不透的知识，积极参与课堂教学。

（3）新任务下达：教师下达新的学习探究任务和成果要求，并下达任务完成后的随堂测验题目，推送到每个学生终端上。

（4）合作探究：学生开展协作学习，主要包括分组合作探究、游戏学习等方式，教师设计活动，为学生分组，组织或指导互动讨论，学生开展小组协作后提交成果并展示。

（5）随堂检测：学生课上完成课题导入和新任务后，进行学习诊断，完成随堂测验练习并及时提交，得到实时反馈。

（6）精讲与点评：基于数据分析，教师根据测评反馈结果对知识点难点进行精讲，对薄弱环节补充讲解，重点进行问题辨析，通过多样化的互动交流解决学生在新任务中遇到的问题。

（7）巩固提升：学生针对教师布置的弹性分层作业和任务，对所学习的新内容进行运用与巩固，拓展与提升。

3. 课后环节

（1）个性化推送：教师依据学生课堂学习情况，针对每个学生发布个性化的课后作业，推送学习资源。

（2）完成作业：学生完成课后作业并及时提交给老师，得到客观题的即时反馈。

（3）批改作业：教师批改主观题，并录制讲解或辅导微课，推送给学生，在此基础上进行总结性评价。

（4）总结反思：学生在线观看教师所录解题微课，总结所学内容，在平台或论坛上发布感想与疑问，与老师、同学在线讨论交流，进行反思。

总的来说，学生的学情千差万别，数据呈现的方式各有千秋，相对应的教学策略也必然不尽相同，千人千面，各位老师可以根据自己所在的地区、学校以及学生的实际情况，进行适当的调整，真正做到因材施教。

本章内容小结

本章我们学习了数据驱动精准教学课堂实施的设计环节（知识检查点6-1）和目标设置（知识检查点6-2），以及设计教学内容以及选取学习资源的方法（能力里程碑6-1），并掌握了课堂教学策略的基本方法（能力里程碑6-2），能够尝试完成学科精准教学课堂教学设计（能力里程碑6-3）。

本章内容的思维导图如图6-7所示。

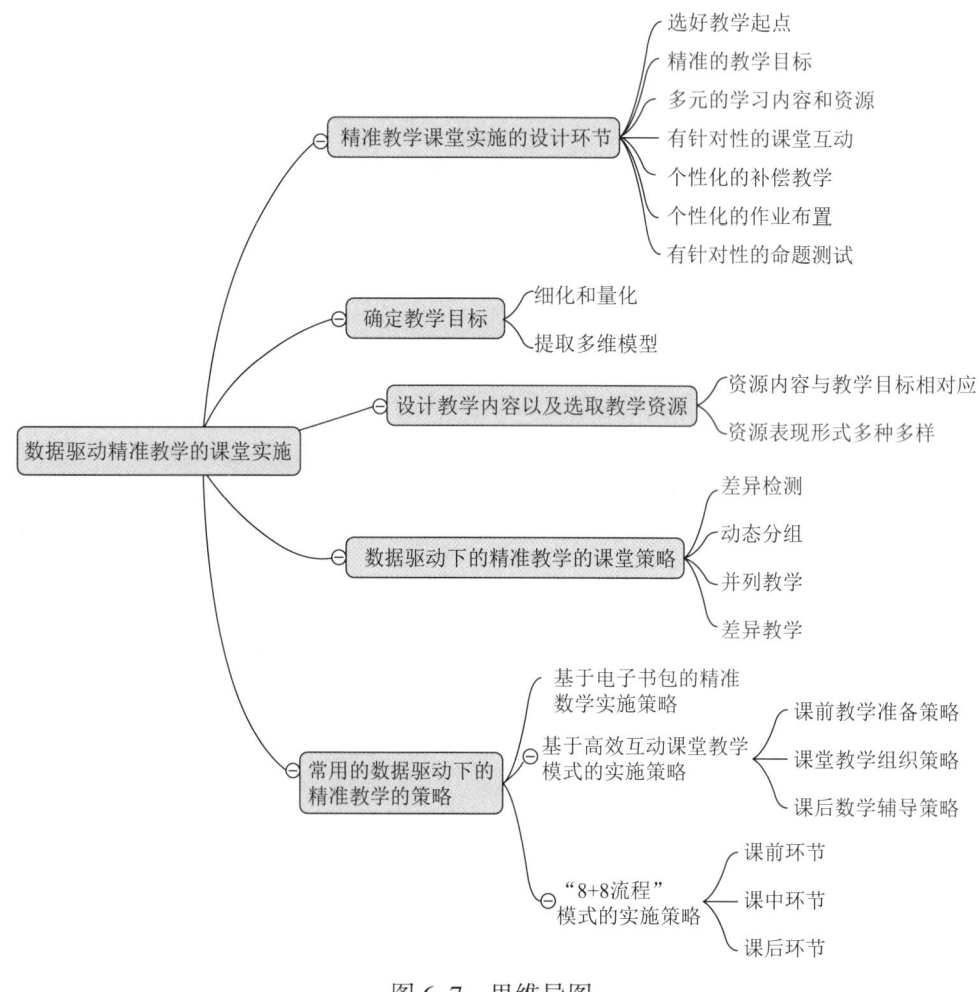

图6-7 思维导图

自主活动：反思课堂教学的实施

请学习者在学习完本章内容后，进行自我反思，并记录个人学习心得。

小组活动：讨论以往教学中数据的使用情况

请学习者围绕本章的学习主题进行组内交流，并做好小组学习记录。

评价活动：评价本章知识与能力学习水平

一、名词解释

课堂教学类型（知识检查点6-1）

精准教学课堂实施设计环节（知识检查点6-1）

二、简述题

1. 简述在你所教学科中如何设计精准教学实施环节（知识检查点6-1，知识检查点6-2）？
2. 分析教材中的两个教学案例的优点和有待提高的地方（能力里程碑6-1）？
3. 介绍你在教学过程中利用数据开展教学的实例（能力里程碑6-1）？

三、实践项目

依托你所教学科的特点，结合数据驱动下的精准教学课堂实施环节，撰写一篇教学设计，并分析所能使用数据的要点（能力里程碑6-2、6-3）。

第七章　数据驱动环境下个性化学习方案的设计

本章学习目标

在本章的学习中，要努力达到如下目标：
- ◆ 了解个性化学习的概念及其实际意义（知识检查点 7-1）。
- ◆ 了解数据驱动环境下个性化学习的实现过程（知识检查点 7-2）。
- ◆ 能够描述个性化学习的一般策略（能力里程碑 7-1）。
- ◆ 结合自己的学科，进行合理的方案设计与指导（能力里程碑 7-2）。

本章核心问题

如何在数据的支持下开展个性化学习？教师如何对学生进行更好的干预与指导？

本章内容结构

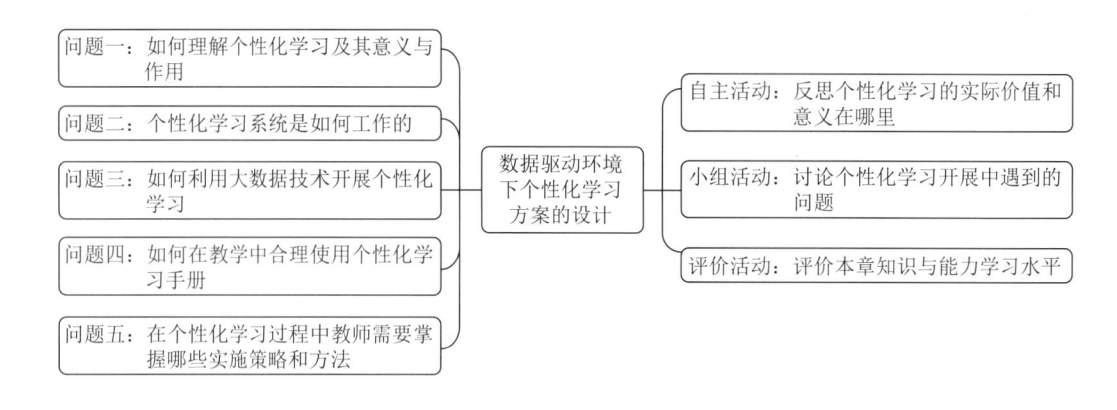

```
问题一：如何理解个性化学习及其意义与
        作用
问题二：个性化学习系统是如何工作的
问题三：如何利用大数据技术开展个性化
        学习                              数据驱动环境
问题四：如何在教学中合理使用个性化学    下个性化学习
        习手册                            方案的设计
问题五：在个性化学习过程中教师需要掌
        握哪些实施策略和方法

自主活动：反思个性化学习的实际价值和
          意义在哪里
小组活动：讨论个性化学习开展中遇到的
          问题
评价活动：评价本章知识与能力学习水平
```

引　言

　　为学生提供个性化的学习服务一直是我国教育信息化的重要任务之一。从历史发展上看，个性化学习并不是一个新的概念，通常情况下我们会将其界定为因材施教，解读成以学生为中心的学习过程。个性化学习的概念带领我们朝这一方向更进了一步——我们寻求把每一个学生的成就置于教育的中心。

但不可以否认的是，在教学实际的操作层面上，个性化学习的设计存在着一定的难度。鉴于个性化的复杂性，以往在操作层面缺乏落地的手段和数据支撑，因此个性化学习的开展一直是教学过程中的难点。

问题一：如何理解个性化学习及其意义与作用？

一、个性化学习发展概述

个性化学习的概念可以追溯到公元前的教育历史：我国教育家孔子提出了因材施教的理念，西方教育家苏格拉底的"产婆术"也蕴含着个性化学习的教育思想。这一时期受到人数和培养目标的限制，主要强调的是个别化的教学策略。

随着生产力的发展，对规模化和标准化的劳动力的需求直线上升，班级授课制应运而生，并极大提高了教学效率，为社会输送了大量的人才，然而，教师采用统一的教学内容和教学方法，很难照顾到学习者的个性差异。伴随着20世纪初美国掀起了进步主义教育运动思潮，批判以教师为中心的传统教育思想，倡导以儿童为中心，关注学生个性发展。

之后，为了克服班级授课制的弊端，使用学生的个性差异，诞生了程序教学。程序教学，是一种使用程序教材并以个人自学形式进行的教学。程序教学主要由教学机器的发明人普莱西首创，对程序教学贡献最大的当属美国著名的行为主义心理学家F·斯金纳，然而他通过动物实验建立了操作行为主义的学习理论，并据此提出了程序教学论及其教学模式。

个性化教学最早出现于凯勒（Keller）提出的个性化教学系统（Personalized System Instruction，PSI）（Lockee et al., 2008）。他强调技术对改革的重要性。个性化学习从自适应和智能技术领域获得了当前的研究和方法。在支持个性化学习的系统支持上，智能辅导系统为开展个性化学习探索提供实践抓手。该系统集成了人工智能技术的三个组件，包括学习者模型、领域模型、教学模块或辅导模块。因此，依托智能导学系统，可以使精准教学更具可操作性，并能够有效支持个性化学习。

随着理论的不断拓展和技术的发展。个性化学习的概念一直不断被深化和更新。当前，我们理解的个性化学习是指以反映学生个性差异为基础，以促进学生个性发展为目标的学习范式，是通过对特定学生的全方位评价，发现和解决学生所存在的学习问题，为学生度身定制的不同于别人的学习策略和学习方法，让学生有效地学习。除此以外，对于个性化学习的理解还有适应性学习、差异性学习、混合式学习等方面。不同的概念，侧重的重点不同，采用的模式与方法也不尽相同，但都有以下相似点，可以作为个性化学习的共性要素。

①学习进度可以被调整；

②学习目标、方法、内容和工具均为每个学习者量身定制和优化；

③学习是由学习者的兴趣驱动的；

④学习者可以选择何时、何地、以什么方式进行学习；

⑤学习通常由技术支持。

二、个性化学习的意义和作用

关于个性化学习的意义与价值，本书关注的是在教学过程中的价值体现。具体包括教育内容与学习目标、教育方式、教育途径三个层面。

1."教育内容与学习目标"的价值体现

个性化教育通过对教育对象的气质、情绪、认知、兴趣、能力、性格、价值观和信念等进行人格整合和个性优化，有效预防心理障碍，减少人格缺陷，使教育对象的人格更完整，更具人格魅力，使人的人格更加完整。

通过对被教育对象的思维、能力、观念、行为、知识、性格和潜能等进行沟通、引导、纠正和培养，从而实现知识的传授、能力的转移、思维的训练、情操的陶冶、潜能的开发、心灵的提升和自我超越，促进教育对象全面发展，使知识更全面。

通过性格、心理和学习行为的分析与诊断，系统性地进行人格整合和个性优化，根据教育对象的性向特征、兴趣爱好和最佳才能区来充分发展个人特长，使个人专长和能力更突出，更有利于发挥个人专长。

个性化教育将帮助教育对象通过"读万卷书，行万里路，阅人无数"系统化的"阅历教育计划"和"生活体验教育"，使教育对象对学习内容从"知道""学到""悟到""做到"到"得到"，逐步加深教育对象对事物、对社会和对生活的理解与感悟，丰富其阅历。

独立是适应环境的基础，创新是改变环境的手段。教育的根本目的是帮助教育对象获得独立能力与创新能力，个性化教育将使教育对象的独立能力和创新能力更强。

2."教育方式"的价值体现

个性化教育通过对被教育对象进行个别化的综合调查、研究、分析、测试、考核和诊断，根据社会未来发展趋势和职业前景、被教育对象的个人潜质特征、自我价值倾向以及家长（监护人）的目标与要求，对教育对象量身定制教育目标、教育计划、辅导方案和执行管理系统，使教育达到量身定制的目的。

个性化教育在对教育对象进行沟通、引导、激励和辅导时主要采用"一对一""面对面""即时反馈"的辅导方式，有利于启发独立思考、训练学习方法、训练思维方法，及时发现问题并加以解决、提高学习兴趣和学习效率，实现一对一的辅导。

个性化教育的整个学习与成长过程更自由、更灵活以及更富有人性化，可以在任何时候、任何地方学习任何层次的任何东西。教育目标和教育计划都是根据每个学生的具体情况和要求进行制定的，并且，根据不同对象、不同情况、不同条件和不同阶段，及时修正或调整教育计划、方式、方法和目标，使操作方式更加灵活。

3."教育途径"的价值体现

个性化教育通过运用和传授"情景假设""心理暗示""信念聚焦""目标锁定""自我激励"等心理学、成功学和神经语言学（NLP）等开发生命潜能的尖端技术，最大限度地帮助教育对象开发潜力，从而推动个人学习与成功。

个性化教育通过潜能开发、素养教育、学科教育、阅历教育、职业教育、创业教育和领袖教育提供涵盖一个人一生的系统全面的教育，是真正的终身学习解决方案。

边学边做或边做边学是最好的学习，个性化教育更注重学中做，做中学；更注重实效和运用；并且在强调学习最先进和最实用的知识基础上，更注重个人专长、兴趣、目标和真实生活体验与感受，做到学以致用。

个性化教育在帮助教育对象掌握知识的同时，更注重改善心智模式和系统化的学习方法与思考方法训练，最终实现自我学习、自我教育、独立思考和自我创造，从而真正达到"学习和思维的自由与超越"。

三、如何理解数据驱动下的个性化学习

网络技术和教育大数据的发展，使学生精准的个性化学习由理论变成了可能。网络学习环境给予了学习者充分的自主权，学习者可以自主决定学习速度，选择感兴趣的学习资源和学习活动等。教育大数据保证了个性化学习的精准。在数据驱动环境下，个性化学习重要的领域在于个性化推荐，即旨在向学习者推送最适合的学习资源、学习活动序列和学习任务等，促进学习者个性化学习。

作为教育大数据助力精准个性化学习的重要研究内容，个性化智能推荐需要解决三方面的问题。

第一，学习内容进一步精细化。粗粒度的学习内容和封闭的学习路径，无法满足学习者的需求。

第二，进一步收集多维度的数据，目前关于个性化学习路径推荐的研究主要依托于学习者的学习风格、学习偏好和学习能力等属性，学习者的学习行为模式未能很好利用。

第三，提高学习路径精准度。加强路径推荐的动态生成性以适应学习水平的变化是解决此问题的一个可行思路。

当前不少学者尝试通过学习者画像模型的构建，解决上面的问题，促进个性化学习的完善与精准。

阅读材料：学习者画像模型

学习者画像是指对开放式教学下学习者的基本信息、在线学习行为和课堂表现进行分析，结合脑认知实验，从数据挖掘与认知心理视角发掘学习者的兴趣、爱好、学习能力等特点，以标签化的形式进行个性归纳和画像，着重刻画学习者的优势、偏好、动机等个体特征，并基于学习者画像探讨个性化教学的模型。

网络学习行为是学习者留下的一种重要学习数据。有研究发现，网络学习行为与学习表现存在直接的关系。学习行为序列作为一种重要的学习数据已被用于个性化学习路径推荐。

不少学者借助于加涅的学习结果分类理论、布鲁姆的教育目标分类法以及适应我国教育实际的三维目标分类理论构建学习者的特征画像模型，其中参与度、兴趣度、专注度、学习深度、抽象能力、协作能力、基础知识、目标达成度 8 个为分析目标，知识水平、学习兴趣和综合能力为三个维度。学习者画像如图 7-1 所示。

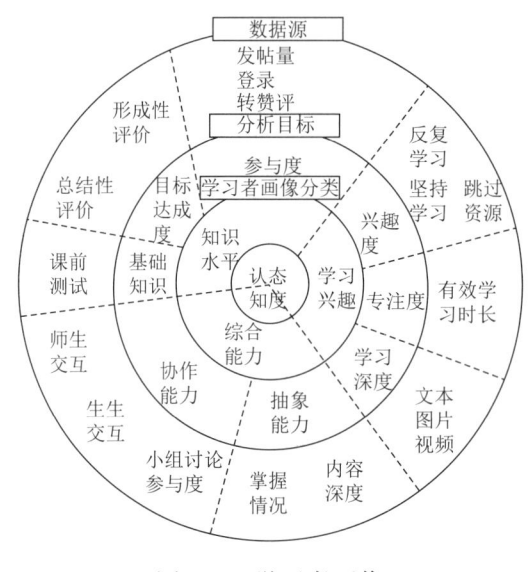

图 7-1 学习者画像

在采集数据的基础上，通过算法量化学习画像中的学习兴趣、知识水平和综合能力，进行学习质量评估，实现标签数据量化，完成学习画像与学习路径的拟合系统；其次，通过蚂蚁算法实现学习路径的动态更新、实时推荐，实现基于学习者画像的个性化学习路径的生成与推荐。

问题二：个性化学习系统是如何工作的？

一、个性化学习系统的要求

个性化学习系统要求以学习者为中心，设计充分满足学习者的需求、风格、能力等，自由选择目标的学习过程。通常来讲，教师创造的个性化学习情境需要满足如下几个特点。

1. 丰富的学习资源：要根据学习者的兴趣及能力、风格特点及基本学情状况，提供具有差异的学习课程、学习资料、认知工具与学习空间等。

2. 自动化的管理：利用网络自主监控学生的学习行为、活动、结果等，这些轨迹保留在数据库中，形成针对性强的电子档案，可以对所有的数据进行分析与数据挖掘，反映学习者鲜明的个性特征，从而保证学生的个性化学习。

3. 自由开放的学习空间：提供多次学习、自由选择内容、在一定程度上打破时间和地域的限制。

4. 开放自由的虚拟空间：保证学生畅所欲言、尊重学生的学习成果，形成一个相互尊重、开放的空间。

二、个性化学习的工作过程

个性化学习系统常见的工作流程为：用户首次使用系统时需填写用户信息和问卷，形成基本的用户偏好和学习风格，在学习过程中监测学习者的学习行为，通过数据挖掘、数据分析等来构造并逐步完善学习者模型、建立学习者与课程知识库间的联系，从而实现个性化推荐，形成个性化的学习路径，如图7-2所示。系统由环境、资源和技术组成，大都具备课程学习、资源下载、测试与跟踪、实时监控的功能，分析学习者的特征信息、测试结果、学习任务完成情况等，并将它们及时反馈给学习者或教师，帮助他们进一步提高教与学，利用数据挖掘技术实现个性化推荐的学习服务。其实系统的核心还是个性化学习的过程，但他们过多地注重技术，没有将深度学习的理念引入到个性化学习活动的设计过程，没有考虑学习者如何在个性化学习环境中对知识进行信息加工，如何实现知识的建构、迁移、评价和创新。个性化学习工作过程如图7-2所示。

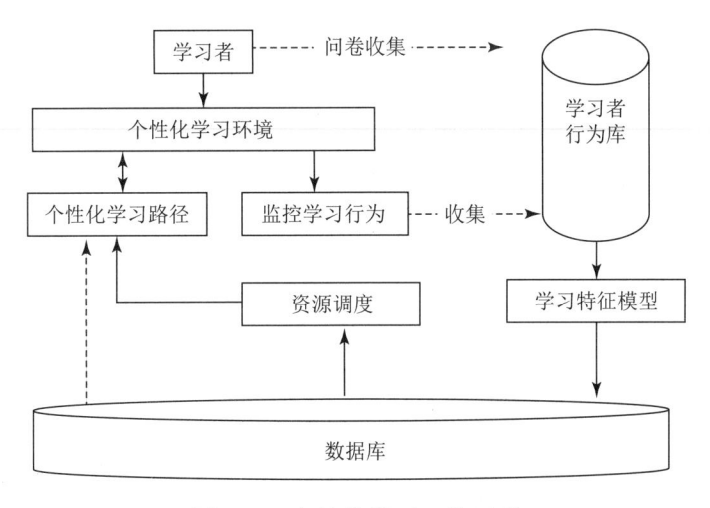

图 7-2 个性化学习工作过程

三、个人学习路径的构建

个性化适性学习认为每个学生均有差异且学习的状况是动态变化的。这恰好与精准教学中的数据决策理念相吻合，因此，与精准教学的数据决策理论相结合，可以构建如下个人学习路径。

1. 结合学习者特征的三层数据（知识、学习兴趣、综合能力），提供决策学习的路径方向。

2. 利用生成性路径推荐方式，每次动态生成最合适的下一个学习元，取代传统的一次性生成完整路径。

3. 学习路径由学习元（含学习内容、学习活动、学习评价方案，且具有支架性和指引性）的编列组成，而不仅仅是知识编列、资源编列或活动编列。

四、个性化学习路径构建的技术模型与思想

算法是实现个性化学习路径推荐的关键。近些年，随着大数据与人工技术的发展，如何利用与优化算法，更好地开展人机协同，日益受到了学界的广泛关注。其主要思想是：人擅长做的事让人来做，机器擅长的事让机器来做，人和机器充分发挥各自的特长，协同工作。通过机器学习技术完善学习路径的推荐。

在实现的算法层面，常用的蚁群算法发挥了一定的作用。蚁群算法是一种用来寻找优化路径的概率型算法。在探求学习路径的过程中可以采用蚁群算法。蚁群算法是一种基于种群寻找最短路径的启发式搜索，具有通用性强、操作简便、求解效率较快等优点。具体的工作方式如图7-3所示。

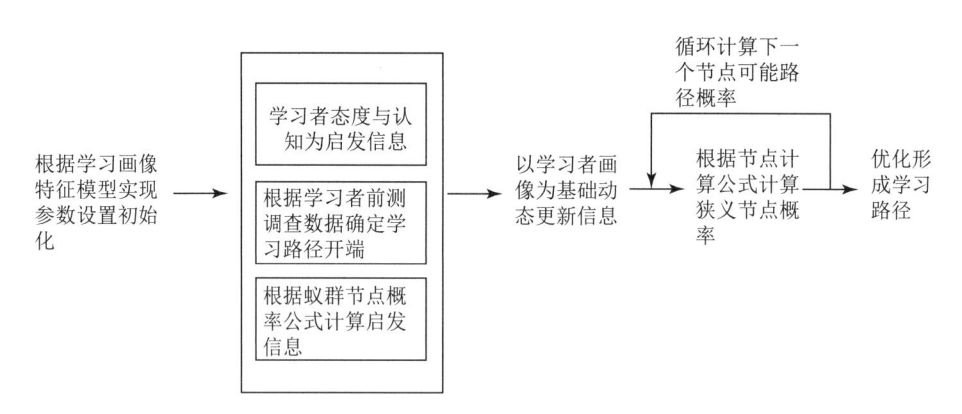

图7-3 蚁群算法工作原理

问题三：如何利用大数据技术开展个性化学习？

一、个性化学习教学模式概述

在数据化学习环境下，整合翻转课堂、大数据与学习分析、自适应学习技术、教育信息处理等新型教育理念和分析技术，设计面向个性化学习、促进学生掌握概念和自我发展的精准教学模式。

该模式秉承因学定教的理念，以学习者模型生成与数据更新为设计核心，以基于生理数据的学生个性分析为起点，设计包含课前学案设计与结果分析、课中教学互动与差异化指导、课后个性化自主学习等环节的教学流程。其中课前环节主要通过设计差异化活动让学生掌握认知水平内的基础知识，并基于学习内容完成度、知识薄弱点和活动参与度设计差异化的学习目标。课中环节主要通过课程主题内容选择教学方式，并基于差异化目标进行学习问题分析和学习测评，依据结果直接指导教学。课后环节则依托自适应学习平台让学生进行自主练习，基于平台中的个性化学习资源推送和学习路径，进一步促进知识的内化和概念的掌握。个性化学习教学模式如图 7-4 所示。

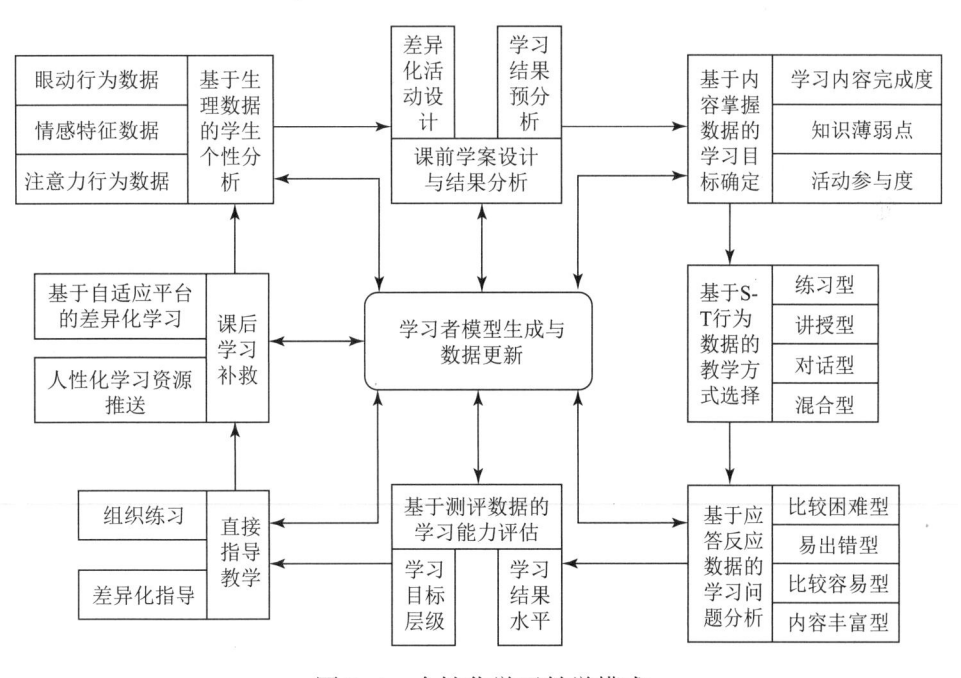

图 7-4　个性化学习教学模式

二、个性化学习的实施方案设计

通常来讲，在活动中我们需要借助数据平台完成数据的相关操作，了解相关的学情，从而开展个性化学习方案。平台有助于我们进行系统的诊断，把握学生学情层面的相关信息。如图7-5所示。

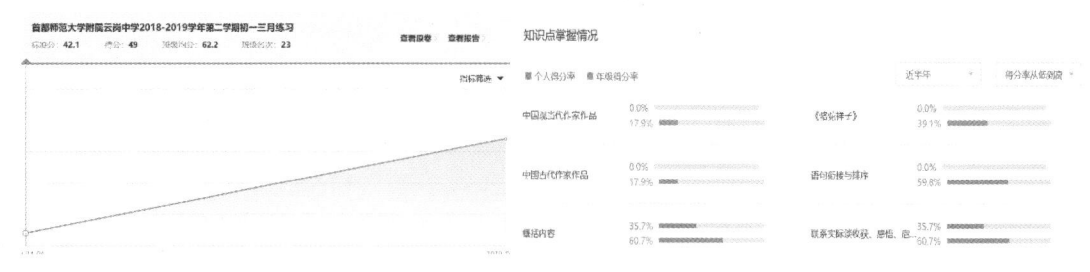

图7-5 学生学情诊断

在学情基础之上，教师在应用平台教学时，要从以下六方面考虑个性化学习的方案设计。

1. 差异化学习目标：在教学前，基于学情分析，明确自己的优劣势，取长补短，充分调动积极性，相互协调，共同完成任务。

2. 动态获取的知识内容：基于学习共同体的内容，其权威性有待讨论。因此，教师需采取一些方法帮助学习者辨别知识内容的优劣和有效性，如"点赞""评论"等。教师也可以在合适的时机提供具有权威性的资源供学习者参考，辅助其修正个人认知。

3. 重视以反思为核心的学习策略：在学习过程中，学习者需阶段性反思个人知识建构的过程。为了促进反思，教师可以提供半封闭式的反思提纲，帮助学习者进行反思。此外，教师需充分尊重学习者的个人偏好，允许学习者采取多元化的方式呈现反思内容。

4. 自定步调的学习进度：根据学生的学习能力，教师需制订学习规范，为学习者提供自我管理工具，并借助教学组织和分析工具，通过分析在线学习平台中的数据等方式，了解、监督学习者的学习过程，并及时提供有针对性的指导。

5. 适应性的混合式学习环境：教师为学习者提供清晰的平台使用指南，以便于学习者更好地利用平台为自己服务。

6. 贯穿学习过程的多元评价：为了让学生有更好的表现和发展，评价应以学生的个性自由发展为原则，并贯穿于整个学习过程。而为了促使学习者进行有针对性的学习，教师应在实施教学前公布评价标准。评价之后，教师应组织学习者对评价结果进行分析，使其明确改进方向。

三、行为导向下以知识为中心的个性化学习

行为目标强调要用一种最有助于学习内容和指导教学过程的方式来陈述目标，而陈述目标最有效的方式是既指出要使学生养成哪种行为，又言明这种行为能在其中运用的生活领域或内容。

在行为目标指导下，以知识为中心的精准教学模式步骤包括课前的学习任务框架、微视频学习知识点测评练习和课中的知识呈现、组织练习、个别指导练习。该模式基于翻转课堂理念，以知识学习和内化为中心，通过导向、自主练习、呈现、组织练习等阶段完成对新知识和新技能的掌握和巩固。其中学习任务框架环节是明确学习任务，建立学生的责任意识，具体包括给学生提供课程目标及需要达到的技能操作水平、陈述课程内容及其与以往知识或经验的关系、明确学生在活动中的责任。各步骤的教与学行为数据及其技术支持见表7-1。该模式的实施需要个性化学习诊断系统提供支撑，其精准性在于通过该系统对学习者的知识点掌握状况进行实时监控和诊断，生成雷达图分析报告，帮助学生查漏补缺。以知识为中心的精准教学框架如表7-1所示。

表7-1 以知识为中心的精准教学框架

模式步骤	教与学行为数据	采集技术	分析方法
学习任务框架	数字化学案	学习管理平台技术	序列模式分析
微视频学习	学习时长、学习次数、问题互动结果、学习跳转		
知识点测评练习	正确率、掌握度、薄弱知识点	智能测评系统	统计分析
知识呈现	教师演示时长、学生注意力强度	视频监控技术	情感分析
组织练习	互动频度、互动深度、应答时间和结果	智能录播技术	应答分析
个别指导练习	错题分析、未掌握知识点、拍照搜题	图像识别技术	神经网络分析

问题四：如何在教学中合理使用个性化学习手册？

一、个性化学习手册的作用

在实际运作过程中，许多现实存在的问题仍需要通过技术手段来解决，比如如何引导学生合理利用智能终端进行交流与分享，如何帮助教师对教学数据进行分析和解读，并针对每一个学生的不同情况，采取有针对性的改进措施。个性化手册在这个背景下应运而生。当前，很多教学平台提供了个性化手册产品，帮助学生提供更好的个性化服务。

通常情况下，个性化手册的功能包括：采集和分析学生学习数据，诊断其知识点掌握情况，针对个体学生打造知识与类型题图谱。在此基础上，它能够基于人机结合的推荐引擎，为学生提供精准的个性化学习资源，帮助学生科学规划自主学习路径，提高学生自主学习的效率。

通俗来讲，个性化学习手册就如同一个拥有高科技含量的"错题本"，它依据学生在练习和考试中的具体表现，分析学生的薄弱知识点，为学生提供适合自身的学习资源。通过这种方式，教育不再是大水漫灌，而是实现了"千人千面"的个性化学习。教师再也不用耗费大量的时间统计每一次考试成绩，而可以依据人工智能给出的结论，一目了然地知道哪个学生哪些知识点掌握不足，从而进行有针对性的教学。

二、个性化学习手册的构成

1. 数据采集、分析与诊断

通过手机提取考试数据及日常作业分析，得出相关的数据分析，包括分数统计、知识点分析、问题诊断等，如图 7-6 所示。

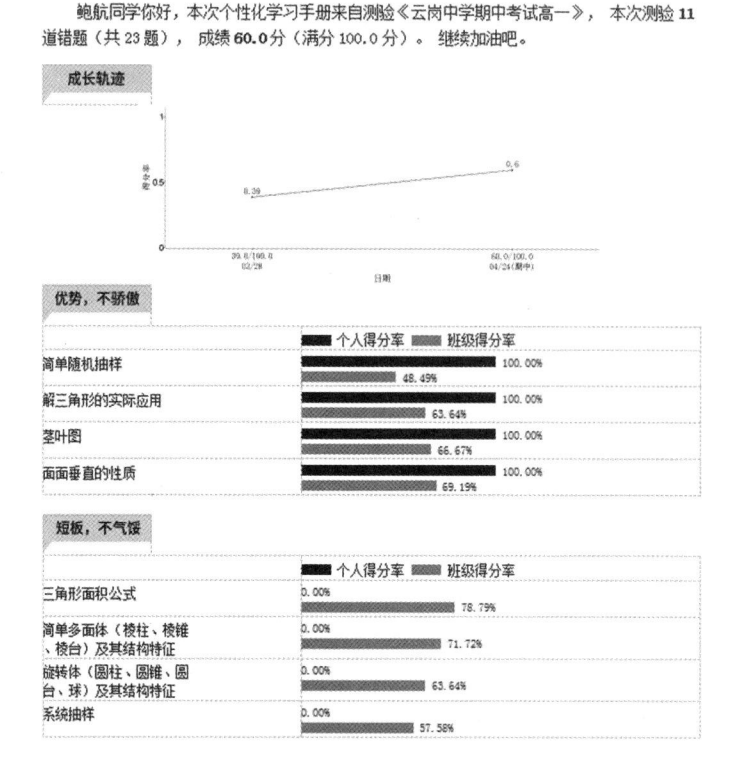

图 7-6　数据采集与分析

2. 错题记录与分析

根据学生历次考试和作业的作答数据，实时记录错题，分析错题背后的根本原因。错题记录与分析如图 7-7 所示。

第2题（我的得分 0.0/满分 4.0，班级正确率 57.58%）
高一年级共有12个班，每个班的30名学生都是从1至30排学号，现抽取每班学号为14号的同学进行学习经验交流，这里采用的是

　　A. 分层抽样　　　　B. 抽签抽样　　　　C. 随机抽样　　　　D. 系统抽样
【错因分析】　□审题错误　□概念模糊　□思路错误　□运算错误　□粗心大意　□其他
【错题订正】

图 7-7　错题记录与分析

3. 精准的资源定制

根据学生的薄弱环节和知识点的问题，精准推送相应的例题和练习，帮助学生克服薄弱环节，深化对知识点的认知，具体如图 7-8 所示。

【变式练习】
4.1.（2019 · 北京市）
在 $\triangle ABC$ 中，角 A, B, C 的对边分别是 a, b, c，且 $a=1, C=45º, S_{\triangle ABC}=2$，则 b 为（　　）

　　A. $4\sqrt{3}$　　　　B. 5　　　　C. $5\sqrt{2}$　　　　D. $4\sqrt{2}$

4.2.（2019 · 北京市）
在 $\triangle ABC$ 中，已知 $a=3\sqrt{3}, c=2, B=150º$，则 $S_{\triangle ABC}=$（　　）

　　A. $2\sqrt{3}$　　　　B. $\dfrac{3\sqrt{3}}{2}$　　　　C. $\sqrt{3}$　　　　D. $\dfrac{3}{2}$

图 7-8　精准推送资源

三、个性化学习手册对教师的影响

个性化学习手册的使用可以更好地利用学生的学业水平发展信息。将命题、阅卷、讲评、分析等环节重新整合，向学生提供个性分析、向管理层提供精准研判。教师们只需专注命题、参与阅卷，其他如答题卷设计、参考答案解析、成绩统计等环节均由该中心的智学系统解决，这减轻了教师们事务性的负担，节省出更多时间用于聚焦在学生的学习引导上。而学生则会在每一次测评结束后，获取中心提供的《个性化学习手册》，手册会针对学生每次测评的结果，进行综合评价和错题解析，并推送对应纠错变式练习等，将每学期的手册整合在一起，便成为属于该学生独一无二的"个性化学习教辅"。

教学层面上，可以使教师的授课模式有所调整。《个性化学习手册》会根据学生的不同情况梳理错题，举一反三，推送纠错题以巩固薄弱知识。可以尝试按照错题情况进行针对性地分组，课堂模式从以往的'一言堂'变为问题聚焦下的小组合作，备课方式也转向'以学生为中心'的新常规上来，学生在课堂上得到了更加公平的对待。

问题五：在个性化学习过程中教师需要掌握哪些实施策略和方法？

一、关注线上线下环境的构建

打造智慧学习环境，个性化学习通常采用线上线下相结合的混合式学习方式，通过教学行为的有机结合，打造个性化学习的新途径。

线下环境方面，重点面向感知智能建设，主要包括情境感知、位置感知、行为感知、表情感知等。原则上采用纸质作业后，更多的"测量与记录表现"责任将由感知环境承担。

线上环境方面，重点关注学习空间的建设，其中数据挖掘和分析技术是个性化适性学习决策的基础，通过挖掘将知识概念重组，打造个性化的知识图谱；分析技术可以帮助教师把控教学活动，为教学活动提供强有力的决策说明。

二、关注学生能力发展的构建

在设计个性化学习的切入点时，首要关注学生的能力发展。在数据驱动教学环境下，通过个性化学习环境可以有效地记录学生的整个学习过程，依托于平台和数据处理工具，可以精准地挖掘学生的智能发展状况，并对其能力发展进行有效的智能评估。

能力评估方面，要关注浅表学习的基本目标，也注重深度学习的高阶目标，符合智慧教育理念以及学生核心素养的培养。而精准教学层面，强调的不仅是学生掌握知识的准确度，还有学生在学习过程中的具体表现。借助数据平台可以得到这些内容的相关数据，作为评估的基础；智能评估方面，AI 中的计算智能是当前需要构建的核心技术力量，特别是数据分析中的描述分析技术、预测分析技术以及处方分析技术。描述分析技术可描述学生当前的学习能力水平与发展状态；预测分析技术可以按照当前规律，预测后续的能力发展趋势；处方分析技术可以解析出最佳的个性化适性调整方案。

本章内容小结

本章我们学习了个性化学习的概念及其实际意义（知识检查点 7-1），了解数据驱动环境下个性化学习的实现过程（知识检查点 7-2），能够描述个性化学习的一般策略（能力里程碑 7-1），并且结合自己的学科，进行合理的方案设计与指导（能力里程碑 7-2）。

本章内容的思维导图如图 7-9 所示。

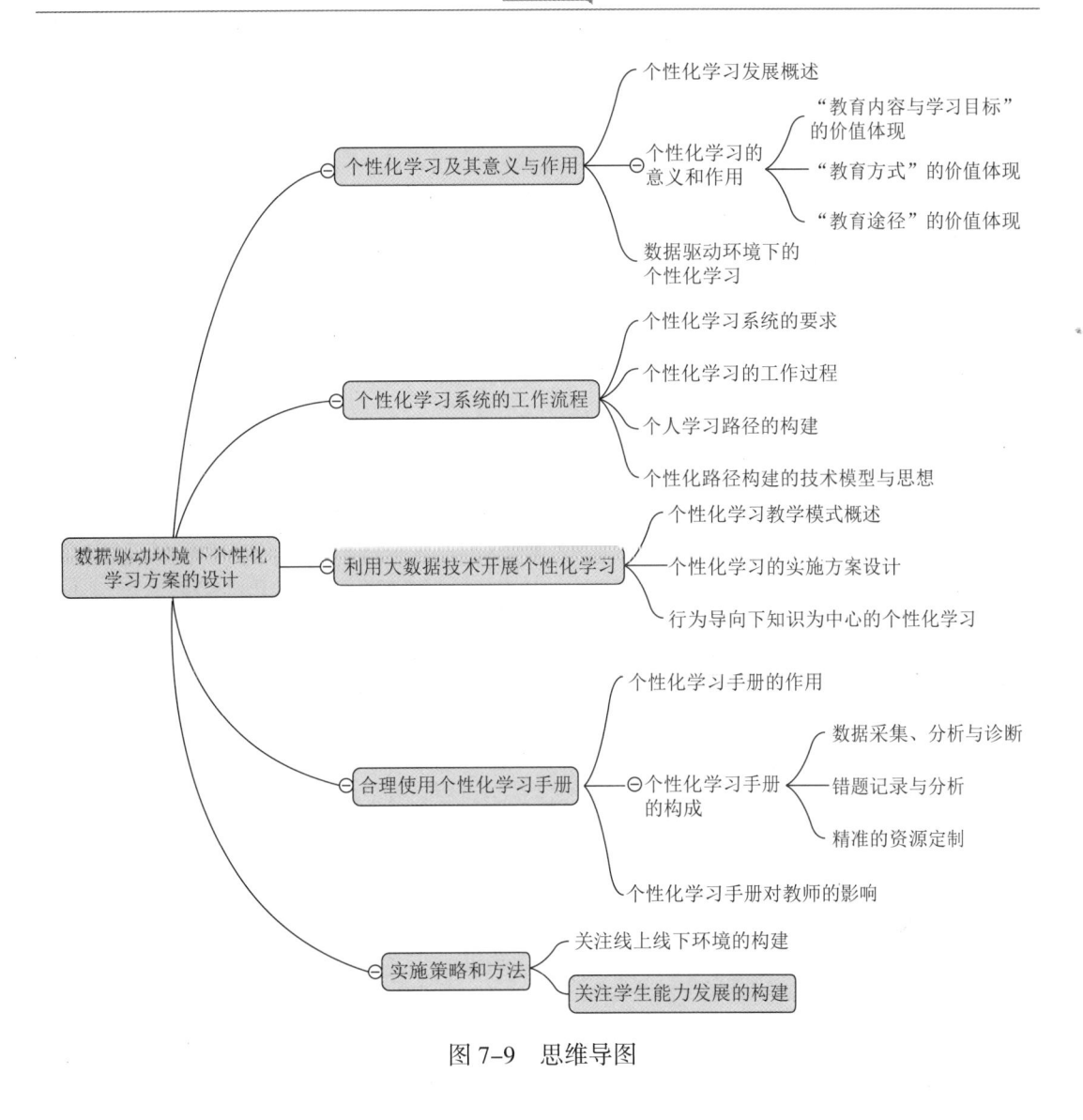

第七章　数据驱动环境下个性化学习方案的设计

```
                                        ┌── 个性化学习发展概述
                                        │                    ┌── "教育内容与学习目标"的价值体现
                     ┌─ 个性化学习及其意义与作用 ─┼── 个性化学习的意义和作用 ─┼── "教育方式"的价值体现
                     │                  │                    └── "教育途径"的价值体现
                     │                  └── 数据驱动环境下的个性化学习
                     │
                     │                      ┌── 个性化学习系统的要求
                     │                      ├── 个性化学习的工作过程
                     ├─ 个性化学习系统的工作流程 ─┤
                     │                      ├── 个人学习路径的构建
                     │                      └── 个性化路径构建的技术模型与思想
                     │
数据驱动环境下个性化    │                           ┌── 个性化学习教学模式概述
学习方案的设计 ──────┼─ 利用大数据技术开展个性化学习 ─┼── 个性化学习的实施方案设计
                     │                           └── 行为导向下知识为中心的个性化学习
                     │
                     │                      ┌── 个性化学习手册的作用
                     │                      │                    ┌── 数据采集、分析与诊断
                     ├─ 合理使用个性化学习手册 ─┼── 个性化学习手册的构成 ─┼── 错题记录与分析
                     │                      │                    └── 精准的资源定制
                     │                      └── 个性化学习手册对教师的影响
                     │
                     └─ 实施策略和方法 ──┬── 关注线上线下环境的构建
                                        └── 关注学生能力发展的构建
```

图 7-9　思维导图

自主活动：反思个性化学习的实际价值和意义在哪里

通过本章所学，请结合你所教学科，浅谈个性化学习的必要性。对于你所授学科，影响个性化学习的主要因素是什么？通过什么样的数据可以对它进行描述？

请学习者在学习完本章内容后，进行自我反思，并记录个人学习心得。

小组活动：讨论个性化学习开展中遇到的问题

请学习者围绕本章的学习主题进行组内交流，并做好小组学习记录。

评价活动：评价本章知识与能力学习水平

一、名词解释

1. 个性化学习（知识检查点7-1）
2. 学习者特征画像（知识检查点7-2）
3. 学习路径（知识检查点7-3）

二、简述题

1. 简述个性化学习的教学模式（能力里程碑7-1）。
2. 简述个性化学习手册的功能与构成（能力里程碑7-2）。

三、实践项目

请结合前面完成的教学设计，结合相关内容，选择合适的平台，添加个性化学习设计方案，并生成相应的个性化学习手册（能力里程碑7-2）。

参考资料

[1] 丁朝蓬. 新课程评价的理念与方法 [M]. 北京：人民教育出版社, 2003, 6.

[2] 杨现民, 田松雪等. 中国基础教育大数据 (2016–2017) [M]. 北京：科学出版社, 2018.

[3] 乌美娜. 教学设计 [M]. 北京：高等教育出版社, 1994.

[4] 徐思贤. 大数据背景下我国"精准教学"实施环境剖析 [J]. 科学大众 (科学教育), 2019(06): 164–166.

[5] 宋绍勇. "互联网+"时代基于大数据智能化处理的精准教学 [J]. 中小学信息技术教育, 2018(11): 41–42.

[6] 陈珍珍, 张辉. 数据驱动精准教学的区域推进路径设计 [J]. 教育教学论坛, 2019(26): 188–189.

[7] 刘学兵, 周立志, 万胜明. 基于BYOD的精准教学研究实践 [J]. 中小学教师培训, 2019(06): 40–43.

[8] 陈建青, 沈建良. 数据驱动下精准教学的实践和思考 [J]. 中小学信息技术教育, 2019(06): 66–68.

[9] 吕铁君. 例谈精准确定教学目标的四种方法 [J]. 语文建设, 2019(08): 45–48.

[10] 万力勇, 黄志芳, 黄焕. 大数据驱动的精准教学：操作框架与实施路径 [J]. 现代教育技术, 2019, 29(01): 31–37.

[11] 闫维纲. 数据驱动背景下的精准教学实践探索 [J]. 课程教育研究, 2018(43): 212–213.

[12] 王亚飞, 李琳, 李艳. 大数据精准教学技术框架研究 [J]. 现代教育技术, 2018, 28(07): 5–10.

[13] 王正青, 徐辉. 大数据时代美国的教育大数据战略与实施 [J]. 教育研究, 2018, 39(02): 120–126.

[14] 教育部基础教育司, 中央电化教育馆编. 2017–2018年度基础教育信息化应用典型示范案例 [M].

[15] 邓青菁, 付达杰. 精准教学基本理论及其有效性影响要素分析 [J]. 数字教育, 2019(2): 2096–0069.

[16] 梁美凤. "精准教学"探析[J]. 福建基础教育研究, 2016, (6): 4–7.

[17] 彭红超, 祝智庭. 面向智慧学习的精准教学活动生成性设计[J]. 电化教育研究, 2016, (8): 53–62.

[18] 祝智庭, 彭红超. 信息技术支持的高效知识教学: 激发精准教学的活力[J]. 中国电化教育, 2016, (1): 18–25.

[19] 管珏琪, 苏小兵, 郭毅, 等. 电子书包环境下小学数学复习课教学模式的设计[J]. 中国电化教育, 2015, (3): 103–109.

[20] 彭红超, 祝智庭. 以测辅学: 智慧教育境域中精准教学的核心机制[J]. 电化教育研究, 2017, (3): 94–103.

[21] 王永固, 肖镭, 莫世荣, 等. 电子书包赋能的精准教学模式有效性研究——以初中数学复习课为例[J], 中国电化教育: 2019, 5, 1006—9860(2019)05—0106—08.

[22] 罗莹, 谢晓雨, 董少彦. 初中物理精准教学课堂的构建及实践[J]. 中国电化教育, 2019, (1): 48–53.

[23] 郑林, 刘微娜, 王小琼, 等. "智慧学伴"促进初中历史精准教学的探索[J]. 中国电化教育, 2019, (1): 65–69.

[24] 段沙, 周怡. 精准教学文献综述[J]. 英语教师, 2017, (24): 64–70.

[25] 王陆, 张敏霞. 课堂观察方法与技术[M]. 北京: 北京师范大学出版社. 2012.

[26] 宋衡男. 上海初中数学课堂互动研究——基于录像的分析[D]. 华东师范大学, 2010.

[27] 吴康宁, 程晓樵, 吴永军, 等. 课堂教学的社会学研究[J]. 教育研究, 1997(2): 64–71.

[28] 顾小清, 王炜. 支持教师专业发展的课堂分析技术新探索[J]. 中国电化教育, 2004(7): 18–21.

[29] 傅德荣. 教育信息处理[M]. 北京: 北京师范大学出版社, 2001.

[30] 穆肃, 左萍萍. 信息化教学环境下课堂教学行为分析方法的研究[J]. 电化教育研究, 2015(9): 62–69.

[31] 元帅. 在线学习行为分析评价及其应用研究[D]. 华中师范大学, 2011.

[32] 胡艺龄, 顾小清, 赵春. 在线学习行为分析建模及挖掘[J]. 开放教育研究, 2014, 20(2): 102 — 110.

[33] 陈鹏宇, 冯晓英, 孙洪涛, 等. 在线学习环境中学习行为对知识建构的影响[J]. 中国电化教育, 2015(8): 59–63.

[34] 李小娟, 梁中锋, 赵楠, 等. 在线学习行为对混合学习绩效的影响研究[J]. 现代教育技术, 2017(2): 79–85.

[35] 钟薇. 混合学习环境下面向参与度的学习行为分析研究[D]. 华东师范大学. 2017.

[36] 陈诺. 基于双师协同教学模式的学生学习数据挖掘[D]. 天津师范大学. 2017.

[37] 雷云鹤, 祝智庭. 基于预学习数据分析的精准教学决策 [J]. 中国电化教育, 2016, (6): 27-35.

[38] 彭鸿超, 祝智庭. 人机协同决策支持的个性化适性学习策略探析 [J]. 中国电化教育, 2019, (2): 12-20.

[39] 师亚飞, 彭红超, 童名文, 等. 基于学习画像的精准个性化学习路径生成性推荐策略研究 [J]. 中国电化教育, 2019(5): 84-91.

[40] 王小根, 王露露, 王心语, 等. 个性化的体验式学习活动设计模式的优化 [J]. 现代教育技术, 2019(7): 52-58.

[41] 张忻忻, 牟智佳. 数据化学习环境下面向个性化学习的精准教学模式设计研究 [J]. 现代远距离教育, 2018(5): 65-72.

[42] 施良方 课程理论——课程的基础、原理与问题 [M]. 北京: 教育科学出版社, 1996.

[43] 丛培盛, 柴晓兰, 朱仲良, 等. 大型分析仪器实验精准教学体系建设与实践 [J]. 实验室研究与探索, 2017, 36(5): 268-270.

[44] 方海光, 高辰柱, 陈佳. 改进型弗兰德斯互动分析系统及其应用 [J]. 中国电化教育, 2012(10): 109-113.

反侵权盗版声明

电子工业出版社依法对本作品享有专有出版权。任何未经权利人书面许可，复制、销售或通过信息网络传播本作品的行为；歪曲、篡改、剽窃本作品的行为，均违反《中华人民共和国著作权法》，其行为人应承担相应的民事责任和行政责任，构成犯罪的，将被依法追究刑事责任。

为了维护市场秩序，保护权利人的合法权益，我社将依法查处和打击侵权盗版的单位和个人。欢迎社会各界人士积极举报侵权盗版行为，本社将奖励举报有功人员，并保证举报人的信息不被泄露。

举报电话：（010）88254396；（010）88258888
传　真：（010）88254397
E-mail： dbqq@phei.com.cn
通信地址：北京市万寿路173信箱
电子工业出版社总编办公室
邮　编：100036

提炼数据内涵。

回归数学精髓。

提升教学质量。

张景中 2019年10月

丛书主编 方海光

中小学教育大数据分析师系列培训教材
数据驱动的智慧教育

数据驱动的智慧课堂

数据驱动的智慧课堂应用

顾国齐 | 主编　贾云海　董鸿英　孔新梅 | 编

电子工业出版社
Publishing House of Electronics Industry
北京·BEIJING

未经许可，不得以任何方式复制或抄袭本书之部分或全部内容。
版权所有，侵权必究。

图书在版编目（CIP）数据

数据驱动的智慧课堂．数据驱动的智慧课堂应用 / 顾国齐主编；贾云海，董鸿英，孔新梅编 . —北京：电子工业出版社，2020.11
中小学教育大数据分析师系列培训教材
ISBN 978-7-121-39935-0

Ⅰ.①数… Ⅱ.①顾… ②贾… ③董… ④孔… Ⅲ.①课堂教学－教学研究－中小学－师资培训－教材 Ⅳ.① G632.421

中国版本图书馆 CIP 数据核字（2020）第 221760 号

责任编辑：张贵芹　　文字编辑：仝赛赛
印　　刷：北京天宇星印刷厂
装　　订：北京天宇星印刷厂
出版发行：电子工业出版社
　　　　　北京市海淀区万寿路 173 信箱　邮编 100036
开　　本：787×1092　1/16　印张：27　字数：691.2 千字
版　　次：2020 年 11 月第 1 版
印　　次：2020 年 11 月第 1 次印刷
定　　价：140.00 元（全 4 册）

凡所购买电子工业出版社图书有缺损问题，请向购买书店调换。若书店售缺，请与本社发行部联系，联系及邮购电话：（010）88254888，88258888。

质量投诉请发邮件至 zlts@phei.com.cn，盗版侵权举报请发邮件至 dbqq@phei.com.cn。

本书咨询联系方式：（010）88254510，tongss@phei.com.cn。

丛 书 主 编：方海光
本 书 主 编：顾国齐
本书编写者：贾云海　董鸿英　孔新梅

指导专家委员会

指导专家委员会成员：

黄荣怀	北京师范大学	荆永君	沈阳师范大学
李建聪	教育部教育管理信息中心	赵慧勤	山西大同大学
王珠珠	中央电化教育馆	杨俊锋	杭州师范大学
李　龙	内蒙古师范大学	李　童	北京工业大学
王　素	中国教育科学研究院	纪　方	北京教育学院
余胜泉	北京师范大学	郭君红	北京教育学院
刘三女牙	华中师范大学	徐　峰	江西省教育管理信息中心
顾小清	华东师范大学	高淑印	天津市中小学教育教学研究室
尚俊杰	北京大学	陈　平	南京市电化教育馆
魏顺平	国家开放大学	黄　艳	沈阳市教育科学研究院
曹培杰	中国教育科学研究院	罗清红	成都市教育科学研究院
胡小勇	华南师范大学	杨　楠	北京教育科学研究院
李　艳	浙江大学	李万峰	北京市通州区教师研修中心
张文兰	陕西师范大学	马　涛	北京市海淀区教育科学研究院
蔡　春	首都师范大学	石群雄	北京教育学院丰台分院
方海光	首都师范大学	卢冬梅	天津市和平区教育信息中心
张　鸽	首都师范大学	陕昌群	成都市教育科学研究院
鲍建樟	北京师范大学	李俊杰	北京教育学院丰台分院
陈　梅	内蒙古师范大学	管　杰	北京市第十八中学
梁林梅	河南大学	顾国齐	OKAY智慧教育研究院
杨现民	江苏师范大学	楚云海	伴学互联网教育大数据研究院
肖广德	河北大学		

序 一

近年来，大数据、人工智能等技术在教育管理变革、学习模式变革、教育评价体系变革、教育科学研究变革等方面的作用日益凸显。国家高度重视教育大数据的发展，鼓励教师主动适应信息化时代变革。2018年1月，《中共中央国务院关于全面深化新时代教师队伍建设改革的意见》明确提出，"教师要主动适应信息化、人工智能等新技术变革，积极有效开展教育教学"。2018年4月，教育部印发《教育信息化2.0行动计划》，指出要深化教育大数据应用，大力提升教师信息素养。2018年8月，教育部办公厅印发通知，启动人工智能助推教师队伍建设行动试点，将探索应用大数据支持教师工作决策、优化教师管理作为重要试点内容。2019年3月，教育部印发《关于实施全国中小学教师信息技术应用能力提升工程2.0的意见》，强调大数据、人工智能等新技术的变革对教师信息素养提出了新要求，教师需要主动适应新技术变革。

当前，随着新技术的不断涌现与发展，很多原有的教育理论都迸发出了新的火花，大数据、人工智能等技术与教育的深度融合，将促进我们加快发展伴随每个人一生的教育，平等面向每个人的教育，适合每个人的教育，更加开放灵活的教育。教育大数据可以让教师读懂学生，让教育教学更加智慧，让教育研究更加科学。教育大数据可以让管理者读懂学校，由"经验式"决策变为"数据辅助式"决策，推动教育、教学、教研、管理、评价等领域的创新发展。

我认识方海光教授好多年了，启动"中小学教育大数据分析师系列培训教材"（简称丛书）的策划工作时，海光还提出，希望请重量级人物来担纲主编，但我不这么认为。我觉得像他这样的中青年学者已经成长为学科发展的一线主力，理应主动承担起更大的责任。这套丛书的出版确实也让我有眼前一亮的感觉。丛书内容丰富、形式新颖，根据学校的不同角色分成了五个系列：教育大数据——迈向未来学校的智慧教育、数据驱动的技术基础、数据驱动的智慧学校、数据驱动的智慧课堂和数据驱动的教育研究。丛书符合中小学教师信息技术应用能力提升工程2.0的要求，相信将在各级单位信息化领导力培训、信息化教学创新培训、数据能力素养培训等工作中发挥重要作用，能够为教育管理者的数据智能决策提供帮助，为教师教育的研究者提供参考，更值得广大的学校管理者、教师阅读和学习。

希望这套丛书的出版能够促使教育大数据更好地助推教育教学改革和培训教研改革，引领中小学教育的整体变革，进而推动教育的跨越式发展。

华东师范大学教授　任友群

序 二

国家教育现代化和智慧教育示范区的建设都强调了教育大数据的应用方向，教育大数据中心建设和区域数据互联互通成为当前教育信息化的发展重点。

从我国教育信息化的发展趋势来看，基础环境和资源建设与应用快速推进，师生信息化应用能力和水平显著提升。信息化不断发展带来知识获取方式和传授方式、教与学关系的革命性变化，很多学校面临知识的体系化建设阶段。在大数据和人工智能的环境下，我们面临很多新的问题：如何建设学校的知识体系？如何指导学生的学习过程？学习过程的数字化带来了更多的大数据，人工智能的数据处理引擎带来了更复杂、更精准的应用场景，更自然、更贴近人们日常生活的人机交互带来更直观的体验。各种教育大数据和人工智能应用层出不穷，学校的选择空间很大，但是在此之前，我们必须对学校的定位和自身需求有一个明确的认识：学校为什么需要教育大数据？教育大数据能帮学校做什么？学校是否需要转变应用数据的思维方式？

实际上，教育大数据并不神秘，它一直伴随着数字校园、智慧教室学习环境的建设，学习空间的应用，在线教育的发展等。教育大数据具体可以应用于精准教学、学情分析、精准管理、科学决策、学生生涯成长过程记录、学校数据统一优化。未来学校和智慧教育示范区的建设离不开教育大数据，教育大数据的应用也离不开管理者和师生对它的认识和理解，这些都是产生信息化价值的重要基础。

为了服务新时代大数据、人工智能等技术带来的教育变革需求，促进广大教育工作者深入理解和学习有关教育大数据应用的价值和知识，这套丛书应运而生。这套丛书内容全面、新颖，案例丰富且适合实践，可供关注教育大数据和教师培训的研究者和实践者使用，更值得关注未来学校发展和教师队伍建设的学校使用，也期待丛书能根据使用情况和技术的发展，愈加完善。

北京师范大学教授 黄荣怀

序 三

以人工智能为代表的新一代信息技术对教育的发展具有重要影响，国家高度重视智慧教育的发展，希望加快人工智能在教育领域的创新应用。利用智能技术支撑人才培养模式的创新、教学方法的改革、教育治理能力的提升，构建智能化、网络化、个性化、终身化的教育体系，是推进教育均衡发展、促进教育公平、提高教育质量的重要手段，这也是实现我国教育现代化的重要动力和有力支撑手段。

对于学校，数据将会成为学校最重要的资产，这是教育大数据生态的基石。学校将是一个教育大数据中心，能够实现多层面数据价值的共享。对于课堂，数据的核心价值是形成闭环，并通过这种闭环迭代，使学生的学习效果越来越接近预期目标。如何迎接新时代教育大数据的挑战是学校面临的问题，本套丛书旨在帮助学校应用教育大数据，探索基于数据的思维转变过程，掌握应用教育大数据进行教育创新的方法。

本套丛书采用了新颖的内容组织形式，各册均采用扁平化组织，只有章的结构，没有节的结构。各章的结构要素包括知识检查点、能力里程碑、核心问题、问题串、活动。其中，知识检查点是知识检查的基本单元，能力里程碑是任务完成的标志性能力。各章通过核心问题引发学习者思考，以系列问题串组织内容，引导学习者通过评估性问题和反思性活动进行探究，实现知识学习和能力提升的演化过程。活动包括自主活动、小组活动和评价活动。在自主活动中，学习者首先对本章内容进行反思，反思在平时的教育实践中是否出现过类似的问题或现象等，然后写个人心得，结合本章内容阐述在以后的教学实践中可以有怎样的举措。在小组活动中，集体讨论本章所学内容，然后各抒己见，思考如何改善教学质量，属于小组层面的交流。评价活动用于评价和检测，不仅适用于参加教师培训的教师、教育管理者，还适用于不参加培训的广大学习者。这三个活动的设置符合研修的典型特征，每个活动都有一个聚焦的主题，不限定具体的活动内容，有利于组织者安排工作，根据实际的需要展开活动，也适合学习者的自主学习、反思。

本套丛书分为五个系列，它们分别是：教育大数据——迈向未来学校的智慧教育（全1册）、数据驱动的技术基础系列（全4册）、数据驱动的智慧学校系列（全4册）、

数据驱动的智慧课堂系列（全4册）、数据驱动的教育研究系列（全4册），共计17册。本套丛书的任何一册都可以单独组成8～12学时的培训课程，又可以以系列教材为主题组成培训主题单元模块。本套丛书既适用于国家层面、各省、各市、各区县级、各级各类学校进行有组织的教师教育和培训活动，又支持一线教师、教研员、管理者、研究者及教育服务人员的自主学习，还适合大学、研究生及高校教师进行参考和学习。本套丛书难免存在各种问题和不足，恳请各位同仁不吝赐教！

方海光
首都师范大学

前　言

教育信息化的发展经历了三个阶段：第一阶段是媒体应用阶段，强调新媒体（多媒体）对教育的促进作用，从几十年前的多媒体设备到如今的电子书包、互联网教学等，技术提升了知识的传播效率，但对教育本身的效率提升不大；第二阶段是课程整合阶段，强调的是信息技术深入到学科教学的全过程。这就是现在常说的技术与教育的深度融合，这一阶段更多强调技术与环境对教育的促进作用，但还不是以人为本的教育体系，无法满足学生在学习过程中的个性化需求；第三阶段是学习技术阶段，强调学习者、学习内容和技术的契合；构建以学习者为中心的学习生态。

智慧课堂就是构建以学习者为中心的学习生态，是教育与人类智慧、人工智能技术三者的深度融合，是教育4.0时代的产物。利用教育大数据，将恰当的内容，在恰当的时间点，推送给需要的人（教师和学生等）；同时利用技术部分替代教师的功能，为教师和学生赋能，如智能批改，智能备课等，有效减轻教师工作负担，有效提升课堂教学效率和学生学习效率，这是智慧课堂的底层逻辑。同时基于大数据找到学生不会的知识点，教师有针对性地教，学生有针对性地学，这也是教师和学生的基本信息素养，即计算思维和数据决策。因此利用大数据找到关键的知识点进行有针对性的教，指导学生进行有针对性的学，作为培训教师的基本素养和能力将始终贯穿全书。

本书的内容包括智慧课堂的基本概念、智慧课堂的技术环境、数字化教育资源的构建与使用、利用大数据驱动教师的课堂教学。希望读者通过阅读本书能达到如下效果：

（1）对智慧课堂系统的底层逻辑有深刻的理解；发现并解决每一个学生在40分钟课堂上没有学会的知识点；理解最近发展区理论是如何借助大数据和技术在智慧课堂中应用的。

（2）熟练地创建和使用数字化的教育资源；利用教育大数据可以实现学习者和学习内容的契合。数字资源的生产、使用、流转等是智慧课堂环境下教师需掌握的基本技能。

（3）学会使用数据并能对数据进行正确的解读，这是大数据驱动的智慧课堂的必备技能和教师的基本素养；熟练掌握并能自如地应用到教学的各个环节和场景之中，才能真正体验到智慧课堂的效果。

本书的大部分内容是对OKAY智慧教育研究院近年来在学校建设智慧课堂的应用实践的总结。在本书编写过程中得到了OKAY智慧教育创始人贾云海老师的大力帮助，同时参与过智慧课堂建设的很多老师也参与了编写，包括郭文清、张振国、田金玲、郝文雅、初蕾、宋洪阳、孙丽娜、邵英、田鹏等，山东省临沂高新区高级中学的邵泽山校长为本书提供了大量的数据、案例和资料，在这里一并表示感谢。

OKAY智慧教育研究院
顾国齐

目 录

第一章　数据驱动的智慧课堂概述 / 001

- 002　问题一：什么是数据驱动？
- 002　问题二：怎样理解智慧课堂？
- 004　问题三：什么是精准教学？
- 004　问题四：数据驱动的智慧课堂的意义有哪些？
- 008　问题五：数据驱动的智慧课堂应用的理论基础有哪些？
- 010　问题六：数据驱动的智慧课堂面临什么样的挑战？

第二章　智慧课堂环境及其构建 / 013

- 014　问题一：智慧课堂环境是什么样的？
- 016　问题二：如何构建智慧课堂的网络基础环境？
- 017　问题三：如何构建智慧课堂的云环境？
- 020　问题四：如何构建智慧课堂的系统环境？
- 024　问题五：如何构建智慧课堂的数据环境？

第三章　智慧课堂的数字教育资源及其应用 / 028

- 029　问题一：什么是智慧课堂数字教育资源？
- 032　问题二：如何建设智慧课堂数字教育资源？
- 037　问题三：如何进行智慧课堂数字教育资源分类？

040　问题四：如何应用智慧课堂数字教育资源？

043　问题五：如何应用智慧课堂数字资源教育数据？

第四章　数据驱动的智慧课堂教学变革及其应用 / 050

051　问题一：如何应用智慧课堂的大数据进行教学变革？

053　问题二：如何获取智慧课堂学生数据？

054　问题三：如何应用智慧课堂的数据进行备课教研变革？

056　问题四：如何应用智慧课堂数据进行精准教学变革？

第五章　数据驱动的智慧课堂应用案例 / 061

062　案例一：河南省汤阴县第一中学

064　案例二：湖北省利川市思源实验学校

参考资料 / 069

第一章 数据驱动的智慧课堂概述

本章学习目标

在本章的学习中，要努力达到如下目标：
- ◆ 了解数据驱动的内涵及数据驱动下的智慧课堂（知识检查点1-1）。
- ◆ 了解精准教学的基本内涵（知识检查点1-2）。
- ◆ 掌握数据驱动下的智慧课堂在应用过程中应遵循的理论基础（能力里程碑1-1）。
- ◆ 掌握如何应用数据驱动下的智慧课堂更好地支持学生的学习（能力里程碑1-2）。

本章核心问题

什么是数据驱动？怎样理解智慧课堂？在大数据驱动下，智慧课堂在未来发展中又将面临怎样的挑战？

本章内容结构

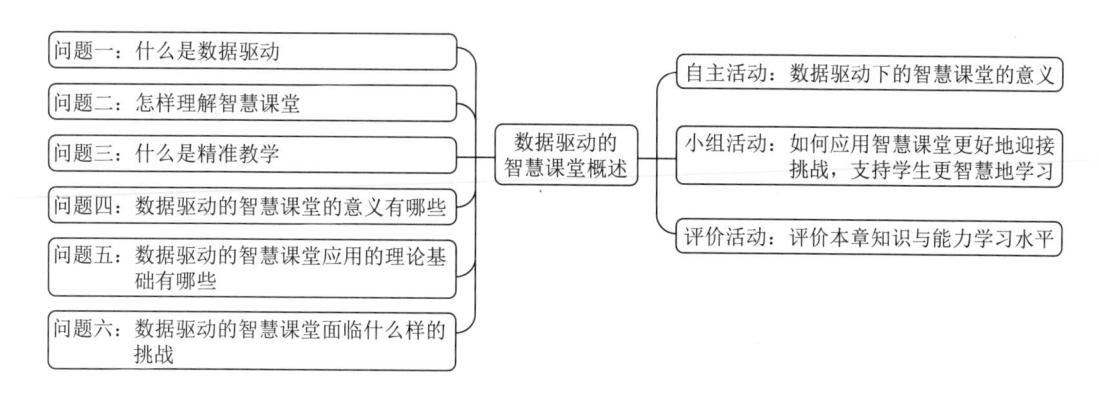

```
问题一：什么是数据驱动
问题二：怎样理解智慧课堂
问题三：什么是精准教学                                自主活动：数据驱动下的智慧课堂的意义
问题四：数据驱动的智慧课堂的意义有哪些    数据驱动的    小组活动：如何应用智慧课堂更好地迎接
问题五：数据驱动的智慧课堂应用的理论     智慧课堂概述            挑战，支持学生更智慧地学习
        基础有哪些                                  评价活动：评价本章知识与能力学习水平
问题六：数据驱动的智慧课堂面临什么样的
        挑战
```

引 言

随着信息技术与教育的融合创新发展，作为智慧教育发展重要组成部分的智慧课堂，其设计与应用已经得到了广泛关注。

课堂是教育的主阵地。在课堂中，学生是教育的核心主体，教师则负责传道授业解惑。随着智慧教育的发展，智慧课堂也越来越多地被提及、应用，主要体现在为教师赋能，为学生启迪智慧。

智慧课堂最重要的功能是帮助学生进行个性化学习，促进学生的全面发展。随着信息技术的发展，我们越来越能感受到传统环境下无法察觉到的学生深层次的学习状态，而大数据等新的信息技术的应用能够精准地为每一位学生提供个性化的学习支持服务。

人工智能时代下，AI 与教育的深度融合赋予了学生更多的权利，重新定义了学习。未来，智慧课堂所带来的更加常态化的应用，将为学生提供更多的帮助。

问题一：什么是数据驱动？

数据驱动就是通过数据采集，将数据进行组织，形成信息流，在做决策或优化业务运营时，根据不同需求对信息流进行提炼、总结，从而在数据的支撑或者指导下采取科学的行动。

可以看出，对于教育来说，数据驱动就是教育教学过程中形成的一系列"数据闭环"，通过数据分析和价值发现改善学生、教师、学校以及基础设施和信息化环境等应用的核心环节，从而形成教育独特的竞争优势，最终实现整个教育乃至服务的快速高效运转。这样的智慧校园就是数据驱动的智慧校园，这样的智慧课堂就是数据驱动的智慧课堂，我们可以称其为形成了"数据闭环"。判断一所学校内部是否形成了"数据闭环"，就要看学校运行的各个环节是否都有数据支撑。同样，判断一个课堂本身是否形成了"数据闭环"，就要看课堂进行的各个环节是不是都有数据支撑。

问题二：怎样理解智慧课堂？

关于什么是智慧课堂，这是一个仁智互见的问题，国内外多名学者、专家都对智慧课堂及其相关概念做出过界定和描述，让我们先从教育的发展过程来审视智慧课堂的发展过程。传统教育的发展演变经历了以下三个阶段：

第一个阶段是教育 1.0 时代，即农耕时代的教育。在这个阶段，知识的传播主要依赖师者的言传身教，教师是知识传播的主要载体。

第二个阶段是教育 2.0 时代，即工业时代的教育。在这个阶段，以班级授课制为核心，知识的传播主要依赖课本和课程。

第三个阶段是教育 3.0 时代，即互联网时代的教育。在这个阶段，优质的教师资源和海量的内容资源在互联网中流转，实现跨时空共享，极大地提高了知识传播的效率和优秀师资匹配的效率。但就每一位学习者而言，在线学习的过程与教育1.0和2.0时代相比并没有产生多少实质性的变化，只是在网络空间中又多了一个传统课堂。

随着人工智能、大数据、物联网等新技术的发展，教育也将进入万物互联的智能时代。在这个阶段，应用教育大数据可以使学生、学习内容、教师在全学习过程中深度契合，大幅度提高学习（教学）的效率和质量，智慧教育由此应运而生。可以看出，智慧教育是教育信息化发展处于高级阶段的体现，是教育领域的智能化。有学者认为，智慧教育、智慧环境、智慧教学三者是相互关联的，通过构建智慧学习环境，运用智慧教学法来促进学生进行智慧学习，从而培养出具有高智能和创造力的人。因此，无论如何界定智慧教育，智慧教育的目的都在于提升现有教育体系的智慧化水平，实现技术与教育主流业务的深度融合，促进教育利益相关者的智慧养成与可持续发展，即通过利用技术搭建的学习环境，让教师运用高效的教学方法，为学生提供个性化的学习服务和美好的学习体验。

随着人类社会步入信息时代，2008年，IBM公司将智能技术快速应用到生活的各个方面，例如智慧医疗、智慧交通、智慧电力、智慧城市等领域，并率先提出"智慧地球"的概念。随即智慧教育、智慧课堂、智慧学习等概念也被赋予新的内涵而日渐流行，推动了以教育信息化为主导的智慧课堂的发展，这便从信息技术的视角揭示出了智慧课堂的信息化和智能化的特征。由此，智慧课堂可以认为是采用智能形态的技术构建富有智慧的课堂教学环境，以满足学生个性化学习需求的课堂。

信息时代之后，伴随着移动互联网、大数据、云计算、人工智能等技术的不断发展，人类社会已经全面步入"互联网+"时代，互联网的开放、平等、透明推动了未来学校教育从"自上而下"的部署转变为"自下而上"的创造行动，使得教育数据曾被压抑的巨大潜力爆发出来，为我们提供了一条清晰的智慧课堂生成路径：在教学情境的协助下，教学数据被赋予丰富的教育内涵，转变为有价值的教学信息，再经思维共同体的认知加工演变为鲜活的教学知识，这些知识在教学应用中逐渐升华为教与学的智慧，推动了以数据智慧为主导的智慧课堂的发展。

可见，智慧课堂的界定是随着信息技术在教学中的不断应用与融合而不断发展变化的。利用新一代信息技术来提高课堂教学环境的智能化水平，促进智慧的教与学，实现学生的智慧化发展，是教学信息化不断深化改革的必然趋势。

因此，我们可以将智慧课堂定义为：依据建构主义理论，运用"互联网+"的思维方式以及物联网、大数据、云计算等新一代信息技术构建的，支持课前、课中、课后学习全过程的智能、高效的课堂。智慧课堂是新一代信息技术与课堂教学深度融合的新阶段、新形态。智慧课堂通过开发利用各种新媒体、新技术，创设有利于协作探究和意义建构、富有智慧的学习环境，提高教学过程中的数据分析、评价反馈、交流互动和资源推送能力，通过智慧的教与学，促进全体学生实现符合个性化成长规律的智慧发展。

在智慧课堂中，学生获得合适的学习内容，教师组织学生自主学习，并对学习过程进行分类指导。具体来说，教师利用大数据等新一代信息技术了解学生学情，将不同的学习内容推送给不同的学生，学生利用技术自主学习相应的内容，从而形成学生学习的数据闭环。

问题三：什么是精准教学？

精准教学是指利用教育大数据，通过教和学两个方面的数据汇聚，从而生成个性化的学习画像，通过使用教育模型进行精准推荐和分析，最终实现精准教和精准学，为其提供科学决策依据。精准教学重要的基础是学习数据，教学围绕学习数据，借助人工智能等信息技术，将个人的知识重构为个性化学习画像，实现智慧学习。在教育大数据时代，判断一个教学产品是否适合智慧课堂，主要可以由产生的数据量来判断，利用数据来驱动产品达成目标。通过数据驱动精准教学，实现教师针对性教学，学生个性化学习，逐步实现以学生为中心，通过学习画像来分析每一位学生的差异特征，最终使教学朝着"以学生为中心"的方向发展。

实际上，教学过程设计是精准教学的有效手段，也是实施精准教学的关键环节。一般的智慧课堂都会构建一个智慧课堂下的精准教学过程模型，将每个阶段的教学目标融入教学过程，从而提高其有效性。通常，智慧课堂的信息化平台是由云、网、端三大部分构成的，云平台是价值核心，是数据的汇聚和分析中心；网是对智慧课堂的支持服务，主要提供网络、存储和计算服务，实现高效的立体交互场景，解决网络连通性的问题；端是指教师端和学生端为主的应用终端和工具。

问题四：数据驱动的智慧课堂的意义有哪些？

2018年起，国家吹响了"课堂革命"的号角，指出要坚持内涵发展，加快教育由量的增长向质的提升转变，把质量作为教育的生命线，坚持回归常识、回归本分、回归初心、回归梦想，深化基础教育人才培养模式改革，掀起"课堂革命"，努力培养学生的创新精神和实践能力。在这个变革的时代，不少教育行业的先驱者都在积极响应变革，努力探索智慧教育下的智慧课堂发展的新生态。

在智慧课堂中，通过教育大数据的应用，学生以新的学习方式开展以自我为中心的学习活动，这就是智慧学习；教师以符合智慧教育特征的形式开展以学生为中心的教学活动，这就是智慧教学，当师生共同在课堂上进行智慧教学与智慧学习时，智慧课堂便得以构建。当一个学校全面应用智慧学习、智慧教学和智慧管理，一个崭新的智慧校园新生态便得以建设。进一步来看,当一个区域或城市广泛应用智慧教育时,智慧教育城市新生态便自然形成。由此,数据驱动的智慧课堂具有如下意义。

一、教师教学回归教育本质

1. 从"以教师为中心"到"以学生为中心"

一直以来,尽管学校的教学常规管理细则中明确提出"备课的核心是备学生",教师的工作总结中也写着诸如"以学定教"之类的话,但结合2015年教育部抽样数据统计,在课堂教学中真正做到了解学生学情、因材施教的教师不到20%,这就使得我们的课堂仍然囿于传统课堂模式的羁绊下。历数课程改革的脚步,可以看到大部分地区学校的教师,都在响应课改,根据教案、学案等内容进行课堂教学设计。对于教师来说,只有对学生的认知水平、认知习惯等有准确的把握,才能做出合理的教学设计,从而提高课堂教学的效率。可见,数据驱动的智慧课堂的建设和应用是解决这一系列问题的有效途径。

另一方面,在互联网时代下,学生是这个时代的"原住民",互联网信息技术进入课堂对他们来说早已不是新鲜事,所以学生喜欢并适应这种学习方式。教师应该结合学生"原住民"的属性,因材施教。基于互联网大数据技术和人工智能技术的发展,互联网时代下的教师也已经开始借助智慧课堂提供的智能化的平台和教学终端围绕学生的个性化学习需求展开教学服务,通过教育大数据的支持为学生提供最适合自身需求的学习资源和服务,将智慧课堂的个性化教学落到实处。

2. 从"备教材"到"备学生"

教师备课备什么内容,不是教学大纲、教学经验说了算,而是看学生需要学什么。在智慧课堂中,学生根据自己的实际情况进行自主学习,完成有针对性的练习。教师会根据课前学生的学情反馈设置问题,学生则要把自己课前的疑问向教师提出,在课上开展协作探究式学习活动,从而强化学生的思维能力和自主解决问题的能力。学生的个体差异是客观存在的,通过对学生个体特点和认知水平的了解,引导学生在智慧课堂中获得相应的知识,做到以学定教。

举个例子,河南省汤阴一中是早期开展智慧课堂变革的一所学校,该校的一名数学教师在谈到智慧课堂对自己教学工作的转变时提到:"智慧教育主要解决的是一种精准定位问题,比如教师原来在备课的时候需要面面俱到,所有的内容都要备。而现在,教师通过大数据及时获得学生在课前阶段的学科认知程度,有侧重地准备学生欠缺的资料,学生掌握较好的地方就可以略备或者上课时一笔带过"。

可以看出,以往的教师备课是在备知识,当人工智能帮助教师减轻其备课的负担,教师甚至无须备"课",而是专注于备学生时,教师在教学中的"以学定教"也将真正得以实现。

3. 从"知识灌输"到"以学定教"

师者，传道授业解惑也。在教育的过程中，教师传授的"道和业"是学生需要的，是要真正能解学生之惑的。在传统教学模式中，教师依据个人经验以知识为中心进行标准化、流程化的教学，依照统一的教学目标塑造学生。然而对于学生个体来说，每个人的认知水平是不一样的，新的知识与现有的认知结构建立联系，同样需要不同的个性化解决方案。而传统的课堂教学无法满足这一需求，要兼顾每位学生的学习更是难上加难。

以学定教，从学生的学情数据出发、从学生的问题出发。在智慧课堂中，学生的学情数据得以流转、存储，教师在洞察每位学生学情的基础上，了解学生的学习问题所在、明确教学侧重点，帮助学生精准突破学习盲区，实现个性化教学。

有的教师在讲述智慧课堂对教学的改变时提到："以往的课堂中有的学生掌握慢，但又羞于启齿，教师也照顾不到。现在基于数据，教师可以及时对学习有困难的学生给予帮助，避免学生掉队。对于反应比较快，掌握比较好的学生，教师可以推送与他们实际学习能力匹配的习题，还可以发起难题挑战，激发学生的创造力，实现分层教学"。

4. 课后智能辅导，高效减负

课后跟踪辅导是智慧教育的补偿性学习和拓展性学习阶段，重在深度学习和交流反馈。当课堂作业布置下去之后，教师都不用去催着学生问作业完成得怎么样，打开教学终端，智能语音助手会提醒教师所有学生作业是否已经完成。教师轻触屏幕，可视化的作业数据报告便会清晰地呈现出来，一摞摞的作业本在办公桌上已经很少看到了。对于没有掌握的同学，教师会及时推送相应的学习资源，学生也会将学习近况及时反馈给教师。智慧课堂改变了课后师生在不同时空下的交流、反馈方式，把教师从机械、繁琐的工作中解放出来，使教师能够从事更具创造性的工作。

二、学生在课堂上掌握学习主权

实际上，现在的学生越来越累，有人曾形容孩子的学习是"白加黑，五加二"，奈何如此拼命学习，还是学不好。大部分学生很困惑的一点就是不知道自己哪里不会，往往会陷入一种"教师让我学什么我就学什么"的被动状态。然而，学生是教育对象，让学生更好地学习才是教育的发展目标，一切教学资源的配置都是为学生服务的。课堂也是如此，教育工作者要以学生为中心，为其提供个性化的教学服务。而智慧课堂，就是要释放学生的学习主权。

1. 明确的学习目标

学习过程中，每位学生都想学好，但并不是每一位学生都有明确的学习目标，知道自己要学什么。在智慧课堂中，基于大数据的分析，通过智能学习终端可以捕捉学生的学习轨迹。基于数据的决策，学生的学习问题能够清楚地显示出来，基于问题而制定的目标才不偏不倚。有目标、有针对性的学习能够事半功倍，学习也就自然会从被动变为主动。在智慧课堂模式下，自主学习不再是漫无目标，而是以基本学习诉求为目标，迈出学习的第一步。

2. 适配的学习内容

求知是每个人的天性，对学生而言，没有学不会的知识，只有学习的内容是否适合。课前，基于需求的学习方式，学生已知"学习内容""重点知识点"，将有限的注意力关注在没掌握的知识点上。诊断学情后，课上教师讲解的内容正是教其所需，有针对性地解决学生的问题，并将个性化的学习资源推送给学生。

3. 适合的学习场景

智慧课堂需要改变，也需要坚守课堂的基本面貌。学习是一件需要专注的事情。在智慧课堂的学习场景中，学生的学习终端摒弃了游戏娱乐功能，营造出一个健康的学习环境。同时，学习终端配合多种交互设备、语音识别、手写功能与识别、墨水屏护眼等功能，全力打造丰富的学习场景，让学生高效利用课堂时间，提高学习效率。

4. 有针对性的课后练习

学生的课后作业是由其课上的掌握情况所决定的，所谓"个性化"的作业来自教师的分层布置。对于学生来说，作业不再是千篇一律，对于认知能力弱的学生给予较为基础的习题任务，而对接受能力强的学生匹配更高难度的内容。学生收到的是适合自己水平的课后练习，是稍做努力就可以挑战成功的学习任务，这也符合"最近发展区"的科学理念。在这种激励下，学生也就更愿意积极地去完成。

无论是课后放学回家还是寒暑假外出，学生都可以通过智能学习终端进行学习。学习终端通过捕捉学生的学习数据，实时地向学生推送适合的内容，让学生可以利用碎片化时间实现学其所需。无论身在哪里，学习终端都可以将学生的学情及时反馈给教师，实时地与教师展开互动。在智慧课堂模式下，不仅不会增加学生的学业压力，作业内容还恰到好处地巩固了课上的知识，又进行了课外延伸。

三、家校共育，联通智慧之力

在一个相互联系的系统里，一个很小的初始能量就可能产生一连串的连锁反应，智慧课堂就像多米诺骨牌的首张牌，当其率先改变时，与之有关联的其他场景和角色也随之发生变化。这是一个共享的时代，每位教师都是专业学习资源的生产者。当教师优质资源成果共享或者在平台集体教研备课时，均可以产生内容。当若干教师形成聚合之力，一个优质的学习资源库便得以建立。在这个过程中，经过教研反复锤炼后，因地制宜的校本教学内容得以沉淀下来。

大数据驱动业务融合，基于学生信息的大数据系统完成从采集到分析、再到决策的闭环，为学校教育管理者提供直观、清晰的数据分析与展现工具，融合智能的感知环境和校园各类管理业务，形成全面的数据分析与管理，推动科学管理决策。家庭教育与学校教育之间的互相沟通、及时反馈也是非常重要的。以往，家长主要依赖成绩单了解孩子的学习情况，对于孩子的学习过程几乎是不了解的，以致于孩子成绩不好时，家长也很茫然。

智慧课堂联通的不仅是学校师生，还有家庭。家长可以在手机上及时获取孩子的学情报告、学业的进度信息以及家庭教育相关微课等。同时通过教师与家长之间的互动与交流，即时沟通、及时反馈。智慧课堂提供了一个合适的平台，通过教育大数据的分析和共享，使家庭教育与学校教育形成合力，促进学生的全面健康发展。

问题五：数据驱动的智慧课堂应用的理论基础有哪些？

当前，数据驱动的智慧课堂的发展规律还未引起足够重视，亟需科学化的理论指导。基于教育基本规律，以"互联网+"时代信息技术与教学深度融合下智慧生成的视角，总结归纳数据驱动的智慧课堂应用理论基础。

一、智慧课堂，要遵循学生的最近发展区理论

苏联教育家维果茨基（Lev Semenovich Vygotsky）曾提出著名的最近发展区理论，认为学生的发展有两种水平：一种是学生的现有水平，指独立活动时所能达到的解决问题的水平，另一种是学生可能的发展水平，也就是通过学习所获得的潜力，这两者之间的差异就是最近发展区。如果教师着眼于学生的最近发展区，为学生提供适合的内容，就能加速学生的成长。

真正的学习一般是从问题以及努力解决问题开始的。但是目前的学校课堂上，教师无法仅凭自己的经验来精准把控每一位学生的最近发展区，不能准确定位适合每位学生的学习内容。然而，如果要求教师每天都依靠人力来收集、统计学生的学习数据，从而分析出每位学生的学习需求，并据此推送个性化的学习内容，这显然是不现实的。有时候并不是广大教师否认个性化学习内容的重要性，而实在是"心有余而力不足"——没有先进生产工具的支持，教学的生产力很难得到相应提升。

受困于现实的禁锢，目前教师的教学模式大多只能沿用标准的教学内容，统一的教学方法，对学生进行流水线般的知识灌输，磨灭了学生原本存在的个性化差异和成长的可能

性，这不得不说是一种令人扼腕的遗憾。教师很难准确把控每位学生的最近发展区，那学生是否能确定自己的学习需求？

答案是否定的，大多数学生处于"自己不知道"的状态，就像如果不是澳大利亚首先发现黑天鹅，欧洲人会一直认为天鹅都是白色的，但这个不可动摇的信念随着第一只黑天鹅的出现而崩溃。黑天鹅其实就是学生的未知领域，即适合自己的学习内容。如果属于学生的"黑天鹅"不出现，学生可能会一直不清楚自己到底需要什么？施教者和被施教者都不清楚学生的"最近发展区"到底在哪里？如果有一种教学工具能够协助教师做出判断，提供给学生个性化的学习内容，是否既达到了学生高效学习的效果，同时又减轻了教师负担，从而实现教学效果的最大化？

二、多学科融会贯通，从学生的多元智能理论入手

在一个班级里，学生经常被分门别类地贴上"优等生、中等生、差生"的标签，一些学习能力较差的学生在很大程度上因为这种单一的成绩评价，就被划分到学不好的那一类学生中，慢慢地就被视作"不是学习的那块料"，渐渐被放弃。难道这些所谓的"差生"是真的差吗？当他们走出学校，往往会更加迷茫，不知道自己该何去何从。

没有学生生来就差，只是聪明的智能各有差异。其实，除了个别天赋异禀的学生，大部分学生都没有优劣之分。美国哈佛大学教育研究院的心理发展学家霍华德·加德纳（Howard Gardner）在1983年提出了多元智能理论，认为我们每个人都拥有八种主要智能：语言智能、数理智能、空间智能、运动智能、音乐智能、人际交往智能、内省智能、自然观察智能。

多元智能理论认为几乎每个人都是聪明的，但聪明的范畴和性质呈现出差异。"天生我材必有用"，学生的差异性不应该成为教育上的负担，相反，这是一种宝贵的资源。用赏识和发现的目光去看待学生，改变以往用一把尺子衡量学生的标准，重新认识到每位学生都是一个天才，只要正确地引导和挖掘他们，每位学生都能成才。

加德纳的多元智能理论是对传统教育的极大挑战，给人以耳目一新之感，尤其是当前在新课程改革中，在大部分教师对学生评价颇感困惑之时，他的理论无疑会给我们诸多启示。

教师备课、上课不能再像以往那样，仅仅为完成教学大纲的要求，而应更多地从关注学生、开发学生潜能、促进学生全面发展的方面考虑问题。要采用多种方式和手段，呈现"多元智能"的教学策略，改进教学的形式和环节，力争使课堂教学丰富多彩，课堂互动形式多样，努力培养学生的多种智能。在教学形式上重视小组合作学习，以利于人际交往智能的培养。在教学环节上重视最后的反思，培养学生的内省智能。

在教育目标上，多元智能理论并不主张将所有人都培养成全才，而是认为应该根据学

生的不同情况来确定每位学生适合的发展道路。通俗来讲，多元智能理论不是让学生"千军万马过独木桥"，也不是简单地要求学生"多架几座桥"，而是主张给每位学生都"铺一座桥"，让每位学生都来有所学，学有所得，得有所长。教育的价值除了为社会培养有用之才，更在于发展和解放人本身。

多元智能理论对传统的学生评价方式提出了严厉批评。传统的智力测验过分强调语言和数理逻辑方面的能力，只采用纸笔测试的方式，过分强调死记硬背，缺乏对学生理解能力、动手能力、应用能力和创造能力的客观考核。因此，这种评价方式是片面的、有局限性的。多元智能理论认为，人的智力不是单一的能力，而是由多种能力构成的，因此，学校的评价指标、评价方式也应多元化，并使学校教育从纸笔测试中解放出来，注重对不同人的不同智能的培养。

学校课堂在发展学生各方面智能的同时，必须考虑到，一般情况下，每一位学生只会在某一两方面的智能特别突出。当学生未能在其他方面追上进度时，不要让学生因此而受到责罚、丧失自信，而是辅助有问题的学生，并采取更合适的方法进行教学。

问题六：数据驱动的智慧课堂面临什么样的挑战？

教育大数据时代下，信息技术与教育教学的融合，为打造数据驱动的智慧课堂带来了前所未有的机遇。然而，未来发展存在诸多不确定性，挑战与机遇并存。未来不仅仅是时间维度上将要奔往的去向，更重要的是现实意义上大胆的抉择和努力创造的方向。"互联网+"时代，以人为本、崇尚创新的互联网思维与智能的互联网技术为每一位教师自下而上地实施课堂变革提供了新境界，智慧课堂的实践先行者已经吹响了号角。然而，当下的智慧课堂，在从数据通往智慧的路途中还面临着诸多挑战。

首先，智慧教学系统不能得以常态化的应用，面临着理念、技术、资金、政策等多方阻力，使得学习数据难以常态化的产出，偶然性、零散性或精心设计好的数据在真实性上大打折扣，并不具备太大的教学价值。

其次，以学生发展核心素养为统领的教育教学评价标准尚未出台，还需要一个很长的研发过程，这就会造成当前的教学评测工具以及教育大数据分析技术缺乏统一、科学的评价模型与标准，将造成已有的智慧课堂所产生的数据大多是结构混乱、标准不统一的"坏数据"，难以生成系统大数据加以分析。

最后，对于当前智慧课堂的教学实践，教师并未做好思想准备，来迎接这些动态生成的数据，无法深刻地思考这些数据背后的教学含义、问题与趋势，无法深入加工这些数据，使其演变成有价值的教学信息，无法改变教学行为，生成教学智慧。

数据驱动的智慧课堂的未来是教育整体发展下的系统化变革过程，而在这其中我们不能忽视伴随智慧教学系统发展及教学应用而产生的大量的、有生命力的鲜活数据，要紧紧把握从数据到智慧的通路，研究教学大数据的生成方式、找寻教学数据的智慧处理方式、教学信息的智慧解读方式、教学知识的智慧应用方式，最终升华为"互联网+"时代的教与学智慧。因此，用数据驱动智慧课堂重构，任重而道远。

本章内容小结

本章我们学习了数据驱动以及数据驱动下的智慧课堂（知识检查点1-1），理解了精准教学的基本内涵（知识检查点1-2），掌握了数据驱动下的智慧课堂在应用过程中应遵循的理论基础（能力里程碑1-1），并掌握了如何应用数据驱动下的智慧课堂更好地支持学生的学习（能力里程碑1-2）。

本章内容的思维导图如图1-1所示。

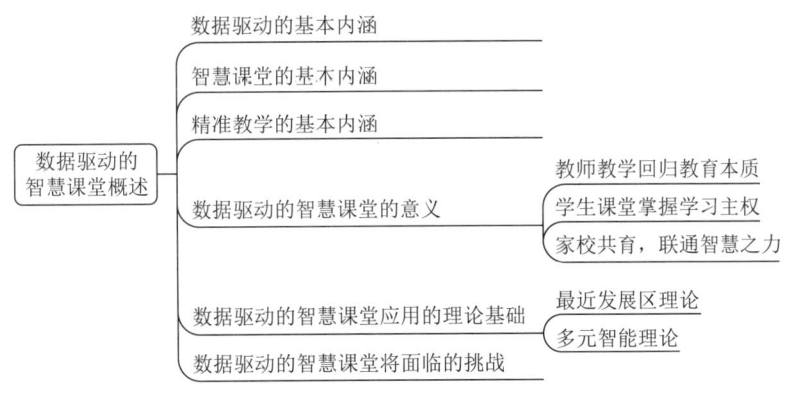

图1-1 思维导图

自主活动：数据驱动下的智慧课堂的意义

请学习者在学习完本章内容后，进行自我反思，并记录个人学习心得。

小组活动：如何应用智慧课堂更好地迎接挑战，支持学生更智慧地学习

请学习者围绕本章的学习主题进行组内交流，并做好小组学习记录。

评价活动：评价本章知识与能力学习水平

一、名词解释

数据驱动（知识检查点1-1）

智慧课堂（知识检查点1-1）

精准教学（知识检查点1-2）

二、简述题

1. 你觉得智慧课堂的智慧体现在哪里？请结合自身的教学实际谈一谈你对数据驱动下智慧课堂教学的理解（知识检查点1-1）。

2. 你认为教师应该如何在智慧课堂环境下做到精准教学（知识检查点1-2）？

3. 请反思：你在课堂教学或教学管理活动中，依据怎样的科学理论来开展教学活动？所开展的教学或管理是否能承受将来面临的挑战？如果不能，请用智慧课堂的科学理念来思考如何应对将来面临的挑战（能力里程碑1-1、能力里程碑1-2）？

三、实践项目

选择当前课堂教学中的一个问题，结合智慧课堂的内涵，尝试进行以学定教的数据驱动的智慧课堂设计（知识检查点1-1、知识检查点1-2；能力里程碑1-1、能力里程碑1-2）。

第二章 智慧课堂环境及其构建

本章学习目标

在本章的学习中,要努力达到如下目标:
◆ 了解智慧课堂环境及其基本特征(知识检查点2-1)。
◆ 能够构建智慧课堂的网络基础环境(能力里程碑2-1)。
◆ 能够构建智慧课堂的云环境(能力里程碑2-2)。
◆ 能够构建智慧课堂的系统环境(能力里程碑2-3)。
◆ 能够构建智慧课堂的数据环境(能力里程碑2-4)。

本章核心问题

智慧课堂环境具备哪些特征?如何从网络基础环境、云环境、系统环境以及数据环境四个方面建构智慧课堂环境?

本章内容结构

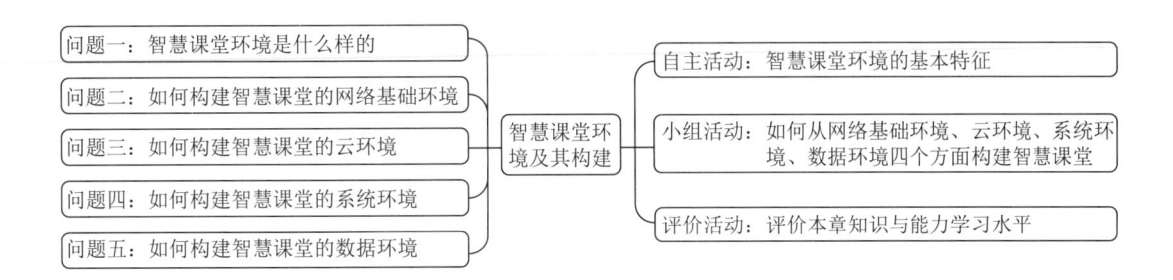

问题一:智慧课堂环境是什么样的		自主活动:智慧课堂环境的基本特征
问题二:如何构建智慧课堂的网络基础环境	智慧课堂环境及其构建	小组活动:如何从网络基础环境、云环境、系统环境、数据环境四个方面构建智慧课堂
问题三:如何构建智慧课堂的云环境		
问题四:如何构建智慧课堂的系统环境		评价活动:评价本章知识与能力学习水平
问题五:如何构建智慧课堂的数据环境		

引 言

教育是为了启迪学生的智慧,而课堂是教育的主阵地。在课堂上,通过教师的引导,学生能够发现自己的智慧，从而发展自己的智慧，应用自己的智慧。而人工智能、教育大数据、物联网等新技术的逐渐成熟，让个性化学习成为可能。新技术可以构建丰富的智慧课堂环境，为学生定制个性化的教育方案，精准匹配课程内容，让每一个学生都能很好地发展和应用自己的智慧，从而更加有效地走向丰富多彩的生活。

问题一：智慧课堂环境是什么样的？

在工业社会，教育体系的改变使得人才培养能够满足工业社会的生产力发展需要，并诞生了现代学校体系。智能时代，在人工智能等新一代信息技术支持的智能环境下，新的经济形态和文化形态正在重新构建，学校和课堂也随之进入智慧化环境。实际上，当前学习者呈现出对新技术极强的适应力和投入感，在认知方式和信息加工能力方面也具有顺应信息时代发展的优势。在新技术构建的智慧课堂环境下，教育的生态也将发生重构。在智慧课堂环境下，教师所承担的教学工作形态发生了变革，教与学方式发生了变革，学习过程也将发生变革。

智慧课堂环境是指一种以学习者为中心，能感知学习情景，识别学习者特征，提供合适的学习资源与便利的互动工具，自动记录学习过程，评测学习成果，以促进学习者有效学习的学习场所或活动空间。智慧课堂环境能够实现物理环境与虚拟环境的融合，能更好地提供适应学习者个性特征的学习支持服务。因此，智慧课堂环境是在智慧课堂的基础上，以学习者为中心，通过现代技术与教育融合营造的智慧环境。因此，从应用角度来看，智慧课堂环境一般可以具备以下特点。

一、无边界

人工智能等新一代信息技术使得学习者的学习时间、空间和体制的隔阂被打破，学习者可以在任何时间、任何地点通过多种渠道进行学习，如5G稳定的高清视频、更多的终端接入、更低的互动时延等，可支持大型开放式网络课程与资源平台，突破传统教育手段的限制，让学习者可以选择更适合自己的师资与学习资源，甚至可以让偏远山区的学习者享受到同样的优质教育资源，实现教育公平。

另一方面，利用可穿戴设备、虚拟现实等技术，能够在学校物理空间之外营造虚拟空间与交互空间，实现了涵盖学生学习全场景的学校教育场域的重构。智慧课堂环境改变了学习资源的分布形态，改变了参与者之间的教育关系，使学习者的学习场所突破了校园的界限，既可以在教室，也可以在社区乃至不同城市间游学，打破学习场域的限制，在任何地方都可以实现高质量的学习。因此，以智慧课堂环境为基础的学习将是面对面学习和在线学习并存、互为补充的混合学习模式，是一种无边界的课堂。

二、个性化

智能时代,学生获取知识的渠道越来越多,教师不再是获取知识的唯一载体。智慧课堂环境下,教学场景与学习场景将自带教育大数据属性,传统的知识传授将会被支持个性化学习的智慧课堂环境部分替代。

在教育大数据的支持下,凭借更加精准、智能的数据分析,为每个学生都制作了一个数字画像,让所有学习者能够精准、高效地获取所需的学习资源和服务。如,智能设备通过与学习者的交互,对学习者的学习过程进行全程跟踪,记录学生课上、课下的学习轨迹和学习行为数据。通过教育大数据,可以精准分析学生的薄弱环节,并快速为学生推送最适配的学习资源,让每个学生知道怎么学、学什么,并愿意学,帮助每个学生根据自身的特性选择不同的学习路径,最终抵达学习终点,从而实现个性化学习。因此,以智慧课堂环境为基础的学习方式将更加个性化、多元化。

三、智慧化

与传统的教学相比,基于智慧课堂环境下的教学更具开放性和创新性。当各类智能设备进入课堂后,师生、生生之间的交互关系更强,而设备的自适应学习也使它成为一个"懂得"使用者的智能终端。智能终端可以为学生提供学习行为数据的收集和分析、优质资源的汇聚和个性化推送、学生多维度的综合分析等多种服务,为学生开展研究性学习提供智能化指导。

另一方面,VR/AR等技术让学习场景更加接近现实,可以模拟高风险的化学和物理实验,模拟高成本的车辆拆装、飞机驾驶、手术等,可用于教学培训。物联网等实验型设备通过记录和查看学生的实验流程和实验效果等,为学生进行定制化指导教学。因此,以智慧课堂环境为基础的教育将拥有前所未有的智慧。

四、高可用

智慧课堂环境下,智能设备的效果受制于网络的连接质量,一旦出现断网、网络信号差等情况,所有智能设备将受到极大影响。在教与学环境中,迫切的教学需求,对智慧课堂中的智能终端提出了更高要求。当前很多的智能终端具备独立的智能计算、知识图谱、机器学习、自适应交互等功能,凭借其高效能、低延时等特点加强教与学过程中的瞬时、无网体验感。这样,在断网的情况下,正常教学活动不受影响,智能终端仍能够支持教师进行教学活动,支持学习者作答题目、完成作业等。因此,智慧课堂环境下的学生和教师将不受网络限制,可以在任何时间、任何地点实现教与学。

五、高体验

智慧课堂环境下，智能设备及应用更符合教师的教学习惯和学生的学习习惯，操作上更简捷、更易理解。它们具备交互能力，可以理解人类语言，能根据教学场景、学习场景、学生的学习兴趣以及学习行为、时间等智能推送适合的教学和学习内容，并能及时给予反馈，成为教师和学生的助手。因此，智慧课堂环境下的数字化教育资源更加丰富，学习方式更加多样，学习也更方便、更智能，每位学习者都能根据自身成长需要，随时随地获得最合适的教育，实现人人皆学、处处能学、时时可学。

问题二：如何构建智慧课堂的网络基础环境？

完善的技术环境部署是构建智慧课堂环境、实现智慧课堂应用的基础，强大的网络基础是课堂环境部署的保障，为了支撑智能化环境下的技术部署，构建网络基础环境可以考虑如下措施。

一、构建智能组网环境

网络设施部署中最重要的是对网络的部署，只需将网络部署在教室，无须学校提供专业机房，无须重新进行网络环境搭建，只需要通过自动触发节点，即可进行智慧课堂智能组网上课。部署方式是按照"互联网—校园网—端设备—移动网络"的模式，实现自动连接，各个网络即可进行数据传输。

学生在进入课堂后，打开智能终端，通过网络与云端进行连接，不需要输入无线密码即可直接连入网络。课堂上教师和学生互动时，学生的数据会通过网络实时反馈给教师，教师可以随时了解学生的学习情况。

网络设施可以内集成 4G/5G 卡。当学校网络被中断时，4G/5G 网智能启动。通过 4G/5G 网络辐射，可以确保教师和学生之间的互动不间断，以此来保证学校在停网状态下教学不中断，停网不停学，真正实现智慧课堂的常态化应用。

智能组网的网络设施可以利用边缘计算的方法，以校为单位，以班级为整体，通过在班级内布置物理计算节点设备，打造新形态的智慧课堂环境。它不但解决了通过私有服务器搭建技术部署环境造成的维护成本过高和管理难度过大的问题，而且杜绝了云部署模式下由于高并发量带来的网络延迟，从而避免了课堂教学无法连贯使用的情况。

二、构建智能缓存环境

网络设施可以具备缓存的功能，教师可以在任何场所进行备课，只需提前将备好的资源发布。备课信息会从云端缓存到"网络设施",上课的时候直接调用即可,减缓了网络带宽的压力,规避了网络不稳定或者断网带来的风险,保证了课堂教学的效率。同时,学生的使用数据会与云端进行实时动态交互,云端对学生进行学情分析后,将个性化的学习资料通过智能缓存推送至学生的学习终端。

问题三:如何构建智慧课堂的云环境?

云计算是分布式计算的一种,指的是通过网络"云"将巨大的数据计算处理程序分解成无数个小程序,然后多部服务器组成的系统进行处理和分析,得到结果并返回给用户。云计算可以在很短的时间内完成对大量数据的处理,提供强大的网络服务。云计算具有很强的扩展性,用户通过网络就可以获取无限的资源,同时获取的资源不受时间和空间的限制。

当前,云计算正处于快速发展阶段,产业创新不断涌现。云计算在教育领域中的应用称为"教育云",是教育信息化的基础架构,包括了教育信息化所必需的一切硬件计算资源,为教育领域提供云服务。智慧教育云以学生为中心,将人工智能、大数据等新一代信息技术与教育深度融合,构建智慧课堂环境,在数据和内容层面打通角色间沟通的渠道,为教育行业的相关角色提供定制化教育云服务。智慧教育云在智慧课堂环境的建设中,为教师、学生、家长和教育管理部门提供更全面的教育服务,助力智慧课堂更加完善。

一、构建支持教师需求的云环境

在信息化时代,各种信息技术被应用于教育教学中,使得教学具有资源全球化、教学内容媒体化、教学方式多样化及教学环境虚拟化等特点。技术的加持对教师的高效教学提出了更高的要求,如何在众多的资源中搜集适用的资源进行备课?如何及时给予反馈?如何对教学效果和学习效果进行过程性评价并采取适当措施?如何在教学过程中创造新的、适切性的教学方法,等等,成为对教师教学的新要求。

教师的工作亟需科技力量加持,用智能推送教学资源代替大海捞针式的搜索,用智能批阅代替人工重复性批改,用大数据及时评价代替以考试成绩为代表的阶段性评价。如此,将教师从繁重的重复性劳动中解放出来,才能利用更多精力探索新的教学方法。

1. 智能推送

传统教学过程中,教师需要花费大量的时间来收集优质的教学资源,但仅仅依靠书本太过局限,而互联网上庞大的数据资源又无法确保安全性和适用性。现阶段,教学资源已经从匮乏过渡到了极大丰富阶段。在教育资源方面，教育者和学习者目前所面临的主要困境已经不再是没有资源可用，而是如何筛选和获得精品资源、适切性的资源。

智能推送，是人工智能时代背景下资源精准流转的方式。通过数据分析与模型建立，进行课程资源的智能推送，教师可在个人空间内及时获取学生的学情报告，根据学生的知识点掌握情况，调整备课内容。数字化资源的流转，让教师在课前直接获得适合自己教学风格且对学生有针对性的教学内容，这大大减少了教师寻找资源的时间，从而提高备课效率。

教师可以在智慧教育云中备课，生成包括课件、同步习题、教学资料等课程资源，发布的课程资源将保存在智慧教育云平台中，教师上课时，只需选择课程，即可开始上课。

2. 智能批阅

作业批阅是备课、上课之外的又一个基础环节，是课堂教学的延续，也是教学过程的重要组成部分，且占据了教师大量的时间和精力。传统作业批阅的滞后性，更使得在课堂中，学生有问题，没有时间讨论，造成学习问题在一定程度上的积压，教师不能及时发现并解决问题，学生的知识体系就会出现漏洞。

智慧教育云具备智能批阅的功能。基于大数据技术，实现选择、填空、判断以及简答等题型的智能批阅。在课堂练习中，教师可实时查看学生的答题结果、作答进度等，关注到每位学生的学习情况，做到当堂问题，当堂解决。在课前预习及课后作业的批改中，更是大大减少了教师的工作量，节约了教师的时间，提高了教师的工作效率。同时，批改结果实时反馈给学生，实现师生的实时互动，极大地缩小了问题积压的可能性。

3. 智能学情分析

传统教学过程中，教师的大部分精力被搜索教学资源和批改作业占用，教师很难有时间进行学情分析，这就导致备教材、备经验成为教师备课的主流。在课上，知识讲授占用了大部分时间，教师无暇顾及个别学生的学习情况，个性化教学难以实现。

在大数据分析技术的帮助下，智能备课和智能批阅的实现，使教师得以解放，教师可以投入更多时间用于学情分析等教学研究。通过抓取学生课前、课中和课后不同场景的学习数据，学生的全过程学习情况会被完整地记录下来，并实时反馈给教师。

根据学情数据，教师有针对性地备课，进行教学内容、教学策略的调整，以更加适配的课程内容进行教学。在大数据技术的帮助下，教师可以及时获得学生的学科认知程度，并根据学情数据准备重点、难点的讲解，及时调整教学策略。依据数据备课，让教师真正从"备知识"过渡到"备学生"的阶段。

举个例子，利川市思源实验学校根据学习数据，促进教师精准教学。教师在课堂上重点解决大部分同学在学习中暴露出的问题。知识点讲解完成后，教师可立即发布测试题，并能即时收到当堂小测的学情数据。

二、构建支持学生需求的云环境

近年来，国家从战略层面指出要为学习者"构建智慧学习支持环境"，大力推进智慧教育，开展以学习者为中心的智慧化教学支持环境建设，推动新技术在教育教学等方面的全流程应用。

智慧教育云为学生提供了智慧课堂环境，它是一个智慧化的学习空间，能够根据学生的学习情况，识别学生的知识薄弱点，并为其挑选最适合的学习内容和学习任务进行智能推送。智慧教育云构建的学习环境，适用于任何一种场合的学习，学生在这种学习环境中拥有充分的自由，它既支持学生的自主学习，又支持学生随时随地的学习。

智慧教育云环境下，通过大数据技术为每位学习者都生成了学习者画像，让更多教育资源得以集中，同时其所创造的双向反馈机制，让我们更能了解"学生自己想要学什么"，在学生"应该学什么"和"渴望学什么"之间建立标准，关注学生的自身发展。

智慧教育云和大数据分析技术在教育领域的广泛应用，能够做到让每位学生都拥有适合自己的学习方式。通过智慧教育云收录学生课前、课中、课后的全场景学习行为数据，通过后台的智能算法进行分析，计算出学生适合使用哪种方式学习，为学生画出一幅属于他个人的学习者画像。教师可以根据数据画像，为学生选择适配的学习内容，如微课、习题、动画或公开课等学习资料，供学生进行学习。在课后，智慧教育云也会根据学生的学习轨迹智能推送适合他的学习资源。从此，学生可以在全流程的学习中采用最适合自己的学习方式，达到事半功倍的效果。

智慧教育云还存储了海量的阅读资源，为学生的智慧阅读提供服务。智慧教育云可以在智能终端上呈现，学生通过智能终端就能实现听说读写。智能终端支持阅读中的听、说、读、写。学生可以通过智能终端跟读文章，其带有的智能识别功能可以为学生语文、外语的口语测评提供评价服务，并给予学生指导。

智慧教育云全程记录学生的学习轨迹和学习行为，生成动态数据信息，通过大数据分析技术，诊断学习者的特征，快速计算并匹配学生需求，为学生智能推送个性化的学习资源；同时，服务到学生空间，生成学情诊断和可视化学习评价报告，帮助学生根据自身的特性选择不同的学习路径，抵达学习终点，实现个性化学习。

举个例子，山东省邹平市双语学校利用智慧教育云为学生的自主学习提供了网络学习环境。海量的学习资源为学生的自主学习提供了内容基础，学生可以依自己的学习兴趣在学习空间查找学习资源，根据自己的学习情况找到适合的学习资源。智慧教育云为学生自由选择学习方式和学习内容提供参考依据，从而让学生能够找到适合自己的学习方式和学习步调，提高学习兴趣和学习质量。

三、构建支持家长需求的云环境

家长在整个教育过程中发挥着极其重要的作用。新的学习环境下，家长对孩子的教育认识和关注度越来越高，家长对孩子学习情况的了解仍然有限，家校的沟通仍然浮于表面。

智慧教育云为家校沟通搭建了一个更便捷的信息平台，将学生的学情数据，例如知识点掌握情况、学习日报、学习时间等多方面信息记录下来分析、汇总，形成详细的学情报告，推送至家长手机中，家长通过手机端就可以清楚地了解孩子的学习状况、发展轨迹。

家长对孩子在校内和校外的学习情况一目了然，从而有效地督促孩子进行自主学习，家长真正走近学校，走近教师，缩短了家校之间的距离，提升了学校教育的实效性，为架起家校之间沟通的桥梁打下了坚实的基础，从而真正实现家校共育。

四、构建支持教育政策的云环境

近年来，教育领域大力推进"三通两平台"建设，学校网络教学环境大幅改善，中小学教师信息技术应用能力显著提高，优质教育资源得以共享，教育教学质量实现持续提升。在全面加快教育信息化的进程中，如何利用教育信息化这一重要因素进一步推动教育均衡化、现代化，成为教育领域的一个重要课题。

俞敏洪在《行走的人生》中提到，"教育普及在中国已经做到了，但是普及所带来的结果，是教育的极其不平等"，这样的结果跟中国经济发展的平衡是有重大关系的。因此，他认为，义务教育普及阶段最亟待解决的是教育均衡发展的问题。深入推进义务教育均衡发展的总体目标就是办好每一所学校，促进每一位学生的健康成长。

具体地说，就是要让每一所学校符合国家办学标准，教育资源满足学校教育教学需求，开办国家规定课程，办学经费得到保障。智慧教育云促进了教育资源的优化配置，使教师更易获得优质的教育资源，使每位学生都能享受全国各种优质的学习资源和教育服务。

教育教学上，基于人工智能和大数据分析，智慧教育云对产生的教学全场景数据进行实时、有效地采集和存储、分析与处理。从数据中发现问题，以此来根据问题"对症施治"，无论是教师教学还是学生学习，效率和效果都将得到提升，数据分析让教育决策具备科学的判断依据。

问题四：如何构建智慧课堂的系统环境？

在基于人工智能、物联网、大数据、云计算等技术的智慧课堂环境构建中，我们除了要为教师和学生提供丰富的、多样化的、适宜的学习资源支持外，还需要为教师和学生提供或选择能够帮助和促进其进行学习资源的获取、推送，学习数据的采集、编辑、分析等加工过程的教学软件及智能终端的系统环境。

教学软件和智能终端的系统环境是接入访问的信息门户，访问者通过统一认证的平台门户，以各种浏览器及移动终端安全访问，共享云平台服务和资源，随时随地掌控智慧课堂环境的运行状态。教学、学习等教学软件及智能终端作为智慧课堂的主要"入口"，对解决教师、学生等参与角色的问题，对改变教育的每个环节起到至关重要的作用。那么我们又应该如何来构建呢？

一、构建教学软件环境

1. 支持数字资源流转

现在，很多终端涵盖的教材版本齐全，并可根据学校使用的教材版本及学科需求定制开发。同时，它也内置海量课程教学内容，资源类型丰富，涵盖课堂练习、配套练习等多元化优质资源，以及纸质教材的电子化，即点即读。海量内置资源的堆砌，不但没有减轻师生的负担，反而加大了师生筛选所需资源的难度，加重了师生的教学负担。

智能软件应用于教与学全过程，充分利用智能终端与智慧教育云的无缝接入参与教学活动。教师可通过自主上传自己制作的内容，实现资源的共享与流转。海量电子化资源流转并汇聚到一起，内置系统过滤掉陈旧、重复的内容，筛选出高质量的教学资源，沉淀到平台构成资源库。

资源库可以通过对课前、课中、课后的全流程，全场景，全学段的数据汇总、分析，将适合的内容精准匹配给所需用户。因此，这套系统一定不是各种系统堆砌的集成化系统，它一定是拥有标准化的知识和内容，打破了信息壁垒，让信息与数据在系统内自由流转形成的一套专业定制系统。它使资源平台内容可以被高效使用，实现教与学、资源与资源、资源与人、师与生的学习联通。

2. 支持教育大数据分析

电子化资源和教育大数据分析是实现数据和技术驱动教学的基础。如果没有教育大数据分析，我们现在使用的终端将仍然像电子书包一样，学生可接收教师发布的作业在线答题，并回传给教师。没有智能批改，没有数据收集，没有数据分析，没有画像生成，仅仅作为分发作业和收集作业的另外一种工具而存在，将纸质作业变成了电子作业而已。因此，智能终端的软件必须具备大数据分析的功能，将数据收集、分析后形成学习者画像，为内容的智能匹配提供助力。

3. 支持自适应学习

传统的教学将学习内容切割成块，内容块之间的关联较为简单，整体形成一条平面路径，所有学生基本按照同样的路径来学习，学习路径缺乏逻辑。智能化时代的软件将学习内容切割成点，内容点之间的关联较为复杂，整体构成一个立体网络，每位学生都可以按照自己的路径来学习，学习路径可以调整。人工智能自适应学习系统旨在聚集并量化优秀教师的宝贵经验，以数据和技术来驱动教学，最大化地减小教师水平的差异，提高整体教学效率和效果。

"搜集大数据——构建学习模型——输出学习建议"是基于人工智能自适应学习的基本步骤。学习模型的构建过程非常复杂，通俗来说，它是在"借鉴"人类大脑的思考过程，通过成千上万个函数点互相传导信息，从千丝万缕的函数嵌套关系中找出学习规则，并不断进化模型。根据模型为学生自动匹配学习内容（如一段教学视频、一道练习题），用来测评学生是否掌握学习材料的标准，以及学习内容的推送顺序，从而减轻课业负担，提高学生的学习效率。

二、构建智能终端环境

智慧课堂可记录课堂教育大数据，并通过教学分析来指导师生。课前、课中、课后数据的全面采集为教育大数据的精准分析提供基础，而这些都离不开智能终端。智能终端作为智慧课堂环境的一部分，既是操作系统和软件应用的载体，又是实现教学应用数据、需求反馈及问题诊断等数据通路的必备工具。

1. 教师智能终端

教师智能终端出现之前，教师通常使用台式计算机或者笔记本电脑等终端来登录教师空间进行备课、教学及作业批改等。但是因其不方便携带也决定了教师的备课、授课及作业批改必然受到时间及地点等的限制。

教师智能终端充分发挥资源无边界和教学无时限的优势，使得随时随地的备课、作业批改成为可能，逐步成为推动课堂教学改革的重要工具。在智慧化的教学环境下，教师不但可以走下讲台，及时发现问题，还能为更好的分组式、分层式以及互助式教学服务。同时，可以彻底打破学校的时间和空间局限性，通过无处不在的网络在课前、课中、课后营造一种无缝连通的教学空间，在任意时间、任意地点与学生开展多种形式的互动，对学生的薄弱知识点进行有针对性的加强，给予更加高效、个性化的教学指导，显著提升学习效果。这些在传统教室环境下难以做到的事情，通过教师智能终端更好地实现。

在日常的课堂教学中，教学终端与教室白板或一体机的同步展示是通过屏幕进行的。当教师调用内容时，会同步展示给学生，但往往有一部分内容没必要让学生看到，或者需要在适合的时机才对学生可见，这在之前的教学中很难实现，也大大影响了教学效果。

在习题讲解的过程中，有些内容需要对学生选择性可见。首先，我们需要将题目公布给学生，此时答案只需要对教师可见。在全部学生作答完成后，教师可根据需要自行选择是否对学生展示答案。

此外，教师可根据学生的作答结果选取具有代表性的答案分享给学生，进行试题解析，开展协作探究式的教学，从而强化学生的思维能力和自主解决问题的能力。

2. 学生智能终端

纸笔是学生学习的主流工具，"听说读写"中的"写"是学生在任何学段、任何学科都离不开的日常学习环节，国家也对提高中小学生听说读写能力提出了明确的要求，《国家语言文字事业"十三五"发展规划》强调，"加强中小学普通话口语、规范汉字书写、阅读写作及语言文字规范标准等方面的教育教学，提高中小学生国家通用语言文字听说读写能力"。

纸笔书写可以作为智慧课堂的基础，衔接课前导学、课上练习、课后作业巩固，尊重教与学习惯，尊重学生的纸笔书写习惯，同时配合学生保留电子版和纸质版资料，精准复习。还可避免提笔忘字的问题出现，以免影响学生考试发挥。另外，有研究发现，使用纸笔书写方式来记笔记，与使用电脑打字记录相比，对学到的知识记忆更长时间，更容易接受新想法，并且能够更好地捕捉自己的思维。

实际上，学生利用电子产品通过网络学习是一把双刃剑，使用得当可以帮助学生增长知识、开阔眼界，若使用不当，轻则会因耗时玩游戏、看视频、聊天等荒废学业，重则陷入网络世界无法自拔，网瘾成疾，所以在学生未形成完整的价值观、养成自控能力之前，安全的上网环境是必不可少的。

为了给学生创造一个绿色、安全的网络学习环境，就必须从根本上杜绝一切非学习类信息的干扰，专业的设备做专业的事情。通过对底层系统进行管理，从底层的操作系统注入学习的基因，摒弃一切游戏化、社交化的功能，为学生定制一个去娱乐化、去社交化、封闭、高效的学习环境，让学生集中精力，更加专注于学习。

当然，学生智能终端可以最大程度地压缩学生的课外学习时间，减轻学习负担，让学生拥有更多户外运动和在大自然中放松远眺的机会，这在一定程度上能缓解智能终端对学生视力产生的影响。

举例来看，北京密云的部分学校在使用智慧课堂后，学生的作业负担大大减轻，现在的作业量只有原来的三分之一，学生有更多的时间参加户外活动，这对缓解眼部疲劳、预防近视起到了非常积极的作用。同时，智能终端以技术手段弱化、过滤掉有害光源，从根源上解决智能终端对学生眼睛的伤害。智能感知技术的出现，使得对学生的用眼距离及时间进行识别与自动提示成为可能。学生阅读和书写姿态的及时纠正，可大大减轻电子屏幕对视力的伤害，这也是目前学习终端最常见的减轻视力伤害的方式。

问题五：如何构建智慧课堂的数据环境？

智慧课堂数据环境的构建一般包括三个方面：学习者数据，学习过程数据，学习平台数据。

一、构建智慧课堂学习者数据环境

学习者由于成长环境、个人体质、时间节律、行为能力等的不同，会有学习偏好时间、学习习惯等的不同，一般地，我们可以从学习者描述、学习历史、学习过程、学习风格和学习结果这几个维度去分析学习者。

1. 学习者描述

学习者描述主要记录学习者的基本信息，包括学号、姓名、性别、年龄等。学习者描述存储了学习者的基本信息，以便于学习平台分辨不同的学习者。这些信息在整个在线学习过程中不会改变。

2. 学习历史

学习历史是学习者以前的学习经历，具体包括学习日期、课程名称和学习结果等。

3. 学习过程

学习过程具体包括课程编号、访问的教学活动、学习的起止时间、浏览时长、尝试的次数等。学习者的任何在线学习行为都会有学习记录，这些数据反映了学习者获取知识或测试评价的过程，从而使教师能够掌握每位学习者的学习情况，并给予个性化指导。

4. 学习风格

学习风格是学习者在学习上获取和处理信息的不同模式、特性以及喜好的方法。根据学生对信息的接收和处理方法的不同，教师针对不同的学习风格可以采取不同的教学风格，即教学方式符合学生接收和处理信息的方式，从而降低学生的习得成本。

5. 学习结果

学习结果是学习者本课程的学习结果记录，包括过程性评价、形成性评价和综合评价等。每门课程的学习结果都会被记录下来，以指导以后的学习。

二、构建智慧课堂学习过程数据环境

学习过程是学习的核心部分，学习者通过学习过程实现智慧课堂的学习。通过对学习

过程的分析可以得知学习者的学习规律，对学习者的在线学习做出更好的支持。智慧课堂平台中的学习模块一般包括公告、课件、作业、测试、讨论、课堂和分组学习等，学习者在智慧课堂的学习过程数据基本在这些学习模块中采集和实现。

三、构建智慧课堂学习平台数据环境

为满足学习者的需求，不仅需要学习者自身掌握多种网络学习技能，提高信息素养，也要提供适合学习者的智慧课堂学习平台。目前国内已有许多智慧课堂学习平台。这些平台为智慧课堂学习提供了一定的支持作用，但是也或多或少存在一些问题，可以归纳为以下两个方面：第一，网络化学习资源组织形式单一，没有通过教育大数据提供分析，将学习者的需要与实践充分结合；第二，在学习方式上，以学生的自主学习为主，忽略教师的引领和指导作用。

智慧课堂学习平台的发展方向是多种服务集成式和一站式。学习平台提供学习工具、学习环境、学习资源和评估机制等学习支持服务，可以保障学习者从登录学习平台开始，所有学习活动都在平台上完成。学习者在平台上的所有学习活动将被存储在数据库中，数据库信息将被导入到学习行为数据挖掘系统中，就可以得到所有学习行为的可视化报告和统计数据。

当前，智慧课堂学习平台功能模块主要有用户管理、课程管理、课程组织、资源管理、协作交流功能、协同功能、作业系统等。对学习平台功能的分析主要包括功能整体应用情况，个体功能应用情况，功能模块的应用效率，功能模块整体对网络学习的影响，个体功能对网络学习的影响以及功能之间的关系分析等。其中应用情况数据包括应用人数、次数、时间、效果以及与其他功能的关系等。在这些数据分析的基础上，最重要的是智慧课堂学习平台功能与学习路径的关系，探索学习平台功能布局是否会对学习路径产生影响，以及影响的程度。通过数据分析，寻找最大限度地支持学习的平台功能、学习工具的布局与排放规则，为在线学习者和教师提供最个性化和最人性化的网络学习体验。

本章内容小结

本章我们梳理了智慧课堂环境的内涵及其基本特征（知识检查点2-1），并且总结了如何建构智慧课堂的网络基础环境、云环境、系统环境以及数据环境（能力里程碑2-1、2-2、2-3、2-4）。

本章内容的思维导图如图2-1所示。

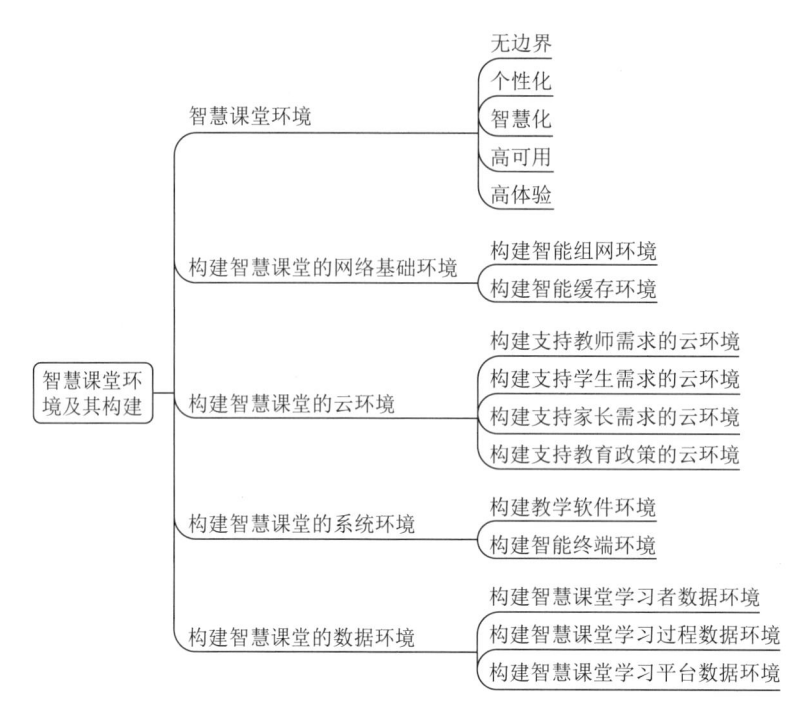

```
                                          ┌─ 无边界
                                          ├─ 个性化
                         ┌─ 智慧课堂环境 ──┼─ 智慧化
                         │                ├─ 高可用
                         │                └─ 高体验
                         │
                         │                                  ┌─ 构建智能组网环境
                         ├─ 构建智慧课堂的网络基础环境 ─────┤
                         │                                  └─ 构建智能缓存环境
                         │
                         │                          ┌─ 构建支持教师需求的云环境
智慧课堂环境 ────────────┤                          ├─ 构建支持学生需求的云环境
及其构建                 ├─ 构建智慧课堂的云环境 ───┤
                         │                          ├─ 构建支持家长需求的云环境
                         │                          └─ 构建支持教育政策的云环境
                         │
                         │                              ┌─ 构建教学软件环境
                         ├─ 构建智慧课堂的系统环境 ─────┤
                         │                              └─ 构建智能终端环境
                         │
                         │                              ┌─ 构建智慧课堂学习者数据环境
                         └─ 构建智慧课堂的数据环境 ─────┼─ 构建智慧课堂学习过程数据环境
                                                        └─ 构建智慧课堂学习平台数据环境
```

图 2-1　思维导图

自主活动：智慧课堂环境的基本特征

请学习者在学习完本章内容后，进行自我反思，并记录个人学习心得。

小组活动：如何从网络基础环境、云环境、系统环境以及数据环境四个方面构建智慧课堂

请学习者围绕本章的学习主题进行组内交流，并做好小组学习记录。

评价活动：评价本章知识与能力学习水平

一、名词解释

智慧课堂环境（知识检查点 2-1）

二、简述题

你觉得智慧课堂环境是什么？请说一说你对智慧课堂环境的理解，并对其做出阐述（知识检查点 2-1）。

三、实践项目

选择当前学校在智慧课堂建设中的一个问题,按照智慧课堂环境基本特征,厘清学校现有智慧课堂环境的智慧程度,规划智慧课堂环境的建设(知识检查点 2-1;能力里程碑 2-1、2-2、2-3、2-4)。

第三章 智慧课堂的数字教育资源及其应用

本章学习目标：

在本章的学习中，要努力达到如下目标：
- ◆ 了解数字教育资源及其主要特征（知识检查点 3-1）。
- ◆ 了解数字教育资源的建设方式（知识检查点 3-2）。
- ◆ 掌握数字教育资源的分类（能力里程碑 3-1）。
- ◆ 掌握在智慧课堂中数字教育资源的使用（能力里程碑 3-2）。
- ◆ 掌握在智慧课堂中数字资源教育数据的使用（能力里程碑 3-3）。

本章核心问题

什么是智慧课堂数字教育资源？智慧课堂环境下，数字教育资源应如何建设？在智慧课堂中如何使用数字教育资源和数字资源教育数据？

本章内容结构

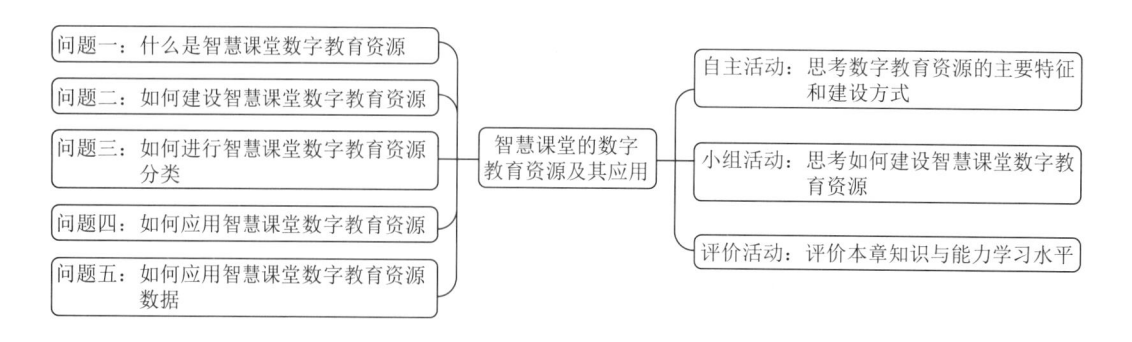

- 问题一：什么是智慧课堂数字教育资源
- 问题二：如何建设智慧课堂数字教育资源
- 问题三：如何进行智慧课堂数字教育资源分类
- 问题四：如何应用智慧课堂数字教育资源
- 问题五：如何应用智慧课堂数字教育资源数据

智慧课堂的数字教育资源及其应用
- 自主活动：思考数字教育资源的主要特征和建设方式
- 小组活动：思考如何建设智慧课堂数字教育资源
- 评价活动：评价本章知识与能力学习水平

引 言

数字教育资源在智慧课堂中的运用，不仅给各学科的教育教学提供了空前的便利与支持，同时也给教与学带来了拓展空间。数字教育资源在微观知识宏观化、抽象知识具体化、危险实验安全化等方面，为优化教学提供了帮助，在激发学生学习兴趣、培养学生思维方面起到了积极的促进作用。全国所进行的"三通两平台"工程（即宽带网络校校通、优质资源班班通、网络学习空间人人通、教育资源公共服务平台和教育管理公共服务平台）建设和教育信息化2.0建设的重点内容都包括数字教育资源的建设工作。

数字教育资源是基于学科知识体系建设的。学科知识体系的搭建，是以学科基础知识为基础，依据教育部教学大纲、各地区考纲呈现重难点等内容，系统、全面地创建适合各学龄段、各学习阶段学生的完整知识体系。创建各类知识体系及其数字教育资源，有助于学生将所学知识融会贯通，创造性地解决各类问题。

不论是在哪个学科、哪个学段，学生所要学习的知识都是一个巨大、庞杂的知识库，每一部分内容在不同的学段都会有不同的要求，这就需要从大量的知识中提取出学生最需要的部分。所以合理、完整的知识体系的建立及归纳，是数字教育资源建设的基础，对师生来说是非常重要的。就教师而言，要明确教学目标和落脚点，要知道"教什么"，还要知道"如何高效地教"。教师可以根据知识体系加强对知识轮廓的认识、对知识体系中逻辑框架关系的理解、对核心问题的把握，也可以结合学科重难点及学生学习数据判断学生的掌握情况，从而合理安排教学活动。就学生而言，基于学科知识体系的数字教育资源可以帮助学生快速地明确要学习的内容，使学生根据自己的课堂学习情况进行多方位的复习巩固，从而提高其自身的学习效率和学习积极性。

问题一：什么是智慧课堂数字教育资源？

一、数字教育资源的概念

数字教育资源是指教育教学使用的数字化资源，一般包括图片、音视频文件、文档为主的素材类资源，也包括以工具、软件、系统为主的应用类资源。在国家教育资源公共服务平台中，数字教育资源分为教学素材、教学课件、网络课程、虚拟仿真系统、教育游戏、教学案例、数字图书、数字教材、教学工具、学习网站十大类。

数字教育资源的基本属性包括资源所属的学科、教材章节、知识点、难易度、长度、推荐使用场景等。目前，我国互联网资源的海量特性，以及各个资源供应平台技术标准不统一，优质资源共享困难，使教师和学生在查找和选择资源时耗时耗力。在智慧课堂环境下，数字教育资源一般还具备智能推送的属性，为教师和学生的增效减负提供了有效服务。

二、数字教育资源的主要特点

在智能时代,数字教育资源主要呈现多样性、开放性、共享性和智能性的特点。

1. 多样性

与传统资源相比,数字教育资源可以来源于教师、学校、专家、教授、国家教育资源公共服务平台、教育科技公司、在线教育机构等。当然,数字教育资源还具备内容和形式上的多样性。

2. 开放性

《教育信息化 2.0 行动计划》中提到,数字教育资源"从教育专用资源向教育大资源转变",这样可以促使学习者获得多种渠道的无缝学习体验。互联网、云计算为数字教育资源提供了开放环境,使学习者能够免费复制、重组资源,没有任何障碍地获取数字教育资源。可见,数字教育资源的开放性在消除人口、经济和地理因素所造成的界限,促进终身学习和个性化学习等方面具有积极作用。

3. 共享性

互联网等信息技术使学校间、教师间、师生间的物理空间被打破,促使数字教育资源更加开放。学习者通过网络可随时与外界进行经验和资源的交流,数字教育资源的多样性和丰富性促使教师、学校及教育机构更愿意共享教育资源,以此提高自身的教育质量。

4. 智能性

互联网、云计算等信息技术为数字教育资源的存储与共享提供了载体,人工智能、教育大数据等技术为数字教育资源的智能推送提供了技术支持。智慧课堂环境为数字教育资源的推送进行了智能化重构,为学习者推送个性化的课程资源,同时减少了获取资源的时间成本。

三、数字教育资源的建设方式

目前,教育者和学习者在教育资源方面面临的主要困境已经不再是没有资源可用,而是如何筛选精品资源和适切性的资源,如何构建资源的可进化、可共建、可共享,满足学习者随时随地的学习需要,以及资源与知识的转化关系等是数字教育资源建设关注的重点。目前,数字教育资源的建设方式主要有以下三种。

1. 互联网资源

互联网资源是通过搜索引擎的检索功能所得到的信息,互联网资源具有信息的时效性、内容的广泛性、访问的快捷性和资源的动态性等特点，具有成长性、自治性、多样性等自然特性，是世界上最大的信息载体。目前，除国家教育资源公共服务平台外，中央电化教育馆、各省市教育主管部门都已有或正在建设本区域的教育资源平台。各大社会组织正在积极投入数字教育资源建设，为教育资源提供新的数字资源供给。

2. 校本资源

校本资源库指的是由学校组织和规划，由学校师生共同建设和维护，满足学校师生对教育资源的需求，通过整合或转化一切可以得到的教育资源而建设的、能适用于该校教育教学活动的教学支持系统，是一个人人知晓、人人会用、人人会建的本土化数字教育资源库。

"三通两平台"的建设，为学校建设数字校本资源库提供了网络环境。大部分学校主要以独立部署的资源库为主，由学校建设简单的服务器。资源的供给方式有两种，一种是组织本校教师生产资源，完成学校的校本资源数字化及小规模的积累；另一种是由教育局统一建设，满足当时教育信息化发展过程中的多媒体资源的建设与使用需求。

学校在建设校本资源平台时，往往忽视资源开发、共享与推送的问题。数字资源平台具有多样性和复杂性，在资源开发行为规范、制作内容要求、管理功能等方面造成了标准的不统一，致使资源库缺乏对原始数据标准的支持，最终导致平台整体效率低，资源质量达不到期望值等。

3. 用户生产内容资源

UGC（User Generated Content）即用户生产内容。UGC 的概念最早起源于互联网领域，即用户将自己原创的内容通过互联网平台进行展示或者提供给其他用户。UGC 是伴随着以个性化为主要特点的 Web 2.0 概念而兴起的，它并不是某一种具体的业务，而是一种用户使用互联网的新方式，即由原来的以下载为主变成下载和上传并行。

在教育行业，世界各地的教师每时每刻都在用自己的聪明才智创造教学内容，确保学生从中受益。在此过程中，每一次课程设计的撰写与组织，都是教学内容的诞生与沉淀；每一次课堂教学的经验与感悟，都是解决学生典型问题的重要依据；每一次经典案例的引用与借鉴，都是对教学内容的肯定与再一次的锤炼、升华。如果这些来自教育一线的高价值内容只是存储于教师的个人电脑中，很容易造成优质教学资源的流失。

然而，UGC 模式的产生，让这些优质的教学资源不再只停留于个体的认知，而是基于先进的技术参与到知识的分享与推送过程中，从而被更广泛地利用，并以更快的速度参与到"内容生产—广泛引用—教学实践—锤炼升华"的应用闭环中，最终打磨出优质的数字教育资源，从而服务于更多的教育工作者和学习者。

UGC 模式在教育领域的应用，让更全面、更多样、更实用的教与学内容从教与学过程中自然诞生和实时推送，赋予教育生态自循环的动力，并贯穿于教学中的各个场景，为互联网时代的智慧教育输送更多资源。

基于UGC灵活的数字化资源构建，越来越多的教学内容推送到教学平台中。UGC的优势是用户可以自由上传内容，操作简单、及时。不但给教师带来了良好的体验，同时也丰富了资源库的数量。在用户生产内容方面，UGC功不可没，但不利的方面在于上传方式过于粗犷，资源质量参差不齐。

4. 专业生产内容资源

PGC（Professional Generated Content），即专业生产内容、专家生产内容。在数字教育资源的建设上，PGC资源是基于知识推送最优质、最适合的资源。

UGC资源的建设模式初步解决了资源"从无到多、从固化到可推送"的问题，而PGC将解决资源"从多到精、精准智能推送"的问题。利用PGC生产的教育资源更精细、更科学、更权威，在内容设置和分类上更专业，资源质量上也更加有保障，这也是资源建设方面又一个阶段性升级。

PGC资源建设模式下，教师是专业课程内容的生产者。在生产过程中，基于自身教学特点和资源需求创造标准化的知识和内容；基于资源标准的标签体系打通资源孤岛，让所有资源在平台进行推送；基于大数据算法形成可匹配的数据，根据用户需要智能推送个性化的教育资源。

优质的教育资源是建设优质资源库的重要基础，由于学校间、区域间相对独立，教师之间缺乏交流，导致相互交换优质资源、引用优质资源困难。

只有教师间、学校间、区域间的优质资源互相推送，才能促进资源库质量的提升，才能为教育资源匮乏地区提供帮助，促进教育均衡发展。

问题二：如何建设智慧课堂数字教育资源？

一、数字教育资源的创建

资源是在教学中所需要的学习资源，是师生之间进行教与学活动的基础，支持智慧课堂中教师课前、课中、课后不同教学场景所需要的资源，也是学生不依赖传统教学模式，实现自主学习的有力支持。学习资源在平台的资源库根据使用需求分类，如试题库、微课库、素材库等。资源库中的学习资源分为平台所提供的课程资源和教师根据教学需求自制和自主上传的学习资源。

二、数字教育资源的类型

数字教育资源的类型包括教案、导学案、课件、微课、试题、图片、音视频、拓展资源等与学习相关的各类资源。

1. 教案

教案用来描述如何进行一堂课的教学。通常都是教师书面上的文字，课前备课是一线教师进行教学的重要环节，在整个教学活动中占重要地位，备课的成果表现就是形成教案。

平台上的教案资源为电子教案，主要以电子文档或书面形式来表现。传统的教案往往是个人成果，教师按照对知识内容的理解，进行教学设计而形成的教案，其缺点是不能及时共享和修改，而这正是电子教案可以实现的。

2. 导学案

导学案是经教师集体研究、个人备课，再集体研讨制订的，以新课程标准为指导、以素质教育要求为目标编写的，用于引导学生自主学习、合作探究、全面发展的学习方案。它以学生为本，以"三维目标"的达成为出发点和落脚点，配合教师科学的评价，是学生学会学习、学会创新、学会合作、自主发展的路线图。

导学案的基础目标是促进学生高效地掌握知识，为后续学习奠定文化基础，高级目标是培养学生的学习能力，为学生的终身学习奠定基础。在导学案的实施中要两级目标并重使用。

3. 课件

课件是指根据教师的教案，把需要讲述的教学内容通过计算机、多媒体（视频、音频、动画）图片、文字来表述构成的课堂资源。它可以生动、形象地描述各种教学内容，调节课堂教学气氛，提高学生的学习兴趣，拓宽学生的知识视野。

课件与传统的教科书相比，它的优势在于资源的丰富性和学习的自主性。课件的内容非常丰富，包括课本、教案、练习、自测、参考书籍和相关案例等，就像一个小型图书馆，给学生的学习带来了极大的便利。

4. 微课

微课是一种新型的数字教学资源，其核心内容是课堂教学片段，相对于较宽泛的传统课堂，微课有着明显的优点。

微课的问题聚集，主题突出，更适合教师的需要。微课主要是为了突出课堂教学中某个学科知识点（如教学中的重点、难点、疑点内容），或是反映课堂中某个教学环节、教学主题等。相对于传统一节课要完成的众多教学内容，微课的内容更加精简，因此又可以称为微课堂，适用于教师的观摩、学习和反思。

微课时间较短，一般为几分钟，符合中小学生的认知特点和学习规律，教师推送微课，指导学生进行课前预习，学生自主选择需要的微课进行学习，或者基于学生以往的学习数据，由平台智能推送微课给学生，进行个性化学习。

5. 试题

试题按照其内容和来源等不同维度的标准进行标签，封入试题库，带有标签属性的试题在试题库中能够实现编辑、查询、智能组卷、分析反馈等功能。

6. 图片

图片具有直观性，学生对直接作用于感官刺激的知识更易于接受，也更感兴趣，更愿意去探索，从而让枯燥的学习变得轻松起来。

如果在教学中能恰到好处地使用图片，可使在普通情况下难以实现的学习过程直观而形象，使一些抽象难懂的知识变得易于理解，从而突破重难点，达到更好的学习效果。如在学习有关长城的课程时，利用长城的远景、近景图片，学生观看后不仅能够充分感受到长城磅礴的气势，还能较好地了解长城的构造特点，从而深刻体会到我国古代劳动人民的智慧与辛苦，民族自豪感油然而生，这就快速地突破了课程的教学重点。

教师经常使用图片，并综合声音、文字等信息制成课件，这样的备课过程势必会提高教师的计算机使用水平，为整合课程资源奠定基础。同时，数字教育资源库中资源丰富，且与教材同步，教师在备课时能有的放矢，可快捷地检索使用。

7. 音视频

音视频从听觉、视觉等方面加大对学生的刺激，使一些抽象难懂的知识变得形象、直观。将音视频与其他类型的资源配合使用，有助于学生在自主学习时理解相关知识。

8. 拓展资源

拓展资源是指能够引发学生学习兴趣的、与教学或所学知识相关的一类学习资源，类型广泛，内容丰富。故事、学科发展史、有趣的相关课外知识等都可以作为拓展资源供教学或学生自主学习使用。

三、数字教育资源选取标准

数字教育资源的选取主要考虑以下几个方面。

考虑所整合资源的教育意义，是否对学生的身心发展起到正面的促进作用，是否符合教学大纲和课程标准，是否有利于激发学生的学习动机，提高学习兴趣。

考虑所整合资源的科学性，资源的整合是否客观、科学，资源的知识性是否较强，能否为日常的教学活动提供相关参考，是否有错别字及易产生歧义的科学性错误。

考虑所整合资源的技术性，资源提供的清晰度与画面结构及课件、文本等运行的技术要求是否与现行浏览器相符。

考虑所整合资源的艺术性，主要是针对多媒体素材而言，看其表现手法的多样性、情节的生动性、构图的合理性、画面的灵活性等。

四、数字教育资源标签体系

随着信息技术的迅速发展，数字化学习平台中的学习资源在丰富整个平台的同时，"信息过载"问题越来越严重，那么如何在海量资源中获取并筛选出有价值的资源？资源标签用来识别资源的分类或内容，是有关资源的关键字词，是便于检索和定位的工具，是对某一类对象的某项特征进行的抽象分类和概括。标签除了描述资源的特征外，也将平台资源个性化推荐和资源管理联系起来。

随着互联网为师生提供的各类资源越来越多，教师和学生在学习过程中的可选资源也越来越多，但现有学习平台的学习资源有一定的复杂性。在科技与教育场景深度融合，技术为教育赋能的同时，教师、家长能够借助先进的工具更加精准地了解孩子的学习过程和学习水平，并找到孩子的问题所在，从而对症下药，这成为现代教育的首要任务。

面对这样的现状，我们需要结合大数据，利用相应的标签对学习者进行画像，对学习资源进行合理的规划。将众多资源进行筛选并分类，通过构建学习资源标签支撑精准服务，便成了一种提高教学效率和学习效率的重要工具。对教师而言，需要从众多的资源中选取自己需要的优质内容，形成自己的资源库，当然在创建自身资源库的时候，将各个资源打上相应的标签，后期通过筛选标签便可以针对不同学生的差异，选取适合不同学生的资源，从而使教学针对性更强，做到因材施教。

标签体系建立有以下优点：任何优质的教学资源都可以复用，可以在不同时间推送给不同的学生。依据标签划分出来的资源组也可进行复用，从而提高资源的利用率；在海量资源的今天，利用不同的标签将更多学习资源整合并进行个性化推送，实现个性化学习，能够更好地调动学习者的积极性，为学习者提供帮助；标签具备一定的可分类性。一个类有多个属性，任何资源都可以由多个标签或属性构成。

1. 通用标签

通用标签是对各类资源均适用的标签。通用标签主要有学科、学段、版本、分册、年、知识点、章节、重点、难点、适用层级（基础、提升、中高考）、适用对象（教师、学生）、专题、适用地区等。

2. 个性标签

个性标签是根据资源类型的差异性所呈现出的不同标签类别，主要有：试题、题型、难度等级、试卷类型、微课、音视频、方法技巧类。

3. 自定义标签

自定义标签是教师根据自己的教学习惯等自行拟定的标签，它不仅极大地调动了用户的参与程度，也为平台资源管理和个性化推送打开了新视野。自定义标签有利于对资源进行收藏，便于二次查找。教师通过筛选各类标签及标签组合，可以精准地找到相应的教学资源，从而为学生提供适合的资源。

五、数字教育资源审核

1. 资源审核的标准

资源内容审核主要根据内容的分类，从资源的可用性、时效性、主题性等来分析，根据资源内容可分为试题、试卷、微课、动画、多媒体课件、音频、视频、图片、教案、导学案等。

（1）通用标准

①命名规范合理：与资源内容相符并且明确、直观，无科学性、知识性错误。

②内容准确：内容符合现行学科教材，符合新课程标准的要求，内容不超纲，标题与实际内容一致，内容与学习相关且无知识性错误。

③与体系匹配：每一种资源都有归属，所匹配的标签必须准确，无错误匹配或者超纲匹配。

④时效性较强：最好为近五年内的资源，与现行教材配套成体系，可随着国家政策的改变、教材的变动，及时匹配新的资源，并将旧的资源及时修正。

⑤来源：非试题类资源且非原创的资源，标明是转载还是改编。

（2）试题类审核标准

①题型设置准确：每个学科都有各自的特点，所以在题型的设置上要确保题型完整。

②结构完整：包含题干、答案、解析，且答案准确，解析合理。

③内容准确：所有内容均无错别字或拼写错误，理科公式准确无误。对图片要求较高的学科，图片要清晰，并且与题目相符。

④试题的难度：难度（易、中、难）设置合理，有助于学生循序渐进地学习及巩固。

⑤中高考试题：确保试题的真实性及准确性，要标明年份、地区。

（3）课件、微课类审核标准

教学课件和微课及音视频是指根据教学需要，经过教学设计，以多种媒体表现出来，满足某一单元或知识点教与学需要的一种优质资源，教学内容明确、具体，重难点处理得当。

①内容选取：课件或者微课类内容的选取、表达和组织要能体现教学目标，引用的材料、数据符合客观事实，无文字错误，知识的针对性强。

②内容讲解：内容讲解思路清晰、结构严谨；教学方法灵活多样，切合学生实际。

③质量较高：原创作品最佳，微课录制内容清晰、无错误知识出现。采用标准的普通话（英语及民族语言版本除外）配音，英语使用标准的美式或英式英语配音，无严重方言、口音。

④界面设置：PPT或者微课的界面设置要简洁、大方。课件制作运用图像、动画、声音、文字及模拟仿真，组合要恰当，编制要合理。版面设计要规范、美观。

规范教育资源的建设，首先要把好审核关，才能真正实现优质教育资源的共享，促进教育的均衡发展。

2. 资源审核的基本原则

为使学生在现代教育背景下获得更好、更精准的线上学习资源，需要对所提供的资源进行高质量的审核。

（1）坚持科学性、适用性原则。平台所提供的各类教育资源必须符合正确的政治方向，内容具备科学性，符合教育教学规律。

（2）坚持资源提供者的自主审查与资源接收者的准入审查相结合，通过多重审核提高资源的质量。

问题三：如何进行智慧课堂数字教育资源分类？

智慧课堂数字教育资源分类主要依据知识体系进行。知识体系可以分成三大类：章节体系、知识点体系和专题体系。学生可根据自己的实际情况选择合适的知识体系进行个性化学习。

一、章节体系

章节体系的创建和各大版本教材目录体系相一致，按照版本、分册、章节顺序，有层级地创建章节体系。根据各版本、各学科的章节信息，可以划分成2~3个层级，第一层级为章的名称，第二层级为节的名称，第三层级为更低一级的内容。如某版本教材高中地理第一章节的目录，如图3-1所示。

```
第一章  行星地球
    第一节  宇宙中的地球
    第二节  太阳对地球的影响
    第三节  地球的运动
    第四节  地球的圈层结构
    问题研究  月球基地应该是什么样子

第二章  地球上的大气
    第一节  冷热不均引起大气运动
    第二节  气压带和风带
    第三节  常见天气系统
    第四节  全球气候变化
    问题研究  为什么市区气温比郊区高
```

图 3-1 某版本教材高中地理第一章节

根据其章节信息，可以将其建成 2 级目录，第一层级是章的名称：行星地球；第二层级是这一章下所包含的节：宇宙中的地球、太阳对地球的影响等。

章节的创建有利于教师快速找到相关的教学资源，大大提升了教师的备课效率，也加强了学生对教材的整体把握。

二、知识点体系

知识点体系是整合各大版本及教育部大纲要求所呈现出来的基础知识、重难点知识的体系。知识点是教材的核心内容，也就是知识体系中最能体现知识本质、起到纲领性作用的内容。

知识点体系的创建可以各学科教材内容为基础，将每一个章节或整个学段中涉及的内容细分并整理出来。按照类型一般可以分为 3 级，第一级是最高级的知识点，也是第二级知识点的综合，第三级是最低一级，也就是最小的知识点。表 3-1 所示为某版本教材高中物理知识结构图。

表 3-1 中的 7、17、40、89 为最高的知识点层级，包含了 5、6、11、16 等二级知识点，二级知识点又包含了 1、2、3、4、8、9、10 等三级知识点。

教师和学生可以确定出知识的大分类，然后从高到低快速找到相应的知识点。不管学生处于哪一层次，都可以在相应的知识点下找到适合自身实际学习情况的内容进行学习。

各章节中有各章节的核心内容，每个章节的核心内容都会包括若干个知识点，每个知识点都有不同的能力要求，如了解、识记、理解、掌握、运用等。而在不同阶段的学习过程中，对每个知识点掌握程度的要求不同，如小学与初中阶段，对每个知识点都要做到熟练运用，但对于期中、期末、小升初、中高考等检测性或选拔性较强的考试，考察则会侧重于综合性较强的内容。

表 3-1 某版本教材高中物理知识结构图

	第一级知识点	第二级知识点	第三级知识点
高中物理	7. 原子物理与相对论	5. 原子物理	1. 波尔理论、能级与光谱分析
			2. 原子核式结构
			3. 天然放射性现象、衰变
			4. 核反应、核能
		6. 相对论	
	17. 光学	11. 几何光学	8. 光的直线传播、光的反射
			9. 光的折射、全反射、色散
			10. 透镜
		16. 光的本性	12. 光电效应与康普顿效应
			13. 光的波粒二象性、物质波
			14. 光的干涉、衍射
			15. 光的电磁说、光的偏振
	40. 物理实验	27. 力学实验	18. 刻度尺的使用
			19. 游标卡尺点的使用
			20. 验证力的平行四边形空间
			21. 研究匀变速直线运动
			22. 研究平抛物体的运动
			23. 验证动量守恒定律
			24. 验证机械能守恒定律
			25. 探索弹簧弹力与弹簧伸长的关系
			26. 用单摆测定重力加速度
		33. 电学实验	28. 电表的使用
			29. 电阻的测量
			30. 用描迹法画出电场中平面上的等势线
			31. 电表的改装
			32. 测定电源电动势和内阻
		36. 光学实验	34. 测定玻璃的折射率
			35. 用双缝干涉测光的波长
		39. 热学实验	37. 用油膜法估测分子的大小
			38. 研究气体实验定律
	89. 力学	45. 直线运动	41. 运动的描述
			42. 速度、加速度
			43. 匀速直线运动
			44. 自由落体与竖直上抛运动
		52. 相互作用力	46. 力的概念
			47. 力的合成与分解
			48. 受力分析
			49. 摩擦力
			50. 重力
			51. 弹力
		55. 物体的平衡	53. 共点力作用下物体的平衡
			54. 有固定转动轴物体的平衡
		60. 牛顿定律	56. 牛顿第一定律
			57. 牛顿第二定律
			58. 超重、失重
			59. 牛顿第三定律

所以，建立好知识点体系，可以帮助不同阶段的学生根据自身的实际情况选择需要提升的知识点，进行专题训练，多维度地理解并运用知识点，进一步提升对知识的应用能力及综合分析能力。

三、专题体系

以各学科知识点作为基本内容，把国家教育部发布的"考试说明"以及"考纲"作为基本依据，立足课本，把小、初、高各阶段的知识有机结合，分专题整合出主要考点，并且根据考纲的变化进行更新迭代。

专题体系的设置类似于知识点体系，但主要是针对中高考等选拔性较强的考试。在中、高考中，考察的内容会侧重于综合应用的能力，所以会以技巧性、综合性较强的内容为主。通过专题体系将各学段的主要内容分成几大类型，从而按照分类来进行学习，有利于提高学生的应变能力及综合分析能力。

问题四：如何应用智慧课堂数字教育资源？

传统的数字教育资源供给主体以出版商和学科专家为主，资源质量相对较高，但资源种类不够丰富，资源主要通过光盘和资源库传播。互联网环境下，社会组织和个体参与到数字教育资源建设中来，数字教育资源供给空前高涨，但资源质量良莠不齐。

学习者在查找和选择资源时，面对海量的资源信息，很难快速、有效地找到适合自己的资源，甚至会出现认知过负、迷航等问题。在智慧课堂环境下，数字教育资源推送利用数学建模手段，分析学习者选择资源的意图，将模型计算出来的得分最高的学习资源推荐给学习者，使资源的推送更加高效、更加精准、更加个性化。

一、推送模型

智慧课堂下的数字教育资源推送模型是通过生成学习者画像，采用特定推送算法，基于规则策略，为学习者推送个性化的资源。

1. 学习者画像

学习者画像是根据学习者属性、生活习惯和学习行为等信息抽象出来的标签化的学习模型。学习者画像的核心工作是给学习者贴"标签"，标签是通过对用户信息分析而来的，是高度精炼的特征标识。

学习者画像的概念及理论的提出，在实践中被大范围推广到社会的许多层面。当前，在经济、商业、传媒领域都已得到广泛应用，成为数据分析技术在各行业的重要落脚点。

学习者画像需要以数据为基础，在数字教育资源推送上，通过收集学习者校内与校外的教育大数据描绘出其自然人的属性。通过大数据分析，预测学习者选择资源的决策过程，为其匹配适合他的学习资源，提供学习建议，帮助学习者决定应该选择什么资源进行学习。

2. 推送算法

推送算法是实现智能推送和精准推荐的关键。目前，推送算法包括神经网络、蚁群优化方法、遗传算法、粒子群算法等。基于大数据的分析计算，需要采集学习者大量使用资源的数据进行计算。如果使用数字教育资源的学习者较少，则计算会不准确。当数字教育资源平台常态化使用时，每天会产生大量的数据，基于大数据的资源推送分析计算就会越准确。

3. 规则策略

由于各地区的教材版本、教学侧重点各不相同，数字教育资源的推送需具备一定的针对性。智慧课堂环境下的数字教育资源推送规则，首先，要基于知识的推送，规则主要为优先推送 PGC 生产的优质内容，再选择性推荐 UGC 生产的优质内容。其次，要基于就近原则推送，优先推送本校资源，再推送本区域资源，最后推送通用资源。

二、基于知识的智能推送

余胜泉在《泛在学习环境中的学习资源设计与共享》一文中，提出了适合泛在学习环境与非正式学习的一种新型学习资源组织方式——学习元。

学习元（Learning Cell）中，"元"有两层含义，一是指"元件"，辞海将其解释为，"机器、仪器的组成部分，其本身常由若干零件构成，可以在同类产品中通用"，此处的"元"特指学习元的微型化和标准化，即学习元可以成为更高级别学习资源的基本组成部分；二是指"元始"，也就是开始的意思，即从无到有、从小到大、从大到强、从强到久的过程，此处的"元"反映了学习元具有类似神经元不断生长、不断进化的功能，其本质指的是学习元的智能性、生成性、进化性和适应性。

在理解学习元中的"元"字含义的基础上，学习元被定义为：具有可重用特性，支持学习过程信息采集和学习认知网络共享，可实现自我进化发展的微型化、智能性的数字化学习资源。

在学习元基础上衍生出来的教育服务标准体系 KSU（Knowledge，Service and Unit），是以知识点为最小单位，推送可进化的资源，从而提供相应教与学服务的一种全新的资源建构方式。

具体而言，K 是知识点，是最基础的"元"，在每一个 K 下面，会挂接匹配这个知识点的相关内容资源；S 是服务，是指学习者基于每一个知识点能得到的资源推送或面授学习的精准服务；U 是单元或个体，是带有独立属性的教学者或学习者，每一个教学者生产的资源，会分配给最适合它的学习者。

KSU 不单是一种资源的建构方式，也是一种运营方式。教学者根据不同需要，可以对资源稍做改动，进而升级为二次原创后的新资源。利用这些资源，教学者发挥各自的教学特色、专长和技巧，输出一堂精品课，也是一个带有独立属性的"商品"，随之而来的便是接受这个"商品"的学生流量。

每一种知识本身都是一个独立的学习内容，学习者可以在任何时候获取需要的知识，自主选择知识点内的资源、学习顺序等。作为最贴近学校、教学和学习的资源建设模式，基于知识的资源推送是一种"活"的资源建构模式和运营模式。基于科学、先进的资源内容知识图谱及教材体系，对资源进行标签化、碎片化、体系化管理，在积累校本资源的同时提高教师、学生获得优质精准资源的效率。

三、个性化精准推荐

由于各地学校的信息化基础设施建设、师生信息素养等差别较大，对数字教育资源需求存在显著差异。资源的需求的差异本质上是对资源应用场景、资源个性化追求程度的差异。经济发达地区师资水平相对较高，对探究性资源和个性化资源等需求较高。在经济欠发达地区，教师信息技术应用能力等水平相对较低，对日常的教学资源需求较大。当前各省市的资源建设都普遍存在资源供需不匹配的现象，各个层次和各类学习者的数字教育资源需求都得不到满足。

个性化学习资源推荐就是在传统平台的基础上，加入个性化的思想理念，结合学习者当前的认知结构和学习能力，给学习者提供满足其学习需求的个性化学习资源，以此让学习者能够自主高效地学习。

数字教育资源的个性化精准推荐是基于学习者个体知识薄弱点的自适应推荐。通过分析学习者的学习行为，了解学习者的知识点掌握情况（包括学习具体知识点及对应题目难度），更新学习者知识图谱，并根据多目标下的排序匹配算法推荐个性化的学习内容。

CIP（Content Intelligent Push）内容智能推送，是人工智能时代背景下的资源精准推送方式。从教师层面，会推送适合的备课资源；从学生层面，不单单是推送学习内容，而是精准匹配适合学生的讲解内容，这样的内容带有独立的属性，真正让学生享有学习内容的适配权。

基于课程，针对课程的性质、内涵、价值等总体特征描述出相似之处，推荐系统会计算课程与课程之间的相似或关联程度，在学习者浏览的时候进行推荐。

基于内容，在众多课程的主体内容中，针对学习内容的相似之处，推荐系统将计算它们之间的相似或关联程度，在学习者浏览的时候进行推荐。

推荐系统里的互动交流导致数据的流动，用户信息可以转化成推送信息，推送信息又可以促进新的用户信息的产生，新的用户信息资源转化为新的推送信息，流转生成。这个机制与教与学、读与写的滚动循环模型无异，完全可以做到教育资源的滚动生成，实现教育资源的自产自出，为教育资源的共创共建服务。

这种全新的推荐方式不仅减轻了学生的课业负担，也大大提升了学习效果。学生掌控自己的学习节奏，自主决策在哪里学，在什么时间学。

内容的智能推送，使得数字教育资源能够打通，从底层的教学终端、学习终端，到校级平台、区级平台，再到顶层的云端，内容自下而上聚合、自上而下分发，最终能够实现教育资源的均衡发展。

问题五：如何应用智慧课堂数字资源教育数据？

新时代的教育背景要求教师具有较强的专业学科知识以及对学科知识的整体构建意识，并且具有不断提高知识系统的建构能力及教学能力。随着互联网技术及大数据的发展，教育者打破了传统课堂教学的围墙，把课堂教学带入到一个无限广阔的全新领域。教师可以基于学生的学习数据，快速、精准地定位学生的问题，并通过多元化的服务方式高效地解决学生的个性化问题。

一、基于数据，发现问题

对于教师，上完一节课后，最想知道的就是有多少学生掌握了本节课的内容，掌握程度如何。在传统教学中，我们只能通过让学生做练习，抽取个别学生的回答来推测学生的内容掌握情况。对于剩下的大部分学生，最多只能通过让学生自己举手或观察学生的表情确定解答习题的正确率。现在依托云计算、大数据及移动互联网等技术，借助计算机、平板电脑、智能手机等终端，为学生和教师架起了一座沟通的桥梁。

根据学生日常所产生的答题数据，平台进行统计与分析，找出学生的薄弱知识点，教师可针对学生答题数据的正确率来大致判断学生在某一知识点上存在的问题。

学生在学生终端进行自主学习时，机器会及时将数据传到数据库，并进行科学、有效的分析，智能生成错题本，帮助学生解决错题、难点。

系统还会根据学生的知识点掌握情况，智能生成学生的成绩单。在监测到数据之后，会为学生量身定做属于自己的学习计划，提炼出错误试题所对应的"K"（知识点的最小单元），系统会精准匹配到适合的教师，为学生提供个性化学习服务。

二、学情分析，挖掘问题

由于技术的限制，传统的教师不得不根据自身经验或学生的测试结果来判断学生的学习情况，前者缺乏科学的数据支持，后者结果整理速度较慢、信息量庞大且杂乱、降低了工作效率。

区域教育平台则利用大数据分析技术自动对各类数据进行深度整理和挖掘,从中找出规律性的变化,提供真实反映学生学习现状的分析结果,使教师能够更快、更精准地认识学生、服务学生。

智慧课堂应用大数据技术,可以将学生的测验情况以直观的图表形式展现出来,教师能快速发现学生的问题所在,并根据每位学生的学习分析报告制订个性化学习内容,随时发布新的题目,难易程度可以随时调控,满足不同层次学生的学习需要。

山东省临沂市高新区高级中学在政策引领及技术的推动下,逐步意识到数据给教育教学带来的变化。

教师团队在监测到学生产生的数据后,对学生的数据进行深度挖掘,用横向比较、纵向延伸的方法对学生进行画像,找出问题所在。通过数据,教师可以了解学生学习各类资源的情况,可以看到学生的答题详情和学习轨迹,包括学生每一道题的答题时长、学生的正确率等。

若学生的答题时长与平均答题时长相差很大,则说明学生没有认真答题,这时的答题数据可不作为参考,教师可另行推送一份试题对学生进行检测,对再次产生的数据进行分析即可。

若学生的答题时长在平均答题时长之间,一般认为是有效数据,可查看学生在不同题目难度下的正确率,从而确定学生在哪个知识点出现了问题,出现了什么样的问题。

三、学生常见的错误情况

1. 知识性错误

知识性错误是学生最容易犯、也是犯的次数最多的错误,包括概念理解错误、审题错误、运算错误等。

在教学中,学生对概念的理解和应用出错的概率较大,学生在使用时易忽略概念的某些条件,生搬硬套,把握住原则却失去灵活性,不懂变通和转换,停留到自己给自己限定的概念程式中。

2. 逻辑性错误

逻辑思维能力是对事物进行观察、比较、分析、综合、抽象、概括、判断或推理的能力。

一般能力形成的基本规律也是逻辑思维能力形成过程所必须遵循的。所谓逻辑性错误,是由于学生违反逻辑规则而导致的错误,主要指违反逻辑规则所产生的推理上与论证上的错误。如虚假言论、言而无据、偷换概念、考虑不全等。在进行推理时,考虑清楚每一步的推理依据，竭力避免"想当然"，假如有悖论出现，就要检查推理过程，理清思路，看清是否犯了逻辑性错误。

3. 习惯性错误

习惯性错误包括思维定式和思维僵化、忽略隐含条件等。

所谓思维定式，也称"惯性思维"，就是按照积累的思维活动、经验教训和已有的思维规律，在反复使用中所形成的比较稳定的、已定型的思维路线、方式、程序、模式。在学生做题时，往往会妨碍学生采用新的方法，束缚了学生的创造性思维。

四、教师高效地解决问题

1. 夯实基础，加强理解

应用大数据技术，教师可对学生进行精准画像，更加了解学生的问题，针对性更强。

若教师根据数据、试题难度、正确率、教师经验、学科特点等分析得到的结果为知识性错误，或者只是某些概念没有理解，或者只是很小的知识点求助，这时教师可以开启智慧教学，以语音、文字、图片或者视频等方式随时随地帮助学生解决问题，这种学习方式可以同时服务多名学生，更加及时和高效。

若学生的基础较差，那么教师在进行教学时可向学生推送微课和试题，学生通过观看微课进行自主学习，再通过试题来检测学习效果。如果学生的学习效果依然不够理想，教师还可通过一对一的直播辅导，对典型错题进行精讲精练，以点带面，彻底解决学生的问题。

教师要有目的地引导学生总结出"变"的表面现象下"不变"的实质，注意不要只讲解题目本身，更要重视整个知识体系的构建，健全学生的知识结构体系，锻炼学生的思维能力。

对于知识性错误而言，最重要的还是夯实基础。记忆在于理解，理解在于思考。引导学生学会答题的大体思路：第一，精审题意，聚精会神，严把条件；第二，根据已知，读懂题干，搞清关系，拟订方案；第三，条理清晰，循序渐进，规范解答，书写流畅；第四，回顾反思，检查讨论，触类旁通，举一反三。

2. 融会贯通，提高技能

若教师根据试题难度、正确率、教师经验、学科特点等分析得到的结果为逻辑性错误，学生的基础知识掌握得还可以，但是对知识点（概念）的理解较为浅显，思维单一，知其然不知其所以然，究其原因还是对某些知识缺乏灵活运用，不能融会贯通。

这时教师可以通过直播辅导，讲解学生的错题，重点讲解解题方法和解题技巧，讲解顺序由浅入深、步步深入。同时，教师可以在课后推送重在解题方法和解题技巧方面的试题，让学生有针对性地进行练习，要针对试题涉及的知识点及内容认真地加以复习巩固。做操作题时多与理论相联系，多做试题分析，这样可以有效地训练学生的发散思维，培养学生的观察能力和逆向思维能力。

在解决问题过程中，要想避免或减少逻辑性错误的产生。第一，要夯实基础，再加上严格的做题训练，可以起到一定的作用。第二，不同的学生所犯的逻辑性错误不尽相同，因人而异，教师也要因材施教，对症下药。

3. 培养兴趣，思维创新

若教师根据数据分析得到的结果为习惯性错误，则说明学生受惯性思维的影响较大。如果不能打破思维定势，灵活运用所学知识，就会被惯性思维俘虏。

创新思维是不受常规思路约束，寻求对问题全新的、独特性解答的思维过程，是创造力发挥的基本前提。摒弃从众心理，不钻牛角尖，善于采取多向思维方法，学会创造性、建设性的思考。

这时教师可在教学时侧重解题思维策略，要思考切入点是什么，应遵循的原则有哪些。对学有余力的学生最好多做课本以外的习题，加大自学力度，夯实基础，拓展学生的知识深度、广度。

注意学习质量和效果的问题，不盲目图快，还要重视基础知识、基本概念、基本思想和基本活动经验的积累。

注重学生学习兴趣的培养，善于发现学生的闪光点，对基础薄弱的学生取得的每一点小进步及时提出表扬，重拾学生的自信心。题目的设置可根据学生的实际情况，难度不要过大，要引导学生主动探索答案，让学生体会到成功的乐趣，慢慢地让学生产生兴趣，积极主动地学习。

过去的教学模式不能充分地开发学生的内在潜能，陈旧的教学方法早已成为过去，现代化的教学手段才是培养人才的捷径。

通过对学生的数据分析，以及学生自身的性格特点精准地为学生画像，同时通过智慧课堂、智能推送、智慧辅导等多种多样的服务方式，真正实现"学习者主权""以学生为中心"的教育理念。

案例分析：鄂尔多斯东胜区实验中学

鄂尔多斯东胜区实验中学是2006年建成的设施一流的初级中学，它的前身是纺织苑学校（初中部），现坐落在内蒙古自治区鄂尔多斯市东胜区。实验中学以"追求优质教育，打造教育品牌"为办学目标，以"巩固鄂尔多斯名校成果，向自治区名校迈进！"为发展定位。

为响应国家教育信息化和建设智能化校园的号召，切实提高学校整体教育教学设备的智能化，以及教师与学生的信息化素养，顺应教育发展的潮流，抓住发展机遇，2017年，学校经过多方调研与深入探讨，决定引入智慧课堂。学校在2017级初一年级开设了4个实验班，作为智慧课堂教学试点。经过一段时间的教学实践，取得了阶段性成果，学校决定扩大实验班，在2018级初一年级开设了8个智慧课堂教学班。

1. 优质校本资源的共享、共建，为师生推送适合的内容

智慧教育云平台拥有海量的优质教育资源，按教材、知识点、章节三个维度进行归类、细化，将优质资源充分整合，供教师和学生一站式获取，满足教师和学生对教育资源的需求。

截至目前，智慧教育云平台汇聚的全国各类优质资源总量已达约300万份，资源类型包含课件、习题、课程包、教学素材、图库以及微课等。智慧教育云平台的资源建设模式，使资源也在不间断地补充和更新，为校本资源的建设提供了资源基础。

自2017年部署智慧课堂以来，东胜区实验中学运用智慧教育云平台构建的校本资源库，累计的各类校本资源已达60余万份，形成了完整、丰富、成熟、优质的校本资源，供全校师生教学和学习使用。同时，东胜区实验中学的教师也在不断地把优质的教学资源共享到云平台，目前共享资源量已达5000余份。

全国在使用智慧课堂的教师和学生都可以通过云平台随时使用。同样，东胜区实验中学的教师也可以随时使用其他学校教师共享到云平台的优质资源。因此，智慧教育云平台帮助东胜区实验中学打破了优质教学资源流动的壁垒，降低了优质资源的推送成本，促进了学校乃至区域间的优质教育资源的均衡化，让每位教师和学生都享受到了科技发展给教育带来的红利。

2. 迅速反馈学情，及时调整教学与学习

预习查漏点——在课前预习环节，学生终端及时把每个学生的预习情况快速反馈给教师，实现第一次数据抓取。教师根据学生的预习报告，锁定重难点，在课上集中讲解。通过教育大数据报告分析可以看出，七年级205班的同学们在预习时对于"平面直角坐标系"这个知识点的答题正确率为97.3%，平均作答时间不到1分钟，可以看出，对于这个知识点，同学们能够较为轻松地掌握。在接下来的上课环节中，这些数据可以作为教师是否把这个知识点进行重点讲解的一个重要参考指标。

课上讲难点——课上教师可以及时获取学生对所讲内容的学情反馈，实现第二次数据抓取，及时调整课堂节奏和重点，从而真正关注到每个孩子的学习情况，真正实现因材施教，同时为课下的针对性辅导奠定数据基础。

课后补弱点——课后，学生通过教师的辅导和针对性的学习，终端实现第三次数据抓取，帮助学生真正找到薄弱知识点，重点攻破，更好地迎接考试。

特别要说明的是，在疫情期间，学校教师和学生通过智慧课堂远程教学和学习，通过 2020 年 2 月 20 日至 2020 年 4 月 20 日的数据分析可见，各学科教师全场景教学的发布量达近 4000 次，答题量和资源浏览量最多的班级分别达近 11 万道和 1 万次。教师和学生通过智慧课堂的助力，在疫情期间进行了正常的教学和学习，实现了停课不停学。在疫情期间，还开展了不间断的在线公益课堂，供学生学习，这些都很好地保障了教师和学生正常的上课和学习，大大降低了疫情对教与学的影响。

本章内容小结

本章我们学习了数字教育资源（知识检查点 3-1），了解了在智慧课堂环境下，数字教育资源的建设方式（知识检查点 3-2），以及数字教育资源的分类（能力里程碑 3-1），学习了如何应用智慧课堂数字教育资源（能力里程碑 3-2），以及如何应用智慧课堂数字资源教育数据（能力里程碑 3-3）。

本章内容的思维导图如图 3-2 所示。

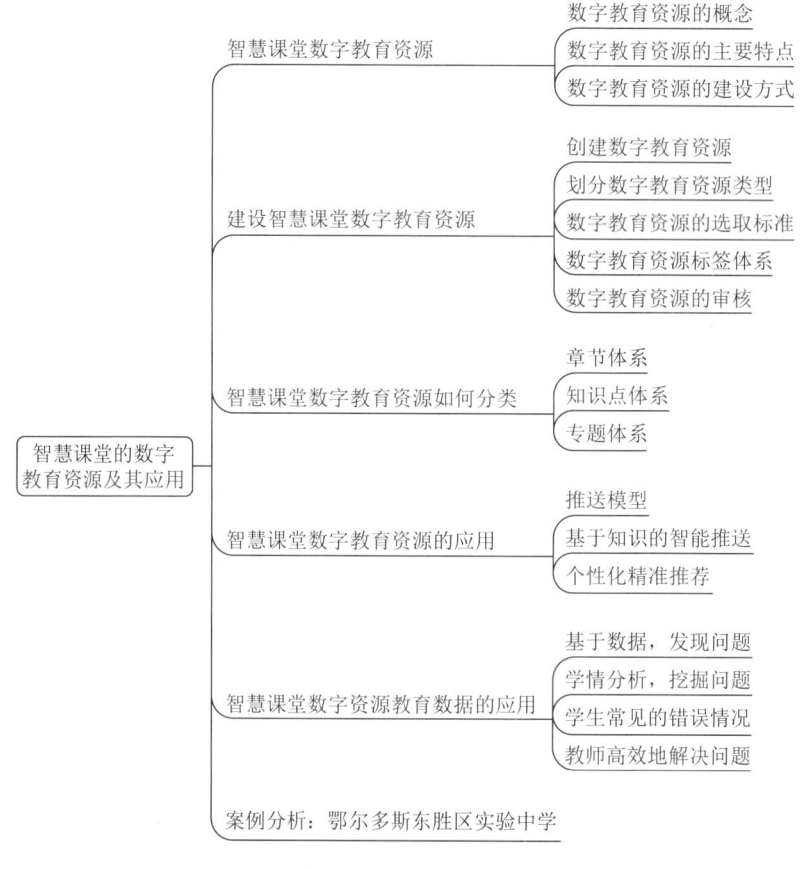

图 3-2 思维导图

自主活动：思考数字教育资源的主要特征和建设方式

请学习者在学习完本章内容后，进行自我反思，并记录个人学习心得。

小组活动：思考如何建设智慧课堂数字教育资源

请学习者围绕本章的学习主题进行组内交流，并做好小组学习记录。

评价活动：评价本章知识与能力学习水平

一、名词解释

数字教育资源（知识检查点 3-1）

UGC（知识检查点 3-2）

PGC（知识检查点 3-2）

二、简述题

1. 你觉得数字教育资源是什么？请说一说你对数字教育资源的理解，并对其内涵做出阐述（知识检查点 3-1）。

2. 有人认为，数字教育资源增加了教师负担，针对这种看法，你是怎么想的（知识检查点 3-2）？

3. 请反思，你在对数字教育资源分类时是否关注了此书描述的关键特征，如果未关注，你是如何分类的（能力里程碑 3-1、3-2）？

4. 请你结合自身的教学过程，举一事例说明如何利用数字化资源对学生进行高效的服务（能力里程碑 3-3）。

三、实践项目

选择当前学校在数字教育资源建设中的一个问题，按照数字教育资源建设理念，理清学校现有数字资源使用情况，设计使用智慧课堂中的数字教育资源（知识检查点 3-1、3-2；能力里程碑 3-1、3-2、3-3）。

第四章　数据驱动的智慧课堂教学变革及其应用

本章学习目标

在本章的学习中，要努力达到如下目标：
- ◆ 了解如何应用智慧课堂的大数据进行教学变革（知识检查点4-1）。
- ◆ 掌握智慧课堂学生数据的获取方法及其应用（知识检查点4-2）。
- ◆ 了解如何应用智慧课堂的数据进行教师备课教研变革（能力里程碑4-1）。
- ◆ 掌握如何应用智慧课堂的数据进行精准教学变革（能力里程碑4-2）。

本章核心问题

如何应用智慧课堂的大数据进行教学变革？如何应用智慧课堂进行学生数据的获取？如何应用智慧课堂的数据进行备课教研和精准教学变革？

本章内容结构

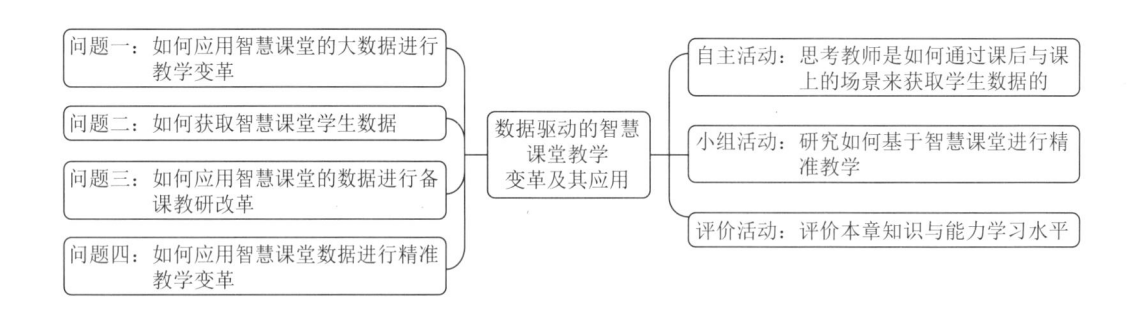

| 问题一：如何应用智慧课堂的大数据进行教学变革 |
| 问题二：如何获取智慧课堂学生数据 |
| 问题三：如何应用智慧课堂的数据进行备课教研改革 |
| 问题四：如何应用智慧课堂数据进行精准教学变革 |

数据驱动的智慧课堂教学变革及其应用

| 自主活动：思考教师是如何通过课后与课上的场景来获取学生数据的 |
| 小组活动：研究如何基于智慧课堂进行精准教学 |
| 评价活动：评价本章知识与能力学习水平 |

引　言

随着时代与科技的发展以及生产力的大幅提高，社会活动也逐渐变得复杂。生产规模越来越大，专业化分工越来越细，各类社会组织的关系越来越密切，社会变化节奏加快。

面对如此复杂的社会现象，仅凭经验难以驾驭整个局面，也无法承担决策的重任。正如经济组织管理决策大师西蒙（Herbert Alexander Simon）认为的那样，"复杂多变的社会，并不能仅依靠习惯和个人经验对原有模式进行套用"。

"经验决策的时代已经过去，数据决策将是一场革命"，美国哈佛大学定量社会研究中心主任加里·金（Gary King）曾说，"庞大的数据资源使得各个领域开始了量化进程，无论学术界、商界还是政府，所有领域都将开始这种进程"。如今依据大数据进行分析、教研的时代已经到来，掌握、利用大数据的分析工具是现今教师应当具备的素养。

因此，就教育大数据支持下的学校教学变革而言，最需要突破的瓶颈是如何创新教育大数据设计应用来采集智慧课堂学生数据，如何利用教育大数据构建动态、适合的教育资源应用，如何利用教育大数据创新教师教研的新模式，如何应用教育大数据设计和实施个别化的精准教学。

问题一：如何应用智慧课堂的大数据进行教学变革？

今天的学校形式是传统工业化的产物，其根本目标是批量培养各种各样的产业工人，班级授课制是其典型的操作模式，它强调的是统一、齐步走，难以照顾到学生的个性差异，这种模式从一开始就和精准教学矛盾。《普通高中课程方案》强调："课程实施要关注信息化环境下的教学变革，促进人才培养模式的转变。"大数据技术的出现，通过学生和教师数据采集，配合人工智能，为个性化、多样化教学奠定了基础，精准教学便有了抓手。

大数据是信息化发展的新阶段。众所周知，数据是资源和要素，伴随着大数据时代支撑数据交换共享和数据服务应用的技术发展，不断积淀的数据开始逐渐发挥它的价值，对经济发展、社会治理、人民生活、教育都产生了重大影响。教育大数据是大数据的一个子集，特指教育领域的大数据，是整个教育活动过程中所产生的以及根据教育需要采集到的、一切用于教育发展并可创造巨大潜在价值的数据集合。

对于教师来说，在以学生为中心的教学中，所有的教学资源与活动都围绕学生学习进行优化配置，教师授课不再是知识获取的唯一方式。在智慧课堂中，教学的重点转变为引导学生获取信息，帮助学生解决学习过程中遇到的问题，让学生形成一套有效的学习方法。在智慧课堂中，传统教师按照教科书的编排逻辑展开课堂实践的教学模式，已逐渐转变为基于课堂进行及时反馈的数据信息，关注学生个体需求并进行导学的现代化教学模式，助力以学生为中心的现代教学，构建更加精准、高效的课堂模式。大数据分析工具成为教师的"隐形帮手"，发挥着技术赋能的效果。

一、通过推送适合的教学资源为教师服务

教师在进行备课时，产生的资源被平台进行颗粒化处理，拆解成非常精细的单元。平台会根据这些颗粒化素材产生的数据划分为教学场景、教学目标、教学方式、知识点内容、学生群体特征等多个维度，进行标签化、体系化存储。教师调用资源时，依据使用需求和教学习惯建立的用户画像，将颗粒化的内容进行结构化处理，重新匹配组合，并根据匹配程度进行排序，最终实现智能化推送。

在技术的支持下，智能匹配将替代原有的主动搜索，在使用过程中，平台根据当下的使用需求进行智能匹配，教师不再像以往那样将自己的时间、精力"迷失"在浩如烟海的数字资源库中，只需要接收平台智能推送给他的资源，就能在第一时间获取最适合自己的内容，满足教师对高质量资源的需求。在数字化内容的助力下，教师课前"无备"不再是一个传说。由此，在实际教学中，教师可以轻松备课，打造真正实用的智慧化课程。

二、通过获得学生学情数据，开展精准教学

通过大数据分析技术，教师可以及时获得学生现阶段的学科认知程度，并以此为依据来调整教学重难点设计，改变教学策略，在课堂上重点解决同学暴露出的问题。教师不再采用"一锅烩"的方式教学，而是根据学生对知识点的消化吸收程度，对学生开展分层教学。在智慧课堂中，每个学生都能在下课前掌握知识点，学有余力的学生不再浪费时间重复练习已经掌握的知识，而是充分利用课堂时间拓展学习。依据数据备课，让教师真正从"备知识"过渡到"备学生"的阶段，让每一个学生都能充分享受课堂时间，学己所需，学有所得。

三、通过智能批阅为教师减轻负担

传统上的作业、测评等习题的批阅一直占据着教师的大量时间，尤其是初高中教师，给他们的工作带来了很重的负担。教师批阅作业的目的是了解学生对知识点的掌握程度，而智能批阅可以帮助教师轻松掌握学情。学生只需提交习题，智能终端会利用智能批阅功能实现对选择、填空、作文等类型题目的批改，还能点评和解析，并把正确的解题步骤发给学生。

智能批阅实实在在地解放了教师，在一定程度上减轻了教师在工作上的负担。大数据的实时分析功能可以实现师生之间随时随地的沟通，让学生在离开学校后仍能收到教师推送的学习资料。学生完成学习后，将学习结果迅速回馈给教师，教师可以立即给予学生恰当的评价，并根据学情确定接下来的教学内容和教学策略。教师从面向全班同学到面向每一位学生，教学效果自然有较大提升。

当课前、课中、课后全时段学习过程都完成了信息化技术与教学的深度融合时，我们

发现一个崭新的时代已经到来。在以学习者为中心的时代，教师不再盲目向学生灌输知识，而是开始关注并尊重学习者，关注学习者需求，以更智慧的方式重新定义教学。

问题二：如何获取智慧课堂学生数据？

一、通过课前、课中、课后全场景地获取学生数据

单从一个独立的场景获取数据是不够的。只有全方位涉及学习全过程，包括课前、课中、课后，学生学习、教师评估、教师教学等全部交互动态的数据，才可以构建起学生、知识、教师之间更加精准的教与学模型。随着计算机运算能力的突破，深度学习技术也真正为教育所用。目前技术条件趋于成熟，还实现了对"全场景学习闭环数据"的积累。

1. 智能终端，课前诊断，学生学习更加专注和高效

为了让学生在课堂上更加高效和专注，基于学生的学习需求，合理安排学习内容，让学生将有限的注意力集中于没掌握的知识点上，针对不同学生的不同学习情况，分别解决学生的问题。"只学不会的课程、只做没掌握的题"，学生在课上的注意力更加集中，学习效果也大大提高。

2. 基于数据，实时精准分析，精准教学成为现实课堂

传统的课堂主体为教师，对学生的关注度有限。基于数据分析，智能终端通过与学生的交互，全面抓取学生的数据并形成报告，进行反馈。学生对自己的不足一目了然，将有限的注意力放在听不懂的内容上，就会达到事半功倍的效果。智能学习终端从云端获取数据进行分析，了解到与学生程度相似、进度相同的同学在学习过程中的疑问、困惑并提出解决方案，从而引导学生高效学习。

二、通过区域数据库获取学生数据，助力教师教学

智慧课堂不仅能及时反馈本班学生的学习数据，还能给教师智能推送其他地区的学生数据以供备课时参考。以区域为维度，在常态化的使用中，智慧课堂生成了本校、本区、本市、本省和全国的学生学习数据库。教师在对某个知识点进行备课时，可以查看这个知识点在本校或是本市等区域内学生的掌握情况和教师的教学情况。如针对该知识点，教师了解到本市学生的做题量、做题的正确率、题目的难易程度、教师使用资源的数量和类型、题目的批改率等区域数据，为教师的备课提供了重要的参考。

问题三：如何应用智慧课堂的数据进行备课教研变革？

教研是课堂改革的保障，是新课改向纵深发展的重要支点。在推进智慧课堂之初，如果仍以传统的教研方式来推进，就能很快发现，以老教师的经验为主导的教研成为了智慧课堂发展的阻碍。

一、传统教师备课教研的突破

利用大数据技术推进智慧课堂，可以突破传统教研的三个不足。

1. 目标单一化：强化教学之事，淡化教学之人

在传统教研模式中，教研内容更多停留在课堂经验、提分经验甚至处理问题学生经验等教学经验的交流上，这是传统教研最大的问题。教研目标是以教材内容为中心的分析、讲解、操作，从来没有围绕使用教材的人即学生展开教研，而是定位于提高教师的综合专业水平，包括基本的信息技术教育手段。如何把教研的目标从教材内容，转移到教师和学生的发展之上，应该成为智慧课堂环境下的教研新思路。

2. 内容局限化：聚焦教师的教，忽视学生的学

教研组多围绕教法展开研究，如教材处理与分析、听评课、新课教学设计等，很少以学生为中心进行深入研究。学法是指学生掌握知识形成技能的方法与能力，它既包括学习策略，也包括学习习惯。传统的教法只重视向学生传授知识，而不重视学生自己怎样有效地获得这些知识的方法和经验。

尽管许多学校强调备课要备学生，教研中要研究学生，但教师在进行具体教研时，往往只注重学生学习中的不良习惯、知识欠缺与能力不足的发现与分析。重教法轻学法，或有学法研究却与教法分割，是教师教研中普遍存在的问题。

3. 成果经验化：偏重感性经验，缺少理性数据

在"师傅＋徒弟"的传统教研模式中，青年教师一直是一个吸取师傅经验教训的角色，在教研活动中处于被动接受的地位，参与被动化，造成教学研究积极性不足，教研主体意识淡薄。这种经验主义至上，一切都有迹可循的模式，很容易导致课堂教学中程序化、经验化的教学形态。同一节课，从第一个班级到最后一个班级，都是一个程序。

依靠经验进行教学，教师缺乏对课堂教学的内化。智慧课堂中，基于数据的信息化教研转向面对过程的课程设计，教研模式开始发生转变。信息化是未来发展的必然趋势，信息化教学也将成为未来教育发展的重要内容。它实施的意义在于为创新教育提供环境和保障，为人才培养提供条件和途径，为未来教育发展提供坚固的理论基础，为促进教育产业信息化发展提供机遇。信息化教学不是简单地利用计算机实现教学过程，而是借

助多媒体电子设备来提高课堂效率、提升个人学习能力，让我们的视野更宽阔，观念更贴近时代气息。

例如，河北省遵化市第一中学从2008年起，开始思考如何开展信息化教学。经过长时间的探索和调研后，学校引入了智慧课堂，全力打造"智慧化校园，信息化建设"，设立以智慧课堂为主导的智慧教学研究团队，摸索适合高中的教学模式，将智慧课堂的功能与学科课堂教学完美融合。

因此，而在信息化的助力下，新的教研模式具备三种特征。

（1）教育观念以人为本

科技对传统课堂教学模式带来了全新挑战，如智慧课堂、慕课风暴、翻转课堂等新的教学模式带来了教学观念、教学结构、教学方式的巨大变化。

过去教师教、学生学的教学方式，变成了课前进行自主学习，课上解决问题的教学方式。这就给我们带来了一点启示，预示着信息技术不仅将从方式手段上对课堂教学产生影响，对教学整体的结构、教学模式等也将会产生巨大的影响。

教研工作要及时预见未来可能发生的变化，加快转变的步伐，更新教研工作的观念，尽快从保守、陈旧、墨守成规的传统思维中剥离，向开放、包容、以人为本的现代教育研究观念转变。

（2）研究方式由"经验"转向"事实和数据"

教师课前发布预习，引导学生课前寻找疑难点，系统自动生成预习报告，了解全班同学的掌握情况，并通过数据发现薄弱点，教师及时调整教学策略与方法。这样，教师可以发挥主观能动性，根据任教学校和学生的特点寻找适配的学习模式进行教学。

例如，山东邹平双语学校结合智慧课堂的数据优势，提出了"三四五激情课堂"教学模式，旨在激发学生思维，提高学习效率，达到全员参与的目的。教师在课前就能够根据学生提交的预习结果精准定位学生在学习中的问题，再衔接课上的针对性讲解及课后的个性化辅导，帮助学生及时进行知识内化，使教学效率大幅提升。

（3）研究重心由以"教"为主向以"学"为主转变

人工智能时代的教育使师生关系、学校与学生的关系发生根本变化，学生的主体地位、创造性将得到更加充分的展现。因此，教育研究的重心将由以教为主向以学为主转变，把过去重视研究教、为教服务的工作重点，转向研究学、为学服务。

二、教师备课教研工具的变革

教育大数据技术使得师生从经验驱动教学范式走向数据驱动教学范式。教师和学生在教学过程中的全部数据都可以存储在云平台中，它将课堂环境与网络环境中生成的教学数据转化成有价值的信息，成为教师教学策略与学生学习策略制定的依据。

教师云空间的内容及其数量，一方面是教师本人的资源，供教师个人及本校同伴优先选择使用；另一方面，是学生云空间中优先推荐的资源，学生在自己的学习云空间中，将优先被推荐自己任课教师的资源。所以，教师云空间资源建设是智慧课堂教研的重点。海量的推荐资源，可以是云平台的人工智能优选的，与课题、知识图谱相一致的教师空间资源。如何把推荐的海量资源转化为创建资源、收藏资源及本校资源，是进行大数据教育的基础。

智慧课堂横向打通学校各层级资源，建设完整的校本资源库；纵向服务于学校各成员，将教学过程完美串联。智慧课堂服务于教师、学生、家长三类个人用户，为教师提供空间和终端用以进行备课、上课、批改作业等教学活动，为学生提供空间和终端用以预习、上课、作业、复习等学习环节，为家长提供手机 App，用以了解学生的学习情况，家校互通。由此，形成从云到端到人，涵盖课前、课中、课后全教学环节的深度常态化应用体系，展示了智慧教育的特色和优势。

三、由备教材向备学生的变革

教学过程中，学生是教学的对象，教师作为学习的组织者、参与者，应该从学生的角度出发思考问题。学生不仅是课堂学习活动的主体，也是教师备课的出发点和归属点。

在新课标下，教学目标的设置已经发生了变化，由单一知识目标变为多元目标。教学不应单纯要求学生掌握知识，而应该让学生在知识与技能、过程与方法、情感态度与价值观的三维目标方面都有提高，在培养学生基本知识、基本能力和学科思维的同时，给学生以丰富的内心体验和个人感悟。将统一目标变为多层目标，确保每一位学生都能在课堂上有所收获，将固定目标变为开放目标，关注、呵护、尊重学生的学习感受，引导学生运用科学的方法进行自主学习和探究，给学生更广阔的学习空间。

备学生是根据学生的年龄特点、实际水平以及具体的学习需求等，采用合适的教学方法，设计相应的教学资源或创设恰当的教学情境进行教学。只有事先"备好了学生"，才能有的放矢地进行教学，高质量地完成教学任务。智慧课堂中，一方面汇聚了每位学生的学习态度、学习风格、知识点掌握情况等数据信息，使教师能够精准掌握学生个体的学习需求；另一方面分析了班级、年级及全校等全体学情信息，使学校和教师能够精准掌握整体各个层次的学习需求。教学重心，在于为学生合理规划教学资源，恰当选取教学方式和评价促进方式，实现每个学生的个性化学习。

问题四：如何应用智慧课堂数据进行精准教学变革？

大数据支撑下的智慧课堂精准教学，教学场景中的每一个人都被连接，由此获得学生学习的数据信息，并在此过程中师生接触到各种教学资源。教师调整教学实践，转变为学生学习的辅助者与合作者，自主学习和分层教学使得学生在精准教学中的主体地位得以再现。精准学习中的自主学习可以适应各个层次的学生，让每一个学生学有所得，学有所悟。相较于粗放的学习，自主学习过程更加强调学生是学习的主导者，由学生自主安排学习过程，真正做到个性化学习。自主学习比集体学习困难，对学生和教师都提出了更高的要求，而智慧课堂让自主学习更具适应性。

一、精准教学中的自主学习

为了保障学生自主学习的效率，教师应该为学生制订具体、详细的学习任务单。学习任务单可以理解为教师预设的学习重点和难点，详细列举了本课时学生应该掌握的内容。学习任务单没有固定的模板，但可以包含学习目标、学习资源、初测题目，如表4-1所示。在自主学习时，学生运用学习资源，完成初测题目，以检测学习目标的达成度。

表4-1　数学课学习任务单

1.课题名称：《正余弦函数的图像》
达成目标： 理解正弦、余弦函数的作图方法； 熟练掌握五点作图法，并会运用五点作图法做出正弦函数、余弦函数的图像； 会运用函数图像求解三角不等式
学习方法建议： 观看微课视频和PPT，画出思维导图。 观看微课，参照视频，自己画出正余弦函数图像； 根据PPT中的例题，对照图像求解三角不等式

教师需要给学生推送适量的学习资源，这些学习资源包含学生预习用的演示文稿、文档、音频、视频（包含微课）、思维导图、习题等。推送资源不在多，而在于指导学生时更具个性化。自主学习之后要进行检测，教师要为学生选择初测题。初测题应区别于学习资源中推送的习题。一方面，初测题让学生的自主学习更有目的性；另一方面，教师可从初测题的答题数据中掌握学生对知识点的学习情况，提高课堂教学的针对性。

实际上，精准教学中的自主学习不一定是完整的一课时，教师可以根据实际需要进行调整，可以是完整的一节课，也可以是半节课，甚至更短，一切为学生更好地消化新知识而服务。

二、精准教学中的教师指导

传统课堂教师凭借经验设定学习目标、选择学习内容。自主学习的意义在于最大限度调动学生积极性的同时，更精准地定位学生的学习难点。自主学习不是缺少指导的课前预习，更不是学生的自习课。因此，不管是推送任务放手学生自主学习，还是初测小结，都离不开教师的指导。

自主学习能有效培养学生的独立思考能力，并让学生的学习更具主动性、目的性。教师推送给学生的学习资源，是为帮助学生对知识进行初步加工。自主学习能力强的同学利用丰富的学习资源能达到最优的自主学习效果，自主学习能力稍弱的同学也不至于像"无头苍蝇"一样不知所措，可以在明确的目标指引下依照学习任务单完成学习任务，同样达到较好的自主学习效果。

精准教学中的教师指导可以通过科学利用大数据，清楚了解每个学生的学习掌握情况。对于掌握程度好的同学，教师可以为其选择难度系数"高"的题目，或者给这些同学布置拓展作业，安排其录制微课或者在课上当小老师；对于掌握程度中等的同学，教师可以为其推送正答率低的题目帮助其巩固复习；对于掌握程度较低的同学，可以为其推送针对某个知识点的微课，帮助其消化理解，并推送难度系数为"易"的题目，提高其学习积极性。

案例分析：山东省曲阜市第一中学

山东省曲阜市第一中学秉承着两千年前大教育家孔子"有教无类、因材施教"的教育理念。作为一所儒家思想传承、文化底蕴深厚的学校，曲阜一中在智慧教育模式的实践过程中，将"精准教学"这一教育理念赋予了时代生机。2017年，曲阜一中开始部署智慧课堂，进行智慧课堂信息化课堂教学的初步实践与探索。学校的课堂教学发生了很大变化，所覆盖的班级规模从最初的4个班，扩大到10个班，如今已经达到了22个班。使用智慧课堂交互教学的师生人数超过1200人。

一、智慧课堂上教师精准地"教"

平台涵盖全国优秀教师分享的资源，依据教师的使用习惯，为本校教师推送资源。能够快速获取自己最需要的、最匹配的信息资源，体现了教育的精细化、智能化。教师可以利用教师空间的有关功能，对学生进行检测。通过检测，可了解学生的答题正确率，分析学生的知识薄弱点。依据平台反馈的数据，教师有针对性地备课，调整授课进度，了解学生未掌握的知识点，重点讲解正确率低、知识点薄弱的部分。

基于每周客观及时的答题数据，请答题数据好的学生做典型发言，逐渐形成了一种浓厚的学习氛围，大大激发了学生的学习兴趣。教师可以轮流组题、发题，实现校本资源的建立与共享。在无法实现按时组织备课小组面对面教研时，可通过这种方式，对比课件、习题，共同提高。教师分享到校本资源库的资源，其他教师收藏后，可根据自己的需要做修改，或收藏后发送给学生，用于学生练习，检测学情。

二、智慧课堂上学生精准地"学"

首先是"学"的阶段。依据学生不同的"学习区"，为每位学生量身定制通过努力就可以达到的教学目标。教育大数据让教师更精准地定位每个学生的"学习区"，更高效地去备课、批改作业，更有针对性地去组题训练，让学生只练习自己需要练习的知识点，大大提高了教学效率。这样，教师节省出来的时间可以更多地去亲近学生，了解学生的个性差异，制定个性化的学习规划，等等；而学生节省出来的时间可以更多地去发展自己的兴趣爱好，培养和锻炼其他能力。

然后是"习"的阶段。以前学生是书山题海，老师和家长都认为练得多总没有坏处，但是这样做是不可取的，会给孩子增加额外的负担。智慧课堂中提倡"刻意练习"，让学生在当练处练习，不断地分解他们的学习目标，不断地有及时的反馈，不断地有老师实时的跟进，适当地进行学法点拨。

最后是"悟"的阶段，学生对所学知识的总结和升华。以往教师要求每位学生都要有一本精美的错题本，及时按知识章节、题目类型等去搜集整理适合自己的错题集。这种传统的错题本比较费时费力，虽然有一定的教学效果，但是能够一直坚持整理的只是很少的一部分同学，绝大多数人都是流于形式，为了应付老师的检查，抄上几道题了事，这样就失去了时效性，背离了整理错题的初衷。

本章内容小结

本章我们学习了如何应用智慧课堂的大数据进行教学变革（知识检查点4-1），教师如何应用数据进行教师教研（知识检查点4-2），如何获取智慧课堂学生数据（能力里程碑4-1），以及如何应用数据进行精准教学（能力里程碑4-2）。

本章内容的思维导图如图4-1所示。

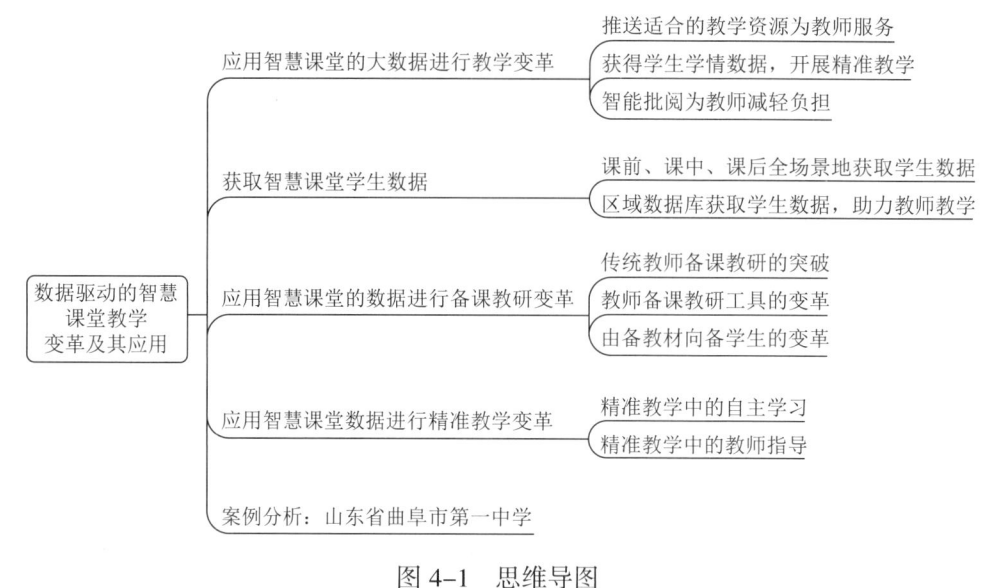

```
                                              ┌─ 推送适合的教学资源为教师服务
                    ┌─ 应用智慧课堂的大数据进行教学变革 ─┼─ 获得学生学情数据，开展精准教学
                    │                         └─ 智能批阅为教师减轻负担
                    │
                    │                         ┌─ 课前、课中、课后全场景地获取学生数据
                    ├─ 获取智慧课堂学生数据 ──────┤
                    │                         └─ 区域数据库获取学生数据，助力教师教学
数据驱动的智慧         │
课堂教学      ───────┤                             ┌─ 传统教师备课教研的突破
变革及其应用         ├─ 应用智慧课堂的数据进行备课教研变革 ─┼─ 教师备课教研工具的变革
                    │                             └─ 由备教材向备学生的变革
                    │
                    │                             ┌─ 精准教学中的自主学习
                    ├─ 应用智慧课堂数据进行精准教学变革 ─┤
                    │                             └─ 精准教学中的教师指导
                    │
                    └─ 案例分析：山东省曲阜市第一中学
```

图 4-1 思维导图

自主活动：思考教师是如何通过课后与课上的场景来获取学生数据的

请学习者在学习完本章内容后，进行自我反思，并记录个人学习心得。

小组活动：研究如何基于智慧课堂进行精准教学

请学习者围绕本章的学习主题进行组内交流，并做好小组学习记录。

评价活动：评价本章知识与能力学习水平

一、简述题

1.请你结合自身经历思考大数据对教师带来的帮助有哪些（知识检查点4-1、4-2）？

2.在智慧课堂模式下教师教研势必会有新的变化，请思考新的备课教研模式与传统的相比模式会有哪些变革（能力里程碑4-1）？

3.请思考，在大数据背景下，教师如何开展精准教学（能力里程碑4-2）？

二、实践项目

请思考如何在智慧课堂中利用大数据来提升自己的教学效率（知识检查点4-1、4-2；能力里程碑4-1、4-2）。

第五章 数据驱动的智慧课堂应用案例

本章学习目标

在本章的学习中，要努力达到如下目标：
- ◆ 能够参考案例进行中小学信息化需求分析（能力里程碑5-1）。
- ◆ 能够参考案例提升教师信息素养（能力里程碑5-2）。
- ◆ 能够参考案例实现数据驱动的学生个性化学习和教师精准教学（能力里程碑5-3）。
- ◆ 能够参考案例进行智慧课堂名师工作室的建设（能力里程碑5-4）。

本章核心问题

如何在数据驱动下开展学生个性化学习和教师精准教学？如何建设智慧课堂名师工作室？

本章内容结构

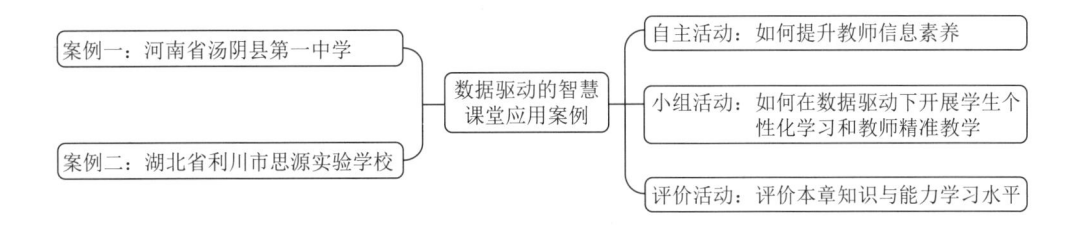

```
案例一：河南省汤阴县第一中学 ─┐
                            ├─ 数据驱动的智慧    ┌─ 自主活动：如何提升教师信息素养
                            │   课堂应用案例    ├─ 小组活动：如何在数据驱动下开展学生个
案例二：湖北省利川市思源实验学校 ─┘                │   性化学习和教师精准教学
                                               └─ 评价活动：评价本章知识与能力学习水平
```

引 言

随着国家教育信息化2.0行动计划逐步推进，互联网教育环境下的以学习者为中心的教育教学创新模式逐步形成，特别是以教育大数据为基础的学习过程分析和个性化学习的实现，智慧课堂环境从单一系统支持转变为以互联网、教育大数据、人工智能等综合多种手段支持，进而有效提升课堂教学效率。随着利用教育大数据背景下精准教学提高质量、支持教师教研、促进师生成长的路线越来越清晰，学校应该发挥优秀教师的示范带头作用，引领更多教师自觉提升信息化素养，推进智慧课堂应用和探索。在这个过程中，学校更要特别注重智慧课堂建设的实用性，并在教学过程中形成校本智慧课堂应用模式，在数据的支持下对学校进行全面诊断，找到科学有效的发展路径，在帮助学生成长的同时也实现教师自身的专业成长。

案例一：河南省汤阴县第一中学

河南省汤阴县第一中学始建于1947年，现有教职员工500余人，在校师生共计9千余人。学校文化底蕴浓厚、教学管理严格，使这里成为"人才的摇篮""育人的圣地"。作为河南省首批示范性普通高中，学校坚持德育为首，育人为本。曾先后被授予国家级绿色学校、省文明单位、省依法治校示范校、省先进家长学校。

一、学校面临的困境及信息化需求分析

随着信息技术的发展，学校逐渐意识到信息技术在推动教育理念、模式与方法的变革上起到了巨大的推动作用，学校一直在探讨通过现代信息技术与教育教学深度融合。学校希望通过技术与教育的深度交互，解决以下问题。

1. 课后延伸学习

学生学习过程是课堂学习及课后自主学习的结合，然而很少有模式能够打破课上与课后时间和空间的界限。学校需要利用云平台拓展延伸师生课后教与学。

2. 学习能力培养

让学生认清自我，找准成绩的增长点，让学生实现精准学习，使学生学习的原动力被激发出来，学习变得有趣、好玩。

3. 教师高效课堂

能够实现师生的无障碍沟通，增效减负，改革传统课堂模式，构建高效课堂。通过智慧课堂的建设，能够实现教育教学模式创新，构建高效课堂，以此提高教育教学质量，能够让教师幸福工作，让学生快乐学习，并能够通过信息技术手段适应新一轮高考改革，实现学校新的跨越。

因此，针对以上诊断问题，学校经过多方考察，于2015年9月将智慧课堂引入智慧班。经过三年的使用，学校在教学模式创新、师生信息素养、资源共享、精准教学、个性化学习等方面取得了一定的成果。

二、校本资源库的共享和推送

学校通过智慧课堂实现了校本资源的快速积累，建立了本校特色的校本资源库。截至 2018 年 10 月，校本全部资源总量已达 34 万份，本校教师共享的资源约 10 万份，通过资源云平台推送的资源约 140 万份，并且本校教师共享的资源仍以每周约 950 份的数量不断增长。通过数据和资源的积累，实现了教育资源的均衡化。

三、数据驱动的学生个性化学习的实现

智慧课堂的引入，为学生开启了自主学习的新模式。学生通过智能终端进行自主复习、自主测评，特别是在层级攻克上，学生的自主学习积极性更高。学生根据系统智能推送的资源及学情报告自主攻克重难点，实现个性化学习。如图 5-1 所示，邓鸿鑫是班级学习成绩较好的学生，该同学在知识点"概率的应用"的层级为 B 级，其正在努力攻克此知识点。通过详情数据可知，邓鸿鑫一周内复习做习题 1046 道，推荐答题 76 道，错题重做 779 道，且错题重做率达到 93%，可见该学生对错题进行了有针对性的复习，实现了个性化学习。同时，通过其他同学的答题数据可得知同学们的自主做题量很高。

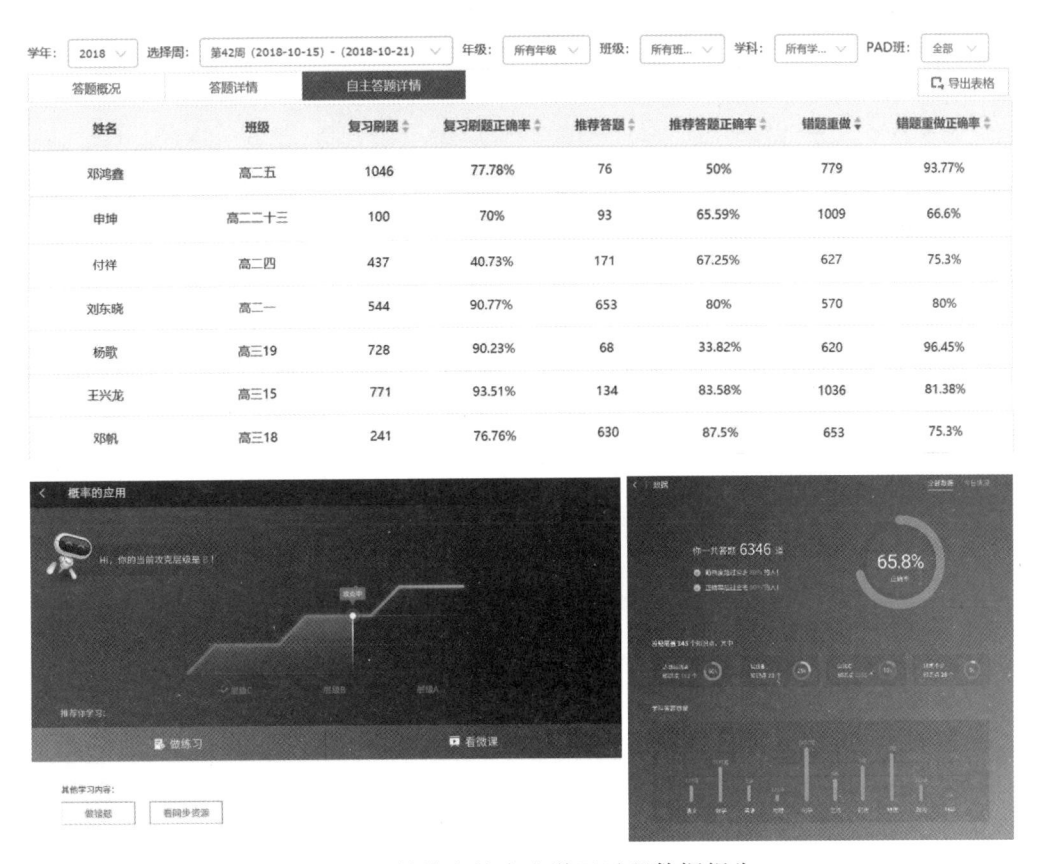

姓名	班级	复习刷题	复习刷题正确率	推荐答题	推荐答题正确率	错题重做	错题重做正确率
邓鸿鑫	高二五	1046	77.78%	76	50%	779	93.77%
申坤	高二二十三	100	70%	93	65.59%	1009	66.6%
付祥	高二四	437	40.73%	171	67.25%	627	75.3%
刘东晓	高二一	544	90.77%	653	80%	570	80%
杨歌	高三19	728	90.23%	68	33.82%	620	96.45%
王兴龙	高三15	771	93.51%	134	83.58%	1036	81.38%
邓帆	高三18	241	76.76%	630	87.5%	653	75.3%

图 5-1　某学生的个人学习过程数据报告

四、学校成绩提升效果

经过两个学期的辛勤耕耘，智慧班的学生在期末考试中交出了一份满意的答卷。通过对文科班的数据分析，以及汤阴一中2016—2017学年期末考试理科班平均分与智慧班的对比可见，智慧班总分平均分为384.61分，普通班总分平均分为346.02分，智慧班平均分比普通班平均分高出38.59分。通过对理科班的数据分析，以及对汤阴一中2016-2017学年期末考试文科班平均分与智慧班的对比可见，智慧班总分平均分为377.47分，普通班总分平均分为353.16分，智慧班平均分比普通班平均分高出24.31分。

五、教师的体验与分享

河南省汤阴一中刘千霞老师分享了在使用智慧课堂后的变化："基于智慧课堂3年数据积累，易错、高频知识点已经被标签化了。在复习之前，数据让我的课堂更有策略性，我知道自己应该教什么，侧重点在哪里。今年高考，我们学校创造了建校以来上线人数新高，全县前3名学生中有2个孩子来自我的班级，超过了清华北大的分数线，并被浙大录取了，这是很多年都没出现过的了"。通过智慧课堂在学校的常态化应用，教师不仅在教学教研上有很大提升，更为学校探讨教育思想及观念的改变带来了新的思路。

六、专家点评

河南省汤阴一中的案例是一般学校建设智慧课堂的典型应用过程，学校通过三年的实践应用和不断探索，重点通过对学生学习方面的数据进行系统化的跟踪和分析，为每一位学生形成了多维度的学习报告，从而指导教师的教学和学生的学习，为教与学的质量提高提供了有力的反馈，并为每一个知识点、每一个习题提供了闭环诊断作用，应用效果显著。

具体来看，本案例具有三个突出的经验，是值得学习和借鉴的：第一，学校在实施智慧课堂前做了系统的整体困境现状分析，并为信息化需求提供了具体的方向，这样的智慧课堂建设和应用具有很好的针对性；第二，学校在实施智慧课堂过程中特别注重优质资源的建设，提供系统化和完整的优质资源建设是智慧课堂成功的基本保障；第三，对学生个性化学习的实现和支持，通过对学生自主学习过程和习题检测的数据分析，为学生提供了及时反馈和学习过程目标指引，有利于学生学习目标的矫正和干预，提高了学习效率和体验。

案例二：湖北省利川市思源实验学校

湖北省利川市思源实验学校是一所年轻的全日制初级中学，由言爱基金援建，成百上千的学生在这里学习、成长。这所山区的学校在当地政府和言爱基金的共同资助下,全面建设智慧课堂,迈入教育信息化 2.0 时代,成为了全国思源学校智慧教育示范校,也成为了湖北省数字化校园试点学校。

利川市思源实验学校经过一年的使用,已取得了显著成果。利川市思源实验学校有 60 个班级,180 位教师,3000 名学生。全校学生已全部使用智慧课堂,并已常态化使用,各学科教师已在主动探索课堂教学改革实践。通过全场景的教学应用,教学数据和学习数据的及时反馈,大大提高了教师的教学效率及学生的学习效率。

一、智慧课堂师生信息素养的提升

智慧课堂应用于所有智慧班,师生人手一台智能终端。学校深入探讨教育教学与信息技术的深度融合,针对智慧课堂需求开展了培训、验课、赛课、师生座谈会等活动,使教师能够充分利用智慧课堂进行教学模式创新。同时,"请进来、走出去"的策略促进了学校间、教师间关于智慧课堂的交流,为教师提高信息素养提供了良好的交流平台。

二、数据驱动的教师精准教学的实现

通过智慧课堂的常态化使用,教师通过学生的作业、答题等数据,充分了解班级及每位学生的学习情况,通过数据信息开展分层教学。并且通过三年的数据积累,易错、高频知识点已被标签化,使复习更具策略性。图 5-2 所示为知识点学情数据报告,教师通过张贝纳同学的数学掌握详情数据发现,其"两角和与差的三角函数公式"的知识点答题得分率很低。同时,通过班级整体答题情况了解到该知识点总体得分率较低,教师需要针对此知识点进行详细讲解,实现精准教学。

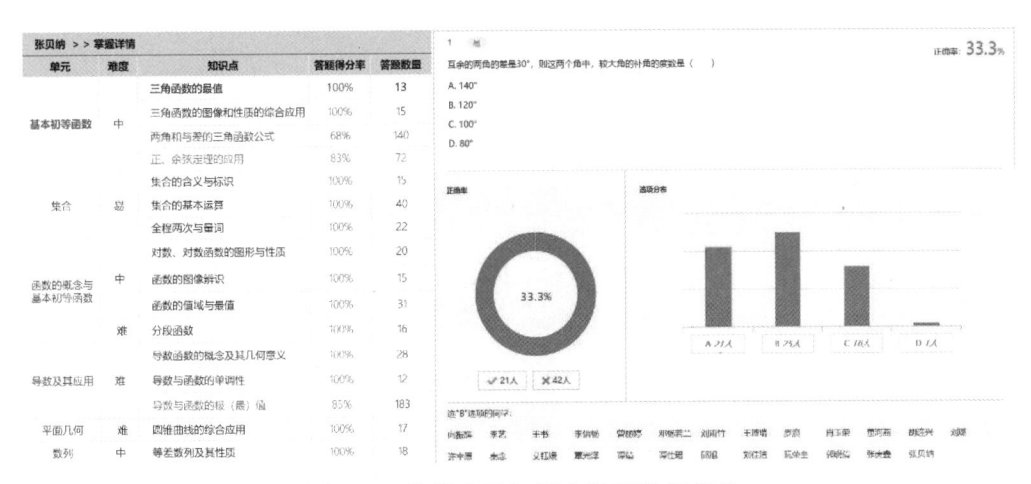

图 5-2 某学生的知识点学情数据报告

三、智慧课堂停网不停课

智慧课堂通过各种有线和无线网络实现了人与人、人与终端、终端与终端之间的随需连接与信息交换。高速、稳定、连贯的网络是保障教学的重要基础，是学习资源传送、师生间教学互动的基础条件。但受传统网络限制，无法满足数据的高并发，并且极易受到网络环境的影响，出现断网、卡顿等问题。

借助物联网技术将智慧课堂中的智能终端、智能设备、云平台等连接起来，能够使移动网、校园网络等多个网络之间切换使用，从而保障课堂教学享受高质量的网络服务。同时，基于物联网的智能设备具有无线网络缓存、分析与共享的能力，不仅让教师与学生可以在任何时间、任何地点学习，也实现了在断网或校园网络质量欠佳的情况下能够无网高效授课，真正实现"停网不停课"。

2018年1月3日，利川市第一场雪的到来，导致学校校园网光纤受损，校园内的网络受到严重影响。在以往，势必造成依赖于网络的"晨读"无法正常直播，但在当天，由于物联网云盒的存在，使网络自动切换到了4G，智慧课堂未受到任何影响。学校的李瑶瑶老师表示："今天终于感受到了什么叫停网不停课，下雪把光纤弄坏了，我连明天的晨读直播都上不了了，但是今晚依旧在用智能终端上课。"

四、学校成绩提升效果

在2017—2018学年上学期期末考试中，各年级进入全市优生分数段的学生数均在不同程度上有所增长。其中八年级进入市前300名的学生数较未使用智慧课堂前，有了近400%的涨幅。在2018年的中考成绩中，利川市思源实验学校取得了优异的成绩，在保持位居公立学校第一的基础上，相较于2017年的中考成绩，当年的成绩有了很大提升。全校2017年中考成绩在580分以上的有164人，2018年中考分数段在580分以上的有321人，同比增长了95.7%。学校学生成绩的显著提升，离不开教师的努力和校领导的大力推动。智慧课堂带给教师的不仅是教学效率的提升，更是教育思想和观念的转变。

五、智慧课堂名师工作室建设

2019年10月，利川思源智慧课堂名师工作室在主持人李瑶瑶老师的带领下，完成了研修过程。研修过程步骤总结如下：

第一，理念提升。工作室主持人李瑶瑶老师带领成员开展培训，以自身实践经历传递智慧课堂理念，让大家认识到了智慧课堂的价值。

第二，示范课引领。工作室以课堂为主阵地开展教学研究。李老师身先垂范，让成员感受真实的智慧课堂变革，通过观察学生学习状态了解新型课堂生态。

第三，成员研究课。各成员积极主动、根据工作室安排，分批开展研究课。成员相互观摩课堂，观察教师教学行为与学生学习状态，定位课堂问题。

第四，教学研讨会。第一批研究课后，开展教学研讨。工作室成员共同反思学生的学习效果，思考新工具的引入给课堂带来的实际价值。

第五，理念升华。通过前期理论与实践的研究，各位教师意识到自己课堂的问题，开始新的尝试。

通过研修，大家表示将脚踏实地地从自己的每一节课开始改变。也许在改革的过程中，阵痛是难免的，甚至还可能有剧痛，但是这个团队坚信，时代的发展趋势不会因为个人的痛而停滞。所以他们当初义无反顾地选择，此后将持之以恒地坚持，勇往直前，拥抱未来！

利川市思源实验学校是利川市的名校，名校的优质资源和教学经验将带来整个区域教学资源、教师资源的变革，盘活整个区域的教育资源，全面提高区域的教育质量。

六、专家点评

河南省汤阴一中的案例是偏远山区学校建设智慧课堂的典型应用过程，在各方面资源有限的条件下，学校抓住智慧课堂建设的关键环节进行建设。学校通过一年的实践应用和不断探索，重点通过对教师教学方面的数据进行系统化的跟踪和分析，帮助教师全面掌握班级和每一位学生的学情，从而为教学决策和教学反馈提供充分的支持，应用效果显著。

具体来看，本案例具有三个突出的经验，是值得学习的：第一，学校在建设智慧课堂的同时，很好地结合了教师和学生信息素养的同步提升；第二，智慧课堂对教师精准教学的大力实现和支持，通过学情数据分析报告为教师教学决策提供了科学的依据和检测手段；第三，名师工作室的建立对于保障智慧课堂建设起到了引领的作用，更是智慧课堂持续创新的源泉。

本章内容小结

本章我们学习了河南省汤阴县第一中学和湖北省利川市思源实验学校所进行的校本资源库的共享和推送、智慧课堂的停网不停课等实践内容（能力里程碑5-1、5-2、5-3、5-4）。

本章内容的思维导图如图5-3所示。

```
                                    ┌── 学校面临的困境及信息化需求分析
                                    ├── 校本资源库的共享和推送
                      ┌─ 河南省汤阴县第一中学 ─┼── 数据驱动的学生个性化学习的实现
                      │              ├── 学校成绩提升效果
                      │              ├── 教师的体验与分享
数据驱动的智慧 ───┤              └── 专家点评
课堂应用案例      │
                      │                   ┌── 智慧课堂师生信息素养的提升
                      │                   ├── 数据驱动的教师精准教学的实现
                      └─ 河北省利川市思源实验学校 ─┼── 智慧课堂停网不停课
                                          ├── 学校成绩提升效果
                                          └── 智慧课堂名师工作室建设
```

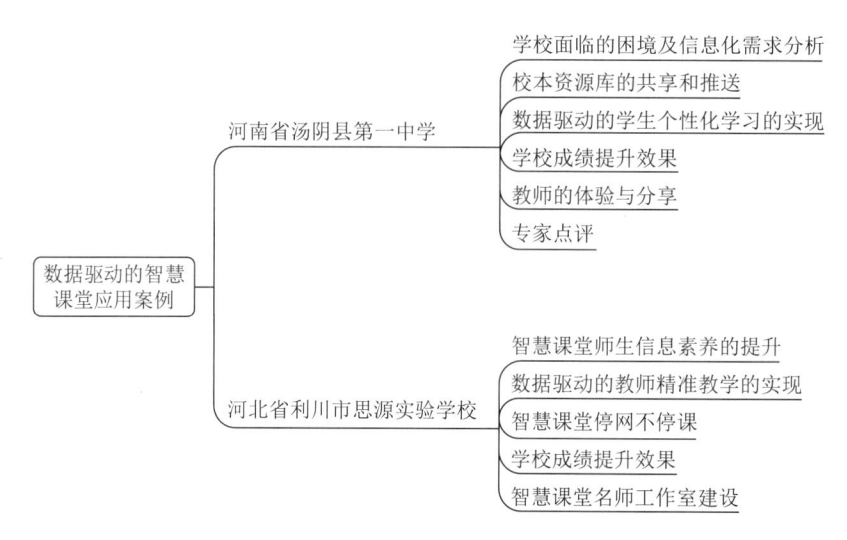

图 5-3　思维导图

自主活动：如何提升教师信息素养

请学习者在学习完本章内容后，进行自我反思，并记录个人学习心得。

小组活动：如何在数据驱动下开展学生个性化学习和教师精准教学

请学习者围绕本章的学习主题进行组内交流，并做好小组学习记录。

评价活动：评价本章知识与能力学习水平

一、简述题

结合本章所学，思考河南省汤阴县第一中学和湖北省利川市思源实验学校在开展智慧课堂方面有哪些立足点？都做了哪些方面的具体工作？有哪些地方值得借鉴（能力里程碑 5-1、5-2、5-3）？

二、实践项目

参考本案例中数据驱动下的智慧课堂建设情况，结合学校实际信息化发展情况，对学校智慧课堂名师工作室进行设计建设（能力里程碑 5-1、5-2、5-3、5-4）。

参考资料

[1] 神策数据. 什么是数据驱动, 如何才算实现数据驱动? [EB/OL].https://www.sensorsdata.cn/blog/20180726/, 2018-7.

[2] 周洪宇, 李木洲. 抓住"数字基建"机遇, 加快推进教育现代化[N] 中国社会科学报, 2020(6).

[3] 金江军. 智慧教育发展对策研究[J]. 中国教育信息化, 2012(22): 18-19.

[4] 祝智庭, 贺斌. 智慧教育: 教育信息化的新境界[J]. 电化教育研究, 2012(12): 5-13.

[5] 杨现民. 信息时代智慧教育的内涵与特征[J]. 中国电化教育, 2014(1): 29-34.

[6] Palmisano,S.J. A smarter planet: the next leader-ship agenda[J].IBM, 2018(6): 1-8.

[7] 刘军. 智慧课堂: "互联网+"时代未来学校课堂发展新路向[J]. 中国电化教育, 2017(7): 14-19.

[8] 刘邦奇. "互联网+"时代智慧课堂教学设计与实施策略研究[J]. 中国电化教育, 2016(10): 51-56.

[9] 陈宝生. 努力办好人民满意的教育(治国理政·新理念 新思想 新战略)[EB/OL].http://politics.people.com.cn/n1/2017/0908/c1001-29522492.html, 2017-9-8.

[10] (美)霍华德·加德纳. 智能的结构[M]. 沈致隆, 译. 北京: 中国人民大学出版社, 2008.

[11] 吴蓓. 智慧课堂建设的机遇与挑战——以高中思政学科为例[J]. 中学课程辅导: 教师通讯, 2018(20): 10-16.

[12] 李永智. 教育与技术的再次较量[EB/OL]. http://www.jyb.cn/rmtsy1240/jyyw/201812/t20181210_122976.html, 2018-12-10.

[13] 黄荣怀, 杨俊锋, 胡永斌. 从数字学习环境到智慧学习环境——学习环境的变革与趋势[J]. 开放教育研究, 2012(1): 75-84.

[14] 黄荣怀. 智慧教育的三重境界: 从环境、模式到体制[J]. 现代远程教育研究, 2014(6): 3-11.

[15] 青禾. 云际视界: 深入应用场景, 布局教育生态[EB/OL]. https://www.appnz.com/kuaixun/

[16] 肖远骑. 这种教育, 将是未来学校变革的主导趋势! [EB/OL]. https://www.sohu.com/a/161706401_385655, 2017–08–02.

[17] 吴仁树. 浅谈计算机在日常生活中的应用 [J]. 学习周报·教与学, 2020, 10: 11–14.

[18] 中国信息通信研究院. 云计算发展白皮书 (2019 年)[R]. 北京: 中国信息通信研究院, 2019.

[19] 缪宁陵. 教育信息化: 教育现代化的基础 [J]. 江苏技术师范学院学报, 2010(10): 128–131.

[20] 教育部. 教育部关于印发《教育信息化 2.0 行动计划》的通知 [EB/OL]. http://www.moe.gov.cn/srcsite/A16/s3342/201804/t20180425_334188.html, 2018–04–18.

[21] 牛素忠. 教育信息化如何带动县域教育均衡化 [J]. 山西教育 (管理), 2017(4): 15–17.

[22] 艾瑞咨询. 中国人工智能自适应教育行业研究报告 [R]. 上海: 艾瑞咨询, 2018–2.

[23] 吴秋婷. AI+ 教育是下一个风口? [N]. 中国城市报, 2018 (13).

[24] 中央电化教育馆. 关于印发《国家教育资源公共服务平台教育资源审查办法 (暂行)》的通知 [EB/OL]. https://www.ncet.edu.cn/zhuzhan/ztzg/20130910/1311.html, 2013–09–10.

[25] 南广明. 基于网络的中小学校本教学资源库的设计与建设 [J]. 教育革新, 2017(12).

[26] 贾云海. 科技改变教育, 关键是教育思维的转变 [EB/OL]. https://www.sohu.com/a/328008157_99941059, 2019–07–19.

[27] 教育部. 关于印发《国家教育资源公共服务平台教育资源审查办法 (暂行)》的通知 [EB/OL]. http://www.moe.gov.cn/s78/A16/s5886/s5892/201310/t20131014_158327.html, 2013–9–2.

[28] 马永善. 教师应把建立知识体系作为教学的基本目标 [J]. 青年文学家, 2011(12).

[29] 王朋利, 张洁琪, 吕晓红. 基于互联网的数字教育资源服务供应链构建与管理 [J]. 中国教育信息化, 2019(13): 23–27.

[30] 余胜泉, 杨现民, 程罡. 泛在学习环境中的学习资源设计与共享——"学习元"的理念与结构 [J]. 开放教育研究, 2009(1): 47–53.

[31] 卫文婕, 付宇博. 个性化学习资源推荐算法研究 [J]. 中国教育信息化, 2018(18): 91–96.

[32] 张挥, 邹宇松. 信息推送教育应用探析 [J]. 中国教育信息化, 2019(10): 94–96.

[33] 侯亚楠. "慧学云"平台与数学课堂教学的整合 [J]. 中国现代教育装备, 2017(6): 72–73.

[34] 邓灿明. 高中生数学纠错策略研究 [J]. 新教育时代, 2014(29).

[35] 曾国平. 创新思维与创造力的发挥 [J]. 华夏星火, 2004(2): 17–21.

提炼数据内涵．
回归数学精髓．
提升教学质量．

张景中 2019年10月

丛书主编 方海光

中小学教育大数据分析师系列培训教材

数 据 驱 动 的 智 慧 教 育

数据驱动的智慧课堂

数据驱动的翻转课堂及微课应用

荆永君　石雪飞　寇海莲 | 主编　薛峰　万正刚 | 编

电子工业出版社

Publishing House of Electronics Industry

北京·BEIJING

未经许可，不得以任何方式复制或抄袭本书之部分或全部内容。
版权所有，侵权必究。

图书在版编目（CIP）数据

数据驱动的智慧课堂．数据驱动的翻转课堂及微课应用 / 荆永君，石雪飞，寇海莲主编；薛峰，万正刚编．—北京：电子工业出版社，2020.11

中小学教育大数据分析师系列培训教材

ISBN 978-7-121-39935-0

Ⅰ．①数… Ⅱ．①荆… ②石… ③寇… ④薛… ⑤万… Ⅲ．①课堂教学－教学研究－中小学－师资培训－教材 Ⅳ．① G632.421

中国版本图书馆 CIP 数据核字（2020）第 221756 号

责任编辑：张贵芹　文字编辑：仝赛赛
印　　刷：北京天宇星印刷厂
装　　订：北京天宇星印刷厂
出版发行：电子工业出版社
　　　　　北京市海淀区万寿路 173 信箱　邮编 100036
开　　本：787×1092　1/16　印张：27　字数：691.2 千字
版　　次：2020 年 11 月第 1 版
印　　次：2020 年 11 月第 1 次印刷
定　　价：140.00 元（全 4 册）

凡所购买电子工业出版社图书有缺损问题，请向购买书店调换。若书店售缺，请与本社发行部联系，联系及邮购电话：（010）88254888，88258888。

质量投诉请发邮件至 zlts@phei.com.cn，盗版侵权举报请发邮件至 dbqq@phei.com.cn。

本书咨询联系方式：（010）88254510，tongss@phei.com.cn。

丛 书 主 编：方海光
本 书 主 编：荆永君　石雪飞　寇海莲
本书编写者：薛　峰　万正刚

指导专家委员会

指导专家委员会成员：

黄荣怀	北京师范大学	荆永君	沈阳师范大学
李建聪	教育部教育管理信息中心	赵慧勤	山西大同大学
王珠珠	中央电化教育馆	杨俊锋	杭州师范大学
李　龙	内蒙古师范大学	李　童	北京工业大学
王　素	中国教育科学研究院	纪　方	北京教育学院
余胜泉	北京师范大学	郭君红	北京教育学院
刘三女牙	华中师范大学	徐　峰	江西省教育管理信息中心
顾小清	华东师范大学	高淑印	天津市中小学教育教学研究室
尚俊杰	北京大学	陈　平	南京市电化教育馆
魏顺平	国家开放大学	黄　艳	沈阳市教育科学研究院
曹培杰	中国教育科学研究院	罗清红	成都市教育科学研究院
胡小勇	华南师范大学	杨　楠	北京教育科学研究院
李　艳	浙江大学	李万峰	北京市通州区教师研修中心
张文兰	陕西师范大学	马　涛	北京市海淀区教育科学研究院
蔡　春	首都师范大学	石群雄	北京教育学院丰台分院
方海光	首都师范大学	卢冬梅	天津市和平区教育信息中心
张　鸽	首都师范大学	陕昌群	成都市教育科学研究院
鲍建樟	北京师范大学	李俊杰	北京教育学院丰台分院
陈　梅	内蒙古师范大学	管　杰	北京市第十八中学
梁林梅	河南大学	顾国齐	OKAY智慧教育研究院
杨现民	江苏师范大学	楚云海	伴学互联网教育大数据研究院
肖广德	河北大学		

序 一

近年来，大数据、人工智能等技术在教育管理变革、学习模式变革、教育评价体系变革、教育科学研究变革等方面的作用日益凸显。国家高度重视教育大数据的发展，鼓励教师主动适应信息化时代变革。2018年1月，《中共中央国务院关于全面深化新时代教师队伍建设改革的意见》明确提出，"教师要主动适应信息化、人工智能等新技术变革，积极有效开展教育教学"。2018年4月，教育部印发《教育信息化2.0行动计划》，指出要深化教育大数据应用，大力提升教师信息素养。2018年8月，教育部办公厅印发通知，启动人工智能助推教师队伍建设行动试点，将探索应用大数据支持教师工作决策、优化教师管理作为重要试点内容。2019年3月，教育部印发《关于实施全国中小学教师信息技术应用能力提升工程2.0的意见》，强调大数据、人工智能等新技术的变革对教师信息素养提出了新要求，教师需要主动适应新技术变革。

当前，随着新技术的不断涌现与发展，很多原有的教育理论都迸发出了新的火花，大数据、人工智能等技术与教育的深度融合，将促进我们加快发展伴随每个人一生的教育，平等面向每个人的教育，适合每个人的教育，更加开放灵活的教育。教育大数据可以让教师读懂学生，让教育教学更加智慧，让教育研究更加科学。教育大数据可以让管理者读懂学校，由"经验式"决策变为"数据辅助式"决策，推动教育、教学、教研、管理、评价等领域的创新发展。

我认识方海光教授好多年了，启动"中小学教育大数据分析师系列培训教材"（简称丛书）的策划工作时，海光还提出，希望请重量级人物来担纲主编，但我不这么认为。我觉得像他这样的中青年学者已经成长为学科发展的一线主力，理应主动承担起更大的责任。这套丛书的出版确实也让我有眼前一亮的感觉。丛书内容丰富、形式新颖，根据学校的不同角色分成了五个系列：教育大数据——迈向未来学校的智慧教育、数据驱动的技术基础、数据驱动的智慧学校、数据驱动的智慧课堂和数据驱动的教育研究。丛书符合中小学教师信息技术应用能力提升工程2.0的要求，相信将在各级单位信息化领导力培训、信息化教学创新培训、数据能力素养培训等工作中发挥重要作用，能够为教育管理者的数据智能决策提供帮助，为教师教育的研究者提供参考，更值得广大的学校管理者、教师阅读和学习。

希望这套丛书的出版能够促使教育大数据更好地助推教育教学改革和培训教研改革，引领中小学教育的整体变革，进而推动教育的跨越式发展。

华东师范大学教授　任友群

序 二

国家教育现代化和智慧教育示范区的建设都强调了教育大数据的应用方向，教育大数据中心建设和区域数据互联互通成为当前教育信息化的发展重点。

从我国教育信息化的发展趋势来看，基础环境和资源建设与应用快速推进，师生信息化应用能力和水平显著提升。信息化不断发展带来知识获取方式和传授方式、教与学关系的革命性变化，很多学校面临知识的体系化建设阶段。在大数据和人工智能的环境下，我们面临很多新的问题：如何建设学校的知识体系？如何指导学生的学习过程？学习过程的数字化带来了更多的大数据，人工智能的数据处理引擎带来了更复杂、更精准的应用场景，更自然、更贴近人们日常生活的人机交互带来更直观的体验。各种教育大数据和人工智能应用层出不穷，学校的选择空间很大，但是在此之前，我们必须对学校的定位和自身需求有一个明确的认识：学校为什么需要教育大数据？教育大数据能帮学校做什么？学校是否需要转变应用数据的思维方式？

实际上，教育大数据并不神秘，它一直伴随着数字校园、智慧教室学习环境的建设，学习空间的应用，在线教育的发展等。教育大数据具体可以应用于精准教学、学情分析、精准管理、科学决策、学生生涯成长过程记录、学校数据统一优化。未来学校和智慧教育示范区的建设离不开教育大数据，教育大数据的应用也离不开管理者和师生对它的认识和理解，这些都是产生信息化价值的重要基础。

为了服务新时代大数据、人工智能等技术带来的教育变革需求，促进广大教育工作者深入理解和学习有关教育大数据应用的价值和知识，这套丛书应运而生。这套丛书内容全面、新颖，案例丰富且适合实践，可供关注教育大数据和教师培训的研究者和实践者使用，更值得关注未来学校发展和教师队伍建设的学校使用，也期待丛书能根据使用情况和技术的发展，愈加完善。

北京师范大学教授　黄荣怀

序 三

以人工智能为代表的新一代信息技术对教育的发展具有重要影响，国家高度重视智慧教育的发展，希望加快人工智能在教育领域的创新应用。利用智能技术支撑人才培养模式的创新、教学方法的改革、教育治理能力的提升，构建智能化、网络化、个性化、终身化的教育体系，是推进教育均衡发展、促进教育公平、提高教育质量的重要手段，这也是实现我国教育现代化的重要动力和有力支撑手段。

对于学校，数据将会成为学校最重要的资产，这是教育大数据生态的基石。学校将是一个教育大数据中心，能够实现多层面数据价值的共享。对于课堂，数据的核心价值是形成闭环，并通过这种闭环迭代，使学生的学习效果越来越接近预期目标。如何迎接新时代教育大数据的挑战是学校面临的问题，本套丛书旨在帮助学校应用教育大数据，探索基于数据的思维转变过程，掌握应用教育大数据进行教育创新的方法。

本套丛书采用了新颖的内容组织形式，各册均采用扁平化组织，只有章的结构，没有节的结构。各章的结构要素包括知识检查点、能力里程碑、核心问题、问题串、活动。其中，知识检查点是知识检查的基本单元，能力里程碑是任务完成的标志性能力。各章通过核心问题引发学习者思考，以系列问题串组织内容，引导学习者通过评估性问题和反思性活动进行探究，实现知识学习和能力提升的演化过程。活动包括自主活动、小组活动和评价活动。在自主活动中，学习者首先对本章内容进行反思，反思在平时的教育实践中是否出现过类似的问题或现象等，然后写个人心得，结合本章内容阐述在以后的教学实践中可以有怎样的举措。在小组活动中，集体讨论本章所学内容，然后各抒己见，思考如何改善教学质量，属于小组层面的交流。评价活动用于评价和检测，不仅适用于参加教师培训的教师、教育管理者，还适用于不参加培训的广大学习者。这三个活动的设置符合研修的典型特征，每个活动都有一个聚焦的主题，不限定具体的活动内容，有利于组织者安排工作，根据实际的需要展开活动，也适合学习者的自主学习、反思。

本套丛书分为五个系列，它们分别是：教育大数据——迈向未来学校的智慧教育（全1册）、数据驱动的技术基础系列（全4册）、数据驱动的智慧学校系列（全4册）、

数据驱动的智慧课堂系列（全4册）、数据驱动的教育研究系列（全4册），共计17册。本套丛书的任何一册都可以单独组成8～12学时的培训课程，又可以以系列教材为主题组成培训主题单元模块。本套丛书既适用于国家层面、各省、各市、各区县级、各级各类学校进行有组织的教师教育和培训活动，又支持一线教师、教研员、管理者、研究者及教育服务人员的自主学习，还适合大学、研究生及高校教师进行参考和学习。本套丛书难免存在各种问题和不足，恳请各位同仁不吝赐教！

方海光

首都师范大学

前 言

信息技术的发展为教学模式的变革创造了条件。翻转课堂作为一种新型的教学模式，通过网络技术，借助微课资源将知识传授在课前完成，让知识内化发生在课堂上，颠覆了传统教学的固有模式，将学习过程中知识传授与知识内化两个阶段颠倒过来。在翻转课堂教学模式下，教师和学生的角色需要转变，课堂教学组织形式和教学手段需要改变，教学时间需要重新分配。作为一线教师，需要掌握哪些知识与技能，才能将翻转课堂教学模式有效地应用到教学实践中呢？本书以翻转课堂与微课为主线，介绍了微课制作和基于微课实施翻转课堂教学的相关内容。通过本书的学习，教师能够理解翻转课堂与微课的含义，了解数据驱动下实施翻转课堂的教学策略，掌握微课制作技术并具备实施翻转课堂教学的能力。

本书分为七章，具体内容安排如下：

第一章介绍了翻转课堂和微课的概念，以及传统课堂与翻转课堂的区别，并从知识点类型、资源形态、制作技术及在线教育中的常见类型四个角度介绍了微课的分类，从课前、课中、课后三个阶段介绍了微课在翻转课堂中的作用。

第二章介绍基于微课的翻转课堂教学模式中课前师生需要做的教学与学习准备，课堂中教师设计和实施课堂教学活动的方法，以及课后教师评价和反思的方法。

第三章在介绍了微课开发流程的基础上，从理论基础、教学目标、教学策略、媒体设计、脚本设计五个方面介绍了微课设计的要领，从完整性、可视化、技术性、艺术性四个角度阐述了微课优化的策略，并结合国内微课大赛的评价标准介绍了微课的评价体系。

第四章介绍了手写型微课和录屏剪辑型微课的特点，并从拍摄前的准备、拍摄过程和后期编辑三个方面介绍了三种手写型微课和使用 Camtasia 软件录制录屏剪辑型微课的制作技术。

第五章介绍了 MG 动画型微课的概念、特点和常见制作工具，并重点介绍了运用"万彩动画大师"软件制作 MG 动画型微课的技术。

第六章从课前、课中、课后三个阶段介绍了数据分析技术在翻转课堂中的作用，重点介绍了主导——主体教学策略、分层教学策略和问题——探究式教学策略三种常见的数据驱动下的翻转课堂教学策略。

第七章以案例的形式介绍了翻转课堂的具体实施方法、数据驱动的特点，以及实施时化解问题的方法和注意的问题。

本书注重理论和实践相结合，在力求知识体系完整性的基础上，立足中小学教学和研究实践，以问题为引领，自主活动和小组活动相结合，以微课制作为基础，借助数据分析技术阐释翻转课堂的精准教学，致力于学以致用，达到事半功倍的效果。本书配有丰富的案例和练习资源，可以作为教师信息技术能力提升工程培训教材，也可以作为教师的自学研修资料。

本书是集体创作的成果，由荆永君负责策划和统稿，第一章、第四章、第五章、第六章由石雪飞编写，第二章、第三章、第七章由寇海莲编写，薛峰、万正刚、郭少华、姜雪、张鑫参与了排版和校对工作。感谢沈阳师范大学教师信息技术应用能力国家级实验教学示范中心对本书的支持和帮助，也感谢电子工业出版社工作人员为此所做的大量工作。

本书在编写过程中对引用的文献已做了标注，如有遗漏，恳请谅解！由于时间仓促，编者水平有限，书中难免有疏漏和不妥之处，欢迎广大读者提出宝贵意见和建议，以便我们修订和补充。

编者

2019 年 10 月

目 录

第一章　翻转课堂与微课 / 001

002　问题一：什么是翻转课堂？

004　问题二：什么是微课？

006　问题三：微课有哪些类型？

011　问题四：微课在翻转课堂中有哪些作用？

第二章　翻转课堂的实施 / 014

015　问题一：教师和学生需要在课前做哪些准备？

018　问题二：如何设计和实施课堂教学活动？

021　问题三：如何进行翻转课堂的评价与反思？

第三章　设计微课 / 027

028　问题一：微课的开发流程是什么？

031　问题二：如何设计微课？

037　问题三：如何优化微课？

039　问题四：如何评价微课？

第四章　微课视频初级制作 / 042

043　问题一：如何制作手写录像型微课？

049　问题二：如何制作录屏剪辑型微课？

第五章　微课视频高级制作 / 058

059　问题一：制作 MG 动画型微课的工具有哪些？

061　问题二：如何运用万彩动画大师软件制作 MG 动画型微课？

第六章　基于微课的翻转课堂教学策略 / 072

073　问题一：如何基于数据进行学习行为分析？

076　问题二：数据驱动下的翻转课堂教学策略有哪些？

第七章　基于微课的翻转课堂教学应用案例 / 087

088　问题一：基于微课资源的初中物理翻转课堂教学是如何实施的？

091　问题二：大数据思维下基于微课的高中物理翻转课堂教学是如何实施的？

094　问题三：设计与实施基于微课的翻转课堂教学时，应注意哪些问题？

参考资料 / 099

第一章 翻转课堂与微课

本章学习目标

在本章的学习中,要努力达到如下目标:
- ◆ 了解翻转课堂的概念以及翻转课堂与传统课堂的异同点(知识检查点 1-1)。
- ◆ 了解微课的概念和类型(知识检查点 1-2)。
- ◆ 掌握微课在翻转课堂中的作用(能力里程碑 1-1)。

本章核心问题

翻转课堂与传统课堂有哪些异同点?微课在翻转课堂中有哪些作用?

本章内容结构

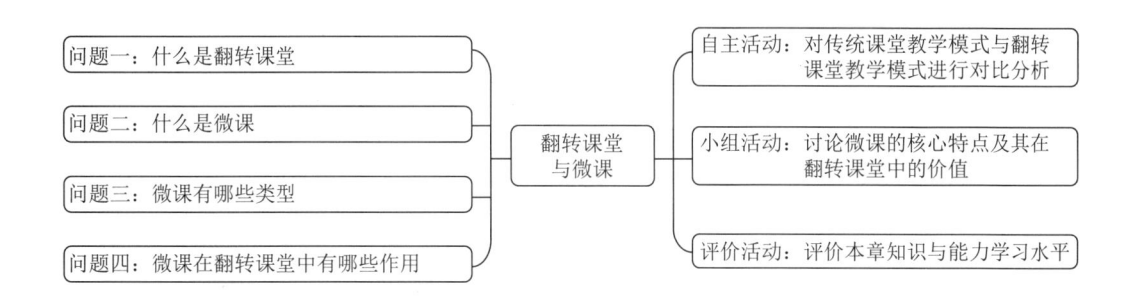

```
问题一:什么是翻转课堂 ─┐                    ┌─ 自主活动:对传统课堂教学模式与翻转
                      │                    │   课堂教学模式进行对比分析
问题二:什么是微课     ─┤   翻转课堂          │
                      ├─  与微课        ────┼─ 小组活动:讨论微课的核心特点及其在
问题三:微课有哪些类型 ─┤                    │   翻转课堂中的价值
                      │                    │
问题四:微课在翻转课堂中有哪些作用 ─┘        └─ 评价活动:评价本章知识与能力学习水平
```

引言

传统的课堂教学模式中,教师是课堂教学活动的中心,是教学活动的主导,是知识的传授者;学生是知识的接收者;媒体是教的工具;教材是教的内容;学生的成绩是教师教学水平的反映;课堂作为教学的主要环节,则是提供给教师表演的舞台。整个教学活动和教学结构都是以教师为中心,教师的教学水平、教学技巧和教学艺术决定着学生的学习效果，在应试教育条件下表现为学习成绩的高低。这种课堂教学模式长期以来一直是我国学校主流的教学模式。

然而，翻转课堂与传统课堂截然不同，主要体现在教师与学生的角色转化、教学活动时间顺序安排等方面。翻转课堂是指首先由教师创建教学微视频，学生在家或课外观看微视频，然后回到课堂中进行师生、生生间面对面的分享、交流自己的学习成果与心得，进而实现既定教学目标的一种课堂形式。

问题一：什么是翻转课堂？

一、翻转课堂的定义

国外较认同的观点是将翻转课堂视为一种混合学习模式，而混合学习是指在线学习与面对面学习相结合的一种学习方式。美国创见研究所发布的题为《混合式学习》的报告，将混合学习分为四种模式，翻转课堂就是其中的一种，即学生白天在教室参加与教师面对面的辅导（知识内化），放学后回家进行在线学习（知识传授）的循环模式。

翻转课堂是将知识学习过程中知识传授与知识内化两个阶段颠倒过来，即知识传授发生在教室外，由学习者在课前通过观看微视频、完成针对性练习等方式完成；知识内化发生在教室内，通过师生协作探究完成。它是一种将课堂讲授与家庭作业的构成要素相互颠倒的教学模式。教学视频通常被认为是翻转方式的关键要素，它可以由教师创建并发布上网，也可以从网络数据库中直接搜选。翻转课堂的实质是自主化的学习环境、协作式的交流分享、个性化的沟通方式、全员式的参与学习，采用直接指导和建议协助式的混合学习模式组织教学。该教学模式结构模型如图 1-1 所示。

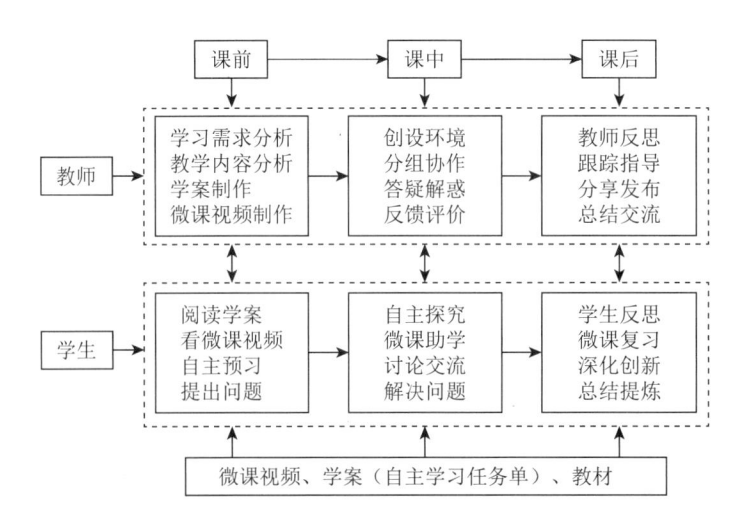

图 1-1 翻转课堂教学模式结构模型

翻转课堂与传统课堂相比具有以下几个特征。

1. 教师角色的转变

翻转课堂使得教师从传统课堂的知识传授者变成了学习的指导者和促进者。这意味着教师不再是教学活动的中心，但仍然是学生学习的指导者和促进者。无论是课前、课中还是课后，当学生遇到问题时，教师都可以通过线上或线下的方式提供指导和帮助。自此，教师扮演着提供课前学习资源、设计指导课中教学活动和组织开展课后测验的三重角色。

2. 学生角色的转变

随着教育信息化的发展，教育也进入了一个网络时代，教师可以利用教学管理系统、网盘或网络为学生提供丰富的学习资源。学生也可以从以上途径获取学习资源来进行知识系统的自我构建。在信息技术的支持下，学生成为个性化的学习者，他们可以自己选择学习时间、学习地点、学习内容。而在翻转课堂中，学生并非完全独立地学习。翻转课堂的课中环节有大量教师精心设计的教学活动，需要学生的高度参与，如在小组协作环节中，小组成员要反复地讨论交流，并进行师生的互动。因此，翻转课堂是教师组织活动、学生参与活动的课堂，是一个内化吸收知识的课堂，而学生是这个课堂的主体。

3. 课堂时间重新分配

学习是人类最有价值的活动之一，时间是所有学习活动最基本的要素。充足的时间与高效率的学习是提高学习成绩的关键因素。翻转课堂通过将"预习时间"最大化来完成对教与学时间的延长。其关键之处在于教师需要认真考虑如何利用课堂中的时间，来完成"课堂时间"的高效化。

二、传统课堂教学模式与翻转课堂教学模式的对比

传统课堂与翻转课堂最主要的区别体现在学生与教师的地位与角色上。从学校产生以来，传统的"教师讲，学生听"的教学模式一直主宰着课堂教学，并在一定程度上对当今的教育产生了深远的影响——它扼杀了学生对知识主动探究的好奇心。课堂上，学生成为"静听者"，教师成为知识和课堂的主宰者。然而在翻转课堂中，学生是学习的真正主人，主动探究知识，与同学和老师一起研究学习中的问题；教师则是学生思想的引导者、学生学习的促进者。传统课堂与翻转课堂的对比分析如表 1-1 所示。

表 1-1 传统课堂与翻转课堂的对比分析

维度	传统课堂	翻转课堂
教师角色	知识与课堂的主宰者	学生学习的指导者、促进者
学生角色	知识的被动接受者	自主的学习者和研究者

续表

维度	传统课堂	翻转课堂
课堂教学形式	课堂讲解+课后作业	课前学习+课中探究
课堂时间分配	大部分时间用于教师讲解	大部分时间用于师生探究学习
课堂教学内容	知识讲解和传授	问题探究性学习
教学手段的应用	呈现内容	自主学习、合作探究性学习工具
教学评价	测试	多维度评估

问题二：什么是微课？

一、微课的定义

微课是单个知识点的教学内容及实施的教学活动的总和。它包括按一定的教学目标组织起来的教学内容；按一定的教学策略设计的教学活动及进程安排。微课资源之间具有关联性，相关联的微课资源可以根据某一主题进行重组，完成特定的学习目标，学习者在不断的学习中形成隐形的、连续的知识结构。

微课的初始形态是微课资源，包括知识点地图、导学单、微课视频（或称微视频）和进阶练习等，当有学习者利用微课资源进行学习的过程真实发生时，便形成了具有互动性的微课，而存在关联的微课聚合之后便形成了微课程，如图1-2所示。

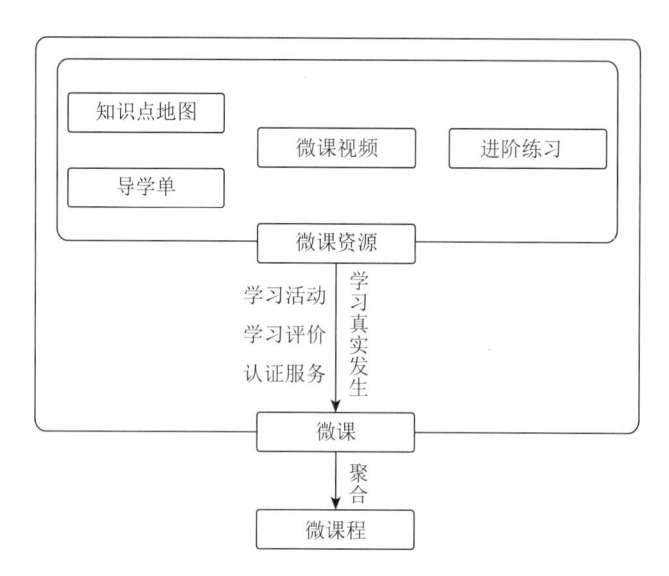

图1-2 微课的界定

二、微课的属性

微课具有双重属性——资源属性和课程属性。不能只关注微课的初始形态，简单地把微课看成资源，也不能只关注微课的活动与过程，认为微课只有课程属性。

1. 资源属性

微课的最初形式是视频。此时，微课具有资源属性，主要包括微小性、趣味性、泛在性、关联性和规范性。

（1）微小性。微课视频时长较短，一般在 15 分钟以内；微课视频所占空间较小，一般小于 700MB，适合在互联网上传输；同时，教学内容较少，针对性强，主题突出，一般只讲解一个知识点。

（2）趣味性。微课资源是否能够吸引学生参与学习，能够在多大程度上吸引学生的注意力，在很大程度上取决于资源的趣味性。微课建设的目的是自主学习能够真实、有效地发生，如果微课资源缺乏趣味性，学习不能真实发生，那么该微课资源便失去了其存在的价值和意义，因此，趣味性应是微课资源所具备的重要特性。

（3）泛在性。微课视频不仅适用于基于计算机的学习，还支持基于多种移动终端开展的无时无刻、无处不在的泛在学习，能根据不同移动终端以不同的展现形式进行内容的自适应呈现。

（4）关联性。单一的微课资源是针对某一知识点设计的，而多个微课资源是可以围绕某一主题聚合起来的，形成更大的主题知识单元。因此，不同微课的教学内容之间是存在某种联系的，具有相关性。

（5）规范性。微课视频使用文本、图形、图像、动画、视频和声音等多媒体形式展示教学内容，是学习者进行自主学习的重要学习资源，其中使用的文字、术语、图示等表达应该清晰、规范、准确，视频画面应保证较高的清晰度。另外，微课资源还应遵循 SCORM 等国际标准以及我国的 E-learning 相关标准。

2. 课程属性

微课学习是一个学习、巩固、反馈、诊断、评价、再学习的过程。虽然微课的初始形式是资源，但并不止于资源，其本质在于整个学习的过程和结果，除了微课资源以外，其中还包含了教学活动、教学评价及其他服务和支持,此时，微课具有课程属性,具体表现为:

（1）教学性。微课具有明确的教学目的、潜在的教学对象和严格的科学性，并遵循合理的教学原则和教学方法。

（2）完整性。微课结构应具有完整性，它不仅包括微课资源，还包括围绕着教学内容设计和开展的教学活动及安排、教学效果评价及课程学习认证。

（3）进化性。在 Web2.0 时代，学习者不仅可以接受微课资源，还可以修改微课资源。

微课教学过程虽然具有一定的预设性，但它不是封闭的，应体现自主学习的智能化特征，学习内容、学习难度和学习过程都可以根据学习者的不同需求和不同特征而进行调整和改进。同时，具有相同目标的学习者可以构成学习共同体，共建微课，可以说，微课是在学习者的学习进程中不断进化和生成的。

（4）个性化。微课应为学习者提供个性化服务，以帮助其达到有效学习和深度学习的目的。微课诞生于大数据技术飞速发展的时代，这有利于实现微课的个性化特征。微课建设者通过教学平台，对用户的学习数据进行记录、采集，进而进行学习分析，以便于调整、改进和推送适合学习者的学习内容与学习方式的微课，使每位学习者的个性化学习成为可能。

问题三：微课有哪些类型？

一、按知识点类型分类

按照知识点类型的不同，微课可以分为以陈述性知识为主的微课、以推论性知识为主的微课和以程序性知识为主的微课，如表1-2所示。

表1-2 按知识点类型分类的微课类型

类型	范畴	开发特点
以陈述性知识为主的微课	说明事物的性质、特征和状态，用于区别和辨别事物。主要介绍、讲述和告知某种名称、概念、事实等内容	以陈述性知识为主的微课一般是关于"是什么"的教学，注重通过图示进行讲解，以提升趣味性和可读性
以推论性知识为主的微课	"推论"是一个复杂的心理过程，也是深层次的心理探究过程，主要通过推导过程得出结论	以推论性知识为主的微课一般是关于"为什么"的教学，在讲解的过程中应注重启发性，注重展示数据统计、分析并得出结论的渐显过程
以程序性知识为主的微课	程序性知识是一套办事的操作步骤	以程序性知识为主的微课一般是关于"怎么办"的教学，主要展示具体的操作流程和步骤

二、按资源形态分类

微课中的微型资源可以多种形态存在，除视频资源以外，还可以包含PPT讲稿、图文、方案、习题、课件、文章等资源形态，如表1-3所示。

表 1-3　按资源形态分类的微课类型

类型	范畴	开发特点
以视频为主要资源的微课	视频占用大部分画面，其他区域提供配套资源，提供微课描述内容	视频型微课可以生动形象地呈现教学内容，更容易集中学生的注意力，改善学习效果。因此，开发时应将知识高度可视化，将图、文、声集于一体
以PPT讲稿为主要资源的微课	PPT讲稿占用大部分画面，其他区域的内容和功能与以视频为主的微课相同	PPT讲稿缺少了教学演绎的连续性，因此PPT讲稿应尽量将学习内容详尽地展示出来
以图片为主要资源的微课	以图片集配简单文字说明的形式为主，其他区域的内容和功能与以视频为主的微课相同	图片集的展示缺少内容的连续性和动态性，冗余的或不典型的图片容易给学习者造成一定的误导作用。因此，要根据教学内容对图片进行收集和筛选，使所展示的图片尽量具有典型性

三、按制作技术分类

1. 教学录像型

教学录像型微课的主要制作技术是拍摄，指制作者利用摄像设备，在一定授课环境中，对教师讲课内容或学生学习过程进行记录制作而成的视频微课。授课环境既包括室内教室环境，也包括室外自然环境，这取决于课程内容的需要。教学录像型微课的最大特点在于教师出镜授课。教师出镜有利于形成网络学习中的师生互动氛围，尽管师生之间不能直接进行交流，但教师的神态、表情、动作等依然对学生的学习具有影响。这种微课一般在屏幕上同时呈现教师和课件，也存在教师图像和课件图像相互切换、分别呈现的情形。课件图像可以是静止的，也可以是嵌入的流媒体素材，如视频、动画。语言类课程、操作类课程适宜采用教学录像型微课。例如，小学语文识字教学和中学英语单词教学，两者的共同特点是需要突出字词的发音教学。

2. 屏幕录制型

屏幕录制型微课是制作者在计算机中安装录屏软件（如录屏大师、Camtasia Studio），录制教师通过教学课件（如基于PPT、Word、绘图软件、手写板输入软件等制作的课件）呈现的教学过程，并同步录制教师的授课声音和屏幕操作行为生成的视频微课。录屏型微课中不呈现教师、实物教具及现实环境，仅仅显示电脑屏幕上的文字、图片、流媒体内容。一方面，这种微课的制作对软、硬件的要求比较简单，对制作者的技术要求低，通常只要一台安装有录屏软件的计算机，教师便可自行操作。另一方面，由于视频画面主要是课件页面，因此，此类微课对课件的设计、美化要求较高，包括图文的组合、色彩的搭配、字体字号的设计、书写的工整与规范、简易动画的编制等，否则，视频画面会显得单调枯燥或粗糙杂乱。

需要呈现较长篇幅文本的课程和需要展现严密逻辑关系的课程适宜采用录屏型微课。也就是说，教学的内容必须能在屏幕上充分地显示出来，再配上教师的讲解与操作就能解释清楚的知识适合采用录屏式微课。例如，语文阅读教学需要教师为学生呈现大篇幅的文本，数学例题教学需要一步步演示解题步骤，英语词汇拼写、拓展教学需要教师书写大量内容。对于这些类型的教学内容，采用录屏型微课能够比较充分地展现课程内容本身。

3. 素材编辑类

在常规课堂教学录像视频或者其他多媒体素材基础上进行编辑、加工而成的微课称为素材编辑类微课。它必须在原始素材的基础上，按照微课的要求，为达到微课教学的目的进行加工制作。制作方法主要包括：将较长的原视频剪辑为一个或多个时间较短的微型视频；删除与知识点教学关联性不强的部分（如课堂互动、学生作业环节）；制作清晰明了、重点突出的课件及显示效果；设计教师授课画面和课件画面的镜头导播切换；增加或重新制作片头片尾，体现该节微课的基本信息。

利用 Flash 动画技术和绘画艺术制作的微课可以归为这一类。动画型微课的有效作用在于它能够有效帮助学生在学习过程中理解需要空间想象的抽象图形以及图形的运动变化过程。需要增强趣味性的内容、不便于真人演示和实物展现的内容都适合采用动画型微课。例如，小学语文写字课的笔顺教学、中学数学几何课、中学地理演示课都适宜采用视频格式的动画型微课。它还可以被用在语文课文朗读教学中，为范读音频提供与文本相呼应的动画背景。中学物理课、化学实验课和小学数学动手训练课适宜采用动画格式的动画型微课。学生在观看微课的同时，可以在程序的引导下按照实验步骤操作虚拟实验器材，动画的模拟性还有利于生动形象地突出实验现象。

四、在线教育中的微课类型

在线教育中的微课在实践中大体上可以分为三种类型，对应着三种开发模式。

1. 以摄录编为主的电视模式

这种类型的微课采用电视节目的制作手法进行开发。通常使用摄像机现场拍摄教师的授课过程，经过非线性编辑技术制作出教学视频。早期广播电视大学的教学视频就是这种典型的电视模式。借鉴这种形式制作的微课在形式上较之传统的教育电视节目更加活泼，知识点较少，时长较短。

根据其表现形式和面向的对象，这种电视模式在实践中大致又可分为三分屏模式、微课网模式和百家讲坛模式。

（1）三分屏模式。三分屏模式在远程教育中应用广泛，现在的微课制作中也有所使用。屏幕分为教师形象区、目录导航区和 PPT 内容区。教师形象区域一般是教师的脸部特写镜头或者教室的全景镜头，目录导航区让学习者时刻查看所学知识点在整个知识结构中的位置。作为主体的 PPT 画面约占屏幕面积的三分之二，教师的视频讲授会有同步配合的 PPT 文稿。这种模式力图同时还原教师和知识两个要素。但是教师因素只用小窗口在左上角显示，有的只用面部特写镜头还原，缺少肢体语言，讲授中也缺少写板书、问答等操作性、交互性活动，这种具有强制性的特写镜头会将教师的面部表情细节长时间展露无遗，难免让人厌倦。而大景别、小窗口也无法有效展现课堂教学的精华，PPT 讲稿一般也就是提纲挈领地还原知识的结构，形式较为单调。这种以知识展示为主要出发点和归宿的课堂教学数字化形式体现的是一种以知识为中心的教学观，主要应用于早期远程教育领域。

（2）微课网模式。一些面向基础教育领域的 OTO 教育网站在微课设计上也参考了微课网模式，如图 1-3 所示。但屏幕的主体是教师在墨绿色背景的电子白板前的讲解视频，而且学习者可以将视频切换为全屏模式。视频拍摄了教师腰部以上的部分，使用的是中近景镜头，这样既能看清教师的表情，也能充分展现教师的肢体语言和情感情绪。知识点在电子白板上清晰地同步显示，充分还原了教师讲课的全部重要信息，能将学习者的注意力吸引在教师对知识的讲解上。相对传统的三分屏而言，这种模式不仅仅是将课堂教学各要素简单罗列，而且通过实拍的方式更真实地反映出了课堂教学的实际情况，并且将课桌椅、讲台、幕布等设备信息全部忽略，让学习者能够专注于教师对知识的阐释或者演示。这种模式是一种以教师为中心的教学观，在基础教育领域应用较多。

图 1-3 微课网模式示意图

（3）百家讲坛模式。以上两种模式往往采用固定机位的单镜头拍摄，后经简单后期编辑合成而得，而百家讲坛式的微课则采用多机位拍摄，镜头切换也更加频繁、复杂，制作流程接近电视节目。其中最有代表性的是国内外各名校视频公开课。全国高校微课大赛网上所提交的微课也大多是这种形式，只不过在制作手法上相对于名校视频公开课而言粗糙一些。这种模式是对课堂实景教学的拍摄，通常有教师讲解的中景和特写镜头、学生听讲的镜头、屏幕上显示的 PPT 讲稿以及整个教室的全景镜头。有些微课的场景是在教室外或者其他实训场所拍摄，但设计理念和制作方法相类似。

这种模式以制作电视节目的手法制作教学视频，将学习者置于观众的角度，可以从多个角度对课堂的实景教学或讲座进行观摩和理解。但对摄、录、编要求比较高，不适合个人制作者使用，因而很多全国高校微课大赛网上提交的微课存在镜头不稳定、画面不清晰、语音不够洪亮、镜头衔接生硬等问题。对于个人制作者来说，这种微课更适合用来帮助自己进行教学反思，提高授课素养和技巧。百家讲坛式微课画面信息多，对于自制力较弱的中小学生来说，干扰信息较多，因而更适合高等教育的学生和成人学习者。

2. 以录屏为主的软件模式

软件类教材的配套光盘中的视频教程大多都是采用教师对着计算机一边讲解，一边使用 Camtasia Studio 等软件录制屏幕的方式制作的，语音通过麦克风同步录制，后期通过简单编辑完成，这种形式能将学习者的注意力完全集中在教师对软件的操作、运用上，能清楚地看到各参数的配置和效果，因此称之为软件模式。制作中，在需要进行板书、标注、绘图等操作时，使用一块数位板代替鼠标会得到更好的效果。也有很多制作者尝试使用 IPAD 及 Show Me 等软件进行微课的录制。在现有的微课中，这种模式也得到了广泛应用，最具代表性的莫过于萨尔曼·可汗所开发的教学视频。这种模式中，整个屏幕上展示的是讲授知识的过程，没有教师的画面，只有声音。这样做一来可以让学习者更加清晰地看到知识的讲解过程，将文字、公式、图表、线条等信息及其推导、变化过程加以细致入微的表现，从而将学习者注意力完全集中在知识的展示过程中；二来也可以避免个人制作者粗糙的拍摄技巧和教师"不上镜"、不会"表演"而导致的尴尬和干扰。

3. 融合各种技术的富媒体模式

富媒体（Rich Media）是互联网广告用语，包含二维和三维动画、影像及声音等多媒体信息，也包括 HTML、Java Scripts、VRML、Microsoft Netshow、Flash 等编程技术和矢量技术制作出来的能与用户互动的广告应用，其目的就是采用所有可能的较为先进的技术以更生动地传达广告信息，并与用户进行互动。应用于微课的制作中就是融合各种技术，以最优化的方式将课堂教学中的各要素进行合理配置，以达到最好的教与学的效果。知识的展示形式有经过精心设计的文本、动画和板书演示等，教师通过蓝屏下拍摄的胸部以上的近景镜头让学习者可以清楚地看到教师的表情、眼神和耸肩等富有情绪意味的动作，知识展示和教师讲解同步配合。

问题四：微课在翻转课堂中有哪些作用？

"翻转课堂"教学模式以学生的自主探究与合作为主体，以教师的答疑解惑与点拨拓展作为主导地位。微课资源的应用核心是创新性地解决网络教学问题，是为了创设更多机会让学习者积极主动地学习，微课资源为教学模式创新提供基础，是提高教学质量的途径之一。微课在翻转课堂模式的课前预习、课中学习和课后复习三个教学环节中都起着重要的作用。

一、课前导学作用

在课前，教师在对教学内容和学生学情进行分析的基础上，除了要制作传统课型中的教案和课件外，还要制作"学习任务单"和"微课"资源，因此在新媒体和新技术环境下，教师要付出更多的精力；学生要根据上课进度要求在熟悉教材的基础上，用"微课"视频结合"学习任务单"实现导学功能，即展开自主学习，预习新课内容，通过微课提前了解上课的重点、难点，回顾已学知识，了解背景知识，激发学习兴趣，并在"学习任务单"上记录自己遇到的困惑。由此可以看出，在课前，学生利用"微课"提前预习课堂的基本内容，达到了微课导学的目的。

二、课中助学作用

在课中，即在教学课堂上，教师布置学习任务，创设教学环境，组织学生自主探究、分组协作，针对个别学生提出的疑难问题单独解答，而对于学生普遍存在的问题进行集中讲解，采用分层教学，教师的重点是帮助学生解决疑难问题，并对学生的学习效果给予及时的反馈和评价；学生则是将自主学习和合作交流相结合，适时利用微课解决重点、难点、疑点、易错点和易混淆点，完成知识内化，强化学习兴趣。针对实操步骤，记不清的地方可以借助微课边看演示内容边自己动手实操，在探究中发现问题、手脑并用，寻求解决问题的方案，经过反复尝试仍然不能解决的问题，再请教老师或同学，这样经过反复探究后最终解决的疑难问题，印象会更加深刻。在课堂教学环节中，教师只有一位，不能照顾到每一名学生，而教师制作的微课则成为最好的帮手，通过微课可以引导学生完成学习任务。所以在课堂教学中，微课依然发挥了助学的重要作用，并且在课堂教学中充分体现了以学生为主体，教师为主导的教学理念。

三、课后强化作用

在课后，教师需要进行课后反思，经过学生课前预习和课上发现的问题，反思在微课和学习任务单的制作中还存在什么问题，需要如何改进，通过网络交流平台（教学论坛、QQ群、微信群）与学生课后交流，及时反馈学生发现的新问题，分享优秀学生的成功案例，总结教学的成果、存在的不足和改进的措施；学生也要反思自己上课的收获和存在的问题，对没有熟练掌握的内容借助微课进行复习，巩固重点、难点、疑点、易错点、易混淆点，通过扩展学习、迁移应用、查漏补缺，引出后续学习内容，强化对教学内容的记忆。因此微课就是学生的家庭教师，通过计算机、智能手机和平板电脑，随时随地都可以用微课来指导自己复习功课，发现新问题及时与教师和同学通过网络进行互动交流，从而实现微课导学的目的；在课后复习环节，教师和学生之间是朋友，教师是引路人，学生是践行者。

在翻转课堂教学模式中，学生通过微课进行课前预习，能够及时发现问题，找到自己不懂的难题；到课堂上课时，带着疑问，采用探究的方式进行自主学习、合作学习，重点攻克难题，提高学习效率；在课后通过复习、拓展、内化，达到巩固知识的目的。

本章内容小结

本章我们学习了翻转课堂以及翻转课堂与传统课堂的异同点（知识检查点1-1），了解微课的属性和类型（知识检查点1-2），掌握了微课在翻转课堂中的作用（能力里程碑1-1）。

本章内容的思维导图如图1-4所示。

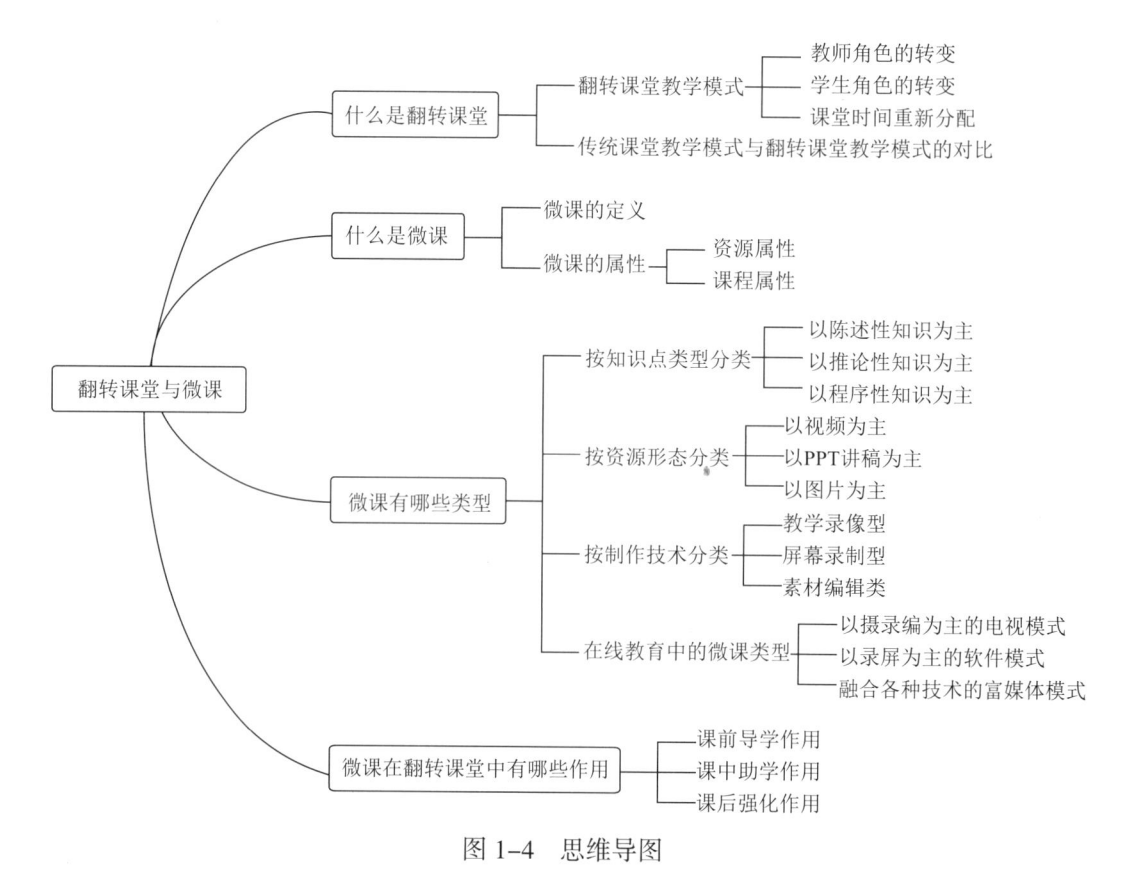

图1-4 思维导图

自主活动：对传统课堂教学模式与翻转课堂教学模式进行对比分析

请学习者在学习完本章内容后，进行自我反思，并记录个人学习心得。

小组活动：讨论微课的核心特点及其在翻转课堂中的价值

请学习者围绕本章的学习主题进行组内交流，并做好小组学习记录。

评价活动：评价本章知识与能力学习水平

一、名词解释

翻转课堂（知识检查点1-1）

微课（知识检查点1-2）

二、简述题

1. 你觉得翻转课堂与传统课堂有哪些异同点（知识检查点1-1）？
2. 有人认为微课是资源，有人认为微课是课程，你是怎样认为的（知识检查点1-2）？
3. 请你思考在翻转课堂模式中，微课有哪些作用（能力里程碑1-1）？

第二章　翻转课堂的实施

本章学习目标

在本章的学习中，要努力达到如下目标：

◆ 了解基于微课的翻转课堂教学模式中师生需要做哪些课前准备（知识检查点2-1）。

◆ 掌握翻转课堂中设计和实施课堂教学活动的方法（知识检查点2-2）。

◆ 掌握翻转课堂课前师生活动的设计方法，结合选定主题进行课前师生活动设计（能力里程碑2-1）。

◆ 掌握翻转课堂的课后评价与反思方法，能够对翻转课堂实施的成功与否做出评价（能力里程碑2-2）。

本章核心问题

如何设计并实施一个完整的基于微课的翻转课堂？如何判断一节翻转课堂成功与否？

本章内容结构

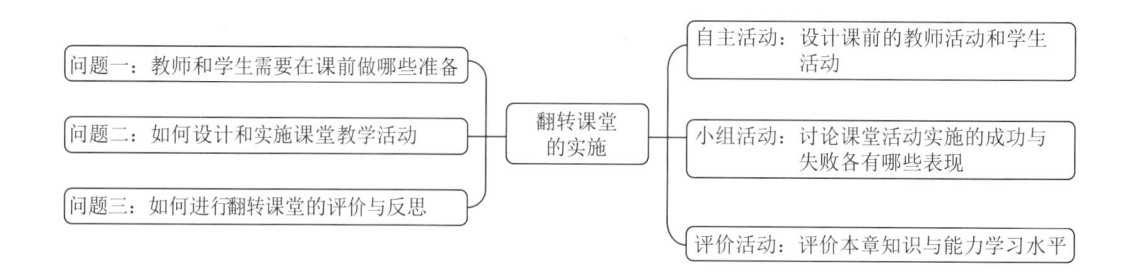

```
问题一：教师和学生需要在课前做哪些准备 ─┐                     ┌─ 自主活动：设计课前的教师活动和学生活动
                                        │                     │
问题二：如何设计和实施课堂教学活动 ──────┼── 翻转课堂的实施 ──┼─ 小组活动：讨论课堂活动实施的成功与失败各有哪些表现
                                        │                     │
问题三：如何进行翻转课堂的评价与反思 ────┘                     └─ 评价活动：评价本章知识与能力学习水平
```

引言

翻转课堂有着区别于传统课堂的独特优势。它把学生掌握知识的过程转变为课堂上交流学习成果、从事科学实验、协作探究项目、完成课堂学习的过程，更好地实现了个性化学习，实现了从低级思维学习到高智慧学习的重大转变。

翻转课堂的实施一般会运用"先学后教"的教育理念，翻转了教学流程，重新定位了师生角色。整个教学过程主要由课前、课中及课后学生和教师的活动组成。翻转课堂的实施离不开微课资源的支持，包括微课视频、导学任务单、进阶练习等，是对传统讲授式教学的补充与发展。依据"学习金字塔"理论，翻转课堂将视听结合部分用视频形式把案例在课前呈现，起到示范的作用，在课中主要强调小组的讨论与协作，解决课前遇到的问题，并且完成课堂实践练习，将所学到的东西应用到实践中。这样可以极大地提高学生的学习效率，促进学生对知识和操作技能的掌握。

翻转课堂的实施不是资源方面发生的变革，而是在教与学方式上发生的变革。面对这种变化，教师应该如何设计教学活动，如何开展课堂教学，如何进行课后的反思与评价呢？本章将和大家共同讨论。

问题一：教师和学生需要在课前做哪些准备？

课前准备对于开展翻转课堂教学来说至关重要。这里既需要教师的准备，又需要学生的配合。

一、教师的课前准备

第一，分析教学目标。谈到翻转课堂，人们的第一反应就是制作微课视频。但是在制作微课视频之前，需要分析教学目标。教学目标就是通过教学活动期望达到的结果。明确教学目标，期望学生通过教学知道什么、获取什么，这是任何教学都需要明确的首要的、关键的问题。只有在教学前确定了清晰的教学目标，教学才有针对性，才能明确要采用的具体的教学方法。有些内容需要用探究的方式来学习，而有些内容是需要直接讲授的，等等。那么实施翻转课堂教学模式之前的教学目标的分析，有利于帮助教师确认什么内容适合通过微课视频的方式直接讲授给学生，哪些内容适合课堂上通过师生的合作探究获得最佳的教学效果。如果教学内容不适合通过微课视频直接讲授的方式，那么不要仅仅因为要实施翻转课堂而去使用视频。翻转课堂并不仅仅是为课堂制作微课视频。

第二，制作学习任务单。学习任务单是对学生进行课前学习的指导与引领。想想一个学生要开始自主学习了，他是不是很容易不知所措，不知道要学什么、如何学。这时候，学习任务单可以起到脚手架的作用。学习任务单可以包含课程名称、学习目标、学习方法建议、学习成果提交形式，以及具体的学习任务列表。学习任务单可以提供微课资源所要解决的重点问题，告诉学生"学什么""怎样学""学到什么程度"，力求把学生放到主体地位，从学生的角度帮助并促进他们自学。以学生为本，以"三维目标"的达成为出发点和落脚点，按照学生的学习过程设计，将学习的重心前移，充分体现课前、课中的发展和联系，在先学后教的基础上实现教与学的最佳结合。

第三，制作微课视频。微课视频是微课资源的核心，是开展翻转课堂的重要学习资源，是知识传递的有效通道。微课视频可以由教师自己录制，也可使用其他教师制作的微课视频或者网络上优秀的视频资源。制作微课视频是实施翻转课堂教学模式的重要部分。在录制微课视频过程中应考虑学生的想法，以适应不同学生的学习习惯。

第四，准备进阶练习。可以想象，当一个学生全程观看了微课视频后，会产生一些疑问，或者有些地方还不太理解，那么，进阶练习便可以起到一个诊断、查漏补缺的作用，同时还可以起到采集学习数据的作用。进阶练习是微课资源的重要组成部分，与微课视频配套，一般采用在线测试方式，用于检测学生对知识点的知识能力目标的掌握程度。学习者在学习过程中通过微课视频学习—练习—重复学习微课视频—再练习—直至全部掌握知识点，实现学习的查缺补漏。

第五，发布微课资源。发布微课资源是为了让学生能够看到教师提供的学习资料。在此阶段，教师最大的挑战在于微课资源的管理，即应用什么平台把微课资源放在学生方便接收的地方。我国"三通两平台"项目已经初见成效，已经有大部分省级教育资源公共服务平台接入国家教育资源公共服务体系，所以学校可以选择此平台作为微课资源管理平台。

二、学生的课前活动

第一，明确学习目标。学生可以对照学习任务单上的具体要求，熟悉教学目标，了解学习方法，明确学习任务，为观看微课视频做好准备。

第二，观看微课视频。教师通过对教学内容的分析，把适合直接讲授的内容用微课视频的形式呈现给学生，这在一定程度上避免了课堂时间的浪费。对于学习进度慢的学生，不用担心传统课堂上跟不上教师节奏的问题。他们可以根据自己的实际学习情况对教师讲授的内容做适时的停顿。在观看微课视频的过程中，学生遇到不懂的地方可以做笔记，把自己不懂的问题带到课堂，这样学生可以完全掌控自己学习的步调。在此过程中，学生需要对微课视频里讲授的知识做一定程度上的梳理和总结，明确自己的收获和疑惑之处。

第三，做进阶练习。学生观看完微课视频后需要完成教师布置的针对性进阶练习。这些练习是教师针对微课视频中所讲的知识，为了加强学生对学习内容的巩固并发现学生的疑难之处所设置的。根据"最近发展区"理论，教师需要对课前练习的数量和难易程度做合理设计，明确让学生做练习的目的是帮助学生利用旧知识完成向新知识的过渡，加深对微课视频中知识的巩固与深化。教师可以通过网络交流平台与学生进行互动，了解学生在观看微课视频和做练习过程中遇到的问题。教师可以通过学生所做的练习的反馈情况时刻了解学生实际的学习情况。与此同时，同学之间也可以进行互动，彼此交流收获，进行互动解答。

案例学习

课前自主学习任务单模板

一、学习指南

课题名称	用年级＋课程名称＋章节名称＋教学内容表示	备注
教学目标	通过观看教学微视频（或分析教材、相关学习材料）完成《课前自主学习任务单》中的任务	备注
课前学习材料	例如： ××教材××章××节 ××教学微视频（标明时长或链接地址） 相关学习材料（Word或者PDF格式） 练习题目＋附加题目	备注
课堂学习形式预告	简要说明课堂教学组织形式，可以采用流程图或思维导图形式呈现。目的是让学生明确自主学习知识与课堂内化知识的关系	备注

二、课前学习任务单

通过观看教学微视频或教学课件自学（或者是阅读分析教材以及其他的相关学习材料），完成下列任务：（视频主题应明确，时长要标明，任务应含有必要的提示等帮助性信息） …… 要求：1. 把达成目标转化为问题 　　　2. 把教学重点、难点转化为问题 　　　3. 把其他的知识点转化为问题	备注

三、反馈与建议

1. 通过自主学习以后，你遇到哪些困惑，将你遇到的困惑标记出来，并反馈给教师 2. 对于教学微视频，你有什么建议，将你的建议反馈给教师 3. 对于课前自主学习任务单，你有什么建议，将你的建议反馈给教师	备注：此栏目仅限学生填写
备注	1. 栏目不够用，可自行扩展 2. 括号内为提示信息，教师在设计课前自主学习任务单时，应删除	备注

——摘自陈会源. 基于微视频的翻转课堂教学模式研究[D]. 济南：山东师范大学，2015.

问题二：如何设计和实施课堂教学活动？

翻转课堂的基本思路是把传统的学习过程翻转过来，让学习者在课前完成针对知识点和概念的自主学习，课堂则成为教师与学生互动的场所，用来进行答疑解惑、汇报讨论。那么，翻转课堂中，教师如何利用课堂时间开展教学活动呢？有哪几个阶段呢？

一、确定问题，交流解疑

学生在观看微课视频的过程中，由于其本身的知识结构、看问题的角度不一样，因此对事物的理解也会不同，这样学生之间会产生一种认知的不平衡，学生之间认知的不平衡会导致学生新的认知结构的产生。这样，在课堂教学活动开始阶段的交流中，教师可以结合学生进阶练习的掌握情况以及网络交流平台所反映出的问题进行答疑解惑，学生也可以提出自己在观看微课视频时产生的疑惑，与教师和同学共同探讨。

二、独立探索，完成作业

翻转课堂为学生提供了个性化的学习环境，其本质就是"以学生为中心的学习"。学生在课堂中独立完成教师所布置的作业，独立进行科学实验。在学生独立完成作业的过程中，学生审视自己理解知识的角度，建构知识的结构，完成知识的进一步学习。教师要在刚开始时给予学生一定的指导，帮助学生完成任务。待学生有一定的独立解决问题能力的时候，教师要"放手"，逐渐让学生在独立学习中构建自己的知识体系。

三、合作交流，深度内化

在翻转课堂中，课堂形态一般为：学生分成小组，每组3到5人，通过独立探索阶段的所学，与同伴交流自己对知识的理解。教师不再站在讲台上，俯视着课堂里所发生的一切，而是走下讲台，走进学生的探讨中，真正地融入小组合作活动。当学生在讨论中遇到问题时，教师可以给予及时的帮助，引导学生改变对知识的错误认知。在此过程中学生的批判性思维、课堂参与能力和对待学习的态度发生了很大的改变，翻转课堂真正把学生推到了学习的主体地位。总之，当学习本身成为学生自身的需求时，学生才会成为真正的学习的主人，变"要我学"为"我要学"。教师也从说教、传授的角色转变为学生学习的引导者和促进者。

四、成果展示，分享交流

学生在经过独立探索和合作交流，完成个人或者小组的成果后，可以通过报告会、展示会、辩论赛或小型的比赛等形式交流学习心得、体会。在成果展示过程中，学生或小组可以通过教师与同学的点评获得更深的了解，同时可以通过观看其他学生或小组的展示，学习到他人的优点，明确自己的优势与不足。学生在此过程中不断领略学习带来的乐趣，以一种更积极的乐观心态面对以后的学习，增强自身的自信心。此外，学生的成果展示也不局限在课堂，学生可以在课下通过制作微视频的方式把自己的汇报上传至网络交流区，供教师和同学讨论和交流。这样又可以把学习活动延伸到课堂之外。教师在分享交流环节可以通过学生或者小组的汇报，明确学生的知识掌握水平，从而有针对性地进行后期的"补救"工作。当然在学生展示的环节，教师所做的是为学生创设一个民主、平等的和谐、自由的课堂环境，并适时调控学生学习的进程和发展方向。

五、设置活动，课后升华

学生通过课前的自学和课堂上的内化，已经基本掌握了知识点。但是这些知识仍然是孤立的，缺少与现实应用知识的结合。所以教师在课上还要布置一些实践性项目或综合性的活动，帮助学生将这些知识内化为思考问题、解决问题的能力。课后活动的设计与安排是对课前自学、课上内化的有效衔接，这就要求学生不仅要知道"是什么、为什么"，还要掌握如何更有效地应用它。学生要能够在理解的基础上批判性地学习新的思想，将它们整合到原有的认知结构中，与原有知识进行连接，并迁移到新的情境中，做出决定，解决问题。这些目标，仅通过简单的练习是无法达成的，只有在实际问题情境中不断地实践、反思，才能得到锻炼。因此，在翻转课堂的教学实践中，需要针对本节课的内容设计实践性任务，安排在课后完成，为学生解决实际问题提供实践机会，鼓励学生课后自主探索。通过实践、反思，促进学生所掌握的知识和能力的进一步内化、扩展和升华。

基于微课的翻转课堂教学实施的成败，关键之处并不是微课视频的制作，而是对课堂学习活动的设计。如何还原课堂给学生，改变传统的教师主宰课堂的局面，让学生真正成为学习的主人，是翻转课堂教学模式给课堂教学带来的关键点。

案例分析

国外与国内翻转课堂的对比研究

	美国"翻转课堂"实验	中国"翻转课堂"实验
学校	萨尔曼·可汗的"翻转课堂"和美国科罗拉多州（Colorado）落基山的林地公园高中的"翻转课堂"	山西新绛中学的"自学——展示模式"和重庆江津聚奎中学"翻转课堂"

续表

	美国"翻转课堂"实验	中国"翻转课堂"实验
教学环境	萨尔曼·可汗"翻转课堂"实验中制作教学视频供学生在线学习，学生的作业也是在线的。教师通过学习管理平台了解每一位学生的学习状况，在学生最需要帮助的时候介入指导。 美国林地公园高中的"翻转课堂"，学生在家里通过网络、U盘或者DVD观看教学视频，称为"预点播（Pre-Vodcasting）模型"。学生可以根据自己的理解程度，反复观看教学视频和PPT，可以多次暂停、重复、做笔记或阅读	山西新绛中学是在传统的教学环境下进行的翻转教学，没有信息化教学环境的支持。 重庆江津聚奎中学"翻转课堂"，基于网络和移动技术，采取制作教学视频的办法，试图将源于美国的教学结构、教学方式的变革与本校实际相结合
教学结构	知识传递在课前，知识内化在课内；网络视频让学生有一个自定进度的学习，即按照自己的节奏、速度或方式学习	知识学习移到课堂教学之前；课堂上，学生汇报自学成果，师生深度发掘教学内涵
教学方式	学生在家里通过教学视频学习新知识、新概念，在课堂里做作业、交流、讨论、做实验；课前学生在网上观看视频，可以根据个人实际暂停、重复和快进。然后到课堂上做实验、做作业、相互交流，还有教师在一旁适时给予一对一的个性化指导，是一种"学生为中心"的学习方式。 萨尔曼·可汗和林地公园高中的"翻转课堂"范本都采用课前观看教学视频的方式，借助移动终端和互联网，可以在家里、课堂里随时随地地进行"泛在"学习	山西新绛中学采用"自主学习—展示"模式。下午为自主课，学生们根据教师编制的学案自主学习，将不懂的内容写在互动卡上，交给教师。次日上午四节课为展示课，在6~8位学生组成的小组讨论中，每位学生展示前一天下午学习的收获，并与同学讨论，教师在旁指点。 重庆江津聚奎中学采用的是"问题导向，先学后教，当堂训练"的教学模式。教师讲授时间从45分钟降到15分钟，保证学生的自主学习。教师在平台上布置的作业仅限于选择、填空和判断题型，离深度学习的要求还相去甚远，需要在实践中不断提升教师的认知和操作水平
教育理念	技术表征下贯穿"以学生为中心"的现代教育理念。其核心理念体现在两个方面：一是让每一位学生按照自己的步骤学习；二是互动的个性化指导。教师通过在教室里巡查或者通过学习管理平台监控，适时地给予学生个性化指导。当两个核心理念相互配套转化为方法论时，就形成"以学生为中心"的人性化课堂	教师的责任不在于教，而在于教学生学。先学后教，以教导学，以学促教。关注学生的课前自主学习；教师不再是滔滔不绝的授课者，而是为学生自主学习提供引导和指导；学生也由被动变为主动，预习、展示、探究成为课堂教学的关键环节，这体现了"以学生为中心"的教学理念，但是仍没有摆脱应试教育的桎梏

——摘自刘艳斐，乜勇."翻转课堂"教学设计研究[J].现代教育技术，2015，25(02):61-66.（有改动）

问题三：如何进行翻转课堂的评价与反思？

一、翻转课堂的评价

评价是翻转课堂的落脚点，是实施翻转课堂必不可少的步骤。传统教学对学生的成绩评定主要是纸笔测试，往往只关注学生的考试成绩，忽略了学生的学习过程，很难对学生做出一个客观、正确的评价。而翻转课堂的课后评价不再是单一的终结性评价，而是加入了课前测试成绩、课上个人讲述、学习汇报、成果展示、小组讨论、自我评价以及平台或课堂中交流的活跃度等作为评估准则，使得对学生的评价更客观、更准确。这种形成性评价可以更全面地记录和反映学生的学习过程，对学生课前、课中、课后的表现及努力做出综合性的评定，对于提高学生学习自信力和学习积极性也能够起到促进的作用。同时，这种综合性的评价也是对学生的记忆理解、综合应用、分析的全面考量，从中也可以发现教师教学准备阶段的不足。

1. 对课前学习的评价

翻转课堂的课前评价主要体现在学生自主学习时对知识的掌握程度，可测量的数据是进阶练习的成绩。这种评价，既是对学生的学前诊断，又是对其自学后的效果检测。通过课前的检测与评价，教师可以充分了解学生课前知识的准备情况，了解学生是否在课前完成自主学习任务单，是否完整观看教学微视频，是否学习相关学习材料，是否提出疑惑和建议；同时教师也能够了解学生的学习困难，适时调整课堂教学策略。

2. 对课堂表现的评价

翻转课堂的课堂评价主要包括学生在课堂上的学习态度，是否积极参与课堂活动，包括个人汇报、小组讨论活动和展示活动等，学生在课堂活动中是否能够充分运用先前知识或课前微视频及相关学习材料；学生是否主动思考、积极参与课堂讨论；是否在小组协作活动中，体现出协作精神；成果展示的质量如何，以及是否具有创造性。通过这种课堂上的形成性评价，能及时了解学生的学习进展及其学习中存在的问题。

3. 对课后活动的评价

从教学环境的角度看，翻转课堂借助一定的学习管理系统或网络学习平台，可以有效地组织和呈现教学资源。教师对学生课后活动、综合性项目的完成情况进行点评后，可以把优秀的学习作品展示在网络学习空间上，促进学生的深层次交流。教师还可以依托学习平台设置拓展任务，提供相关的拓展学习资源，让学有余力的学生挑战拓展任务，实现学生对知识、能力的巩固和拓展。

二、"翻转课堂"实践的反思

基于微课的翻转课堂可以说是一种信息化时代的新型教学形态。它以信息技术为载体，给传统课堂带来了巨大的冲击与翻转，也给教育的发展带来了新的契机与活力。那么，翻转课堂一定优于传统课堂吗？翻转课堂的实施效果如何？翻转课堂真实发生了吗？可以从哪些方面来评价翻转课堂的成功与否呢？

1. 教师的思维转变了吗？

（1）教师把课堂还给学生了吗？

在传统课堂教学中，教师是主动的施教者，学生是被动的受教者，教师控制整个课堂。而在翻转课堂中，学生拥有更多的自主权，可以根据自己的喜好选择合适的时间进行学习，学习的内容和进度也完全由学生自己掌控。而在整个教学过程中，教师只是微课资源的设计者和开发者、学习活动的组织者和参与者，以及课后学习的辅导者。对教学的不同理解，教学方式的转变，使得教师角色正经历着一次新的建构，教师要在新的理念指导下以新的思维方式、新的教学方法展开教学活动。教师角色重新定位是实现翻转课堂的基础。那么，教师对实施翻转课堂准备好了吗？教师是否真的把课堂还给学生了？

（2）教师的信息化教学能力具备了吗？

实施翻转课堂，需要将知识以微课资源的形式通过网络让学生接收、观看、学习，并达到满意的效果。翻转课堂对教师的信息化教学能力提出了更高要求。教师除具备传统教学模式下的教学能力外，还必须掌握一定的现代信息技术，具备设计微课资源、制作微视频、发布微课资源的技术以及利用网络平台进行可视化教学的能力。目前，提高教师应用技术优化课堂教学及应用技术转变学习方式的能力，任重而道远。

（3）教师的评价方式改变了吗？

在翻转课堂中，无论是教师的教学方式还是学生的学习方式都发生了很大的改变，翻转课堂以建构主义学习理论与掌握学习理论为基础，在教学过程中始终提倡"以学生为中心"，强调学生通过独立探索与小组协作的形式进行学习，教师通过微课程进行知识的传授，利用教学平台与学生交流互动，并在课堂上引导学生通过探究解决问题，传统的评价方法无法测出翻转课堂中教师的"教"和学生"学"的全部效果。因此，必须有一个新的评价标准及评价方式来对翻转课堂的实施进行评价。

2. 学生的个性化学习实现了吗？

传统教学中，教师用"一个版本"对所有对象进行授课，忽视了不同个体的能力差异，这就导致传统课堂的集体授课无法兼顾学生的个性。翻转课堂的微课资源为学生的个性化学习提供了便利条件。但是翻转课堂的实施，让学生的个性化学习真的实现了吗？

（1）课前学习真实发生了吗？

教师应用网络空间等平台技术发布微课学习资源，让学生课前完成自主学习。根据课前学习的发生地点，翻转课堂的实施又可分为家校翻转、校内翻转和课内翻转。校内翻转主要是学校利用自习的时间让学生完成自学，而课内翻转的实践则利用课堂保证学生的学习环境与时间。这两种情况下，有教师巡视指导及同伴互助，可随时展开讨论，课前的学习效果会好一些。而当前的翻转课堂实践主要以家校翻转模式为主，课前在没有教师监督下如何保证自学效果是实施翻转课堂的难题。课前学习的真实发生需要两个条件：一个是自主学习、积极参与的学生；另一个是有效的微课资源。一部分学生反映在家看视频课时很难保持动力，经常因为快进而错过了预习内容中的重要部分。随着翻转课堂的进一步发展与完善，学生可以通过学习任务单、进阶练习等自主学习的支架，配合教师开发的微课视频完成自学；教师通过平台在线检测等了解学生的自学效果，进而调整课堂活动。可见，设计有启发性问题的学习任务单、开发优质的微视频、提供便捷的交互平台和在线检测平台，在一定程度上可以帮助教师达成提前传授知识的目的。

（2）课堂上的深度学习实现了吗？

翻转课堂实践的重点是课堂上知识的内化与深度学习的发生。课堂上，教师要为学生提供拟真情境，让学生解决具有情境特征的真实问题。学生作为积极的问题解决者，而教师作为指导教练，强调学生高级思维技能的获取。通过课堂上的教与学活动，学生有充分的自主学习、合作探究的时间，但学习活动缺乏真实的问题情境，以解答检测中的疑难为主，仍指向应试型问题。教师如何基于学生课前学习结果，把问题转化为明确的学习任务，在具体的学习活动设计中内隐学生需要掌握的教学内容和问题解决技能，是达成学生高阶思维能力培养的关键。这也印证了翻转课堂实践中课堂活动设计的重要性。

3. 教学结构重构了吗？

（1）应用微课就是翻转课堂吗？

微课在中小学教学实践中有不同层面的应用，可用于学习新授知识，也可用于难点突破、课后巩固、课外拓展等。应用了微课的课堂不一定是翻转课堂，但是翻转课堂实践一定离不开微课。因为微课的教学应用模式除了支持翻转课堂教学外，还可应用于课内差异化教学、课外的辅导答疑。而课前学习微课成为学生"先学"的主要活动之一，为学生掌握新的知识点提供了个性化的教学支持，亦能引发学生思考。但在教学中应用了微课并不等同于展开了翻转课堂的实践，只有知识传授的提前发生与知识内化的真正实现才能落实翻转课堂的内涵。因此，应辩证认识微课与翻转课堂之间的关系，让微课这一新型数字教育资源更好地服务于教学流程的逆序创新。

（2）教师都不讲课了吗？

翻转课堂的本质是"以学生为中心"，通过课前学习、课上内化来完成知识的构建。教师不是课堂的中心，但是教师的设计者、组织者、参与者的身份更为重要了。学生的学习过程一般由"知识传递"与"吸收内化"两个阶段组成。传统课堂中，"知识传递"通过教师和学生、学生和学生之间的互动实现；而"吸收内化"则在课后主要由学生自己完成，由于缺少教师的支持和同伴的帮助，"吸收内化"阶段常常会让学生感到挫败。翻转课堂则对教学结构进行了重构："知识传递"是学生在课前进行的，教师不仅提供了微课资源，还提供在线的辅导；"吸收内化"是在课堂上通过互动来完成的，教师能够提前了解学生的学习困难，在课堂上给予有效的辅导，同学间的相互交流更有助于促进学生知识的内化吸收。

（3）课堂完全由学生控制吗？

翻转课堂由"先教而后学"转向"先学而后教"，由"注重学习结果"转向"注重学习过程"，由"以教导学"转变为"以学定教"。在翻转课堂上，学生的交流互动是知识内化的主要形式。但是交流什么，如何充分交流实现深度学习，是教师根据学生的课前学习情况来设计和组织的。这就要求教师应该更加了解每一位学生，有更多的时间为学生提供直接指导，教师能够协助学生掌握知识，确保学生不会掉队或成绩不佳。但是，当前的教学环境限制教师为学生提供个体指导，很难兼顾到每一位学生。所以翻转课堂的课堂活动的设计要有赖于系统平台的支持，如针对学生的课前学习结果智能化生成不同的测试题，提供即时多样的反馈及新的学习内容的推送等。但是目前的技术环境并不能完全实现这种学习支持，所以需要教师投入大量的精力才能保证翻转课堂的正常开展。

拓展阅读

在制订翻转课堂的评价标准时，要考虑：

①教师是否能够根据学生的实际情况制作出与既定的教学目标和教学内容相吻合的微课；

②教师是否能够通过教学平台与学生形成积极良性的互动交流；

③教师是否能够组织学生在课堂上形成氛围良好的小组协作、探究性学习；

④学生是否能够利用信息技术，根据教师提供的微课进行独立探索性的学习；

⑤学生是否能够在课堂中或教学平台上通过与他人合作，积极探究、解决问题；

⑥学生是否能够充分利用信息资源，将自己的学习成果进行充分的展示，以完成知识的吸收内化。

——摘自朱宏洁,朱赟.翻转课堂及其有效实施策略刍议[J].电化教育研究,2013,34(08):79-83.

本章内容小结

本章我们学习了基于微课的翻转课堂教学中师生需要做哪些课前准备（知识检查点 2-1），掌握了设计和实施课堂教学活动的方法（知识检查点 2-2），以及如何进行翻转课堂的课后评价与反思（能力里程碑 2-2），并结合选定主题进行课前师生活动设计（能力里程碑 2-1）。

本章内容的思维导图如图 2-1 所示。

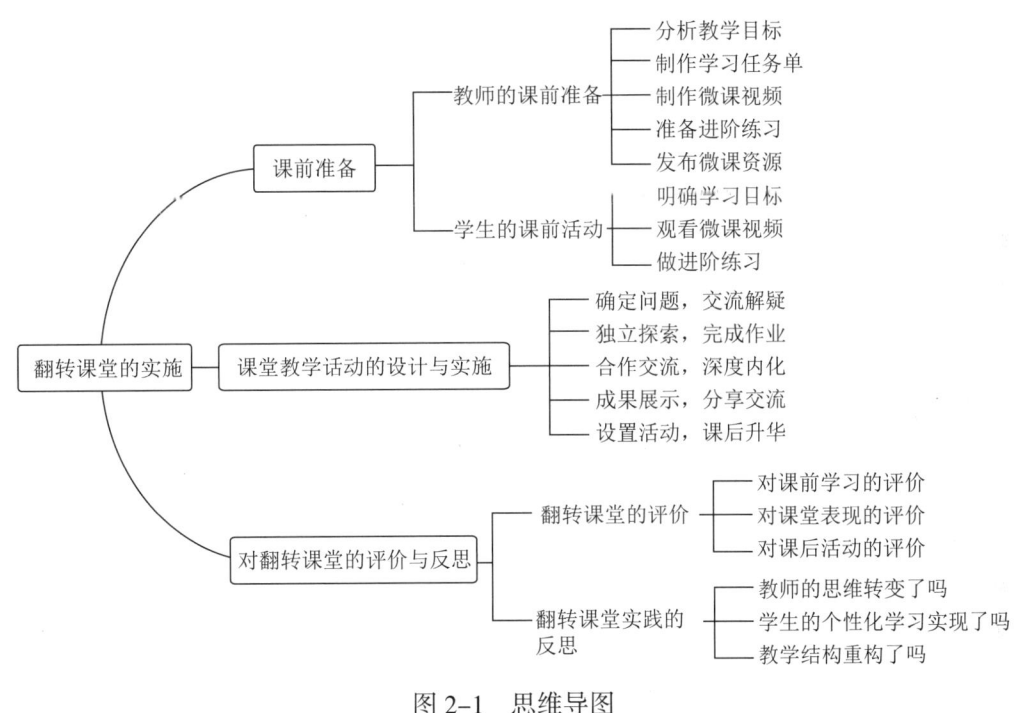

```
翻转课堂的实施
├── 课前准备
│   ├── 教师的课前准备
│   │   ├── 分析教学目标
│   │   ├── 制作学习任务单
│   │   ├── 制作微课视频
│   │   ├── 准备进阶练习
│   │   └── 发布微课资源
│   └── 学生的课前活动
│       ├── 明确学习目标
│       ├── 观看微课视频
│       └── 做进阶练习
├── 课堂教学活动的设计与实施
│   ├── 确定问题，交流解疑
│   ├── 独立探索，完成作业
│   ├── 合作交流，深度内化
│   ├── 成果展示，分享交流
│   └── 设置活动，课后升华
└── 对翻转课堂的评价与反思
    ├── 翻转课堂的评价
    │   ├── 对课前学习的评价
    │   ├── 对课堂表现的评价
    │   └── 对课后活动的评价
    └── 翻转课堂实践的反思
        ├── 教师的思维转变了吗
        ├── 学生的个性化学习实现了吗
        └── 教学结构重构了吗
```

图 2-1 思维导图

自主活动：设计课前的教师活动和学生活动

请学习者在学习完本章内容后，进行自我反思，并记录个人学习心得。

小组活动：讨论课堂活动实施的成功与失败各有哪些表现

请学习者围绕本章的学习主题进行组内交流，并做好小组学习记录。

评价活动：评价本章知识与能力学习水平

一、简述题

1. 请简述基于微课的翻转课堂师生需要做哪些课前准备（知识检查点 2-1）。

2.请简述如何设计和实施课堂教学活动（知识检查点2-2）。

3.请简述如何进行翻转课堂的课后评价与反思（能力里程碑2-2）。

二、实践项目

选择当前所教教材上的某一教学知识点，按照基于微课的翻转课堂的实施要求，对课前的教师活动和学生活动进行设计（能力里程碑2-1）。

第三章　设计微课

本章学习目标

在本章的学习中，要努力达到如下目标：
- ◆ 了解微课的开发流程（知识检查点3-1）。
- ◆ 掌握设计微课的方法，并针对某一主题开展微课设计，形成脚本（能力里程碑3-1）。
- ◆ 掌握优化微课的方法（知识检查点3-2）。
- ◆ 掌握评价微课的方法（知识检查点3-3）。

本章核心问题

微课的开发流程是什么？如何进行微课的设计、优化与评价？

本章内容结构

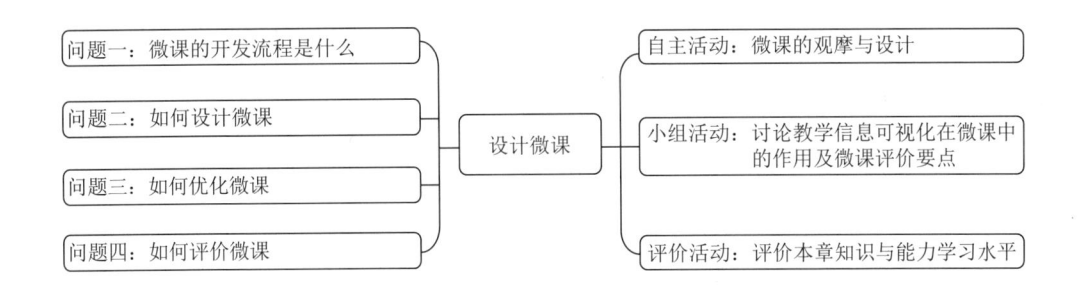

```
问题一：微课的开发流程是什么 ┐                    ┌ 自主活动：微课的观摩与设计
问题二：如何设计微课         ├─ 设计微课 ─┤ 小组活动：讨论教学信息可视化在微课
问题三：如何优化微课         │                    │ 中的作用及微课评价要点
问题四：如何评价微课         ┘                    └ 评价活动：评价本章知识与能力学习水平
```

引　言

微课是翻转课堂的重要组成部分，微课的质量直接决定了翻转课堂课前知识的传递效果。用于翻转课堂的微课，不仅是一个微课视频，还是一个包含了教学活动，能够服务课堂的教学视频课程，并通过平台发布展示。因此，对微课的设计，也要从微课的完整性角度进行考虑。它以教师讲解、演示微视频为主,辅以学习任务单、素材资源,以及进阶练习、在线辅导等。本章主要介绍微课的开发流程、设计与优化策略、评价标准等内容。

问题一:微课的开发流程是什么?

微课不是单一的教学资源,是用于整个教学组织中的一个环节,因此要考虑与其他教学活动的互相配合,尤其要与学习任务单紧密相关。学生要对照学习任务单的引导来学习,学完后,还要对照学习任务单中的任务来讨论、练习。微课的设计要考虑恰当的提问,包括问题的形式设计要恰当、提问的时机安排要恰当;微课的设计还要考虑结束时的总结,即要概括知识要点,帮助学生梳理思路,强调重点和难点。微课的开发,包括微课的分析、微课的设计、微课的制作、微课的优化及微课评价几个部分,如图 3-1 所示。

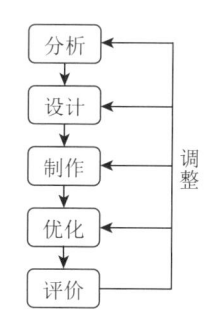

图 3-1 微课的开发流程

一、微课分析

微课的开发,从分析开始,确切地说,是从选题分析开始。分析是设计与制作微课的第一步,是微课制作的基础,在整个开发流程中占有重要的地位。精准的选题,是对后期微课设计与制作的重要指导。此外,教师需要进行学生分析及自身因素分析。对学生基本特征的分析,包括学习起点水平、认知结构、学习态度、学习动机、学习风格、信息素养等。对教师自身因素的分析,包括自己的时间、精力以及媒体素养等。教师通过对师、生两方面的分析,能够得出什么样的微课更适合自己的学生,什么样的微视频会有更好的教学效果,更能吸引学生,以此来确定微课的风格与形式。

二、微课设计

由于微课包含了一个完整的教学活动,因此对微课的设计也要遵循教学设计的规则,除了要考虑学习目标设计、教学策略设计外,还要考虑微课的特殊性,即微视频的承载形式，就是要考虑媒体设计及脚本设计。关于微课的设计，将在本章的问题二中重点探讨。

三、微课制作

微课的制作，主要指微视频的制作，包括素材收集、课件制作、微视频的制作与发布等，即一个完整微视频的产生过程。由于微课制作涉及的内容较多，有多种制作工具及制作方式，这部分内容将在第四章和第五章详细介绍。

四、微课优化

对微课的优化，一方面包括对微视频的优化，即微视频的技术性、艺术性优化；另一方面是微课的完整性优化，即微课所包含的知识概念图、学习任务单、进阶练习等其他资源的充实与完善。

五、微课评价

对微课的评价可以帮助教师及时发现微课存在的问题，进而及时调整自己的微视频。微课的评价反馈可以通过学生、同行的提前观看来获取，根据大家对微视频的建议与意见，调整微视频的风格及效果，必要时，需要对微课的选题重新分析与设计。经过应用测试后的微课才是有效的教学资源。

理论导学

如何进行微课设计前的分析

对微课的分析包括选题分析、知识点分析、学习者分析三个部分。

一、选题分析

微课是针对特定的主题在较短的时间内进行清楚的讲解，并能够吸引学习者兴趣、容易在短时间内掌握的一类信息化教学资源。微课的选题非常重要，最好是核心概念，单一的知识点，某个教学环节、教学活动等，要求目标明确，内容清晰，而且其内容要适合使用媒体技术来表达。因此，微课的选题要在众多的知识点或教学环节中提炼出重点、难点或兴趣点，予以重点解答。微课内容可以是知识讲解、题型精讲、技能演示、总结归纳、知识拓展、教材解读、方法传授、教学经验交流等。

由于微课的学习大多是利用碎片时间进行的移动学习、泛在学习，这就要求微课的选题一定要实用、准确、内容生动有趣、形式短小精炼。微课不适合对过于复杂而又不能分割论述的学习内容进行讲解。因此，对于无关紧要、主题不明显、没有特色或对学习者没有吸引力的教学内容或活动，没有必要作为微课进行开发，那样既起不到微课引导自主学习的效果，还会造成教学内容的冗余。

二、知识点分析

微课的知识点要单一，不要面面俱到。由于知识点之间有着复杂的关联，每一个知识点都包含着其他知识点，并不存在真正的"元知识点"。任一知识点的教学都有着由浅入深的层次。因而有些知识点可能在低年级教学材料中出现，而真正的教学活动则要到更高的年级才安排。这就要求必须限定教学内容的范围，明确教学目标和教学起点，从而将教学活动所关注的知识点限定在一个基本确定的范围内。如果对任一知识点都去做不加限定的分析和延伸，教学内容分析就会陷入没有极限的探寻与循环中。例如，小学语文教材收录的《桂林山水》一文中，"桂林山水甲天下"的一个"甲"字就有很大的讲解空间，可以深入到天干地支、甲字的用法等，而对天干地支则又可做更进一步的追问，等等。

同时，提取知识点的过程中还应注意学科融合问题。随着课程和教学改革的深入，教学材料显现出生活化、综合化的趋势，同一教学材料中可能包含着多个学科的教学内容。这种发展趋势有利于学生更好地结合生活实际，但在学科教学中则仍然需要注意把握本学科课程标准的基本要求，否则就容易顾此失彼。以初中数学《平面及其基本性质》为例，微视频中，教师给学生讲解了诗歌与几何、装修与几何的联系，并穿插很多有意思的小例子。在学习任务单上，教师安排了这样的活动"你学过的诗歌里面有哪几句包含了平面及其基本性质？你们家的装修中，哪里包含了平面及其基本性质"。这里，学生汇报陈子昂《登幽州台歌》与家居室内空间装潢效果图。如果只是为了引出生活中的"点、线、面"是可以的，但如果详细解读诗歌，或介绍诗歌的相关背景，就会偏离数学学习的主题。

课程标准规定了课程教学的目标和内容范围，这是设计、实施和评价教学活动的依据，因而也是微课知识点分析的依据。此外，较之课程标准，学习需求是教学活动更为根本的依据，在没有课程标准、课程标准不够明确或课程标准并不适应特定学生实际情况的时候，就需要依据学习需求来限定微课的知识点范围了。

三、学习者分析

有些学习内容需要专门安排教学活动，甚至反复突出强调，有些则可能采取相对弱化的处理，以便集中有限时间突出重点、攻克难点。在实际教学中，由于不同学习者往往存在初始能力水平或非智力因素等方面的差异，形成不同的需求，因而即使课程标准对教学内容、目标有了明确的描述，知识点的提取也需要充分考虑特定学生的实际需求。例如，在语文教学中，对于基础较好的学生，有些字词可能并不需要明确为知识点来实施教学；

但对于语文基础薄弱、自我调控能力也相对薄弱的学生，这些字词可能就不可忽视，甚至可能需要补充必要的知识点，将教学内容延伸到学生的"最近发展区"。

问题二：如何设计微课？

微课的核心是微课视频（或称微视频），是一种包含教学活动的信息化教学资源。对微课的设计，就是对知识点如何进行讲解的教学设计。微课的教学设计同样要遵循一些教学设计的理论。除了要考虑教学目标设计、教学策略设计外，还要考虑微课的特殊性，即微视频的承载形式，要考虑媒体设计及脚本设计。

一、微课的教学设计理论基础

微课的教学设计可以遵循梅瑞尔"首要教学原理"和"信息化教学设计理论"。

梅瑞尔的"首要教学原理"重在激活学生已有的知识，主张学生介入实际问题的解决当中，认为只有当新知识与学生的生活融为一体时，才能够促进学习。首先唤醒学生的先验知识，接着创设情境，引入一个实际问题，让学生在实际问题中思考、学习；然后呈现重难点知识；最后通过一些应用案例引导学生在生活中学以致用。

信息化教学设计理论涵盖了多种不同的学习理论，如建构主义学习理论、情境认知学习理论、多元智能理论、活动理论、混沌理论等。在微课的教学设计过程中要通过创设情境、设置问题，引导学生在具体的情境中对问题进行思考和解决，并联系生活中的案例，给学生以真实感和切身性，使他们易于从具体的问题、情境和生活实例出发，自主建构知识，并学会在相似的情境中进行知识迁移。

二、教学目标的设计

教学目标是微课设计与制作的导向，是通过学生自主学习后期望达到的预期结果。通过教学目标分析，教师明确学生到底对什么感兴趣、学生想学什么、学生能学什么等一系列问题。只有明确清晰的教学目标，微视频教学才会有针对性，才能明确在微视频中教师将采取什么样的教学方法。哪些内容需要探究式的教学方法，哪些内容需要任务驱动式教学方法，哪些内容需要直接讲授等。通过教学目标分析，教师可以总结出哪些教学内容适合用案例、情境的形式呈现，哪些教学内容适合自主探究才能达到更好的效果等，从而避免了教学的盲目性和无目的性。

教学目标是整个微课设计中非常重要的一个环节，因此设计教学目标是最首要也是最重要的问题，而且教学目标的深浅、结构和层次也会直接关系到教师们的微课设计和学生们的学习效果。适当的目标可以为问题解决提供引导,也可以判断问题解决的情况。而教学目标分类表,有助于教师明确知识与认知过程的一致性关系,引导学生学习什么类型的知识,把握知识掌握的程度是否能够支撑问题的顺利解决。

微课的教学目标可以根据微课要解决的问题进行设定。可以将微课要解决的整体目标进行分解,再对其若干子问题的目标进行设定。例如,针对"如何将氧化还原反应应用于环境保护"这个微课目标,可以将其分解成几个子问题:"什么是氧化还原反应""环境保护包括什么,有什么意义""氧化还原反应的具体操作步骤是什么"。其中每一个子问题也可设定相应的问题目标,如"理解什么是氧化还原反应""理解什么是环境保护""记住氧化还原反应的具体操作步骤"。这样每一个子问题的问题目标都可以在分类表中找到其相应的单元格,根据问题解决中问题目标的设定,教师也将更加明确需要引导学生学习什么类型的知识,把握知识掌握的程度是否能够支撑问题的顺利解决。

三、教学策略的设计

任何一项教学活动的开展都离不开教学策略,恰当的教学策略是有效达成教学目标的重要保障。在微课的设计中,策略选择是核心环节,能够直接体现出教师的教育理念、教学技巧乃至教学智慧和创意。

要正确选择教学策略,必须首先明确微课教学的特点。第一,从教学内容的性质看,经由微课传授的教学内容本质上属于间接经验,学生的学习是一个接受间接经验的过程;第二,从信息传播的角度看,微课中的信息流动基本上是单向传递,学生处于被动接受地位,教学过程缺少双向互动;第三,从学生的角度看,学生利用微课进行自主学习,具有独立的选择权和决定权,微课教学必须能够契合学生的需求,才能达到理想的教学效果。从微课教学的特点分析可知,微课教学本质上属于有意义接受学习的范畴。由于微课教学是一个经由微视频向学生单向传递教学信息的过程,而且学生具备较大的主动权,所以微课教学的策略应重点放在激发学习兴趣和促进有意义学习的发生这两个关键点上。根据有意义接受学习理论、学习动机理论,结合视频媒介传播的特点,微课教学可以重点借鉴以下三种教学策略,如表3-1所示。

表3-1 教学策略分析表

教学策略	学习动机来源	新旧知识的链接途径
先行组织者	认知内驱力	经由知识结构的链接
基于问题	好奇心、兴趣点	经由问题的链接
情境化	个人需求、现实关联	经由真实情境的链接

1. 先行组织者策略

先行组织者是教育心理学家奥苏贝尔提出来的重要概念，它指先于学习任务呈现的一种引导性材料，比学习任务本身具有更高的抽象、概括和包容水平，能够起到把学习任务与学生认知结构中原有的观念相关联的作用。先行组织者可以分为说明性组织者和比较性组织者两类。说明性组织者一般是当前学习内容的上位概念，具有统摄、概括、包容当前学习内容的作用。例如，在讲解等腰三角形的时候，三角形的概念可以作为先行组织者；在讲解平抛运动的时候，自由落体运动可以作为先行组织者；在讲解鲸时，哺乳动物可以作为该内容的先行组织者。比较性组织者则与新的学习内容是平行关系，在教学中起类比的作用，能够帮助学生更好地理解新知识。例如，在讲解雷达的工作原理时，可以用回音现象的原理作为先行组织者；在讲解人体血液循环系统时，城市的排水系统可以作为先行组织者。

先行组织者在微课教学中起到链接新旧知识的作用，这种链接是经由学生的认知结构产生的。作为一种教学策略，其应用的方法是：先呈现先行组织者，再呈现新的学习内容，最后梳理清楚当前内容与原有认知结构的关系，促进新旧知识的融会贯通。在微课的设计中，可以充分利用视频信息可视化的特点，尽可能地把教学内容的知识结构可视化，方便学生理解。当学生能够顺利利用自己原有的知识体系理解、消化新的学习内容时，容易生发出学习的成就感和满足感，愉悦的学习体验伴随有意义的学习得以发生。

2. 基于问题的教学策略

提出问题是学习的开始，解决问题是学习的最终目标。在自主性学习中，解决问题往往是学生最主要、最直接的学习驱动力。在微课设计中，巧妙的提问可以有效激发学习兴趣，同时还能够统领学习内容，引导学习思路，搭建起知识的框架。在微课中，提问、分析、回答问题的过程，就是知识传递的过程。

基于问题的教学策略容易操作，教学效果好，而设计的关键点在于找准问题的内容及提问的方式。一般来说，问题的内容最好处于学生学习的"最近发展区"，难度适中，经由微课教学能够顺利解决。过于简单或者过于复杂的问题都不容易激发学生的兴趣，有时甚至会起反作用；同时，提问的切入点要尽量结合实际，不要单纯从知识的角度提问题，如结合社会现象、生活实践、学习需求、思想动态等来提问，这样的问题不枯燥、不呆板，容易激发和维持学生的学习兴趣。如果一个微课中有若干问题，要注意问题的内在逻辑关系，巧妙地起承转合，让微课成为一个有机整体，而不要被问题分割成几个独立的部分。另外，由于微课是基于视频的单向信息传递，不是师生的双向交流，所以微课一般需要采用自问自答的方式进行内容的串接。

3. 情境化教学策略

建构主义学习理论认为，发生在真实情境中的学习是最好的学习，学习不应该与现实脱节而应该紧密关联。教学实践也证明，与真实情境相关联的学习内容容易引起学生关注，学生的注意力维持时间较为长久。学生都喜欢听故事，所以在微课中使用情境创设、案例分析、讲故事的策略能够有效吸引学生的关注度。例如，在历史课"新航路的开辟"的微课中，教师没有照本宣科、按部就班地把各种概念"新航路、商业革命和价格革命"逐一罗列讲解，而是通过"出示两幅地图，一张15世纪欧洲人绘制的世界地图，一张17世纪欧洲人认识的世界地图，让学生观察比较两幅图的差别，然后教师设问以及动态展示新航路开辟的过程"。这样，整个教学过程具有一定的情境化，内容紧凑不散乱，教学效果较好。

微课是以视频为载体的，而视频非常适合用于创设情境、展示案例、讲述故事。很多教学内容都适合使用情境化、案例化、故事化的策略。例如，操作规范、文明礼仪、预防灾害、食品安全等。在某种意义上说，教学中的大部分教学内容都可以在现实生活中找到发生的情景，只要教师用心设计，是不难找到教学内容与现实生活的关联点的。

以上三种策略是微课教学设计中常用的策略，但教学策略的选择并非一成不变，教师可以根据具体情况合理搭配，灵活使用。策略和方法本身充满了创造性，有无穷变化的可能，一个富有教育激情和教学智慧的教师更加容易因地制宜、因材施教，设计出受学生欢迎的微课。正如焦建利老师所言："教学设计、创意和教师的教学智慧才是微课设计和开发中真正重要的东西，它才是微课的生命力所在。"

四、媒体设计

微课视频是一种媒体资源，必须遵循视频资源制作的规律，结合视频传播的特点来设计教学信息呈现方式，才有可能做出受欢迎的微视频。具体来说，视频主要通过两大感觉通道传递信息，一是视觉，二是听觉。

在视频类教学资源中，通过视觉信号传递的信息量约占总教学信息量的80%，所以良好的视觉信息处理是关键。在微课中，视觉信息涉及两个层面的内容：一是教学内容的可视化处理，这与教学设计有关；二是画面的艺术性处理，与拍摄、制作水平有关。在教学内容的处理上，微课的主要任务是把教学信息尽量可视化。视频的优势并非传递抽象的文字信息，而是传递具体、直观的图形、图像信息，特别是连续的、动态的图像信息。因此，把原先相对抽象的教学内容转换成具有较强可视性的画面信息，是微课设计中的关键技巧。综上所述，微课中视觉信息处理的关键是把教学内容中抽象的概念形象化、枯燥的数据图示化、复杂的关系可视化、静态的信息动态化。简而言之，就是要把教学信息尽量可视化、动态化，充分发挥出视频媒介的优势。

声音是微课用于传递信息的另一个重要途径。一个优秀的微课中，声音不但用于讲解教学内容、营造学习情境，更是主讲教师展现语言魅力，彰显教育情怀的重要渠道。透过声音，教师的存在感更显真实而生动。

微课中声音的运用主要分为两类：一是解说词，二是背景音乐。带解说的微课更加贴近真实的课堂教学情境，容易被学生接受。需要注意的是，微课中的解说词是对画面信息的必要解释、说明、提示、补充，不是对画面文字的简单重复。有些微课用画面呈现大量的文字信息，解说则是对照画面上的文字进行简单复述，这样的设计有大量的信息冗余，容易令人生厌。正确的做法是，画面信息的处理要尽量可视化、动态化，文字尽量简约，宜少不宜多。解说词则需要参照画面内容单独撰写，既要有针对性地补充画面信息，又要能够起承转合，起到贯通整个微课的作用。

此外，在解说词的录制中，教师还需要注意自己的语音、语速、语调、节奏、情感等。很多教师在话筒前说话往往感觉不自然，录制的语音给人以生硬、呆板、有形无神的感觉。因此，教师在录音前需要调整好自己的感觉、心理状态，以期录制出效果理想的解说词。

有些微课没有配解说，这类微课就可以选择合适的背景音乐，配上必要的文字说明。背景音乐的选用需要注意一个问题：音乐的内涵是什么？每首音乐都有其创作的独特背景，也有其要表达的特定含义，因此，微课选用的背景音乐应该与微课的内容相匹配，至少不相违背。合适的音乐可以衬托乃至提升整个微课的品质，如果不加分辨地随便选用音乐，就有可能影响微课的使用效果。此外，如果微课中需要使用几段不同的背景音乐，除了注意内容的契合度外，还要注意主次分明，即以一种音乐为主，呼应首尾；其他音乐为辅，穿插使用。音乐过多易显杂乱，同一个微课使用的音乐最好不超过三种。

总而言之，微课设计要充分发挥视频媒介的优势，合理设计视觉信息与听觉信息，有机结合两种感觉通道进行信息表达。视觉、听觉相得益彰，就像两条腿走路，既分工又合作。

五、脚本设计

在表演戏剧、拍摄电影时，脚本是指表演或拍摄所依据的底本或者书稿的底本。拍摄微课也需要有脚本。微课设计脚本一般包括微课设计者、学科名称、微课名称、微课时长和教学过程等内容。

微课设计脚本模板可以为微课设计提供参考。微课制作者可以在脚本模板的基础上，根据需要添加或删减内容。微课设计脚本可分为微课基本信息、微课描述信息和微课教学过程三部分，如表3-2所示。其中微课基本信息主要包括如微课设计者、学科名称、微课名称、微课时长这种基本内容。微课描述信息包括问题类型、学习目标、目标类型、知识点描述、呈现设计（呈现资源、呈现策略、呈现方式）和设计思路、参考资料。微课教学过程包括片头、导入、正片、总结和结束语的时间段、学习内容和呈现策略。

表 3-2　微课设计脚本

微课设计脚本				
微课基本信息				
微课设计者					
学科名称					
微课名称					
微课时长					
微课描述信息				
学习目标					
问题类型	☐ 事实性知识的问题 ☐ 概念性知识的问题 ☐ 程序性知识的问题 ☐ 元认知知识的问题		学习目标	☐ 记忆 ☐ 理解 ☐ 运用 ☐ 分析 ☐ 评价 ☐ 创造	
知识点描述					
呈现设计	呈现资源			
	呈现策略			
	呈现方式			
设计思路					
参考资料					
微课教学过程				
	时间段		学习内容	呈现策略
片头					
导入					
正片					
总结					
结束语					

　　微课基本信息部分主要是制作微课必须记录的基本信息，微课描述信息部分的学习目标可参考教育分类目标制定，将教育目标进行清晰的分类，有助于教师清楚隐藏在目标中的知识与认知过程之间的关系。问题类型分为事实性知识的问题、概念性知识的问题、程

序性知识的问题和元认知知识的问题。学习目标分为记忆、理解、运用、分析、评价、创造。问题的类型和学习目标可以帮助教师在问题解决中引导学生学习某种类型的知识，以及把握知识掌握的程度，支撑问题的顺利解决。知识点描述主要代表知识点期望能给予学生何种启发，或期望学生能学到什么。可以按照"微课学习目标 + 该知识点的意义 + 该知识点类型"的模式来写。呈现设计分为呈现资源、呈现策略和呈现方式，用于表示这节微课适合用哪种载体呈现、适用于哪种讲授策略、适用于哪种微视频录制方式。设计思路主要是针对微课教学过程中的教学步骤和具体细节设计而言，参考资料是指在微课制作过程中所用到的参考资料，就如同学术论文写作中的参考文献，参考资料既可作为微课学习资源的出处，也可为微课二次编辑提供素材出处。教学过程中提供了片头、导入、正片、总结和结束语的时间段，以及呈现内容和策略，犹如学术论文框架，微课制作者可根据此框架进行微课制作。

问题三：如何优化微课？

微课的优化主要指微课资源的完整性优化、微课教学信息的可视化以及微课视频的技术性、艺术性优化。

一、微课资源的完整性优化

微课除了包括核心的微视频外，配套资源也很齐全，还包括知识点地图、微课教学设计方案、学习任务单和进阶练习等。微课的发展受到各类微课比赛的推动，对微课的完整性，各类微课比赛的评价指标也有所不同。例如，有些微课大赛需要提交微课教学内容简介、教学设计的教案或学案、多媒体教学素材和课件、教师课后的教学反思、练习测试、学生的反馈及学科专家的点评等，如有的比赛文字材料中要有教师简介、教学内容说明等，在视频片头要求有标题、作者、单位，在教学过程中要求有教师与学生镜头，体现教师风采、师生交互等。这些在微课大赛中的要求，与实际教学应用可能不完全一致，不要求样样都有，但应根据教学目标、教学内容和教学活动等选择必要而又简明的支持材料，避免冗余杂乱。

二、微课教学信息的可视化

微视频是呈现教学内容的主要载体，其教学内容可视化是微课优化的首要目标。满屏的文字、图片，单一的动画设计很难调动学生兴趣，易出现感官疲劳。在微课优化设计时，尽量把抽象的概念形象化，把大量的文字整理成表格、框图，或设计成图形、图像、动画、视频等，让画面可视化效果更好。

1. 抽象概念形象化

微课的教学内容往往涉及很多概念，文本教材一般直接用文字符号来表达相关信息。在微课设计中，则需要把各种概念尽量形象化，这样既有利于发挥视频的优势，又能帮助学生更加直观、有效地接收信息。例如，在高中政治课《人民代表大会制度》的微课中，为了把"人民代表大会制度是我国的根本政治制度"说清楚，把这个重点内容做成一个简单易懂的微课，教师大量使用的手法就是抽象的概念形象化。在这个微课中，教师通过播放"第十二届全国人民代表大会第一次会议、第三次会议的主要议程"的视频或照片，并设置问题"为什么每年三月在北京召开全国人民代表大会？会上，国务院、最高人民法院院长、最高人民检察院检察长为什么要向全国人大作工作报告？会议上决定的讨论、审议、通过过程怎样？"教师用学生普遍关注的热点大事来导入，激发学生的兴趣，通过视频和图片材料让学生形象地感知人民代表大会制度这一抽象概念。

2. 数字、关系图示化

微课的教学内容中如果涉及数据信息，图示化是最简洁、有效的表达方式。把枯燥的数据关系转换成图形关系，能够更加直观、有效地说明问题。灵活使用坐标轴、饼图、柱形图、曲线图等数据可视化工具可以使教学内容更加清晰易懂。此外，巧妙运用类比、比喻的手法来说明数据之间的关系，会使信息的呈现更加生动、活泼。例如：在《我们都是纳税人》微课中，教师需要说明个人收入、税率、商品价格、税费等各种复杂的数据关系，设计者巧妙运用切蛋糕、分月饼、裁衣服等图示化的比喻来形象地说明数据之间的比例关系；使用叠积木、拆房子、坐飞机等游戏元素帮助展示数据的增加、减少过程，使学生看得兴致盎然，学得轻松愉快。由此可见，图示、比喻的设计手法在处理数字类、关系类的教学内容时非常有用，容易让微课达到有用、有趣的教学效果。

3. 信息呈现动态化

视频最擅长表达和呈现过程性、动态化的信息，深入分析和研究教学内容，发掘教学信息中可以"动"的元素和成分，加以恰当地设计和运用，就能制作出生动的微课，如表3-3所示。

表3-3 教学信息动态呈现的设计

教学内容	动态成分的发掘	设计方法
明显可动（如动作技能、操作过程、现象等）	内容自身的连续变化	直接呈现动态过程
隐性可动（如工作原理、技术路线、发展历程等）	内容的主次关系、时间的先后次序	按照内容的逻辑次序，动态呈现信息
不可动（如语法、理论、写作、解题等）	人的思路	按照问题分析的思路，动态呈现信息

有些教学内容本身具有动态性特征，如体育教学中的动作技能、实验操作的过程、乐器弹奏的技巧、自然现象的变化过程等，直接使用视频来呈现教学信息是最简单有效的方法。有些教学内容相对抽象，动态特征不太明显，如工作原理、技术路线、历史进程、发展思路等内容，这需要教师根据教学内容的特点，合理安排信息的呈现次序，利用信息的动态呈现引领学生的思路，循序渐进地展示教学内容。信息的动态呈现既能有效展现事物的时空关系，又能帮助学生理解和记忆。还有一类教学内容抽象程度更高，似乎与动态化不相关，如写作方法、解题技巧、语法要素、学科理论等。对于这类教学内容，可以从发掘人的思维过程的动态性入手，依据分析问题的思路来安排信息的动态呈现。同时，还可以使用动态的图标、箭头、线条、闪烁等手法强调内容之间的关系，帮助学习者理清思路。

三、微课的技术性、艺术性优化

微课的技术性一方面包括微视频的技术性，另一方面包括微课平台的技术性。微视频的制作应符合技术规范，如分辨率、码流速度等。视频、课件画面布局美观协调，文字、色彩搭配合理，符合学生的认知风格。微课的支持材料也要符合相应的技术规范，相对完整，形式尽量多样化。微课平台的技术性包括系列微课的有效组织、检索、访问、浏览、上传、评论等，并能提供学习指导、信息提示、学生之间和师生之间的在线或离线交互以及学生与媒体之间的交互，能够追踪记录学生学习过程，提供相关主题资源的推荐和推送等。

问题四：如何评价微课？

微课评价是对微课进行综合性的判断和分析，通过对微课进行评价，能够有效地评定微课的价值，发现相关的问题，从而为微课的进一步优化与调整提供依据。对微课的评价，可以对照评价指标体系来进行。

目前，对于微课的评价机制较为单一，主要还是以比赛评价机制为导向，常见的有"首届全国高校微课教学比赛""中国微课大赛""全国教育教学信息化大奖赛"关于微课的评审指标等。这些评价标准主要为比赛服务，不是专门针对教学而设计的，因此对于在线教育、混合式学习、翻转课堂等不同情境和不同学生是否完全有效，也有待进一步的探讨和论证。

对于微课的评价体系，桑新民教授曾经提出评价微课的三个关键点：一是针对不同学科确立分门别类的评价指标，推动教师（跨时空）团队发展；二是加大用户（包括教师、学生、其他用户）评价的权重；三是重视可重用资源的价值导向。这三点在目前的评价体系建设中，具有重要的借鉴意义。尤其是第二点，加大用户的评价权重，用户是微课的使用者，对于微课水平的高低最有发言权。另外，还要关注网络用户的评价，网络用户基数大，而且是非面对面评价，评价比较中肯。

拓展阅读

全国教育教学信息化交流展示活动第二十三届
全国教育教学信息化大奖赛微课评价标准

表一

评比指标	分值	评选要素
教学设计	25	体现新课标的理念，主题明确、重点突出 教学策略和教学方法选用恰当；合理运用信息技术手段
教学行为	25	教学思路清晰，重点突出，逻辑性强 教学过程深入浅出、形象生动、通俗易懂，充分调动学生的学习积极性
教学效果	25	教学和信息素养目标达成度高 注重培养学生的自主学习能力
创新与实用	25	形式新颖，趣味性和启发性强 视频声画质量好 实际教学应用效果明显，有推广价值

——摘自《全国教育教学信息化交流展示活动第二十三届全国教育教学信息化大奖赛指南》

本章内容小结

本章我们学习了微课的开发流程（知识检查点3-1），学习了设计微课的方法，并能够针对某一知识点开展微课设计、形成脚本（能力里程碑3-1），学习了微课优化的方法（知识检查点3-2）、评价微课的方法（知识检查点3-3），学习了知识可视化在微课中的重要作用。

本章内容的思维导图如图3-2所示。

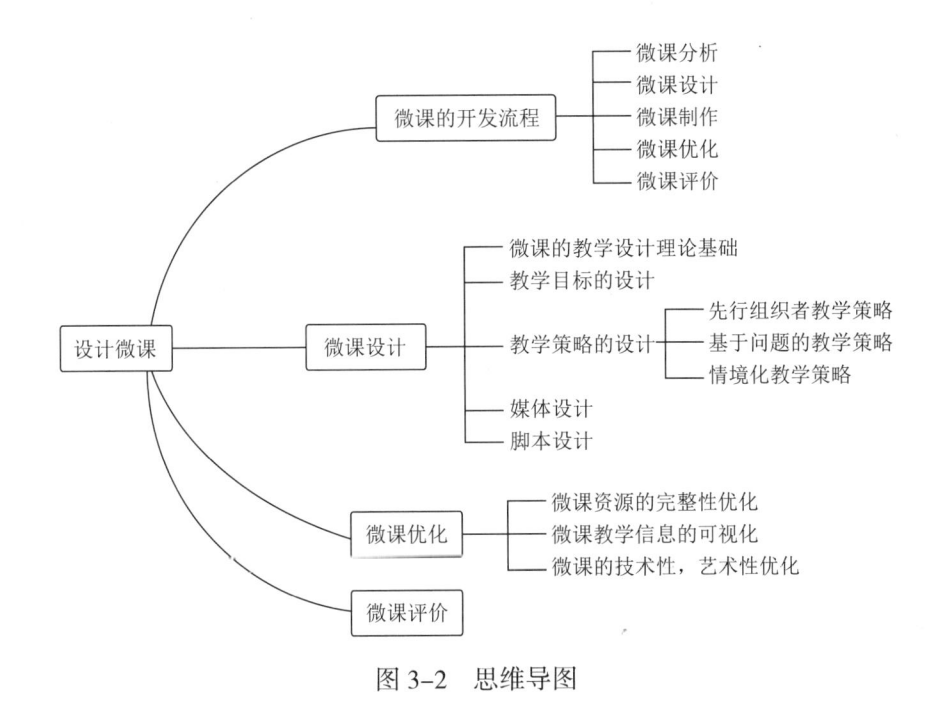

```
                          ┌── 微课分析
              ┌── 微课的开发流程 ──┼── 微课设计
              │                   ├── 微课制作
              │                   ├── 微课优化
              │                   └── 微课评价
              │
              │                   ┌── 微课的教学设计理论基础
              │                   ├── 教学目标的设计              ┌── 先行组织者教学策略
  设计微课 ──┼── 微课设计 ──────┼── 教学策略的设计 ──────────┼── 基于问题的教学策略
              │                   ├── 媒体设计                     └── 情境化教学策略
              │                   └── 脚本设计
              │
              │                   ┌── 微课资源的完整性优化
              ├── 微课优化 ──────┼── 微课教学信息的可视化
              │                   └── 微课的技术性，艺术性优化
              │
              └── 微课评价
```

图 3-2　思维导图

自主活动：微课的观摩与设计

请学习者在学习完本章内容后，进行自我反思，并记录个人学习心得。

小组活动：讨论教学信息可视化在微课中的作用及微课评价要点

请学习者围绕本章的学习主题进行组内交流，并做好小组学习记录。

评价活动：评价本章知识与能力学习水平

一、简述题

1. 请简述微课的开发流程（知识检查点 3-1）。
2. 请简述优化微课的方法（知识检查点 3-2）。
3. 请简述评价微课的方法（知识检查点 3-3）。

二、实践项目

选择当前所教教材上的某一教学内容，围绕某一知识点开展微课的设计并形成脚本（能力里程碑 3-1）。

第四章 微课视频初级制作

本章学习目标

在本章的学习中，要努力达到如下目标：
- ◆ 了解手写录像型微课的特点（知识检查点 4-1）。
- ◆ 掌握手写录像型微课的制作方法（能力里程碑 4-1）。
- ◆ 了解录屏剪辑型微课的特点（知识检查点 4-2）。
- ◆ 掌握录屏剪辑型微课的制作方法（能力里程碑 4-2）。

本章核心问题

如何制作手写录像型微课？如何制作录屏剪辑型微课？

本章内容结构

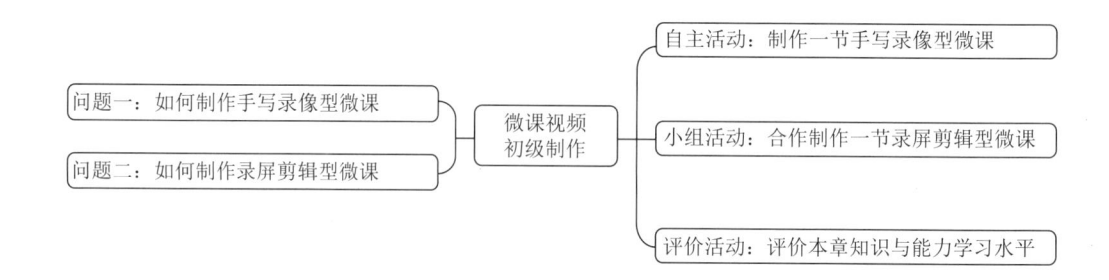

```
问题一：如何制作手写录像型微课 ┐                    ┌ 自主活动：制作一节手写录像型微课
                              ├─ 微课视频初级制作 ─┤ 小组活动：合作制作一节录屏剪辑型微课
问题二：如何制作录屏剪辑型微课 ┘                    └ 评价活动：评价本章知识与能力学习水平
```

引 言

目前，微课因其具有目标明确、针对性强、短小精悍等特点，在教育教学中得到了广泛的应用。在国家的大力支持下，广大一线教师纷纷开始热情参与微课制作。但实践中依然存在两大问题，一是微课制作方法众多，且大多复杂烦琐、制作时间长；二是微课表现形式多样，教师无法明确哪种表现形式更好。这造成广大一线教师无所适从，在日常教学活动中不能快速、轻松、方便地将自己的教学设计转变成微课。因此，本章对目前常见的低成本微课制作方法进行梳理和阐述，从制作技术的视角出发，将常见的初级微课分为手写录像型和录屏剪辑型两大类，并阐述简单实用的基于录像、基于录屏的两种微课制作方法。该方法旨在为广大的一线教师提供一种简单、明了的微课制作方法，进而帮助教师们快速地制作出高质量的微课，使之能够高效地将自己的日常教案转化成微课。

问题一：如何制作手写录像型微课？

手写录像型微课主要指利用摄像设备（摄像机、平板电脑、手机等）拍摄教师一边书写（或操作）、一边讲解的过程，进而编辑生成的微课视频。一般语文识字教学、中学英语单词教学、各学科解题方法教学、实验操作类教学、动作技能类教学等都比较适合手写录像型微课的形式。这种类型微课的主要制作技术是拍摄，基本操作是将教师的讲解完整地录制下来。有一种"摄像机+演示"的形式，即使用摄像机、手机、平板电脑等设备，将教师的演示和讲解拍摄下来。这种形式适合需要展示操作技巧、方法的课程，如绘画的方法、书法的写法，体育运动技能的展示，实验操作的演示等，教师可以对操作步骤进行分解，做精细化呈现。另一种形式适用于教师讲解、推理，主要利用"摄像机+白板"和"手机+白纸"两种模式来实现，这种方法比较简单，教师容易掌握相关技巧并着手录制，它可以将知识点讲解清晰、准确地呈现出来，比较适合需要进行推演运算的知识内容。但是这种方法也有缺陷，仍给学生一种在课堂听课的感觉，不利于复杂知识内容的形象化呈现。

一、基于"摄像机+白板"模式的手写录像型微课的制作

1. 拍摄前的准备

第一，需要有安静的环境及必要的设备与工具，主要包括摄像机、三脚架、白板（黑板）、不同颜色的白板笔（粉笔）及其他教具等。为了避免拍摄出的画面晃动不稳，必须使用三脚架进行拍摄。三脚架大约放置在白板正前方2米的位置，再将摄像机安装在三脚架上；打开摄像机电源，在取景框内确保教学内容占主体，调整摄像机的高度与教师的眼睛平行，如图4-1所示。

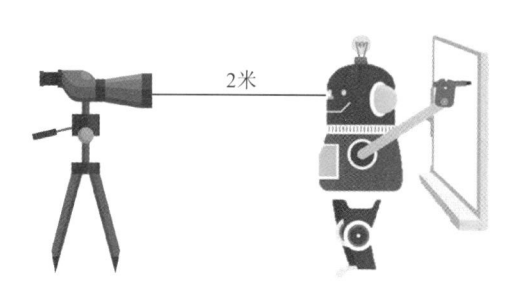

图 4-1　摄像机与白板的位置示意图

第二，准备足够的录像带或者存储卡，以保证每台摄像机除了中间换录像带或存储卡外，其他时间不能停机，录制整个过程。为了保证拍摄色彩真实，需要准备一张色彩纯正的白色打印纸，将所有参与拍摄的摄像机在现场进行白平衡的调整。低成本微课的录音工作直接由摄像机自带的麦克风完成即可。

第三，教师要熟悉摄像机机位的布局安排，讲解时的动作要在镜头的最佳范围内有恰当的表现。例如，要考虑到教师能正面面向镜头，教师的身体不能遮挡教学内容；在讲解重要知识点或者切换语言动作时，要考虑预留给摄像人员调整摄像机、后期编辑的时间。教师既不能拘束于镜头范围而不敢有过多态势引导，也要考虑摄像机的拍摄范围和调度的延时。

第四，教师要对教学内容进行精心设计，不能因为录像时间的限制而导致教学内容的缺失或讲解模糊；要考虑学生的自主学习需求与规律，按照适用于自学的教学原则，把握时间和节奏，通过态势语、动作、提问等将视频变成联系的情节段落，避免学生长时间观看引起的视觉疲劳。对于练习、思考时间的预留要得当，授课过程中的停留有时就要长或用语气重点强调，否则观看者会有跟不上或走神的情况发生。

第五，教师与摄像人员进行手势及口误处理的约定。由于在课堂录制过程中，任何的中断和打扰都可能会影响教师的思路或进度，导致教学状态的改变，或延误录制制作的效率，因此，教师与摄像人员事先约定一些突发事件或错误提示等手势信号是必要的，如录像开始和结束的手势、暂停的手势，以及对口误发生时的处理等。

2. 拍摄录像

拍摄时，按照脚本要求确定摄像机位、景别等信息，合理设置录制的分辨率、传输速率、录制格式等，即可按下"录制"按钮开始拍摄。

3. 后期制作

（1）口误及无关镜头画面的剪辑处理

教师讲课过程中偶尔会出现重复或口误的情况，一般小的口误不需要特别处理，以免影响教学的连贯性，只有出现知识性错误或大段无关内容，影响整体效果时才做出删减的决定，删减后镜头对接一般会采取交叉转场或加入空镜头（学生、板书、电子教案等）等方法，以减少画面的跳跃感。对画面的整体色彩、亮度一般不做调整，必要情况下，用视、音频滤镜简单处理一下亮度、对比度以及明显的噪声即可。

（2）压缩合成与网络传播

最后的完整视频一般要保留两种格式：一种用于原素材的存档，以便后期进行修改和编辑，要保存较高的画质；一种作为网络课程平台使用，一般压缩为 720×576px 画面大小，1Mbps 左右码流的 MP4 格式流媒体，便于在网络下观看时画面的流畅度高。

二、基于"摄像机+演示"模式的手写录像型微课的制作

1. 拍摄前的准备

基于"摄像机+演示"模式的手写录像型微课适用于实验演示、动作示范类的教学内容。无论是实验演示内容，还是动作示范内容，其微课基本有导入、操作、演示与总结几个部分，先导入，要阐明实验原理或提出问题；然后，实验操作和动作示范部分要求操作规范、清晰；最后进行总结。

教师根据教学环节的要求，通过对课堂教学情境需求及学生具体情况的分析，对所需的视频拍摄过程进行充分的设计。具体涉及到：需要拍摄什么内容，在怎样的环境下进行拍摄，参与拍摄的人员有哪些，要用到哪些拍摄器材，采取怎样的拍摄方式，想要达到什么样的效果等。同时，在编写视频脚本时教师也要考虑很多细节，包括视频最终的呈现方式、播放时间、色彩搭配、镜头的高低远近、有无字幕等。

拍摄需要准备相应的实验器材与拍摄器材。拍摄器材有三脚架、数码相机、手机、手机拍摄架、俯拍架等。固定机位的摄像机要安装在三脚架上，摆放的位置与操作演示的教师距离大约 2 米，另外，还需要一部移动的摄像设备，移动摄像设备用来拍摄操作演示的细节。

2. 视频拍摄

第一，注意通过形象易懂的声画把所有相关影响因素的实验操作或动作技能演示一遍，并指导学生进行观察和总结。在微课中要传递注重观察、注重客观性和真实性、注重通过真实的实验现象或动作技能来分析得出结论等科学方法和态度。

第二，最好从实验者视角，在不影响实验位置的情况下进行拍摄，如图 4-2 所示。同时着重拍摄实验操作和动作技能的特写镜头，注意拍摄背景是墙面或幕布，以避免过多干扰因素。必要时，可采用俯拍的方式并保持镜头不晃动。

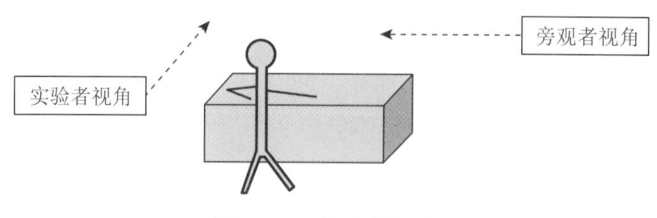

图 4-2　实验者视角

3. 后期编辑

视频拍摄完后一般还要进行视频后期的加工处理，如片头和片尾的制作、镜头的剪辑与拼接、设计和插入字幕，或者针对某些实验现象，为了使学生看得很清楚，可以加入一些回放、慢放或放大镜头等特效。这个过程可以借助一些常用的视频编辑软件，如 Premiere、会声会影等或者带有视频编辑功能的录屏软件，如 Camtasia Studio，该软件的视频编辑功能简单易用，非常适合教学微视频的后期制作。其编辑视频最主要的窗口是"时间轴"和"音视频轨道"，基于"时间轴"可以对视频片段进行各种剪辑操作，如添加字幕特效、转场效果、过渡效果、标题剪辑、添加批注水印、剪辑速度即快慢镜头等，还可以导入现有视频进行编辑操作。基于"音视频轨道"可以控制音量的增加、减小，优化语音，增加语音旁白等。编辑完成后，可将录制的视频输出为其他格式的视频文件，如 MP4、AVI、WMV、GIF 等，方便在不同播放器上播放。

（1）重点提示

学生在观察化学实验时容易被新奇的或强烈的非本质现象所吸引，而忽视一些比较微弱的现象，这些比较微弱或不够引起注意的现象却往往是获得有关知识或取得实验成功的关键。微课要解决这个问题，可用视频编辑软件在后期编辑时使用一些手段突出不明显现象或重点操作，引起观看者的注意。

（2）慢动作

慢动作可以让观看者看到更多的细节，许多操作发生在短暂的时间内，所以可以将一些比较难观察的快速变化的现象通过提前录像的方式采集好视频，后期编辑时处理成"慢动作"回放效果，如图 4-3 所示。

图 4-3　慢动作案例

（3）延时摄影

延时摄影是一种将时间压缩的拍摄技术，把几分钟、几小时、甚至几天、几年的过程压缩在一个较短的时间内，以视频的形式播放。部分实验过程较长，甚至有些在课堂时间内无法完成，就可以考虑用延时摄影技术。

三、基于"手机+白纸"模式的手写录像型微课的制作

复杂的微课往往需要2~4个高清摄像机以及1个专业的制作团队，至少要用1周的时间。最后成品的着眼点往往不是知识点本身，而是教师风采，花费大，耗时长，学习效果却不一定理想。因此，很多教师采取用"手机+白纸"的简易方式进行低成本微课的制作。

在"手机+白纸"模式中，教学环境就是桌面的某个固定位置，教师在白纸上进行一些教学内容的讲解，如数理推演、习题讲解等，如图4-4所示。因此，在录制微课时，如果镜头的视野不需要经常变化，就可以选择一种非常简单的方法，既可以实现镜头的稳定，又可以实现单人操作。

图4-4 "手机+白纸"模式

1. 拍摄前的准备

录制条件要求环境安静，保证没有回声，这样可以使视频的音效效果良好。应该保证光源充足，如果录制环境光线不好，就要采取补充光源的方式，如把台灯放在录像者前方。需要一部智能手机，现阶段智能手机的录像功能一般都可以满足制作微视频前期的录像要求，只需要会简单的调试操作即可。需要一个手机支架，如图4-5所示。如果用手机录像的时候，采用人手端着手机的方式，一般十几秒人手或者胳膊就会抖动，这样录制的画面就会出现晃动的情况。手机支架起到固定手机的功能，而且价格便宜，最好选用带有旋转功能的支架，这样在拍摄过程中更灵活，使用起来更方便。以上录制条件成本很低，操作也很简单，教师在家或者办公室里就可以完成。

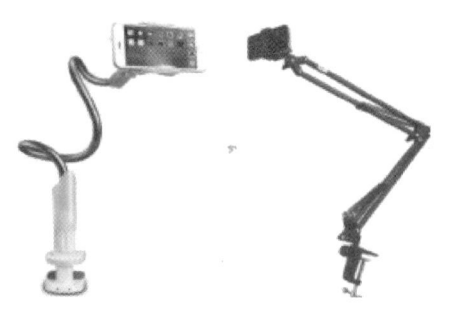

图 4-5　手机支架

2. 视频拍摄

使用手机录制微课时需要注意以下几个方面。

（1）要尽量以第一视角对知识点进行讲解，强调学生的参与感，如图 4-6 所示。

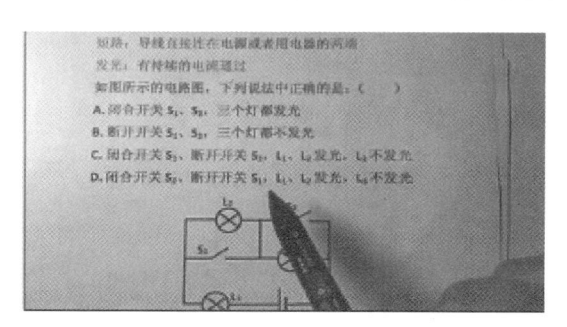

图 4-6　第一视角案例

（2）录制前设置一个录制范围，防止重要画面溢出，如图 4-7 所示。

图 4-7　确定录制范围

（3）去除一些干扰学习的背景和不必要的装饰品，避免分散学生的注意力，以有利于学习。

3. 后期制作

微课视频的后期加工制作目前常用的视频编辑软件有很多，各种视频编辑软件的用法大同小异，本书不做详细介绍。

问题二：如何制作录屏剪辑型微课？

录屏剪辑型微课可以通过 PPT 讲稿、写字板软件（如可汗学院的微课）或者专业学科软件等进行录屏，并进行后期编辑与存储。录屏并不是用摄像机拍摄录制计算机屏幕，而是指利用录屏软件将计算机屏幕上的内容与声音进行录制。录屏软件有很多，本章以 Camtasia Studio 录屏软件为例介绍微课的制作方法。Camtasia Studio 软件能做到：只要你能在电脑屏幕上看到的、听到的，都能录制下来；它不仅能录制屏幕，还能对录制的视频进行后期编辑处理。

一、软件安装准备

目前比较新的 Camtasia Studio 版本需要 Windows 7（或以上）操作系统的支持，同时对计算机的配置要求较高（CPU 最好在 i5 或以上）。如果你的计算机是 Windows XP 操作系统，那么建议你安装 Camtasia Studio 7 的系列版本。安装好 Camtasia Studio 软件后，只需单击桌面上的 Camtasia Studio 图标，即可启动软件，启动界面如图 4-8 所示（本章中抓取的界面均为 Camtasia Studio 8.6 版本）。

图 4-8　Camtasia Studio 软件启动界面

安装 Camtasia Studio 软件时，会自动在 PowerPoint 中安装插件，进入 PowerPoint 主界面就会发现工具栏加载项里面多了 Camtasia Studio 插件，如图 4-9 所示。单击插件工具栏上的"录制选项"按钮，会弹出"Camtasia Studio 插件选项"对话框，可以通过该对话框对录制参数进行详细设置。

图 4-9　PowerPoint 主界面中的 Camtasia Studio 插件

"录制摄像头"功能可以通过计算机附带的摄像头采集教师讲解时的视频，将此视频植入录屏视频中，形成画中画效果，并且画面大小和位置可以调整。录制讲解者的镜头，可以避免微课视频画面的呆板和沉闷感，但是，一般计算机带的摄像头离操作者太近，画面容易变形，并且为了有交流感，要求讲解者注视摄像头，同时操作计算机进行讲课，这样实现起来有难度。

录制讲解声音前，将麦克风插入计算机的对应孔道中，讲解时嘴和话筒成 45°角，避免气流直接进入麦克风，造成喷麦。单击"Record 录制"按钮，会自动启动幻灯片播放模式，同时弹出音量控制对话框。调整讲解者的音量、麦克风的距离及音量控制杆，控制音量峰值显示在黄色区域，音量太小，信噪比会降低，音量太大会造成声音失真。

二、软件录屏

1. 录制屏幕

（1）启动录屏程序

单击窗口左上角的"录制屏幕"按钮（见图 4-10），即可在屏幕右下角弹出一个新窗口（见图 4-11）。这个程序只有一个功能，即录制屏幕。

图 4-10　"录制屏幕"按钮

图 4-11　录屏窗口

（2）检查两个选项

在图 4-11 录屏窗口中，首先需要检查和设置"选择区域"和"录制输入"两个部分。在"选择区域"部分，如果需要录制计算机全屏（如录制 PPT 播放），则选择"全屏幕"选项；如果只需录制屏幕的一部分，则可单击"自定义"按钮旁边的小箭头，并在弹出的菜单中单击"选择区域录制"，就可以用鼠标选定任意大小的屏幕区域进行录制了。在"录制输入"部分，需要将声音设置在"音频开"的状态，并设置要打开的音频来源，如图 4-12 所示。只有这样，在录制屏幕时的旁白配音才能够被录制下来。

图 4-12　设置录音来源

（3）开始录屏

以上两步检查完成后，就可以打开需要录制的程序窗口。如果想录制 PPT 播放，就需要先播放该 PPT，然后单击红色的"REC"按钮。随后，屏幕上会出现"倒计时"提示。请注意画面中的"F10"字样，这是停止录制的快捷键。倒计时结束后，屏幕虽然一切如常，但软件已经在忠实地记录屏幕上的所有画面，以及麦克风所输入的一切声音了。此时，只需要边在计算机上操作，边进行语音讲解即可。讲解时，使用快捷键 Ctrl+P 或者使用 PPT 页面左下角工具栏调出 PPT 画笔工具，在 PPT 上做标注，吸引学生的注意力，从而避免画面较长时间静止造成的枯燥感。这时鼠标左键已经变成画笔，无法翻页，可以使用键盘的上下剪头来翻页，也可以按 ESC 键退出钢笔模式（注意只需按一次 ESC 键，否则就退出了幻灯片播放状态）。PPT 左下角工具栏中的放大镜工具可以放大画面的局部，聚焦重点内容，这时鼠标左键变成小手形状，可以拖动画面以查看不同局部，单击鼠标右键，退出放大镜模式。讲解过程中若有口误，可以稍作停顿（便于后期剪辑），再讲一遍甚至多遍，直至自己满意为止，所有不满意的讲解部分在后期编辑时都可以很方便地剪辑掉。

（4）保存录屏文件

完成录屏操作后，按键盘上的"F10"键就可以停止录屏操作。此时，软件会出现"预览"窗口（见图 4-13）。通常情况下，无须仔细地观看"预览"内容，直接单击右下角的"删除"或"保存并编辑"按钮即可。如果单击了"保存并编辑"按钮，会生成视频中间格式".trec"的文件，软件就会将录屏文件保存下来，并自动放置到主界面中，如图 4-14 所示。

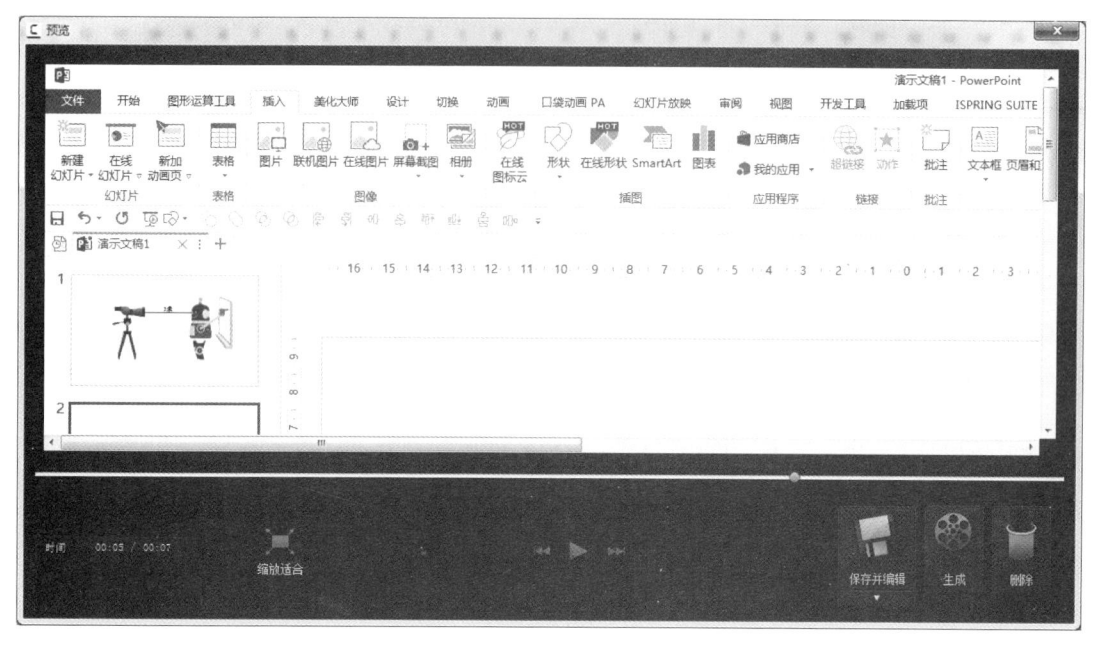

图 4-13　"预览"窗口

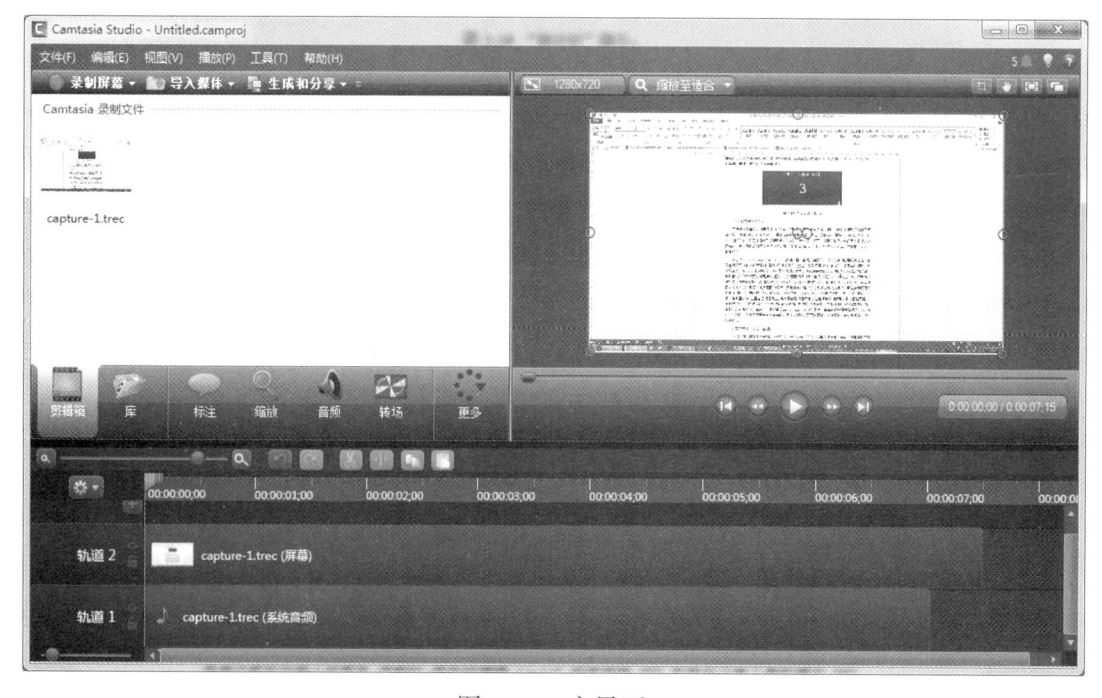

图 4-14　主界面

2. 剪辑

无论用何种方法录制，总避免不了录制的画面或讲解的声音发生错误，但作为"短小精悍"的教学视频，微课中最好不要出现这些错误，所以录屏后产生的文件还需要在 Camtasia Studio 软件中进行后期剪辑。

（1）控制视频的播放

单击图 4-15 中的"播放"按钮，主界面的视频就会开始播放。与此同时，"时间游标"也会在时间轴上运动——事实上，"时间游标"指示的正是当前画面的时间。因此，当手工拖动时间游标，改变它在时间轴上的位置时，右上部的视频画面也会随之变化（见图 4-15）。了解这个操作后，再来看看如何将错误的部分剪切掉。

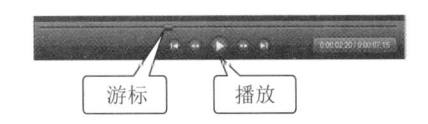

图 4-15 视频的播放

（2）剪辑错误

把出错的内容剪掉，留下已纠正的正确内容，或者把多余的内容剪掉，使得整个视频阐述流畅、紧凑，且加上片头和片尾后，视频长度要控制在 10 分钟以内。首先，通过播放视频可以找到错误部分的大致位置，把时间游标置于错误部分的左边缘或右边缘。接着拖动时间游标的左右控制点，选出一片区域（见图 4-16）。通过反复播放、试听，不断调整左右控制点的位置，直至确认这块区域是需要剪切掉的。然后单击时间轴上的"剪刀"按钮，即可将该区域剪切掉。有时，需要剪除的区域范围很小（时间很短），如口误等。在这种情况下，很难在时间轴上精确选择。此时，需要先"放大"时间轴，方法是将时间轴上方的"缩放滑杆"向右拖动（见图 4-17）。当完成上述操作后，建议将时间轴"缩放滑杆"放置到中间位置，以便兼顾游标定位和范围，选择这两项操作。

图 4-16 选择区域

图 4-17 缩放滑杆

（3）音量调节

音频面板（见图4-18）上有很直观的增大、减小两个音量调节按钮。每按一下"增大音量"按钮，整个视频的音量就有25%的增大；反之亦然。如果视频中某一段的声音偏小了，可以先用剪辑工具把视频剪断，把那个片段分离出来，然后选中它，单击"增大音量"按钮，把它的声音调大。如果增加了一条音轨放置背景音乐，那么需要均衡调节两条音轨的音量，使得背景音乐小声些，烘托出讲解的声音。

图4-18 音频面板

（4）修改配音

当画面没问题，只是配音出错，需要重新配音时，可以选择"任务列表"→"添加"→"语音旁白"，打开旁白的面板，设置好选项，然后重新录制这一小段的配音。

（5）修改画面

当发现画面里的文字出错，或者需要改进和完善画面的时候，就要调出原幻灯片进行修改，只需重新录制，修改部分的PPT屏幕，得到一个置换视频；在Camtasia Studio时间轴上将原始的camrec文件分割，删掉出错的片段，放进置换视频即可。

还有一种方法：如果配音没错，需要置换的只是静态的文字和图表，那么可以把修改后的那张幻灯片通过"另存为"→"其他格式"→"JPEG文件交换格式（*.jpg）"命令，导出当前幻灯片，将其转换成JPG图片；然后在Camtasia Studio时间轴上将原始的camrec文件分割，锁住音轨，用该图片置换原视频，根据需要拉长图片即可。

（6）降噪处理

如果听到视频中出现杂音，为使杂音降到最低，可以对视频进行降噪处理。具体操作为：单击"任务列表"→"音频增强"，打开音频增强对话框，手动选择有噪声但没有旁白的音频区域，单击"消除噪声"按钮去除噪声。

（7）添加片头和片尾

可使用PPT中制作好的片头和片尾，也可另外制作。片头长度控制在10秒为宜。Camtasia Studio 录屏软件还可以对视频添加各类标注、画中画、字幕、转场效果等多种特殊效果的加工处理。对于PPT式微课，文字显示较多的画面，就不需要再添加同声字幕，以免造成干扰。对于转场效果，在设计幻灯片时就可先设计每页转换的效果，不需要在后期编辑时再来添加。

3. 保存和发布

把所有错误的部分剪切掉后，就可以把录屏文件发布为视频格式了。在发布前，首先应该"保存项目"，可以将软件中对录屏文件进行的剪切等操作保存在原始文件中，便于日后进一步对视频进行编辑加工。保存项目的方法是：单击"文件"菜单→"保存项目"子菜单→输入文件名。

当片头、正片和片尾等全部编辑完后，就可以导出微课视频成品。导出之前，需要从头到尾仔细查看剪切拼接的素材中间有没有空白，哪怕是一帧的空白，也会在微课的播放过程中产生黑屏。导出视频的具体操作为：单击"任务列表"栏，选择"生成"→"生成视频为"，在弹出的"生成向导"对话框中可以选择Blog、CD、HD、Web等不同用途的输出，可以根据自己的需要进行选取；也可选择"自定义生成设置"，一般选择"自定义生成设置"，进入到下一步，有很多种视频格式供选择。如果成品是单做资料保存，以便日后能再编辑使用的，建议选择AVI格式，AVI格式的文件比较大，但图像质量好，兼容性好，可以导入到其他一些视频编辑软件上进行编辑处理。现在因为成品是要在网络发布的，所以选择推荐格式"MP4/FLV/SWF—Flash 输出"，这三种格式比较适合网络传输。其中，MP4是推荐使用较多的；FLV适合较长或较高动态的视频；SWF则适合较短小、低动态屏幕的视频。在Flash的外观模板是"No Control"的情况下，在"Flash 选项"里根据自己的需要选择其中一种格式即可。设置导出视频的分辨率，分辨率越高，画面越清晰，但文件所占空间也就越大。因为微课视频通常作为网络课程资源，主要播放平台是平板和手机终端，综合考虑网络带宽和清晰度，选择"mp4 only(up to 720p)"，此时视频画面为720线，比原始录制分辨率低，但能满足绝大多数播放平台的要求（国家教学资源库视频素材要求分辨率大于 $320 \times 240px$）。依次按照对话框提示，即可导出mp4格式的微课视频。

三、录制可汗式微课

可汗学院所制作的微课，因录制方法比较简单且效果接近于"粉笔+黑板"而受到教师和学生的喜爱。可汗式微课也是采用Camtasia Studio软件来录制计算机屏幕的。可汗式微课中"用笔写字"的效果需要一个硬件产品来支撑。比较经济实惠的硬件是手写板或"数位板"（见图 4-19）。把数位板连接到计算机的 USB 口时，数位板中的那支笔，就会替换鼠标的作用，就可以用笔在数位板上写字了。同时，要想真正在计算机中用数位板写字，还需要软件的支持。如果想完全模仿可汗式微课的话，则需要一款名叫 Smooth Draw 的绘图软件。事实上，也可以在 PPT 播放状态下调出手写笔（快捷键：Ctrl+P），就可以在 PPT 播放页面中写字。这种方法能够很好地把 PPT 页面中的内容和手写批注结合起来。

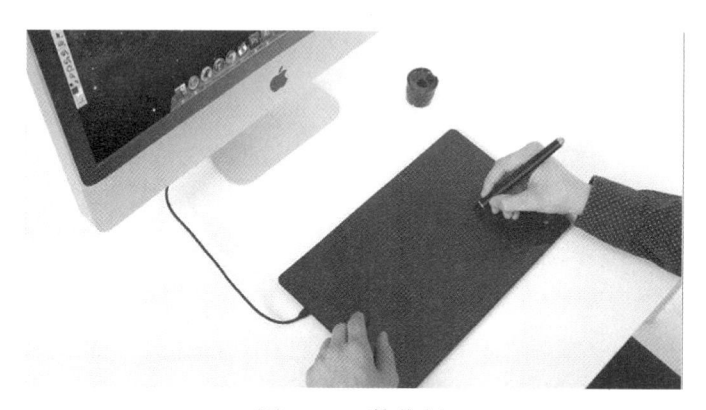

图 4-19 数位板

本章内容小结

本章我们学习了手写录像型微课、录屏剪辑型微课各自有什么特点，适合哪些教学内容（知识检查点 4-1、知识检查点 4-2），以及如何制作手写录像型微课（能力里程碑 4-1），如何制作录屏剪辑型微课（能力里程碑 4-2）。

本章内容的思维导图如图 4-20 所示。

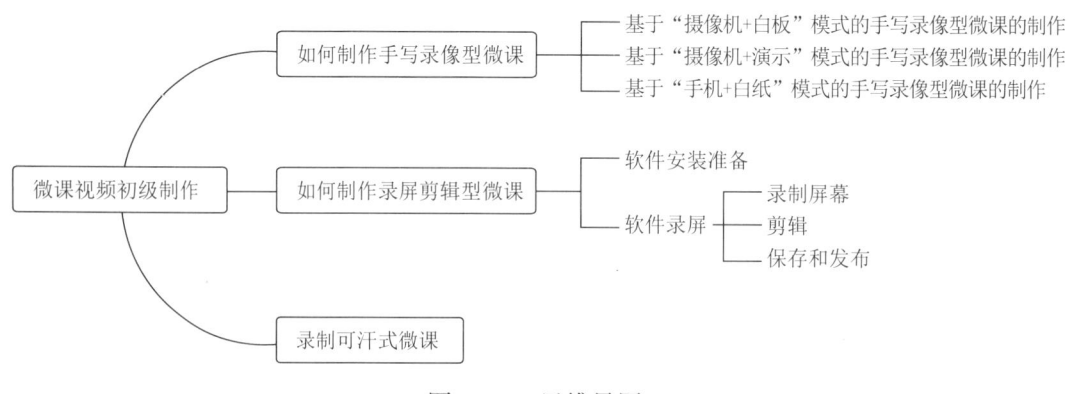

图 4-20 思维导图

自主活动：制作一节手写录像型微课

请学习者在学习完本章内容后，进行自我反思，并记录个人学习心得。

小组活动：合作制作一节录屏剪辑型微课

请学习者围绕本章的学习主题进行组内交流，并做好小组学习记录。

评价活动：评价本章知识与能力学习水平

简述题

1. 手写录像型微课适合哪些教学内容（知识检查点4-1）？
2. 录屏剪辑型微课适合哪些教学内容（知识检查点4-2）？
3. 使用摄像设备录像时，怎样保证画面的稳定性（能力里程碑4-1）？
4. 后期剪辑时，有哪些方法可以突出重点（能力里程碑4-2）？

第五章 微课视频高级制作

本章学习目标

在本章的学习中,要努力达到如下目标:
- ◆ 了解MG动画型微课的概念、特点(知识检查点5-1)。
- ◆ 了解MG动画型微课的常用制作工具(知识检查点5-2)。
- ◆ 掌握运用万彩动画大师软件制作MG动画型微课的方法(能力里程碑5-1)。

本章核心问题

MG动画型微课的常见制作工具有哪些?如何运用万彩动画大师软件制作MG动画型微课?

本章内容结构

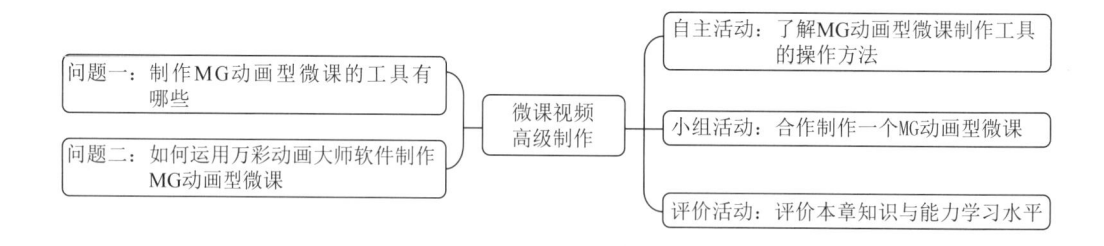

```
问题一:制作MG动画型微课的工具有                    自主活动:了解MG动画型微课制作工具
       哪些                                              的操作方法
                              ┐  微课视频  ┌
                                 高级制作
问题二:如何运用万彩动画大师软件制作                小组活动:合作制作一个MG动画型微课
       MG动画型微课
                                                   评价活动:评价本章知识与能力学习水平
```

引 言

在第四章我们介绍了手写录像型和录屏剪辑型微课的制作方法。这两种类型的微课虽然制作简单,涉及一定的后期剪辑工作,但表现形式有些单调。

本章介绍如何将MG动画技术用于微课制作。MG动画比较轻松、幽默,具有科技感和时尚感,视觉效果明快。在单位时间内能承载最大的信息量,并且可以通过它特有的动画形式对信息进行整合，使知识点更加清晰易懂，加深读者的印象。

问题一：制作MG动画型微课的工具有哪些？

一、什么是MG动画型微课

动画型微课是以教师的讲解声音为时间轴进行动画演示的微课视频，在时间轴的不同关键帧上插入与讲解内容相关的动画、文字、图片，文字和图片以动画形式出现在屏幕上，这样形成的一段教学动画可以转化为微课视频。

MG的全称是Motion Graphic，通常的解释是"动态图形"或"运动图形"，即用动态的图形变形效果配以清晰简洁、讲解生动的语音而形成的动画技术。它能够在短时间内有效地提供大量视觉信息，特别是其对于动态图形和图像的表述、网络交互设计和多媒体合成的特点，很好地将动画专业的动态形式表达和视觉传达专业的图形概括设计进行有效的结合，因此也使得原本传统的动画视频有了新的应用范围。

综上所述，MG动画类微课以平面设计为基础，用动态变形效果呈现教学内容的文字、图形、图像，并配以清晰简洁、讲解生动的语音，如图5-1所示。

图5-1 MG动画型微课

二、MG动画型微课的特点

MG动画型微课的特点有以下四种。

1. 短小精悍，便于移动学习

MG动画型微课时间短，内容精炼。实际具体时长符合学生的认知特点。2014年，麻省理工学院的Philip Guo博士、Juho Kim博士后，以及edX的工程副总裁Rob Rubi共同分析了某平台上690万条视频观看记录及700万个观看行为数据，研究结果发现，短于6分钟的视频最吸引人。这对 MG 动画型微课的制作给出了实用建议。内容短主要体现在集中讲解一个知识点，这正好与信息时代知识的碎片化学习情境相契合，适用于泛在学习、移动学习的学习形式。

2. 趣味性强，激发学生的学习兴趣

MG 动画将与教学内容相关的文字、图形、图像以动态效果呈现，表现形式多样，视觉传达效果强。将难以理解的知识通过旁白和音效进行提示，语言风趣幽默，让学生在愉悦的情境中获取信息，激发学生的学习兴趣，提高学习效率。

3. 信息传达条理清晰，可视化效果强

MG 动画将枯燥难懂的知识通过生动有趣的动画进行呈现，将抽象的知识形象化，便于学生理解，如化学仪器的操作演示、科学实验的研究过程等。通过动态呈现，为复杂的理论做更直观、更准确的阐述，给学生留下深刻的印象。

4. 技艺结合，更具感染力

MG 动画是平面设计与动画设计相互交融的产物，在视觉表现上使用的是基于平面设计的表现形式，在技术上使用的是动画制作手段。MG 动画类微课的主要特征是技术性与艺术性相结合，技术性主要体现在开发者需要有较强的软件操作能力与教学设计能力，而艺术性主要体现在画面的生动性、趣味性以及感染力，这需要开发者具有一定的艺术功底，如画面的排版、颜色的搭配、整体构图、镜头的跳转以及声音的感知能力。

三、MG 动画型微课的常用制作工具

处理 MG 动画的软件有很多，不同基础水平的人可以选择不同的动画制作软件，如 PPT、Adobe After Effects（AE）、Flash、万彩动画大师等。PPT 和万彩动画大师软件操作简单，容易上手，而 AE 和 Flash 的操作则相对复杂一点，是大多数动画专业者的选择。MG 动画制作周期短，不像实拍类微课需要做大量的前期准备工作。教师只要装上了这些软件，充分使用软件内置功能和资源库也能很快制作出 MG 动画型的微课。

1. Flash

使用矢量图和流式播放技术。与位图图形不同的是，矢量图形可以任意缩放比例而不影响图形的质量；流式播放技术使得动画可以边播放边下载。Flash 可以通过关键帧和图符使得所生成的动画（.swf）文件很小。Flash 动画其实就是"遮罩、补间动画、逐帧动画"与元件的混合物，广泛用于创建趣味性强的应用程序，它们包括丰富的视频、声音、图形和动画。它是一款能够播放多媒体动画和交互式动画的工具。

2. Adobe After Effects

After Effect 简称 AE，是 Adobe 公司开发的一款视频剪辑及设计软件，是制作动态影像不可或缺的软件。AE 的优点有很多，最主要的就是能够形变位图、设置关节点和代码控制，可以模拟骨骼系统，操作起来也不是特别的麻烦，所以 AE 是属于那种基本能做到令形状柔软的运动软件。AE 还可以无缝实现后期效果，在做动画的同时完成后期内容。和 Adobe Premiere 等基于时间轴的程序不同的是，AE 提供了一条基于帧的视频设计途径。它还是第一个实现高质量子像素的定位程序，通过它能够实现高度平滑的运动。AE 的不足之处就是新手操作起来比较困难。

3. 万彩动画大师

万彩动画大师是一款多媒体动画设计软件，适合开发动态的商业广告或者宣传视频。操作简单，板块布局干净、清晰，容易上手，且素材丰富，可以导入的种类也很多，如视频、音频、图片、Flash 等。其独具特色的转场和镜头的设置会给人一种新颖的体验。除此之外，它还具有人工配音的功能，可以直接转成视频，对于广大一线教师来说，不需要太多的专业知识即可轻松学会。

问题二：如何运用万彩动画大师软件制作 MG 动画型微课？

一、安装万彩动画大师

万彩动画大师是一款免费的国产软件，可直接到官网（http://www.animiz.cn）下载安装包。万彩动画大师的运行环境可以是 Vista/Win7/Win8/Win10，双击已下载好的万彩动画大师程序，按照提示进行安装即可。

二、万彩动画大师的界面

万彩动画大师的开始界面由菜单栏、模板列表、搜索模板、最近打开工程等部分组成。其中菜单栏有"新建文档"或"打开已有文档"等选项，操作方便。模板列表中有多种模板可供选择，还有搜索模板，可以搜索制作动画所需的素材，方便快捷。其中云工程可保留所制作的动画，随时可调出，进行改造使用。

万彩动画大师的操作界面主要由菜单栏、工具栏、快捷工具栏、元素工具栏、场景编辑栏、画布编辑、预览区域和时间轴等组成，用于制作、编辑、保存及发布动画视频，尤其能添加各种即时多媒体内容到动画视频中，使制作的动画具有新颖性，如图 5-2 所示。

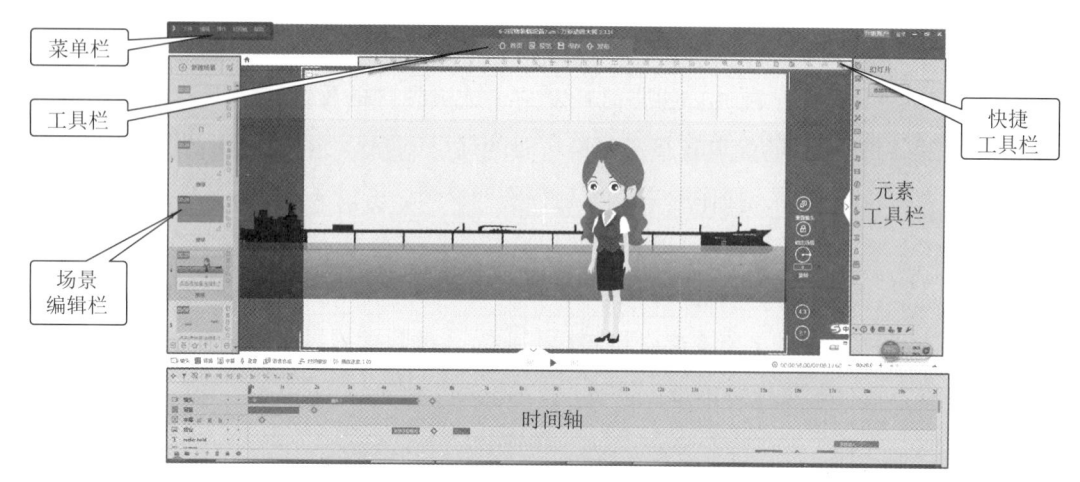

图 5-2 万彩动画大师的创作界面

1. 场景

打开模板后，就进入"场景"列表与编辑界面，这与 PPT 的版面类似，在 PPT 中，这里显示的是 PPT"页面缩略图"。事实上，PPT 的内容组织是以"页"为单位的，文字、图片及相应的动画效果等均需在"页"中添加和设置。与 PPT 类似，万彩动画大师的内容组织是以"场景"为单位，在"场景页面"中可以添加文字、图片等各种素材，并且能够设置各种动画效果等。当若干个"场景页面"组合在一起时，就构成了一个完整的动画视频。

2. 时间轴

万彩动画大师和 PPT 在组织方式、内容编辑等方面基本相似。但是，万彩动画大师能够制作专业的 MG 动画，因为万彩动画大师提供了视频编辑功能中必备的"时间轴"功能，并围绕时间轴提供了更多的专业视觉效果。时间轴是使用万彩动画大师制作 MG 动画最关键的功能。与 Camtasia 类似，万彩动画大师的时间轴同样包含了多个轨道，可以任意组合视频、声音、图像、文字等多种元素，能够控制每个场景中元素的播放顺序与时长，创造生动有趣的视觉特效，并随时预览效果。制作者只要用好时间轴，以及镜头设置、编排动画特效、特色功能，再配合好的创意，就能轻松做出流畅的动画。

三、万彩动画大师的操作方法

1. 创建工程文件

创建工程文件有如下三种方法。

（1）选择"新建空白项目"，开始编辑工程，如图 5-3 所示。

图 5-3 新建空白项目

（2）打开一个在线模板，开始在模板中编辑内容。

（3）导入 PPTX 新建项目。选择"导入 PPTX 新建项目"→选择一个 PPT 文件→"打开"。加载 PPT 后，选择需要添加到工程的页面，可根据需要调整页面顺序。然后点击"下一步"，继而开始创作之旅。需要注意的是，如果是初次使用"导入 PPTX 新建项目"，那么在选择"导入 PPTX 新建项目"后，会弹出 java 路径配置窗口，只需点击窗口中的链接，按照链接页面的指导，安装并配置好 java 路径，再按照上述步骤导入 PPT 即可。

2. 场景设置

万彩动画大师提供多种类型的场景，每种分类下还包含大量的场景模板。新手也可以简简单单做出一个精彩的动画视频。

（1）新建场景。点击"新建场景"→"空白场景"，如图 5-4 所示。

图 5-4 新建场景

（2）选择场景。点击"新建场景"，选择一个场景分类，并选择一个合适的场景模板。

（3）替换场景。在万彩动画大师中，用户可以根据需要自由替换场景，替换场景的方法有两种。方法一：把当前场景替换成自定义场景。点击场景缩略图右侧的"替换场景"图标，选择"自定义场景"，选择一个本地保存的场景，点击"打开"，即可把当前场景换成相应的本地场景。方法二：把当前场景替换成软件自带的场景。点击场景缩略图右侧的"替换场景"图标，选择"官方场景"，选择一个场景分类，再选择一个场景，即可把当前场景换成相应的软件提供的场景。

（4）复制场景。在万彩动画大师中，能够轻松复制场景，从而提高动画视频制作的效率。方法一：点击场景缩略图右上角的"复制场景"图标，即可复制当前场景。方法二：点击"更多"图标，选择"复制场景"，即可复制当前场景。

（5）改变场景顺序。在万彩动画大师中，"改变场景顺序"这一功能为动画视频制作提供了不少方便。对于已经做好的场景，可根据实际情况需要，轻松地改变其顺序。有两种方法可改变场景的顺序。具体操作如下：直接用拖放的方法改变场景顺序。鼠标选中目标场景，拖动到合适的排序位置即可；也可以在场景编辑栏中，选中目标场景→点击场景编辑栏底部的"上移""下移"按键调整场景顺序。

（6）场景切换效果。不同的场景切换效果能让动画更加富有层次感和画面感。在万彩动画大师中，可以添加不同的场景切换效果，包括左移、渐入、溶解、展开、手型拖动等。单击场景间的白色按钮，然后选择切换效果列表中的任意一种切换效果应用即可。

（7）删除场景。精简的动画视频也是颇受大众青睐的，万彩动画大师提供了两种方法，轻松删除不必要的场景。具体操作如下：方法一，点击场景缩略图右上角的"删除"图标。方法二，点击"更多"图标，选择"删除场景"。

（8）导出场景。如果觉得某个场景或者某些场景很好，用户可以导出相应场景，以供下次使用。方法一：点击场景缩略图右侧的"导出"图标→选择保存目录→"保存"。方法二：选中一个或者多个场景缩略图→点击缩略图侧边栏底部的"导出"图标→选择保存目录→"保存"。

3. 元素对象设置

（1）添加图形、图片、图片编辑器

在动画视频制作中，可以添加不同的图形形状（箭头、虚线箭头、圆形、梯形、菱形、对话框等），而且可以通过组合不同图形变成一个新图形，从而丰富动画演示内容。点击元素工具栏"图形"按钮，拖动任意图形到画布中即可添加图形，还可以编辑图形的大小、填充颜色、透明度等，或者组合图形为新的图案。

在动画视频制作中，还可以添加本地图片，并利用图片编辑器编辑本地图片，包括裁切图片、修改图片尺寸、旋转图片和添加图片特效。具体的操作步骤如下：

第一步，添加本地图片。依次点击元素工具栏上的"图片"→"添加本地图片"按钮，选择并打开任意一张本地图片，如图5-5所示。

第二步，单击图片，在右边编辑栏中找到图片编辑器选项，单击其右边"编辑"按钮进入图片编辑器界面。

第三步，裁切图片、旋转/翻转图片。可以直接通过拖动图片四周的节点来控制图片裁切范围，然后单击"保存"按钮即可。点击"左/右旋转"或者"垂直/水平翻转"选项，依次点击即可实现图片的左旋、右旋、垂直旋转、水平旋转。

第四步，添加图片特效。万彩动画大师提供了二十余种滤镜效果，单击任一滤镜按钮，等待渲染后即可得到效果，然后点击"保存"按钮即可。

图 5-5　添加图片

第五步，巧妙运用图片的装修效果（蒙版形状、前景、边框和阴影）可以有效提高动画视频的艺术感和专业感，以极具感染力的方式瞬间抓住观众的注意力。具体操作步骤如下：鼠标点击选中所添加的图片→点击"装修效果"按钮；选择图片的装修效果，包括蒙版形状、前景、阴影和边框效果，自定义图片效果，使图片更好地传递信息；在"蒙版形状"选项中，单击选择任意一种蒙版形状，左侧图片可预览蒙版效果。在蒙版形状下方可调整图片的宽、高、水平和垂直，设置完毕后，点击"确认"按钮保存设置；前景图片的前景效果包括贴纸和相框。48 款贴纸效果和 32 款相框让图片更生动、精美设置贴纸效果的方法：执行"前景"→"贴纸"→选择一种贴纸→调整贴纸的宽高、水平垂直效果→"确定"；设置相框效果的方法：执行"前景"→自定义→点击"+"按钮在新窗口中添加相框→选择相框→调整相框宽高、水平垂直效果→点击"确定"；另外，也可以设置多种图片预设效果。

（2）添加和编辑音频、音乐

添加音频、音乐可以让动画视频更加生动。教师在制作的过程中，可根据内容或场景的需要，自行添加音频、音乐。具体操作如下：

第一步，添加音频、音乐。点击"音乐"图标按钮，添加本地音乐。也可以点击"音乐"图标按钮，单击"+"图标按钮，便可添加软件自带音乐。

第二步，设置音频、音乐插入效果。右键单击音乐，选择"裁剪音频"。

第三步，裁剪音频，调节音量。

第四步，添加声音的淡入和淡出效果。添加声音淡入效果的方法一：双击时间轴上的音频进场片段，选择"淡入"选项，之后单击"确定"按钮，即可为音频加入淡入效果。添加声音淡入效果的方法二：把鼠标放在时间轴的音频进场片段上，单击鼠标右键，选择"修改效果"选项，之后依次单击"淡入"→"确定"按钮，即可为音频添加淡入效果。添加声音淡出效果的方法一：双击时间轴上的音频退场片段，选择"淡出"选项，之后单击"确定"按钮，即可为音频添加淡出效果。添加声音淡出效果的方法二：把鼠标放在时间轴的音频退场片段上，单击鼠标右键，选择"修改效果"选项，之后依次单击"淡出"→"确定"按钮，即可为音频添加淡出效果。

（3）添加本地视频

在编辑动画视频的过程中，有时会根据内容的需要添加本地视频，让动画更具视觉效果，更有吸引力。操作如下：

第一步，点击"视频"图标按钮，添加本地视频到画布中。

第二步，要使嵌入的视频完整播放，那么视频的进场动画和退场动画之间的时长应不小于视频的时长。例如，视频的时长是3秒，那么其进场动画和退场动画之间的时长应等于或大于3秒。

第三步，选中视频对象，便可编辑视频属性，包括编辑时间信息、位置信息、自定义图层、设置不透明度等，在快捷工具栏中可以水平垂直翻转对象。

（4）添加公式编辑器

相对于文字，公式在某些特定的场合都更有利于传达信息。因此，万彩动画大师提供了强大的公式编辑器功能，方便了数学及一些理科课件的编辑。添加和编辑公式操作简单，具体步骤如下：在元素编辑栏中找到图标并单击→在新弹窗中选择需要的公式类型→输入公式→确定（见图5-6）。

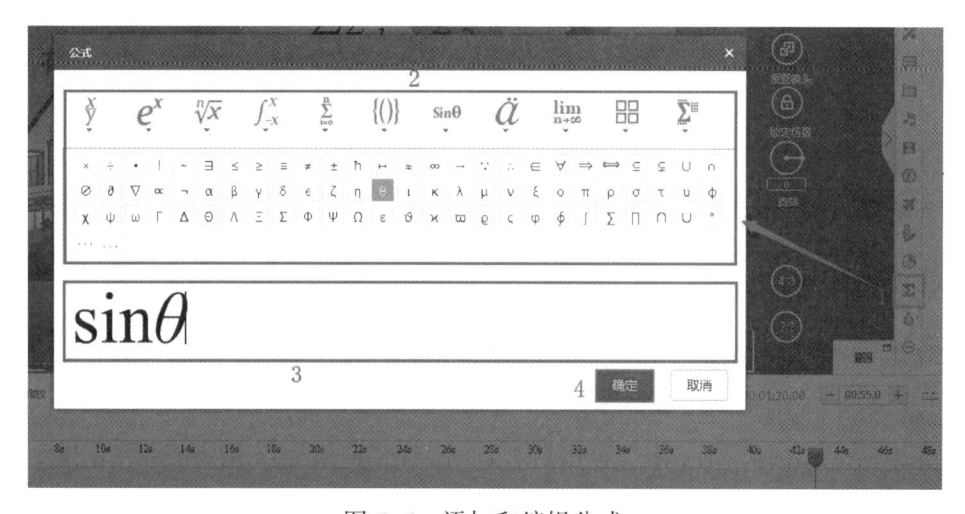

图5-6 添加和编辑公式

（5）添加角色

在编辑动画视频的过程中，添加合适的动画角色能让视频更具有吸引力。具体操作步骤为：①在左侧元素工具栏中点击角色图标（见图5-7），Flash角色、PNG角色或GIF角色都可以选择，点击任意一种角色，在列表中选择一种类型的角色添加到场景中。②将角色拖拽到画布中后，还可以继续编辑。

图5-7　角色图标

万彩动画大师软件从V2.2.6版本开始，可以自定义动画角色。方法如下：点击"角色"→"自定义角色"→"添加自定义角色"→为角色命名以及添加缩略图（尺寸建议是160*200px）→"确定"，添加角色完成。如果想重新编辑或者删除角色，可以将鼠标放在角色缩略图上，待左下角和右下角出现"编辑"以及"删除"字样，点击操作即可。添加完角色后，还需要为角色加上表情、动画。点击刚添加好的角色→"添加表情"→添加Flash或GIF文件（*.swf、*.gif）并为表情命名、归类→"确定"。

4.时间轴操作

万彩动画大师强大的时间轴功能可控制每个场景中元素的播放顺序与时长。根据时间顺序，配合图文、镜头、背景、字幕、语音，把一方面或多方面的事件鲜活地串联起来。万彩动画大师的时间轴界面如图5-8所示，主要划分为八个区域，分别是镜头/背景/字幕/声音、播放/预览、播放头、场景时间、元素–动画设置、元素对象、元素对象编辑和动画效果。在微课制作中，教师可添加镜头、背景、字幕和声音，使动画视频有声有色、画面丰富，精美的视频能更好地吸引观众的注意力。

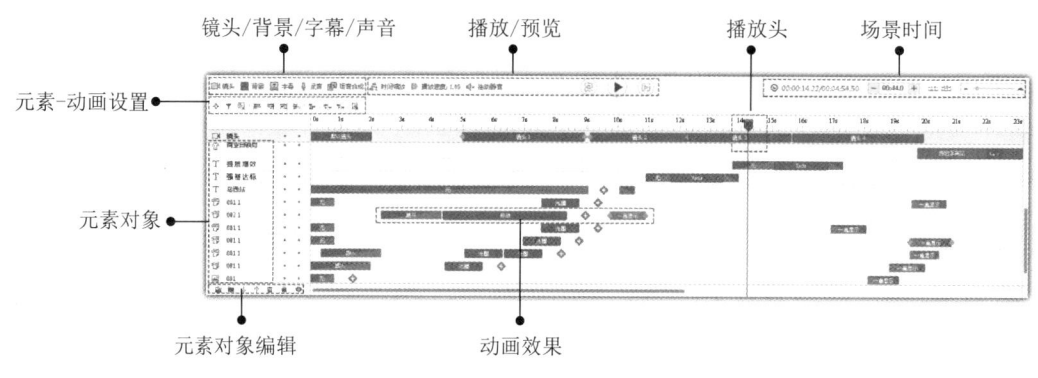

图 5-8 时间轴界面

（1）镜头。可添加缩放、旋转、移动的镜头特效，让动画视频更富有镜头感，内容呈现动感创意。

（2）背景。可自定义图片背景、背景颜色（纯色背景、渐变背景），个性化呈现动画视频。

（3）字幕。添加字幕，设置字幕外观增强动画演示说服力，可以导入/导出字幕快速操作。

（4）录音。添加录音，用生动的语言和形象的表达传递你的想法。

（5）语音合成。输入文本，语音合成功能就可以快速生成不同语音，轻松调节语音的音量和音速。

（6）播放/预览。为了使动画视频的制作更精美，万彩动画大师提供了时间缩放、播放速度的功能，进而完善视频播放速度的细节。当预览时拖动静音会更便利（见图5-9）。

图 5-9 播放/预览

（7）时间缩放。将所有效果根据当前时间按比例缩放，点击按钮自定义缩放时间。

（8）播放速度。点击按钮设置视频的倍数播放，快速获取视频信息或慢放细节化内容。

（9）拖动静音。点击"拖动静音"按钮即可设置在添加录音/声音时，拖动下方播放头静音播放。

（10）播放头。在万彩动画大师中，使用鼠标右键单击播放头可以轻松在时间轴指定位置插入或删除时间、添加标记。

（11）插入时间高级选项。自定义插入时间高级选择的设置，包括插入/删除时间选项、时间秒数和类型。

（12）添加标记。在动画视频中，可为特定的时间点添加醒目的标记，如图5-10所示。

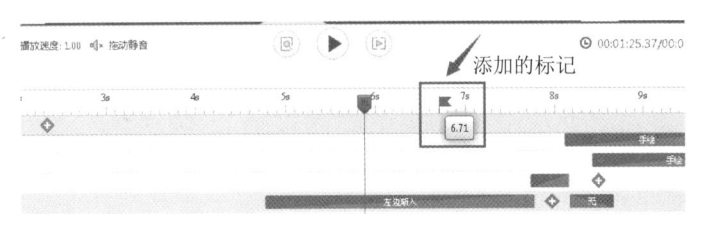

图 5-10　添加标记

（13）插入和删除时间。可在时间轴中快速插入时间（见图5-11），也可删除多余的时间。

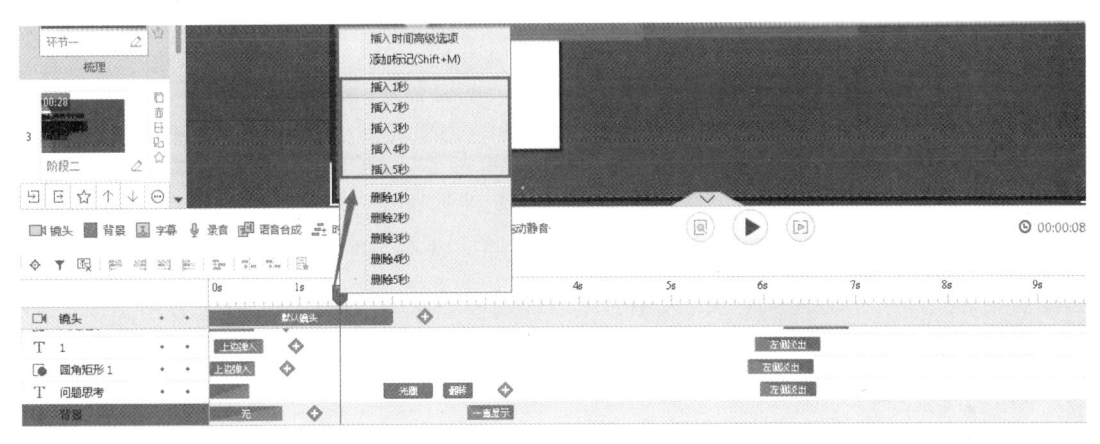

图 5-11　插入时间

（14）场景时长。在万彩动画大师中，教师可轻松自定义各个场景时长，设置时间轴的缩放比例，如图5-12所示。

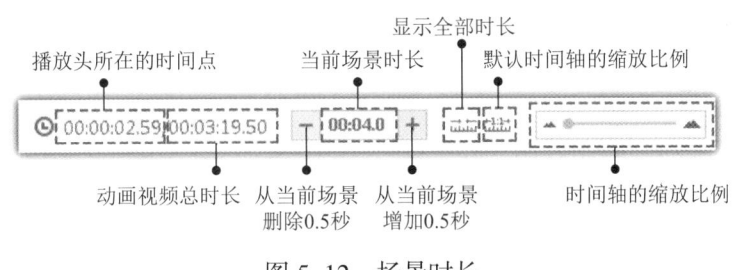

图 5-12　场景时长

（15）元素-动画设置。使用万彩动画大师制作动画视频的过程中，若添加了太多元素对象，可通过居中显示或过滤筛选，快速找到指定元素对象。同时，还可以为所添加的元素对象设置动画效果。

（16）元素对象和元素对象编辑。在万彩动画大师时间轴中，左侧是按添加顺序显示的元素列表，鼠标右键单击任意元素对象，可进行以下操作：添加元素对象至素材库、替换内容、导出内容、复制粘贴、删除物体、对齐方式、顺序进场/退场和整体移动，如图5-13所示。

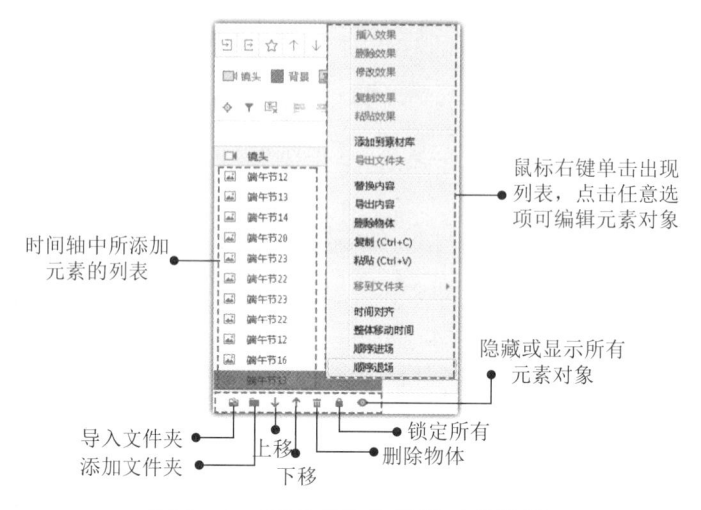

图5-13　元素对象和元素对象编辑

（17）动画效果。万彩动画大师内置丰富的元素动画效果，轻松添加元素对象的进场、强调、退出动画，生动传神的动画效果让动画视频的魅力发挥到极致，如图5-14所示。具体功能为：①双击动画条即可为元素对象选择合适的进场动画。②一个元素对象可添加多个强调动画效果。③退场动画包括一般效果、特殊效果。④可以为添加的元素对象插入多个精美动画效果，丰富动画视频。⑤可以一键删除为元素对象添加的动画效果。⑥为元素对象设置的动画效果可以随时修改。⑦复制好元素对象的一个动画效果，可以直接粘贴到其他元素对象的动画效果上，避免重复操作的麻烦。⑧可以设置元素对象动画效果的进场/退场动画对齐或时长对齐。

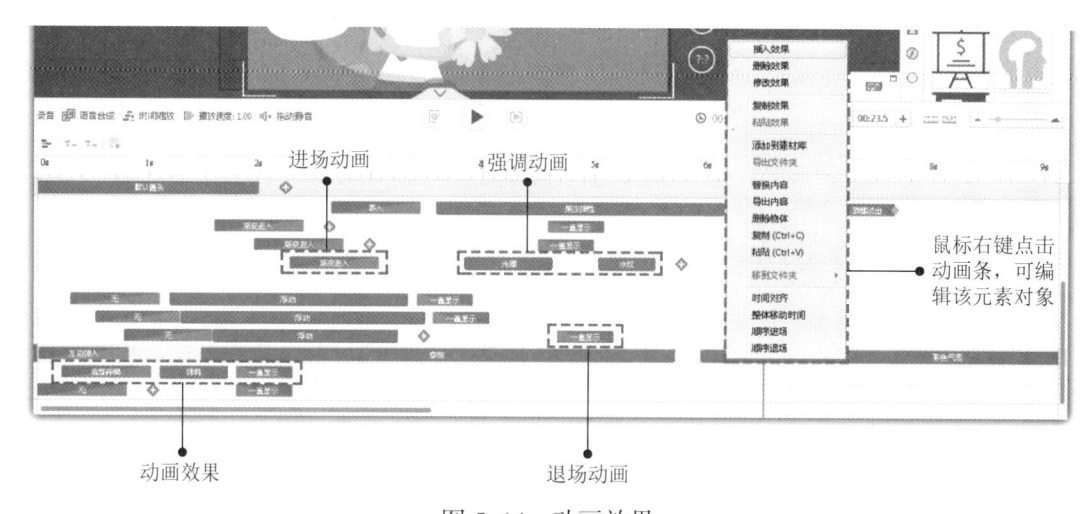

图5-14　动画效果

本章内容小结

本章我们学习了 MG 动画型微课的概念、特点（知识检查点 5-1），以及 MG 动画型微课的常用制作工具（知识检查点 5-2），掌握了运用万彩动画大师软件制作 MG 动画型微课的方法（能力里程碑 5-1）。

本章内容的思维导图如图 5-15 所示。

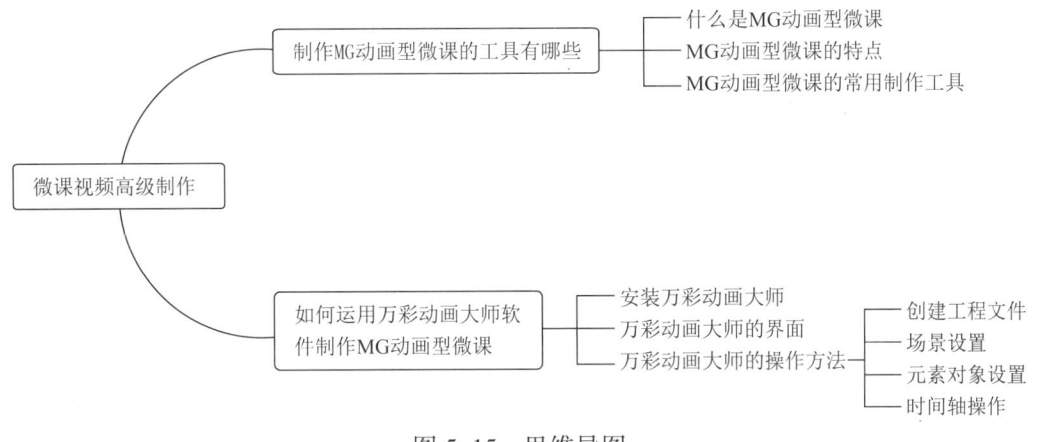

图 5-15　思维导图

自主活动：了解 MG 动画型微课制作工具的操作方法

请学习者在学习完本章内容后，进行自我反思，并记录个人学习心得。

小组活动：合作制作一个 MG 动画型微课

请学习者围绕本章的学习主题进行组内交流，并做好小组学习记录。

评价活动：评价本章知识与能力学习水平

一、名词解释

MG 动画型微课（知识检查点 5-1）

二、简述题

1.MG 动画型微课的常用制作工具有哪些（知识检查点 5-2）？

2.在万彩动画大师软件中，如何添加角色（能力里程碑 5-1）？

3.在万彩动画大师软件中，如何设置镜头（能力里程碑 5-1）？

4.在万彩动画大师软件中，如何设置进场动画、强调动画、退场动画（能力里程碑 5-1）？

第六章 基于微课的翻转课堂教学策略

本章学习目标

在本章的学习中，要努力达到如下目标：
◆ 了解如何基于数据进行学习行为分析（知识检查点6-1）。
◆ 掌握数据驱动下的教学策略（知识检查点6-2）。

本章核心问题

如何基于数据进行学习行为分析？数据驱动下的教学策略有哪些？

本章内容结构

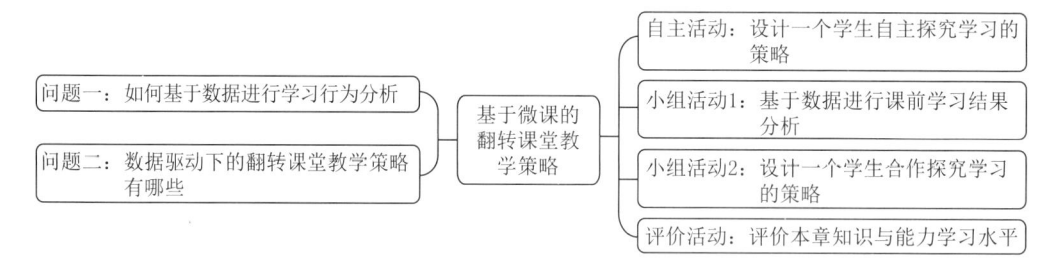

```
问题一：如何基于数据进行学习行为分析 ──┐
                                         ├── 基于微课的 ──┬── 自主活动：设计一个学生自主探究学习的策略
问题二：数据驱动下的翻转课堂教学策略    │   翻转课堂      ├── 小组活动1：基于数据进行课前学习结果分析
        有哪些                        ──┘   教学策略      ├── 小组活动2：设计一个学生合作探究学习的策略
                                                          └── 评价活动：评价本章知识与能力学习水平
```

引 言

翻转课堂在传统课堂的基础之上形成了固定的模式——先"学"后"教"。翻转课堂可以采集学生数据，利用数据进行学习分析，辅助翻转课堂实施，进而实现精准教学。教师如果能将这些数据融入课堂教学，更能让翻转课堂"翻"得有理有据。课前采集的数据是课堂有效教学的基础，而课后采集的数据既是调整教学节奏、开展个性化辅导的依据，又是因材施教、推进分层教学的证据。例如，教师利用课前采集的数据精准分析学情、二次精准备课，实现精准教学；教师利用课中采集的数据实时掌控课中学生的学习动态、学习困惑、难点、易错点、易混点等，也是教师布置作业的依据；教师利用课后采集的数据监测学生的学习效果，对于课后电子作业中学生出现的共性问题，可通过当堂处理，若课堂教学时间不够，教师可将其录制成微课，让学生观看，对于课后电子作业出现的个性问题，学生一般会通过与同伴交流解决。所以说，通过全程采集、存储、分析数据，能够帮助教师优化常态化翻转课堂教学。大数据思维下的常态化翻转课堂教学中，数据让教师时时在取舍、处处在优化。

问题一：如何基于数据进行学习行为分析？

传统课堂教学模式下，教师要求学生课前预习，但是学生是否预习，有多少人预习，预习的效果如何，教师不能准确知道。在大数据技术支持下，数据则可以客观、真实地记录学生的学习状况，教师利用这些数据可以分析学生的学习轨迹、学习特征、学习习惯等，进而精准判断学生学情，设计精准的教学策略，提高学生的学习效率。这些数据包括学生答题行为及结果、抽取试题行为及结果、学生的微课点赞、微课评价、课堂抢答、课堂投票、课堂笔记等，这些都是可被观测到的行为数据。

一、课前学习分析——掌握学情

课前是学生自主学习的环节。学生通过观看教师提前录制的微课视频、阅读教材、查阅资料与同伴交流等步骤进行自主学习，学生自主学习的过程就是产生学习痕迹的过程，也为数据的生成提供了原始材料。基于学习分析系统所采集、存储、分析、可视化呈现的数据，为教师做具体教育决策提供了依据。课前以数为据，教师可以知道学生哪些知识已经熟知，哪些知识存在疑问，每个学生是否认真观看了微课视频，观看后是马上做题，还是一段时间后作答，以及学生的书写轨迹是否工整等，教师都能准确把握，提高了学情分析的准确度。

例如，《电势能与电势》这一节微课视频总时长为 7 分 24 秒，发布时间为 2015 年 9 月 13 日，测验题共 2 题，全班 44 人，43 人已观看，42 人已答题，除了出国留学的学生外，全部都观看了微课，并进行了答题，百分之五十的学生在 5 分钟内答完两道测验题，测验统计中显示，第一题正确率为 100%，说明本题中包含的知识,学生基本掌握，学生的问题主要集中在第二题所包含的知识，错选 A 的学生占 21.95%，说明学生对 A 选项中蕴含的知识理解存在问题，选项 A 涉及的问题属共性问题；错选 B 的学生只占 2.44%，说明选项 B 涉及的问题属个别问题。

第一题考查电势能与电势之间的关系，第二题考查电场力做功与电势能改变之间的关系。根据数据反馈，学生对电场力做功与电势能之间变化关系的理解存在盲点，具体是什么盲点？根据选项分析，正确选项 C 为电势能减少了 4×10^{-7}J，错误选项 A 为电势能增加 4×10^{-7}J，说明学生主要问题在于对"电场力做正功，电势能减少；电场力做负功，电势能增加"的理解有疑虑，因此教师二次备课，这些数据就是备课的证据。

有了这些数据的支撑，学生课前学习状态、学习效果、预习的程度、对知识理解的程度，全都在教师的掌握之中，因而教师能够做出更加精准的教学设计。

二、课中学习分析——掌控动态

学生回答问题的次数、回答问题的时间、即时测试正确率与错误率、书写轨迹、提交状态、学生的座位、男女生比例、抢答次数等构成了课中教学数据。教师若想准确了解学生对某一知识点的掌握情况，可以通过学校所配备的未来课堂教学系统发布一道即时测试，随时查阅学生的作答数据，用数据说话，精准判断学生的学习效果。例如，图 6-1 就是某校的未来课堂教学系统采集学生作答"即时测试 1"的数据。图中显示，规定时间 5 分钟内，能够递交的学生只有 13 人，全班 42 人，这说明教师要么留给学生答题的时间较短，要么测验题的难度稍大，不适合大部分学生作答。

图 6-1　学生课堂学习动态

传统课堂教学中，要了解学生的具体问题，很多教师会布置一道随堂练习，教师在教室巡视，随机查看学生作答进度，评估学生对该部分知识的掌握程度。若教师所看到的学生作答结果比较满意，那么教师就认为学生基本掌握了。由于教师的活动范围有限，因此这种靠部分估测全体的方式，其结果不一定准确、真实。如今，信息技术融入课堂，让课堂教学可观、可感，教师可以不走动，站在一个位置，就能了解所有学生的掌握情况，以及每个学生是否认真作答、学习是否专注等。由于教师在课堂中随时控制，因此教学行为可控。

三、课后学习分析——客观反馈

未来课堂学生系统存储、分析、可视化呈现了大量数据，包括电子作业正确率（总体正确率和个体正确率）、选择某个选项的学生人数、作业提交时间、答题时长、学生最希望教师课中讲的题有哪些、教师标注的典型题、学生的书写轨迹等数据。这些数据构成了翻转课堂教学的课后数据，是教育大数据的重要组成部分之一。以这些结构化、非结构化的数据为证据，教师可及时监测学生的学习效果，追踪学生的学习状态，若发现有学生学习效果差，可以及时帮助其分析原因，做针对性的学习指导，或者实施教学干预。

下面，基于某校所配备的未来课堂教学系统，并以《库仑定律》一课为例，本课教师一般会布置15个左右的练习题作为家庭作业（包括主观题和客观题）。学生作业提交情况、学生作业作答情况、学生作业完成时间情况，以饼状图的方式呈现，教师看后一目了然，总体概览学生在这几方面的学习效果。图6-2显示系统在2015年09月14日11时50分生成了作业，教师在2015年09月14日13时59分发布了作业，并在2015年09月15日09时56分完成作业批阅。从时间结构上看，当天生成的作业，教师一般会当天发布给学生，教师批阅一般会选择在当天晚上或者第二天上课之前完成；学生作答电子作业的时间一般都会选择在午自习或者晚自习，当天的电子作业，学生都会在晚自习下课之前完成。

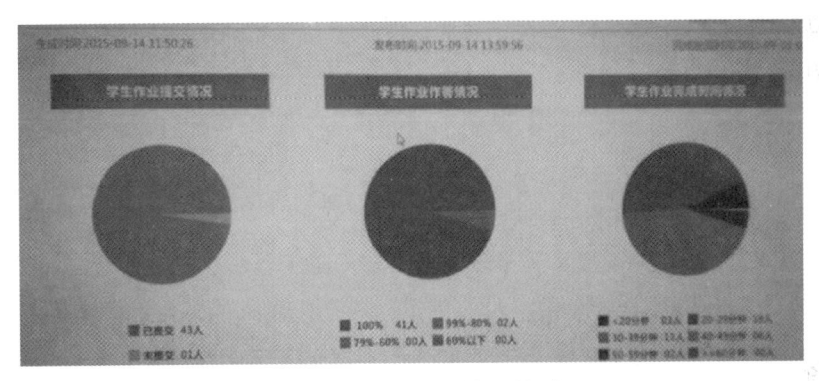

图 6-2 学生电子作业统计

图6-3是学生做该份电子作业的数据，通过查阅数据发现，正确率达到90%以上的学生只有2人，正确率达到80%～90%的只有3人，大部分学生的正确率都集中在60%左右，说明该部分内容是教学的难点，学生不易掌握。

图 6-3 学生作答正确率

图6-4给出了某位学生在本次作业中的具体作答情况，到底哪些题做错了，哪些题做

对了，哪些题没有全对，未来课堂教学系统做出了对比分析，如第 9 题为多项选择题，正确选项为 AD，错误选项为 BC，某学生恰好选反，将错误选项 BC 作为正确选项，说明该学生理解该部分知识存在误区或者根本没有理解。

因此学生不论在学业表现上还是在心理状态上有什么变化，教学数据都能及时反馈，监测学习效果。

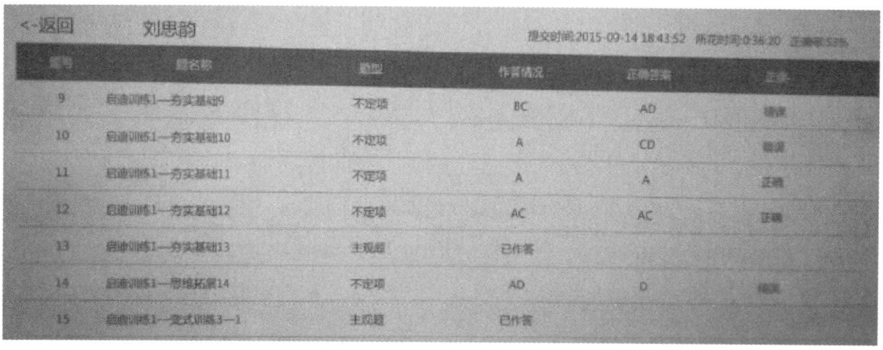
<-返回　刘思韵　提交时间2015-09-14 18:43:52　所花时间0:36:20　正确率53%

题号	题名称	题型	作答情况	正确答案	正误
9	启迪训练1—夯实基础9	不定项	BC	AD	错误
10	启迪训练1—夯实基础10	不定项	A	CD	错误
11	启迪训练1—夯实基础11	不定项	A	A	正确
12	启迪训练1—夯实基础12	不定项	AC	AC	正确
13	启迪训练1—夯实基础13	主观题	已作答		
14	启迪训练1—思维拓展14	不定项	AD	D	错误
15	启迪训练1—变式训练3—1	主观题	已作答		

图 6-4　学生各题作答记录

问题二：数据驱动下的翻转课堂教学策略有哪些?

数据驱动下的翻转课堂教学策略没有固定的教学步骤，而是一种思维上的教学指导方针，教师可以根据不同的学科、面对不同的学生、基于不同的学情采用精准教学这一思想，但本质上是为了促进学生的学习。因此精准教学是否精准，就要依照学生的表现来精准进行。精准教学的特点是在翻转课堂实施过程中采用信息化手段实时记录教学过程中学生的行为表现，并采用信息化技术手段，将课堂教学实施和信息收集、处理过程精准地记录下来，使课堂的互动、活动以及教学评价等有机结合在一起，有效地加强课堂教学的管理，提高教学效果。

另外，翻转课堂教学要围绕问题的解决而开展。教师通过课前数据已经对学生的预习情况有所了解，那么就可以进一步设置有针对性的课堂问题，去分析和查找学生学习的难点和误区，进而决定下一步教学活动的重点。在课中，问题问答过程、信息交互生成缺一不可，教师根据学生反馈的信息制订下一步教学计划。

一、“主导—主体”教学策略

与一般课堂模式不同，翻转课堂模式改变了师生的角色关系，教师不再是课堂的讲授者和主宰者，而是学生学习的组织者、引导者和服务者，即“学生主导，教师指导”。教师既要做好角色的扮演者，又要更好地加强师生、生生之间的交互质量。例如，在课前的预习时间，任务量多的情况下就可以组织学生分组完成，将学习成绩好和基础稍薄弱的学生进行搭配，在学习上达到互补的目的，那么在课中的任务汇报和讨论环节也可以起到以强带弱的效果。这样既能更高效地完成整个过程，又很好地加强了生生之间的互动，而且教师要严格把关和跟踪进度，加强互动质量的提高；对于课中不同学生出现的疑难问题，要进行不同的有针对性的解答和指导，在学生出现泄气或不自信时也要及时进行鼓励和疏导，以激励学生的学习动力，这样也能很好地加强师生间的交流互动。

翻转课堂是以学生为主体的课堂，教师成为真正的引导者，教学中教师可以选择"主导—主体"的教学策略。"主导—主体"教学策略是指在教学过程中以教师为主导、学生为主体开展教学。在这一教学策略下，学生是课堂的主体，教师是课堂教学的引导者，学生会在教师的引导下积极思考，真正做到关注实验过程，并且在实验过程中提高学生的信息提取能力和综合运用能力，培养学生联系生活实际、关注生命的意识，实现情感态度与价值观的进一步升华。在课堂教学环节，教师对学生的引导和在学生遇到问题时给予的指导和帮助对翻转课堂教学模式的实施都尤为关键。在小组合作学习活动中，教师要为学生创造一种让学生真切感受到他们是一个团体的氛围，彼此相互依赖。同时在学生交流中，需要教师创造环境，让学生彼此交流思想与观点。因此，这些合作活动的开展都是建立在教师发挥主导作用的基础之上的。教师在学生小组活动环节走入学生群体中，了解学生的学习需要，倾听学生的讨论过程。在学生小组合作中遇到瓶颈时，教师给予及时的帮助和指导，给予学生思维维度的调控，让学生冲出思维的限制，达到更高的理解水平。在作业环节，需要教师走进学生中间，具体了解学生在独立完成作业的过程中所遇到的问题。当遇到个别性的问题时，教师可以给予个别的辅导。当学生普遍存在理解问题时，教师需要在全体学生中给予详细的讲解。

如图6-5所示，教师在讲授一堂课或某一问题时，按照"主导—主体"教学模式的教学流程，应首先分析教学目标，即这一堂课教师要传授什么，学生要学会哪些内容，重难点是什么。其次，教师应根据学生原有的知识结构、认知能力和基础知识掌握情况做好学生特征的分析，并由此确定教学的起点。根据教学内容和学生所具备的认知结构变量，教师来决定采用"发现式"教学法还是"传递—接受"教学法。若采用"传递—接受"教学法，则进入"传递—接受"教学分支：首先确定"先行组织者"，然后根据"先行组织者"与学习内容来确定教学媒体和教学策略，根据制订好的教学策略和方法组织教学，并进行教学评价，最后根据教学评价中存在的不足进行修改或补充其他教学策略，注意在进行教学修改时仍需根据学生此阶段的学习特征进行，最终进行知识的迁移，或达到情感的升华。根据教学内容和学习者特征，如果不适合采用"传递—接受"式教学，则进入"主导—主体"教学设计模式的另一个分支——"发现式"教学分支。首先进行教学情境的创设，教师创设好情境之后提供合适的信息资源，引导学生进入自主学习或协作学习环境，并进行学习效果的评价，同时可配以强化练习，最终仍以促进知识的迁移或情感的升华为目的结束教学。"主导—主体"教学模式从设计的流程来看，是以"教"为主导的教学模式和以"学"为主体的教学模式的有效结合，在设计过程中既重视教师的主导作用，又不忽视学生的主体地位，在实际教学过程中，应具体问题具体分析，根据不同的教学内容采取适当的教学模式。

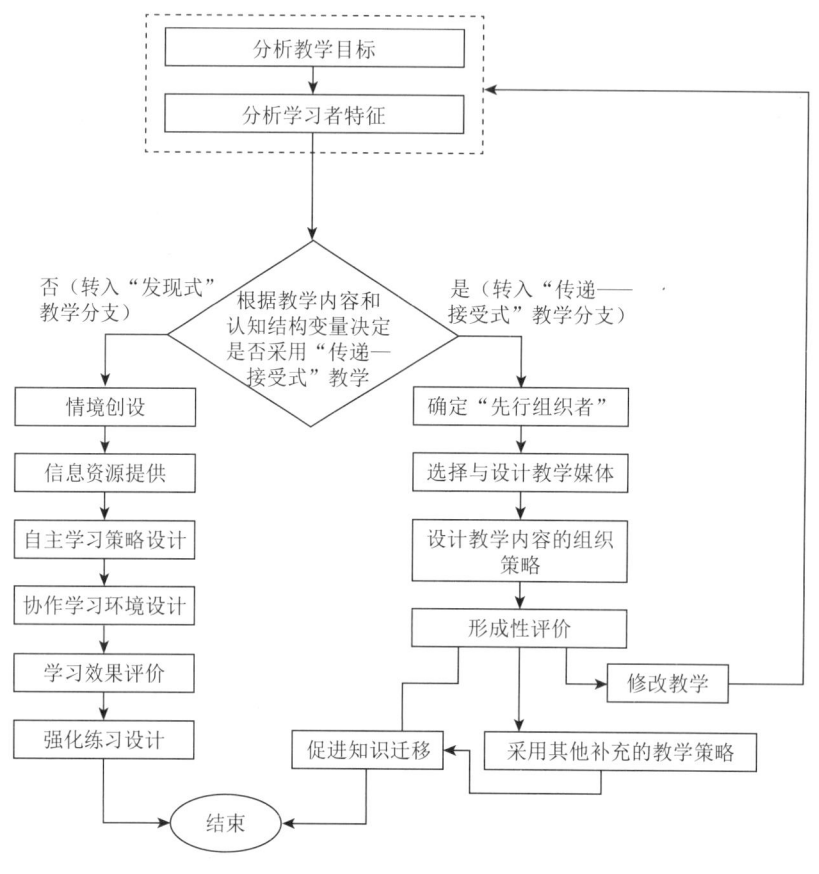

图 6-5 "主导—主体"教学模式的教学流程

二、分层教学策略

翻转课堂的差异化精准干预包含三个层次。

第一层精准干预是针对全体学生的。所有的学生在学习新知识之前，原有的认知水平基本处于同一水平线。教师需要在了解学情的前提下，结合新授内容确定知识的难点，在课堂上对全体学生进行知识的讲解。这种干预从形式上来说，和以往的班级授课教学相同，但是其内部的动机是有区别的。相同之处是教师在备课环节，都是基于学情、结合教学内容进行备课。不同的是，翻转课堂中，学情的来源依据是教师对预习数据的收集和对收集数据的分析，进而在课堂上展开有侧重、有目的的教学。这就保证了第一层精准干预的有效性、目的性、精准性。

第二层精准干预是针对同质小组的，这也是因材施教的一个环节。虽然授课的内容是相同的，但是授课后学生对知识点的理解、学生在课堂上的表现，会使得同样的教学产生不同的教学效果。这种问题是客观存在的，精准教学的意义之一就是让不同学生都可以达到相同的水平。通过收集到的课堂数据，结合预习数据，教师对学生进行同质小组的划分。同质小组的划分依据是：具有相同学习困难的学生。每一个组可以设置一名协同教师，协同教师主要负责小组与教师的沟通。面向不同小组发布不同的学习任务，学生进行学习。

第三层精准干预是一对一进行。针对在同质小组中仍然有学习困难的学生，在常规的教学方式中，教师只有在单元测试或者期末测试后，才能较为准确地知道哪些学生存在学习问题，但基于信息技术的翻转课堂的全过程数据记录，可以提早帮教师确认学习效果，进而预警学生。同时，教师即时地进行一对一精准干预，这种精准干预可以通过单独私信学生，发送辅助学习资料，询问学生学习上的问题，在学习问题扩大化之前，进行问题解决。采用精准干预的实施策略，可通过三层保证覆盖到每一位学生。针对不同的群体，提供不同的干预。在接下来的教学实践中，作者对精准教学的干预策略进行效果验证。

将班内学生分为 A、B、C 层，分别对应基础层、发展层和提高层。其中，A 层学生的特征为在学习方面有困难，没有好的学习习惯，对学习兴趣不大，基础知识掌握不牢固，学习能力不太理想；B 层学生的特征为对学习有一定的兴趣，但动机尚不明确，学习技巧掌握不够，学习能力较弱；C 层学生特征为有明确的学习动机，对学习有浓厚的兴趣，基础牢固，掌握了一定的学习策略和技巧。

1. 分层的课前预习任务

基于翻转课堂的分层教学在课前阶段尽可能地将自主学习权交给学生，让学生的学习更有灵活性和针对性，但仅靠学生单独学习课前知识，学习质量和效果不予保证。因此在课前阶段，教师不仅要提供微课学习资源，还要设置不同层次的前置学习任务单配合微课进行自主学习。前置学习任务单与微课视频为翻转课堂下学生的自主学习提供了良好的学习资源，可以帮助学生系统、深入地学习知识。生动的微课能吸引学生的注意力，并帮助他们更好地理解重难点知识，自行学习知识和解决问题。前置学习任务单的内容包括不同层次的教学目标、微课内容的主要框架，还有不同难度的检测单以及提出的问题。微课的作用既是让学生在学习后能够顺利完成相应题目，又是为了课上进行教学时，不同层次的学生都不再是"空着脑袋"学习，而是基于自身学习汲取知识后进行深度学习及拓展学习。学生依据前置学习任务单观看微课内容，不会没有方向地学习。在学习微课视频后，让学生根据自己课前学习的内容进行及时检测。前置学习任务单是基于不同层次学生现阶段学习情况进行的设计，所以不同层次的学生所收到的前置学习任务单也不同。

A 层学生因为在学习方面有困难，没有好的学习习惯，对学习兴趣不大，基础知识掌握不牢固，所以在设计自主学习单时重点侧重对基础知识的掌握以及课前每位学生都需要了解的背景知识。这样，在课堂上，该组学生不会因为基础知识的陌生而减少兴趣。

B 层学生的特征是对学习有兴趣，但动机尚不明确，基本知识能掌握但是运用能力不够，所以在设计前置学习任务单的时候，除了掌握基础知识外，也可拓展一些综合知识运用的题目，希望该组学生在翻转课堂前一阶段就能将知识融会贯通，在课上就更能自信地进行综合练习以及学习策略的培养。

C 层学生有明确的学习动机，对学习有浓厚的兴趣，有一定的自主学习能力，所以在设计前置学习任务单时，除掌握基础知识之外，还要求其能综合运用所学知识并且针对所学内容进行拓展学习，主要是为了培养其思考能力。

在学生完成前置学习任务单后，家长利用手机拍照的方式将完成情况上传给教师，教师了解各层次学生的课前学习情况，并归纳出存在的共性问题，供课上讨论。

2. 分层的小组教学策略

分层的小组教学策略，即采用"异质分组"的原则分小组，每个小组 6 人左右。首先，在第一环节组织小组进行合作学习，主要是为了解决课前问题。小组合作学习是为了让不同层次的学生在组内开展互助学习，先提出自己在课前学习中遇到的问题，共同解决课前遇到的问题。这样 C 层学生不会因为已经掌握知识而走神发呆，A 层学生也不会因为无人可帮而对讨论不感兴趣。这种阶梯式的互助学习既调动了不同层次学生的积极性，也更容易增加学生对阅读的兴趣和课堂参与度。除此之外，这既是对课前知识学习的查漏补缺，也是为课堂后期顺利进行教学提供保障。接下来，教师提出学生课前学习遇到的共性问题，并让各组学生进行回答，回答后进行评价，以此检验学生是否已经解决了存疑问题。如果学生仍有不解，教师此时应该进行有针对性的答疑解惑。在扫清了课前学习留下的问题后，教师提出相应的拓展性问题，这些拓展性问题是需要学生了解背景知识、掌握基础知识后才能解决的，所以待教师提出问题后，不同层次的学生都要带着问题同步进行学习。并且学习后进行小组讨论，合作学习，共同探讨，得出答案。正是因为翻转课堂让学生在课前进行了异步学习，在课上才能合作完成任务。在该阶段，教师也可以通过任务的设置，引导学生深度学习，从而培养学生的学习策略与技巧。同样，该阶段也能检验学生能否利用所学知识进行拓展思考。当 A 层学生遇到表达类问题时，C 层学生可以提供帮助，而在头脑风暴的讨论中，A 层、B 层学生有时会提出意料之外的想法。该环节的重点是为了调动不同层次学生的课堂参与度，让他们积极思考问题，将知识输出，最终能够不断提高其综合能力。当各小组完成讨论后，进行成果展示，同时各小组可以对其他小组的答案进行补充，教师对学生的答案进行评价，并对此进行重难点讲解，强调易错点。最后，教师对该堂课进行归纳梳理，学生也在这一过程中随着教师的总结进行回顾。

3. 分层的课后作业

课后阶段主要是为了巩固知识和检测学生的知识掌握情况，让学生通过课前、课中的学习掌握知识，并且将知识内化再输出，所以该阶段主要是通过完成作业和观看微课视频进行查漏补缺，巩固知识。通过课前的知识学习、课上的头脑风暴对相关问题进行讨论，不同层次的学生将获得针对性的学习和指导。学生要完成教师布置的有关作业，作业难度呈梯度上升，内容包括夯实基础、巩固提高和进阶提升三个部分。通过该作业能够将课堂学习内容进行巩固、延伸和拓展。对于仍存在的问题，可以利用课前的微课再进行学习，微课作为一种学习资源，可以反复有效利用，供学生随时随地地根据自身学习需要进行学习，查漏补缺。不同层次的学生都要完成基础知识的综合运用，C层学生内化知识后能够有能力进行延伸和拓展，同时A层、B层学生出现知识掌握不牢固的情况时可观看微课视频，针对自己存在疑惑的内容反复学习，在课下也能够巩固知识、查漏补缺。不同层次的学生通过课前、课中和课后一系列完整的教学过程最终掌握知识，获得能力的提升。

4. 错时辅导

错时辅导，即错开正常的上课时间，在不影响学生正常上课的同时，利用课余时间对学生进行辅导。错时辅导能够更好地弥补课堂教学中的不足，更好地兼顾到全体学生，方便不同层次的学生学习。例如，教学实践中利用每周三下午放学的时间，对学生进行课后错时辅导。错时辅导有利于教师有针对性地了解学生情况、沟通师生感情、实施因材施教。具体操作如下。

（1）对于A层学生，安排30分钟左右的时间对其进行辅导。辅导过程中主要引导其进行基础知识的梳理，必要时列举一些贴近其生活经验的例子或做一些简单的习题，以巩固其知识基础，加深其对基础知识的理解。其中还有一部分学生存在厌学现象，基于此，主要为其建立起学习的兴趣，鼓励其在课后多看一些科普类书籍，必要时教师还可以为其推荐适合其自身发展的书籍，以培养其多方面的爱好。

（2）对于B层学生，即中等生，主要用30分钟左右的时间对知识难点进行梳理，讲解一些拔高性的习题，增强其灵活运用知识的能力。同时，也要注意到多数中等生在复习课中会存在学习态度时而端正、时而不端正的现象，学习兴趣也不稳定，显得忽高忽低，他们通常很难保持学习的持续性。因此，对中等生要做好监督、鼓励并引导其养成良好的学习习惯。

（3）对于C层学生，教师只需用10分钟左右的时间为其答疑解惑，必要时为其布置一些难度系数大的、超前的作业让其思考并独立完成。

三、"问题—探究"式教学策略

1. 创设问题情境

在实际教学中,如果课程内容不能够引起学生的学习兴趣,则需要采取其他措施来激发学生的学习兴趣,即创设真实的问题情境。问题情境是开展探究式教学的出发点。教师首先要为学生创设合理的问题情境,将探究引入课堂教学。创设的问题情境应该具有吸引学生注意力、激发学生积极性等作用,常用方法主要有根据学生的兴趣爱好,从生活经验、学生现有的问题等方面为学生创设熟悉的情境。学生通过感官经验或亲身经历体验,而不是被动地接受教师的讲解,能够激发学生在探究过程中的学习兴趣,加深其对事物的性质、规律等的理解,实现知识的意义建构。

2. 诠释概念与原理

为了保证学生的探究能够顺利进行,教师要把复杂的知识加以分解,抽离出知识的基本概念和原理,实现学习内容的模块化,让学生能够循序渐进地学习,逐步实现知识的理解与技能掌握。因此,教师在解释探究内容时,要根据教学实际情况,重点围绕着回顾旧知识、导入新知识展开教学。回顾旧知识主要包括回顾理论讲授课中的重难点,或者分析前阶段学习中学生出现的普遍问题;导入新知识侧重于讲解探究的主要内容,并进行必要的示范操作,让学生能够明确课堂的探究活动。根据掌握学习理论,应给予学生足够的时间去探究所要学习的内容,所以,在实际教学过程中,需要减少教师讲授所占用的课堂时间。在探究的过程中,教师可以通过提示、提问、答疑等方式,不断为学生提供帮助。并且随着学生知识和技能掌握水平的提高,教师的提示和指导逐渐减少,更多地让学生自主探究,进而实现知识的意义建构。同时,学生自主探究活动的增加也意味着学生逐渐养成了独立思考的习惯,掌握了解决问题的办法,达到了有效的探究。

3. 导入方法与要领

探究式学习容易流于形式,其中很重要的原因在于学生根本不知道该探究哪些内容,该如何进行探究。因此,要求教师根据课程内容,在探究学习过程中为学生设计合理的导学案,能指导学生沿着正确的方向开展探究。导学案是教师指导学生自主学习、合作探讨、优化发展的学习方案,主要解决"学什么""怎样学""学到何种程度"等问题,力求以学生为主体,从学生的角度帮助并促进他们学习。辅助学生探究的导学案主要可以从四个方面进行设计:学习的目标、学习的内容、探究的方法和知识的重难点。学习的目标让学生明确探究过程需要达到的探究效果;学习的内容则向学生呈现探究学习的主要内容;探究的方法提供给学生解决问题的思路;知识的重难点则让学生关注探究的重点问题。

为学生提供足够的自我操练时间,以便其达到熟练掌握的程度,这是有效教学至关重要的组成部分。自主探究练习要达到两个目标：其一，学生既能够将所学知识融会贯通，也能够分析自己的探究问题，通过不断地尝试，找出合适的方法，解决探究的问题；其二，通过一系列的探究练习，实现问题解决的"自动化"，所谓"自动化"，是指学生不再需要按部就班地对每一个步骤苦思冥想，面对实际问题，能够快速地在脑海中想到解决问题的方法，或在受到阻力时，快速地形成其他方案，实现问题的解决。因而，学生需要有足够的时间进行自主探究，达到探究问题解决的"自动化"的程度，这不仅符合掌握学习理论所提倡的给予学生足够的学习时间去掌握学习，同时也是建构主义学习理论指出的学习者根据自身已有的经验不断建构新知的过程。课堂教学的建构，一是源于教师出色的课堂设计和课堂上的智慧应答，二是源于学生有价值的提问和有意义的探究，两者缺一不可。学生在按照导学案的要求进行自主探究的过程中，要具有问题意识，使自己的思维处于活跃状态，不断地在探究中反思和体验，也只有经过思考，才能提出有效的问题。问题在于，教师难以随时准备回答某个特定学生的问题。因此当学生在探究中遇到困难时，也可以寻求其他同学的帮助。尽管各自的探究问题可能不相同，其探究的方法和结果也可能不相同；但是，解决问题的思路或过程却可能是一致的，至少具有启发意义，也更容易理解。因此，类似的问题可以直接与其他同学交流，以便更快地得到解答。当教师讲解不同的学生遇到的相同问题时，学生应将注意力转移到听取教师的讲解上，以便自己遇到这些问题时能够轻松应对。无论是在与教师还是同伴交流的过程中，学生都应该保持谦虚的态度，对于他人的建议和意见也要批判性地接受，从而养成良好的学习习惯。

4. 互动讨论与个性指导

教师在讲解示范课堂探究内容之后，紧接着就要对学生的自主探究进行指导。研究表明，教师指导是提高学生认知主动、帮助学生理解和获取知识的重要手段，教师适当的指导加上学生必要的自主探究有助于学生的学习。当然，每一位教师都会为学生的学习提供指导，但是区别在于，教学出色和学有成效的师生在练习中舍得花费更多时间，即师生之间存在更多交流与互动，存在更多提问与答疑。研究表明，学生自己练习时教师是否与之保持接触与学业成绩呈正相关，而且这些学生的学习参与率比教师未与之接触时提高了十个百分点。不过教师与学生的接触时间应尽量短些，一般在半分钟以内。因为如果接触时间过长，容易导致大量时间集中花费在一个学生身上，用于督促和帮助其他学生的时间就会略显不足。因此教师应根据学生呈现的不同问题提供个性化的指导。

概括而言，当学生面临以下问题时，需要教师提供指导与帮助：第一类问题是学生对探究内容不够熟悉，如学生因为理论知识掌握不够牢固，或者自主探究前期的讲解示范过程没有集中注意力听讲，导致遗漏部分内容；第二类问题是学生对讲解示范的内容存有疑问（并非所有学生都能在短时间内完全理解讲解示范的内容）；第三类问题则是学生在探究过程中出现了方向性的错误，需要教师及时纠正。上述第二、三类问题需要教师引导学生走出误区，得到有效的探究结果。即便教师没能及时发现学生存在的这类问题，学生也可以通过多次试误，不断地思考，反复摸索，从而找出正确的解决方法，得到合理的探究结果。学生多次试误进而获得正确解决方法的过程，尽管需要花费较多的时间，但在反复的尝试中却可以培养其发散思维。类似于知识点遗漏等第一类问题，则需要教师及时地提供指导和帮助，否则，学生会因为缺乏探究新知识的经验基础，探究的内容在学生的最近发展区之外，从而产生无效的探究，使学生体验过多的受挫、紧张等消极情绪，削弱学生继续学习的愿望，导致难以继续进行探究活动。教师在面对学生出现的不同问题时，并非要处处提供引导，因为在有限的课堂时间内，教师难以顾及全班学生，更无法做到为所有学生提供个性化指导。如何迅速地判断学生所面临的问题是否需要及时帮助？一方面，教师可以通过观察来确定，另一方面，教师可以通过向学生提问来确定。然而在学生进行自主探究的过程中，观察需要大量时间，教师提问显然也不能体现不同学生在探究中遇到的实际问题，较为合理的做法是教师鼓励学生自己提出问题，培养其问题意识。

　　探究式教学侧重于学生的自主学习，不同学生之间存在个体差异，对整个学习过程最为熟悉的便是学生自己。因此，学生在学习过程中进行自我反馈极为重要。学生在自主探究的过程中遇到问题后，要主动地检查和发现错误，反思探究的过程，寻找可能导致问题产生的原因。一方面，解决探究学习中遇到的问题，另一方面，也能有效地避免类似问题的重复出现。学生的自我反馈，也是学习和思考的结合，能够锻炼学生的思维能力，培养其对学习的自我纠错和反省能力。若思考后认为不能解决，可以将问题抛给教师，让教师直接发现学生的问题所在，提供的指导也能快速地对症下药。其他学生如果出现类似的问题，也能够一并得到解决，使教师能有更多时间为学生解决其他问题，最大化地利用课堂时间为学生提供个性化指导。

5. 反馈信息，提高知识应用能力

　　从认知的观点来看，反馈主要是帮助学生了解学业行为表现的质量，让学生知道探究结果是否正确或正确的程度如何，促进学习效果的改进。反馈的方式可以灵活多样，而教师则是最丰富的反馈源。教师通过点头、微笑、手势等简单的动作，就能对学生的学习起到肯定或否定的作用。有时候通过参考答案也能起到反馈作用。不过在探究式学习过程中，尽管导学案可以设计成相同的，但学生得到的探究结果却并不相同，难以提供统一的参考答案。并且，探究学习并非仅仅强调探究结果的正确与否，还强调知识的规范性。因此，学生的探究学习结果，有必要得到教师的反馈。课堂探究的结果，指的是学生在导学案的引导下，探究学习的完成情况。对于开放性问题或学习参与度问题，可以采用同伴互评、教师总结等多种方式进行。而对于侧重于事实性知识、具有一定的规范性的探究问题，则

强调教师对探究结果的反馈。一方面考虑到教师的权威性和严谨性，另一方面则是出于难以给出统一的参考答案，也不能给出参考答案。因此不采用其他的反馈方式，主要由教师批阅反馈。当然，部分学生能力水平较高，其探究结果在教师批阅无误后，也可以给其他尚未完成的学生提供帮助，但最后的结果仍需要教师审核。

学生完成探究学习的任务后，经过教师的批改和反馈，对不完善的地方再次进行修改，达到掌握知识的效果。学生探究的全程都有教师的监控和引导，因此探究结果很少出现严重的错误，基本都是细枝末节的问题。然而正是此类问题最容易被学生所忽略，因此更加需要得到及时的纠正。因为它们并不涉及正确与否的问题，甚至很多时候，只是因为粗心大意，容易导致学生长期纵容自己在学习中的细微问题，不利于培养良好的学习习惯和学习态度，也容易在今后的学习中出现更大的问题。因此，在教师审阅学生的探究结果的过程中，不仅要检查正确与否，更要从中观察学生的学习态度。结合课堂个性化指导时的情况，大致可以了解学生的能力水平，再对照探究结果的完成情况，便能发现学生在完成探究任务时大致的学习态度。如学生完成任务快，且探究的过程中遇到的问题少，但是探究结果中存在较多的小问题，说明学生在学习的过程中不够认真，或者缺乏耐心。那么，反馈的内容就要重点强调学习态度的端正问题。最后教师还要对整体的探究结果进行反馈，指出学生存在的共同问题和值得注意的地方。

本章内容小结

本章我们学习了如何利用数据进行学习分析（知识检查点6-1），以及数据驱动的翻转课堂教学策略（知识检查点6-2）。

本章内容的思维导图如图6-6所示。

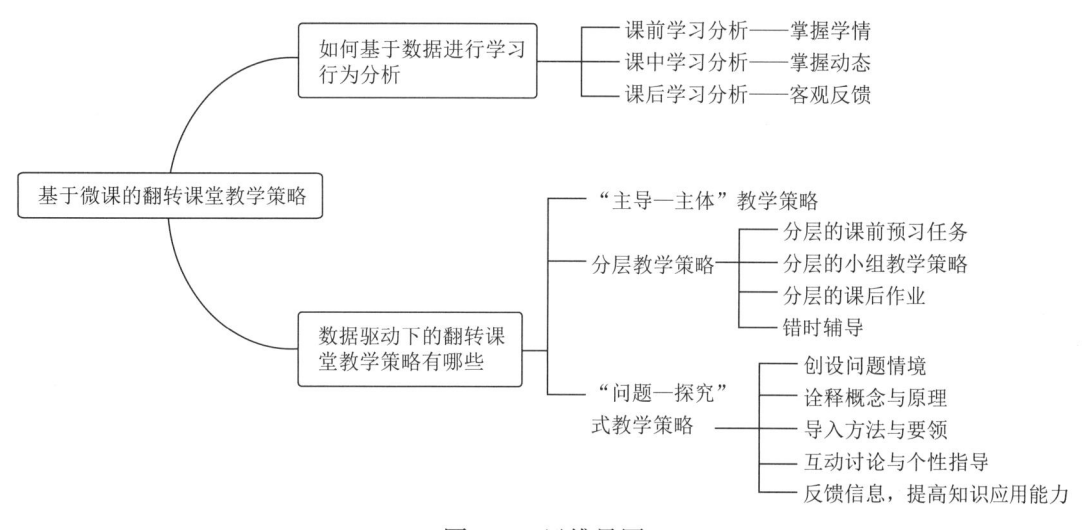

图6-6 思维导图

自主活动：设计一个学生自主探究学习的策略

请学习者在学习完本章内容后，进行自我反思，并记录个人学习心得。

小组活动1：基于数据进行课前学习结果分析

请学习者围绕本章的学习主题进行组内交流，并做好小组学习记录。

小组活动2：设计一个学生合作探究学习的策略

请学习者围绕本章的学习主题进行组内交流，并做好小组学习记录。

评价活动：评价本章知识与能力学习水平

简述题

1.课前数据主要有哪些？请列出3个以上（知识检查点6-1）。

2.分层教学策略的实施要点有哪些（知识检查点6-2）？

第七章　基于微课的翻转课堂教学应用案例

本章学习目标

在本章的学习中，要努力达到如下目标：
- ◆ 通过案例学习，掌握翻转课堂实施的方法（能力里程碑7-1）。
- ◆ 掌握翻转课堂实施过程中化解课堂教学问题的方法（知识检查点7-1）。

本章核心问题

大数据思维下的微课翻转课堂是如何实施的呢？结合案例亲自实践，完成一堂基于微课的翻转课堂教学实践。

本章内容结构

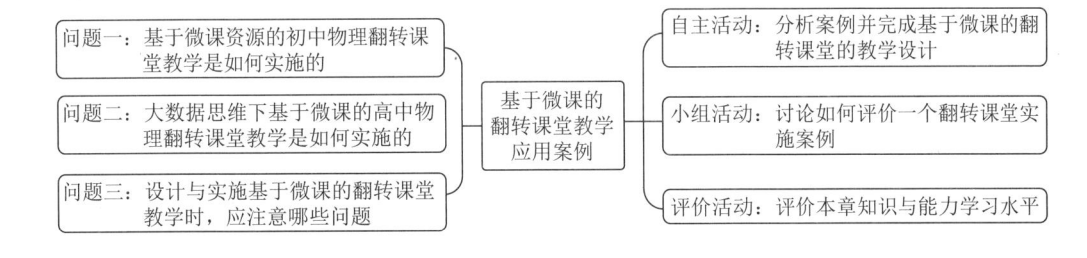

```
问题一：基于微课资源的初中物理翻转课           自主活动：分析案例并完成基于微课的翻
       堂教学是如何实施的                            转课堂的教学设计
                                    基于微课的
问题二：大数据思维下基于微课的高中物      翻转课堂教学    小组活动：讨论如何评价一个翻转课堂实
       理翻转课堂教学是如何实施的       应用案例              施案例

问题三：设计与实施基于微课的翻转课堂                评价活动：评价本章知识与能力学习水平
       教学时，应注意哪些问题
```

引言

最早实施翻转课堂的是美国林地公园高中的两位科学老师乔纳森·伯尔曼和亚伦·萨姆斯，是他们开启了翻转课堂的大门，开始了翻转课堂的开创性实践。起初，两位老师只是考虑为那些耽误上课的学生录制在线视频课程，后来发现用视频来复习和加强他们的课堂教学能让所有孩子受益。就这样创造了现在所说的翻转课堂的教学模式。这种方法不胫而走，带动了全球的学校都在使用。而如今，大数据技术进入了课堂，对教学数据的采集、存储、分析和应用提供了支持与保障，使教师的个性化教学、因材施教成为可能。那么，基于微课的翻转课堂是如何实施的呢？在设计和实施翻转课堂时又需要注意哪些问题呢？让我们一起走进翻转课堂的案例世界。

问题一：基于微课资源的初中物理翻转课堂教学是如何实施的？

下面以初中物理中《凸透镜成像规律》一课为例，详细介绍基于微课的翻转课堂的教学实践过程（案例来源：安徽省芜湖市清水中学陈子隆《科学探究：凸透镜成像规律》，有改动。参考网址：初中物理学科网 http://www.zxxk.comsoft5371164.html）。

一、教学设计分析

《科学探究：凸透镜成像规律》是初中光学知识的重点，也是后续学习光学仪器的基础。传统课堂的教学设计以教师演示的探究实验为主，然后从实验数据和现象归纳得出实验结论，再升华到成像规律。最后通过课外的练习来使学生对本节内容有所巩固。该案例在传统课堂教学设计的基础上，结合微课资源设计出了翻转课堂的教学方案，区别在于将探究实验以微视频的形式在课前呈现给学生，由学生按照学习任务单在课外完成探究实验，通过学生的自主探究培养学生的动手操作能力和分析、归纳的能力。在课中以提炼成像规律和运用成像规律解决问题为主，将重难点详细归类，在课堂上集中解决。课后，通过微视频重点讲解了凸透镜成像的原理，让学生学会将所学知识与前面透镜、光的折射等相关知识联系起来，形成一个连贯的系统，实现知识的迁移，掌握知识的本质。

二、教学设计

1. 教学目标

（1）知识与技能

知道物距和像距的概念，会对实像与虚像进行区分。

知道凸透镜成像规律，会运用凸透镜成像规律解释一些简单的现象。

（2）过程与方法

能在探究实践中根据观察到的现象初步提出问题、进行合理猜想，并设计实验进行探究。

通过探究凸透镜成像规律的过程，体验科学研究的过程与方法。

（3）情感、态度与价值观

具有对科学的求知欲，乐于观察自然现象和日常生活中的物理现象，勇于实验探究日常生活现象中的物理学规律。

在探究问题的过程中，有克服困难的信心和决心。有主动与他人合作和交流的精神。养成自主学习的习惯。

2. 教学重难点分析

重点：凸透镜成像规律知识在生活中的应用，并应用该规律解决实际问题。

难点：引导学生设计实验方案，并从实验中得出凸透镜成像规律中有关物距大小与像距大小和像的大小之间的关系，并应用这个规律解决实际问题。

3. 教学方法与策略

教学方法：翻转课堂教学法、实验探究法、讲授法、归纳法。

教学策略：学生自学、自主探究策略（如网上自学、实验室自主探究）；学生互助学习策略（网上留言，学生互答、讨论）；教师参与学生的讨论，提出方向让学生自己去探究；课堂集中答疑，解决学生共性问题。

4. 实验器材

光具座、焦距为10cm的凸透镜、光屏、蜡烛、打火机、刻度尺、放大镜。

5. 教学技术支持

云平台、教学通、投影仪、IPad、录课软件、视频剪辑软件。

三、微课资源准备

1. 微课视频制作

根据教学设计可知，本节课的内容以实验探究凸透镜成像特点为中心，再逐一展开到成像规律和成像原理上去，所以在微视频的制作中，教师先向学生展示通过凸透镜看到远处物体是倒立且缩小的，看近处物体时是正立且放大的，那么，向学生提出一个问题：何时为远？何时为近？也就是说，这里的远近是如何界定的。然后介绍实验探究用到的器材以及器材在光具座上的摆放要求，接下来教师进行演示，调整物距，探究凸透镜的成像特点。

2. 准备工作

学生课前学习任务单、学生课前学习自学案以及学生课前作业准备。

四、课中教学设计

课中教学设计如表 7-1 所示。

表 7-1　课中教学设计

教学环节及时间	教学内容	活动设计
环节 1： 课前内容回顾	1. 课前内容回顾：让学生回忆填写表中缺少的内容	活动 1：学生回忆填出表中缺少的内容。让学生迅速回忆起微课中的重要内容
	2. 实验：用放大镜成两种像	活动 2：学生做用放大镜成两种不同像的实验，并说明运用了何种凸透镜成像规律
环节 2： 课中答疑	1. 讲解学生在自学过程中提出的问题	活动 1：展示学生在自学过程中的问题，并让学生尝试自己解决
	2. 讲解学生错误最多的几道题	活动 2：学生在课前作业中遇到的错题，并让做对的学生讲解这些题目
环节 3： 课中探究	实验一：如何测焦距	活动 1：协作。让学生设计如何去测凸透镜的焦距的方法。最后教师公布两种测焦距的方法
	实验二：让学生设计实验探究物体成实像是物距大小与像距大小和像的大小之间的关系	活动 1：设计实验和操作实验。让学生设计探究物体成实像时物距大小与像距大小和像的大小之间的关系。分组探究，总结得出结论
		活动 2：练习。尝试利用物距大小与像距大小和像的大小之间的关系解决习题

基于微课的翻转课堂在课堂实施过程中需要"学生课中学案"的支持。

五、课后活动安排

课堂上已经完成了从实验现象归纳到实验结论、再从实验结论升华到实验规律的过程，但是学生对成像的原理尚未掌握，因此教师将在微视频中详细呈现利用三条特殊光线找出像点的过程，以帮助学生更进一步地理解与掌握凸透镜成像规律。

学生观看教师发布的微视频，学习绘制成像原理图，能够独立完成五种情况下的光路图，并结合光路图进行成像特点的分析，同时完成巩固练习。

六、教师课后反思

本次教学活动主要以学生课前实验探究和课中师生互动为主，在课后增加了微视频，讲解凸透镜成像的原理，作为本节内容的知识迁移。从整体上来说，本节课较为全面地完成了课前制定的教学目标，但是从翻转课堂的各个环节来看，还存在以下问题。

1. 课前实验探究的完成度不够高

从学生学习任务单的反馈情况来看，一小部分学生只是按照课前微视频中教师的要求去完成实验，但在实际的实验过程中，对实验现象的记录不够准确，如未完全确定光屏上呈现的像是否为最清晰的像时，就将像的位置记录下来，这样一来，在根据实验现象总结时，就不易得出正确的结论。

2. 课中对课堂的把控度还有待加强

尽管翻转课堂的教学模式在课堂上已经不是第一次出现了，但是课堂上学生以小组合作形式进行讨论时，各小组提出的问题不够精练，导致教师对于课堂的把控显得稍有混乱。因此，教师可适当罗列一些问题，供各小组自主选择进行讨论，各小组交流后进行汇报，最后由教师进行总结。

问题二：大数据思维下基于微课的高中物理翻转课堂教学是如何实施的？

数据的采集、存储、分析、使用、可视化等技术已经走进了课堂教学，一些课堂信息采集系统可以全面地记录有关学生学习行为的各种信息，如学生观看微课的时长、观看时间、课前检测情况，课上的即时测试情况、学生提问与回答次数、课后作业生成情况等。教师不再凭自己的主观经验决定教学内容，而是以"数"为"据"实现精准设计、个性化教学。下面以"欧姆定律"为例，介绍大数据思维下基于微课的翻转课堂的教学实施。（案例来源：何小儒. 基于大数据思维的高中物理常态化翻转课堂实践研究[D]. 成都：四川师范大学. 有改动。）

课前，教师利用课余时间撰写微课教学设计，如表7-2所示。并录制微课视频，供学生观看。由于学生在初中已经学习了《欧姆定律》相关基础知识，能计算一些有关部分电路欧姆定律的简单问题，但是关于闭合电路欧姆定律的问题学生全然不知，因此这部分内容依然是高中学习的重要内容，也是关键内容。该节内容学得好与坏，将直接影响学生对后续知识的学习，如电学实验器材的选择、电表的改装与校准等。

表 7-2 《欧姆定律》微课教学设计

教学内容	《欧姆定律》
备课性质	录制微课教学设计视频（经验式判断教学设计）
视频时长	5 分钟
教学重、难点	1. 电流的定义，以及决定电流大小的微观、宏观表达式。 2. 欧姆定律

续表

	教学内容	设计意图
教学设计	1. 新课引入，首先让学生观察车流、水流等图片，暗含定向运动概念。类比水流，电流也是金属导体中的自由电子定向运动时产生的。 2. 电流的大小定义式 $q=It$ （注意区别横截面与单位横截面） 3. 推导电流大小的微观决定式 $I=nqvs$，导体中电荷定向移动的速度为 v，单位体积内的电荷数为 n，横截面积为 s，每个电荷的带电量为 q。 导体长 L 内的电荷量为 $Q=Lsnq=vtsnq$， 导体中的电流大小为 $I=Q/t=vtsnq/t=nqvs$ 4. 电流大小的宏观决定式 $R=U/I$，适用于金属导电以及电解液	知道电流的含义，能区别电流的定义式，微观决定式，宏观决定式，并能进行计算，了解电流微观表达式的推导过程
测验题	1. 关于电流，下列说法正确的有（ ）。 A. 通过截面的电荷量多少就是电流的大小 B. 电流的方向就是电荷定向移动的方向 C. 根据电流的定义式 $I=q/t$，电流与电荷量成正比，与时间成反比 D. 铁棒两端有电压，铁棒中就一定有电流 2. 说一说电流微观表达式 $I=nqvs$ 各物理量的意义	检测学生课前自主学习情况，收集数据，为二次精准备课做铺垫

课前的微课是教师根据以往的教学经验判断学生对初中阶段《欧姆定律》的掌握程度来设计的。在微课视频中，教师对电流的含义、电流微观表达式的推导过程及电流的宏观决定式做了详细的解释。为了让学生对欧姆定律形成初步的理解，学生在完成课前学习后，教师根据教学系统采集的学生课前学习数据，发现学生能够较好地掌握电流的基本概念、能区别电流的定义式、微观决定式、宏观决定式，但是对电流微观表达式的理解仍需进一步深化。课前的微课资源及教学系统采集的数据，使得教师的二次备课不再凭借主观判断，而是有了数据支撑。这样，课堂上教师不再讲解电流的基本概念，而是列举各种案例及实际问题，让学生围绕电流的形成展开讨论与分析，进一步内化电流微观表达式 $I=nqvs$ 的理解与应用。教师二次备课后所撰写的符合学生需要的课堂教学设计方案如表 7-3 所示。

表 7-3 《欧姆定律》二次备课教学设计

教学内容	《欧姆定律》		
备课性质	二次备课达成教学设计的系统性、可行性、反馈性原则		
教学重、难点	1. 理解电阻的定义式 R=U/I 2. 理解电流的定义以及伏安特性曲线		
教学设计	讨论与交流		设计意图
	形成电流的条件：要有自由移动电荷；导体两端存在电压。 1. 充电后的电容器，用导线连接后，会产生电流吗？ 2. 如图所示，将铜片和锌片插入稀硫酸溶液中，组成如下图所示的闭合回路，电流表的指针会发生偏转吗？ 3. 电子绕原子核做圆周运动，会形成电流吗？ 4. 如图所示，电子在阴极射线管中加速运动会形成电流吗？ 5. 理解电流微观表达式 I=nqvs		
	理解欧姆定律 1. 有同学说：根据电阻的定义式 R=U/I 可知，当电流一定时，R 与 U 成正比；当电压一定时，R 与 I 成反比。请分析该同学的说法对吗？由 I=U/R 变形得到的公式 U=IR，R=U/I 各有什么物理意义？ 2. 导体电阻大小的决定因素 $R=\rho\dfrac{l}{s}$		理解并熟练运用 I=U/R 及其变形公式。
	伏安特性曲线 伏安特性曲线为什么是 I–U 图像，而不是 U–I 图像，线性元件与非线性元件图像？		观察线性元件和非线性元件图像的区别。
	学生实验：描绘小灯泡的伏安特性曲线 根据实验数据描绘的图线有什么特点？为什么会出现这种情况？		让学生动手实验，亲身体验，观察现象，领会思想。
课堂反馈练习	"反馈练习"在 mgcl₂ 溶液中，若在 2s 内有 1×10^{19} 个 mg^{2+} 和 2×10^{19} 个 cl^- 相向通过某横截面，那么在这一过程中产生的电流是（　　） A.0　　　　B.0.8A　　　　C.1.6A　　　　D.3.2A		

问题三：设计与实施基于微课的翻转课堂教学时，应注意哪些问题？

一、不被固定的模式所限制

虽然在前面的章节中，介绍了基于微课的翻转课堂的实施方法与操作步骤。但是在实践教学中，不要"跟风"，即不顾实际因素、一味地按照固有模式在每节课都进行翻转教学。何时进行翻转，如何进行翻转，既要考虑学科的独特性，又要考虑学生的实际情况，结合教学需要来设计翻转课堂。例如，一位高中教师在进行学科教学时，她不是每堂课都用翻转教学，而是选择一些课程，需要用微课资源建立好奇心、启发学生思考时，才使用翻转模式，从而让学生课上的时间更灵活、自由，更喜欢探究与思考。当学生真正投入到课程学习中主动进行思考和探究时，进行翻转式教学才会收到理想的效果。

从案例中也能看出，翻转课堂成功的关键点不在于理论上各种模式的研究，而是要根据学校、学生的具体情况进行具有自身特色的翻转式教学，即适合的才是最好的。翻转课堂的实施整体上分为课外、课内两部分，课前自主学习→课堂内化巩固→课后总结提高。但有时受到环境、条件、时间等限制，课外部分实施起来可能会遇到一定的困难，因此有教师在实施翻转教学时，实行课内翻转，即整个翻转课堂的实施都是在课堂上完成的，教师提出学习任务→学生结合微课资源探究→教师指导→学生汇报→总结提高。这样，整个学习任务都是在课堂上完成的，教师在完成教学设计后，把整个课堂交给了学生，体现了"以学生为中心"的教学理念，充分发挥了学生的学习主动性，利用课上时间完成了课内的翻转。因此，教师可以多了解国内外的成功案例及应用模式，并结合自身特点进行本土化实践，这样才能实现翻转教学的真正目的，即个性化、人性化教学。

二、要充分考虑环境资源

开展基于微课的翻转课堂一定离不开微课资源以及教学平台的支持。良好的教学平台可以为教学提供便利的资源保障，平台可以承载微课学习资源，学生可以在学完微课视频后进行课堂学习前的知识检测，通过学前测试的数据分析，精准进行课堂教学。

1. 自主探究中的交流平台

学生可以通过发表话题、留言等进行同伴互动交流，分享各自的学习收获，探讨在观看视频过程中及针对性课前练习过程中遇到的疑惑，互相解答。对于同伴之间解决不了的问题，也可以反馈给教师，进行师生交流，教师对学生进行个别指导并帮助学生解决有困难的问题。通过平台的深度交流，充分发挥了社会临场感的作用，即增强了学生学习的归属感以及凝聚力，让学生快乐学习。

2. 协作探究中的记录平台

借助平台的交流也体现在学生开展协作探究式活动。教师根据学生的不同特点进行异质分组，并分配探究式题目给每个小组，每组人数一般控制在 3 ~ 5 人，在每组中推选出一个组长，用于组织该小组的探究活动。小组中的每个成员都要积极地参与到探究活动中，随时提出自己的观点和想法；小组成员之间通过交流、协作共同完成学习目标。平台一方面提供交流空间，另一方面记载了小组成员协作探究的过程性资料，方便教师开展过程性评价。

3. 学习成果的展示平台

学生经过了独立解决问题、小组间开展协作探究式活动之后，要将个人及小组的成果在课堂上进行汇报展示。平台可以将学生的典型作品、优秀作品进行展示，并借助平台让各小组之间进行交流、评论及分享学习收获。

4. 师生进行教学评价与反馈的平台

翻转课堂中的评价机制是多维度、多方式的，教师、学生、家长都可以对学生的学习进行评价。平台记录了学生学习的全部过程，即从课前的视频点播次数到视频学习时长，从学生课前测试成绩到课堂汇报材料及课后作品点评。这些平台上的大数据，一方面为教师的下一步教学提供参考，另一方面也为教师全面评价学生提供了数据参考。

三、实施翻转课堂的信心

当一位教师面对一种新的教学模式时，会根据已有的知识、认识以及看法去做一个价值判断，这些知识、认识和看法深受他目前的行为以及他所处的环境的影响。

1. 教师参与教学改革的意愿

基于微课的翻转课堂在今天看来已经不是什么新鲜的事物了，但是对于教师来说，让其打破传统的教学范式，去重新学习、适应一种新的教学模式，还是需要勇气与信心的。这也要求学校要不断地采取相应的措施、政策来更新传统的教育思想，鼓励教师参与教学改革，比如可以多组织一些教师培训，引导教师向国内外的先进案例学习，分享教学改革经验，邀请教改专家做报告。通过这些外在的影响，提升教师的教学改革意识，提升教师应用翻转课堂的信心。

2. 教师专业能力的提升

基于微课的翻转课堂对教师的专业能力提出了更高的要求，这不仅需要教师具有较强的教学设计能力、自行创作教学视频的能力，还要能够对学生的课下自学进行合理监控，对课堂上的翻转进行课堂活动的组织与管理、教学策略的设定。因此,一节成功的翻转课堂,对教师的专业能力提出了考验。这就要求学校能够给教师提供机会和空间,帮助教师成长起来,以迎接翻转课堂的到来。

> **阅读拓展**

对实施翻转课堂的一些思考

一、在翻转课堂教学中重视教师的作用

在翻转课堂的教学中,尽管教师在课堂上"不再讲课",但对于整个教学过程的安排,包括微课程的设计与制作、学习问题的归纳总结、学习时间的安排、课堂活动的组织以及与学生通过教学平台进行互动交流等教学环节也都需要教师进行把控,教师在整个教学过程中仍然起主导作用。

二、实施翻转课堂需要信息技术的支持

在翻转课堂中,无论是教师进行微课程的制作与发布,还是学生课后观看学习微课程,以及教师指导学生开展个性化与协作化学习,都离不开计算机与网络技术。学校应该从硬件、软件方面为翻转课堂的实施提供保证。硬件方面,如配置高性能服务器、增加校园网络的带宽以保证微课程在网络中的流畅播放;在课后准备专门的计算机教室,为家庭中缺乏硬件条件的学生提供学习环境;为进行翻转课堂教学的教师提供相应的设备支持,以保证微课程的制作质量。软件方面,如在校园网中提供成熟先进的教学平台,保证教师微课程的发布以及教师与学生的交流互动;对学生进行有关翻转课堂的整体培训,让学生能够使用相关的信息技术进行微课程的学习并开展协作化学习,以尽快适应这种新型教学模式。

三、翻转课堂引起教学评价方式的改变

在翻转课堂中,无论教师的教学方式还是学生的学习方式都发生了很大改变。翻转课堂以建构主义学习理论与掌握学习理论为基础,在教学过程中始终提倡"以学生为中心",强调学生通过独立探索与小组协作的形式进行学习,教师通过微课程进行知识的传授,利用教学平台与学生交流互动,并在课堂上组织引导学生探究解决问题,传统的评价方法无法测出翻转课堂中教师的"教"和学生"学"的全部效果。

四、翻转课堂带来优质教学资源的共享整合

翻转课堂的课前学习主要通过网络微课程教学的方式开展,微课程是翻转课堂不可或缺的教学资源。与传统教育资源不同,翻转课堂的教学资源具备方便快捷的共享性。在我国,由于经济、文化、地域的差异,不同地区的教育发展情况不尽相同,翻转课堂还处于"试水"阶段。因此,相应的优质教学资源比较短缺,实施翻转课堂的教师基本上需要自己制作微课程进行教学。在这种情况下,一方面,对于同一课程设计的微课程往往会引起不必要的重复设计,造成资源浪费;另一方面,微课程的质量差异对教学效果也有着直接的影响,而翻转课堂实施效果的好坏对翻转课堂能否普及影响重大。有鉴于此,在推广翻转教学的过程中,应该以名校、名师为基础,遴选教学基本功扎实、有心理学悟性、通晓网络环境下可视化教学特点、善于应用现代教育技术的教师担任微课程的设计者,甚至可以借助专业的教学产品设计团队、部门来设计优质教学资源,并通过共享整合的方式使优质教学资源进入实施翻转课堂的学校,既可以保证微课程的优质高效,又能使教师将更多的精力投入到翻转课堂的其他教学过程设计中,从而保证翻转课堂的教学质量,进而推进翻转课堂的普及与发展。

——摘自朱宏洁,朱赟.翻转课堂及其有效实施策略刍议[J].电化教育研究,2013,34(08): 79-83.(有改动)

本章内容小结

本章我们通过案例学习,进一步了解了基于微课的翻转课堂的实施方法(能力里程碑7-1),知道了实施翻转课堂过程中化解课堂教学问题的方法(知识检查点7-1)。

本章内容的思维导图如图7-1所示。

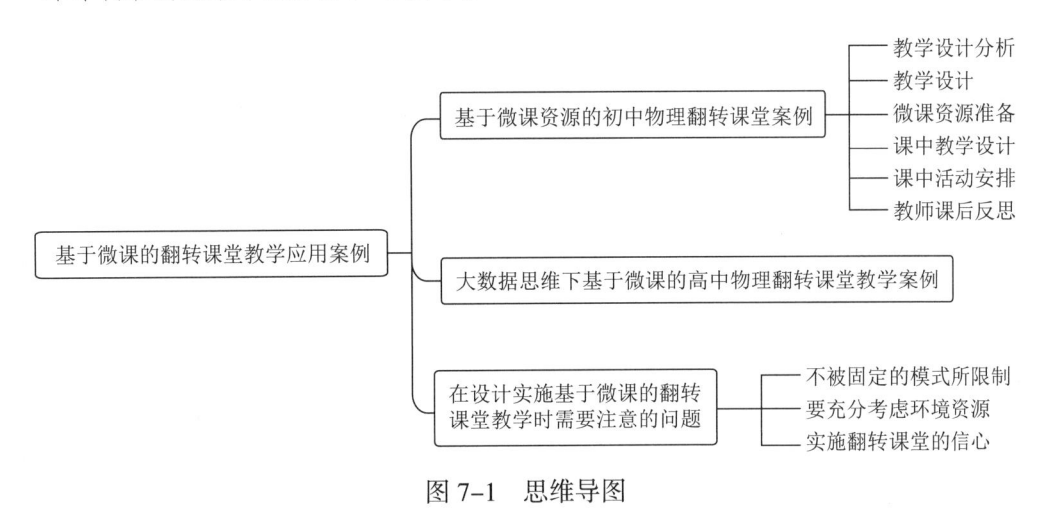

图7-1 思维导图

自主活动:分析案例并完成基于微课的翻转课堂的教学设计

请学习者在学习完本章内容后,进行自我反思,并记录个人学习心得。

小组活动：讨论如何评价一个翻转课堂实施案例

请学习者围绕本章的学习主题进行组内交流，并做好小组学习记录。

评价活动：评价本章知识与能力学习水平

一、简述题

大数据思维下基于微课的翻转课堂有哪些特点（知识检查点 7-1）？

二、实践项目

基于前面章节制作的微课内容，设计并实施基于微课的翻转课堂教学（能力里程碑 7-1）。

参考资料

[1] 黎加厚. 微课的含义与发展[J]. 中小学信息技术教育, 2013(04): 10-12.

[2] 胡世清, 文春龙. 我国微课研究现状及趋势分析[J]. 中国远程教育, 2016(08): 46-53.

[3] 张霞. 微课程的设计、开发与应用研究[D]. 南宁: 广西师范学院, 2014.

[4] 桑新民. 微课评价应突出三个关键点[N]. 中国教育报, 2014-08-08(003).

[5] 李美凤, 杜娟, 王馨, 等. 智慧教育下的教学变革[M]. 长春: 东北师范大学出版社, 2018.7.

[6] 王同聚. "微课导学"教学模式构建与实践——以中小学机器人教学为例[J]. 中国电化教育, 2015(02): 112-117.

[7] 石雪飞, 薛峰. 论微课的资源属性和课程属性[J]. 教育信息技术, 2014(12): 58-61.

[8] 韩庆年, 柏宏权. 超越还原主义: 在线教育背景下微课的概念、类型和发展[J]. 电化教育研究, 2014(07): 98-102.

[9] 孟祥增, 刘瑞梅, 王广新. 微课设计与制作的理论与实践[J]. 远程教育杂志, 2014(06): 24-32.

[10] 周越, 徐继红. 知识点提取——教学内容的微分析技术[J]. 电化教育研究, 2015(10): 77-83.

[11] 姜宛彤. 以问题解决为导向的微课程设计与组织研究[D]. 长春: 东北师范大学, 2017.

[12] 林雯. 微课教学设计的原则与三个关键问题探讨[J]. 中国教育信息化, 2016(06): 26-30.

[13] 王甲云. 基于翻转课堂理念的初中信息技术微课的设计与开发[D]. 济南: 山东师范大学, 2015.

[14] 陈晓菲. 翻转课堂教学模式的研究[D]. 武汉: 华中师范大学, 2014.

[15] 罗少华. 中美翻转课堂实践案例比较研究[D]. 西安: 陕西师范大学, 2014.

[16] 张亚玲. 基于微课资源的初中物理翻转课堂教学案例设计与实践研究[D]. 合肥: 合

肥师范学院, 2016.

[17] 卢强. 翻转课堂的冷思考：实证与反思[J]. 电化教育研究, 2013, 34(08): 91-97.

[18] 祝智庭, 管珏琪, 邱慧娴. 翻转课堂国内应用实践与反思[J]. 电化教育研究, 2015, 36(06): 66-72.

[19] 张其亮, 王爱春. 基于"翻转课堂"的新型混合式教学模式研究[J]. 现代教育技术, 2014, 24(04): 27-32.

[20] 刘锐, 王海燕. 基于微课的"翻转课堂"教学模式设计和实践[J]. 现代教育技术, 2014, 24(05): 26-32.

[21] 钟晓流, 宋述强, 焦丽珍. 信息化环境中基于翻转课堂理念的教学设计研究[J]. 开放教育研究, 2013, 19(01): 58-64.

[22] 谭代丽. 中学物理微视频实验资源的开发与应用研究[D]. 长沙：湖南师范大学, 2016.

[23] 元钊. 基于PPT分镜头稿本的微课制作方法研究[D]. 南宁：广西师范学院, 2017.

[24] 张松超, 张新兰. 课堂教学视频的拍摄与制作应用研究[J]. 中国教育信息化, 2013(18): 72-73.

[25] 熊剑. 翻转课堂教学微视频设计与制作研究[J]. 西南民族大学学报：自然科学版, 2015(05): 350-355.

[26] 马奕春, 王珏. 一学就会的微课制作工具——万彩动画大师[J]. 中国信息技术教育, 2017(08): 46-49.

[27] 韦永圣, 杨上影, 刘艳闽. ＭＧ动画在微课中的应用及其制作[J]. 广西师范学院学报：自然科学版, 2018(06): 111-118.

[28] 万彩动画大师. 图文教程[EB/OL]. http://www.animiz.cn/kb/cat-9.html.

[29] 何小儒. 基于大据思维的高中物理常态化翻转课堂实践研究[D]. 成都：四川师范大学, 2017.

[30] 郑红. 基于学情诊断视角的中小学在线教育翻转课堂产品的设计研究[D]. 北京：北京第二外国语学院, 2016.

[31] 祝智庭. 信息技术支持的高效知识教学——激发精准教学的活力[J]. 中国电化教育, 2016(01): 18-25.

[32] 雷云鹤. 基于预学习数据分析的精准教学决策[J]. 中国电化教育, 2016(06): 27-35.

[33] 杨建华. 基于"J课堂"数据分析的有效合作学习策略探索[J]. 中小学信息技术教育, 2017(01): 46-49.

[34] 郑莉莉. 翻转课堂模式中的教学行为分析及优化策略研究[D]. 黄冈：黄冈师范学院, 2019.

[35] 陈皓. 翻转课堂模式下的教学交互行为研究[D]. 沈阳：沈阳师范大学, 2018.

[36] 孙高鸽. 基于深度学习的翻转课堂教学模式实验研究[D]. 天津：天津师范大学, 2018.

[37] 孙小也. "主导—主体"教学设计模式在高中历史教学中的应用研究[D]. 曲阜：曲阜师范大学, 2016.

[38] 徐琴. 高中物理"主导—主体—主线"教学模式的初步研究[D]. 贵阳：贵州师范大学, 2017.

[39] 江毅. 探究式教学策略与教学效果研究[D]. 南昌：南昌大学, 2017.

[40] 张兴月. 基于"主导-主体"教学设计模式的生物教学设计与分析[D]. 济南：山东师范大学大学, 2017.

[41] 周涛. 差异教学在初中物理复习课中应用的策略研究[D]. 贵阳：贵州师范大学, 2019.

[42] 刘颖. 基于翻转课堂的初中英语阅读分层教学实践研究[D]. 秦皇岛：河北科技师范学院, 2019.

[43] 汪雪君. 基于雨课堂平台的精准教学实践研究——以"计算机网络"课程为例[D]. 黄冈：黄冈师范学院, 2019.

[44] 钟晓流, 宋述强, 焦丽珍. 信息化环境中基于翻转课堂理念的教学设计研究[J]. 开放教育研究, 2013, 19(01): 58-64.

[45] 王红, 赵蔚, 孙立会, 等. 翻转课堂教学模型的设计——基于国内外典型案例分析[J]. 现代教育技术, 2013, 23(08): 5-10.

[46] 祝智庭, 管珏琪, 邱慧娴. 翻转课堂国内应用实践与反思[J]. 电化教育研究, 2015, 36(06): 66-72.

[47] 张金磊. "翻转课堂"教学模式的关键因素探析[J]. 中国远程教育, 2013(10): 59-64.

[48] 刘健智, 王丹. 国内外关于翻转课堂的研究与实践评述[J]. 当代教育理论与实践, 2014, 6(02): 68-71.

[49] 何小儒. 基于大数据思维的高中物理常态化翻转课堂实践研究[D] 成都：四川师范大学, 2017.

反侵权盗版声明

电子工业出版社依法对本作品享有专有出版权。任何未经权利人书面许可，复制、销售或通过信息网络传播本作品的行为；歪曲、篡改、剽窃本作品的行为，均违反《中华人民共和国著作权法》，其行为人应承担相应的民事责任和行政责任，构成犯罪的，将被依法追究刑事责任。

为了维护市场秩序，保护权利人的合法权益，我社将依法查处和打击侵权盗版的单位和个人。欢迎社会各界人士积极举报侵权盗版行为，本社将奖励举报有功人员，并保证举报人的信息不被泄露。

举报电话：（010）88254396；（010）88258888

传　真：（010）88254397

E-mail：dbqq@phei.com.cn

通信地址：北京市万寿路173信箱

电子工业出版社总编办公室

邮　编：100036

提炼数据内涵。

回归数学精髓。

提升教学质量。

张景中 2019年10月

丛书主编　方海光

中小学教育大数据分析师系列培训教材

数据驱动的智慧教育

数据驱动的智慧课堂

中小学数据分析与学习规划

顾国齐 | 主编　贾云海　董鸿英　郑志宏 | 编

电子工业出版社

Publishing House of Electronics Industry

北京·BEIJING

未经许可，不得以任何方式复制或抄袭本书之部分或全部内容。
版权所有，侵权必究。

图书在版编目（CIP）数据

数据驱动的智慧课堂．中小学数据分析与学习规划/顾国齐主编；贾云海，董鸿英，郑志宏编．—北京：电子工业出版社，2020.11
中小学教育大数据分析师系列培训教材
ISBN 978-7-121-39935-0

Ⅰ．①数… Ⅱ．①顾… ②贾… ③董… ④郑… Ⅲ．①课堂教学－教学研究－中小学－师资培训－教材 Ⅳ．① G632.421

中国版本图书馆 CIP 数据核字（2020）第 221755 号

责任编辑：张贵芹　　文字编辑：仝赛赛
印　　刷：北京天宇星印刷厂
装　　订：北京天宇星印刷厂
出版发行：电子工业出版社
　　　　　北京市海淀区万寿路 173 信箱　邮编 100036
开　　本：787×1092　1/16　印张：27　字数：691.2 千字
版　　次：2020 年 11 月第 1 版
印　　次：2020 年 11 月第 1 次印刷
定　　价：140.00 元（全 4 册）

凡所购买电子工业出版社图书有缺损问题，请向购买书店调换。若书店售缺，请与本社发行部联系，联系及邮购电话：（010）88254888，88258888。

质量投诉请发邮件至 zlts@phei.com.cn，盗版侵权举报请发邮件至 dbqq@phei.com.cn。
本书咨询联系方式：（010）88254510，tongss@phei.com.cn。

丛书主编：方海光

本书主编：顾国齐

本书编写者：贾云海　董鸿英　郑志宏

指导专家委员会

指导专家委员会成员：

黄荣怀	北京师范大学	荆永君	沈阳师范大学
李建聪	教育部教育管理信息中心	赵慧勤	山西大同大学
王珠珠	中央电化教育馆	杨俊锋	杭州师范大学
李　龙	内蒙古师范大学	李　童	北京工业大学
王　素	中国教育科学研究院	纪　方	北京教育学院
余胜泉	北京师范大学	郭君红	北京教育学院
刘三女牙	华中师范大学	徐　峰	江西省教育管理信息中心
顾小清	华东师范大学	高淑印	天津市中小学教育教学研究室
尚俊杰	北京大学	陈　平	南京市电化教育馆
魏顺平	国家开放大学	黄　艳	沈阳市教育科学研究院
曹培杰	中国教育科学研究院	罗清红	成都市教育科学研究院
胡小勇	华南师范大学	杨　楠	北京教育科学研究院
李　艳	浙江大学	李万峰	北京市通州区教师研修中心
张文兰	陕西师范大学	马　涛	北京市海淀区教育科学研究院
蔡　春	首都师范大学	石群雄	北京教育学院丰台分院
方海光	首都师范大学	卢冬梅	天津市和平区教育信息中心
张　鸽	首都师范大学	陕昌群	成都市教育科学研究院
鲍建樟	北京师范大学	李俊杰	北京教育学院丰台分院
陈　梅	内蒙古师范大学	管　杰	北京市第十八中学
梁林梅	河南大学	顾国齐	OKAY智慧教育研究院
杨现民	江苏师范大学	楚云海	伴学互联网教育大数据研究院
肖广德	河北大学		

序 一

近年来，大数据、人工智能等技术在教育管理变革、学习模式变革、教育评价体系变革、教育科学研究变革等方面的作用日益凸显。国家高度重视教育大数据的发展，鼓励教师主动适应信息化时代变革。2018年1月，《中共中央国务院关于全面深化新时代教师队伍建设改革的意见》明确提出，"教师要主动适应信息化、人工智能等新技术变革，积极有效开展教育教学"。2018年4月，教育部印发《教育信息化2.0行动计划》，指出要深化教育大数据应用，大力提升教师信息素养。2018年8月，教育部办公厅印发通知，启动人工智能助推教师队伍建设行动试点，将探索应用大数据支持教师工作决策、优化教师管理作为重要试点内容。2019年3月，教育部印发《关于实施全国中小学教师信息技术应用能力提升工程2.0的意见》，强调大数据、人工智能等新技术的变革对教师信息素养提出了新要求，教师需要主动适应新技术变革。

当前，随着新技术的不断涌现与发展，很多原有的教育理论都迸发出了新的火花，大数据、人工智能等技术与教育的深度融合，将促进我们加快发展伴随每个人一生的教育，平等面向每个人的教育，适合每个人的教育，更加开放灵活的教育。教育大数据可以让教师读懂学生，让教育教学更加智慧，让教育研究更加科学。教育大数据可以让管理者读懂学校，由"经验式"决策变为"数据辅助式"决策，推动教育、教学、教研、管理、评价等领域的创新发展。

我认识方海光教授好多年了，启动"中小学教育大数据分析师系列培训教材"（简称丛书）的策划工作时，海光还提出，希望请重量级人物来担纲主编，但我不这么认为。我觉得像他这样的中青年学者已经成长为学科发展的一线主力，理应主动承担起更大的责任。这套丛书的出版确实也让我有眼前一亮的感觉。丛书内容丰富、形式新颖，根据学校的不同角色分成了五个系列：教育大数据——迈向未来学校的智慧教育、数据驱动的技术基础、数据驱动的智慧学校、数据驱动的智慧课堂和数据驱动的教育研究。丛书符合中小学教师信息技术应用能力提升工程2.0的要求，相信将在各级单位信息化领导力培训、信息化教学创新培训、数据能力素养培训等工作中发挥重要作用，能够为教育管理者的数据智能决策提供帮助，为教师教育的研究者提供参考，更值得广大的学校管理者、教师阅读和学习。

希望这套丛书的出版能够促使教育大数据更好地助推教育教学改革和培训教研改革，引领中小学教育的整体变革，进而推动教育的跨越式发展。

华东师范大学教授　任友群

序 二

国家教育现代化和智慧教育示范区的建设都强调了教育大数据的应用方向，教育大数据中心建设和区域数据互联互通成为当前教育信息化的发展重点。

从我国教育信息化的发展趋势来看，基础环境和资源建设与应用快速推进，师生信息化应用能力和水平显著提升。信息化不断发展带来知识获取方式和传授方式、教与学关系的革命性变化，很多学校面临知识的体系化建设阶段。在大数据和人工智能的环境下，我们面临很多新的问题：如何建设学校的知识体系？如何指导学生的学习过程？学习过程的数字化带来了更多的大数据，人工智能的数据处理引擎带来了更复杂、更精准的应用场景，更自然、更贴近人们日常生活的人机交互带来更直观的体验。各种教育大数据和人工智能应用层出不穷，学校的选择空间很大，但是在此之前，我们必须对学校的定位和自身需求有一个明确的认识：学校为什么需要教育大数据？教育大数据能帮学校做什么？学校是否需要转变应用数据的思维方式？

实际上，教育大数据并不神秘，它一直伴随着数字校园、智慧教室学习环境的建设，学习空间的应用，在线教育的发展等。教育大数据具体可以应用于精准教学、学情分析、精准管理、科学决策、学生生涯成长过程记录、学校数据统一优化。未来学校和智慧教育示范区的建设离不开教育大数据，教育大数据的应用也离不开管理者和师生对它的认识和理解，这些都是产生信息化价值的重要基础。

为了服务新时代大数据、人工智能等技术带来的教育变革需求，促进广大教育工作者深入理解和学习有关教育大数据应用的价值和知识，这套丛书应运而生。这套丛书内容全面、新颖，案例丰富且适合实践，可供关注教育大数据和教师培训的研究者和实践者使用，更值得关注未来学校发展和教师队伍建设的学校使用，也期待丛书能根据使用情况和技术的发展，愈加完善。

北京师范大学教授　黄荣怀

序 三

以人工智能为代表的新一代信息技术对教育的发展具有重要影响，国家高度重视智慧教育的发展，希望加快人工智能在教育领域的创新应用。利用智能技术支撑人才培养模式的创新、教学方法的改革、教育治理能力的提升，构建智能化、网络化、个性化、终身化的教育体系，是推进教育均衡发展、促进教育公平、提高教育质量的重要手段，这也是实现我国教育现代化的重要动力和有力支撑手段。

对于学校，数据将会成为学校最重要的资产，这是教育大数据生态的基石。学校将是一个教育大数据中心，能够实现多层面数据价值的共享。对于课堂，数据的核心价值是形成闭环，并通过这种闭环迭代，使学生的学习效果越来越接近预期目标。如何迎接新时代教育大数据的挑战是学校面临的问题，本套丛书旨在帮助学校应用教育大数据，探索基于数据的思维转变过程，掌握应用教育大数据进行教育创新的方法。

本套丛书采用了新颖的内容组织形式，各册均采用扁平化组织，只有章的结构，没有节的结构。各章的结构要素包括知识检查点、能力里程碑、核心问题、问题串、活动。其中，知识检查点是知识检查的基本单元，能力里程碑是任务完成的标志性能力。各章通过核心问题引发学习者思考，以系列问题串组织内容，引导学习者通过评估性问题和反思性活动进行探究，实现知识学习和能力提升的演化过程。活动包括自主活动、小组活动和评价活动。在自主活动中，学习者首先对本章内容进行反思，反思在平时的教育实践中是否出现过类似的问题或现象等，然后写个人心得，结合本章内容阐述在以后的教学实践中可以有怎样的举措。在小组活动中，集体讨论本章所学内容，然后各抒己见，思考如何改善教学质量，属于小组层面的交流。评价活动用于评价和检测，不仅适用于参加教师培训的教师、教育管理者，还适用于不参加培训的广大学习者。这三个活动的设置符合研修的典型特征，每个活动都有一个聚焦的主题，不限定具体的活动内容，有利于组织者安排工作，根据实际的需要展开活动，也适合学习者的自主学习、反思。

本套丛书分为五个系列，它们分别是：教育大数据——迈向未来学校的智慧教育（全1册）、数据驱动的技术基础系列（全4册）、数据驱动的智慧学校系列（全4册）、

数据驱动的智慧课堂系列（全4册）、数据驱动的教育研究系列（全4册），共计17册。本套丛书的任何一册都可以单独组成8～12学时的培训课程，又可以以系列教材为主题组成培训主题单元模块。本套丛书既适用于国家层面、各省、各市、各区县级、各级各类学校进行有组织的教师教育和培训活动，又支持一线教师、教研员、管理者、研究者及教育服务人员的自主学习，还适合大学、研究生及高校教师进行参考和学习。本套丛书难免存在各种问题和不足，恳请各位同仁不吝赐教！

方海光

首都师范大学

前 言

教育的发展到目前已经经历了四个时代：教育1.0时代，是农耕时代的教育，知识的传播主要依赖师者的言传身教，教师是知识的主要传播载体；教育2.0时代，是工业时代的教育，以班级授课制为核心，知识的传播主要依赖书本和课程，书本是知识传播的主要载体；教育3.0时代，是互联网时代的教育，把优质的教师资源和海量的课本资源放在互联网上与众人共享，极大地提高了知识传播的效率和优秀教师推广流转的效率，但就每一个学习者个体而言，学习的过程在教育1.0和2.0时代并没有多少改变，教育的效率并没有得到多大提升；教育4.0时代，是人机协作的智慧教育时代，利用教育大数据使学习者、学习内容、教师和人工智能（部分代替教师）在学习全过程中契合，大幅度提高学习的效率和教学的效率。

为此首先要在数据层面构建一个标准化的教育服务体系，基于知识图谱，为每一个知识点建立各种学习资源、学习方式和教师服务之间的链路关系；从而利用用户画像、算法和策略，实现学习资源的精准推送和教育服务的精准匹配。

其次需要利用人工智能、云计算重构教育关系中各个角色，打通各个角色之间的数据通道，构建教育全场景的数据应用与管理平台。

重构教育关系必然带来新的教育分工和新的学习方式与教学模式，在本书中提到了"智慧双师"和"智慧三师"的概念，在这里的一个重要角色就是教育大数据分析师（学习规划师），其主要任务是利用大数据及其相关技术，精准定位学生的"最近发展区"，发现没有学会的知识点，有针对性地推送学习内容、学习任务和微课视频等。学生只学该学的内容，做该做的练习；大幅度减轻学生负担，提升学习效率。当学生遇到学习障碍时，大数据精确匹配到最合适的学科教师，对学生进行点拨，帮助学生渡过难关。而在智慧课堂上，教师依据国家教育发展目标，将主要精力放在培养学生学会学习，提升认知能力，探索新时代新环境下的教育模式创新。

新的模式必然要求学校在管理层面建立与之相应的组织架构、制度、绩效以及高效的管理工具。

以上就是本书《中小学数据分析与学习规划》的基本逻辑。学习规划师（教育大数据分析师）在智慧学习、智慧课堂的应用时间不长，应用案例和数据还不够丰富。由于时间仓促，成书的内容有许多不足；希望能与广大教育工作者一起，在教育的实践中不断完善迭代；为中国教育现代化做有价值的探索。

  本书的大部分内容来自对OKAY智慧教育研究院近年来在学校建设智慧课堂的应用实践的总结。在本书编写过程中得到了OKAY智慧教育创始人贾云海老师的大力帮助，同时参与过智慧课堂建设的很多老师也参与了编写，包括郭文清、田金玲、塔娜、李南、邵英、田鹏、陈振文、李杰等，山东省临沂高新区高级中学的邵泽山校长为本书提供了大量的数据、案例和资料，在这里一并表示感谢。

OKAY智慧教育研究院 顾国齐

目 录

第一章 学校数据分析和学习规划概述 / 001

002 问题一：什么是数据分析？
002 问题二：什么是学习规划？
003 问题三：什么是教学决策？
004 问题四：数据分析在学校教育中有哪些体现？
007 问题五：学校数据分析如何指导学习规划？
009 问题六：学习规划师是一个怎样的角色？

第二章 智慧校园的数据分析和学习规划体系环境建设 / 012

013 问题一：智慧校园的数据分析体系是怎样的？
015 问题二：智慧校园的校长信息化领导力是怎样的？
018 问题三：智慧校园的学校管理体系如何构建？
021 问题四：智慧校园的学校评价体系如何构建？
023 问题五：智慧校园的学校管理工具如何应用？

第三章 学校数据分析和教学决策的教育应用 / 029

030 问题一：学校数据驱动的教学有哪些变化？
033 问题二：学校数据分析为教学决策带来哪些变革？
036 问题三：如何应用学校数据分析优化教学决策？

039 问题四：如何应用学校数据分析来了解学情？

第四章　学校数据分析和学习规划的应用 / 046

047 问题一：学校学习环境有了什么新变化？

048 问题二：学校数据分析支持的学习方式是什么？

050 问题三：学校数据分析和学习规划如何解决学生的学习问题？

053 问题四：如何通过双师课堂支持学校数据分析和学习方式转变？

056 问题五：如何通过移动终端支持学校数据分析和双师课堂转变？

第五章　数据分析和学习规划的智慧课堂应用案例 / 063

064 案例一：关注留守儿童的学习——以榆林市靖边县第四中学为例

067 案例二：数据化的自主学习——以临沂市高新区高级中学为例

075 案例三：疫情中的不间断学习——以齐齐哈尔市第三中学为例

参考资料 / 087

第一章 学校数据分析和学习规划概述

本章学习目标

在本章的学习中,要努力达到如下目标:

- ◆ 了解什么是数据分析(知识检查点1-1)。
- ◆ 了解什么是学习规划(知识检查点1-2)。
- ◆ 了解什么是教学决策(知识检查点1-3)。
- ◆ 熟悉数据分析在学校教育中的体现(能力里程碑1-1)。
- ◆ 掌握学校数据分析如何指导学习规划(能力里程碑1-2)。
- ◆ 掌握学习规划师的角色定位及规划方法(能力里程碑1-3)。

本章核心问题

数据分析和学习规划的关系是什么?学校数据分析如何指导学习规划?学习规划师的角色定位及规划方法是什么?

本章内容结构

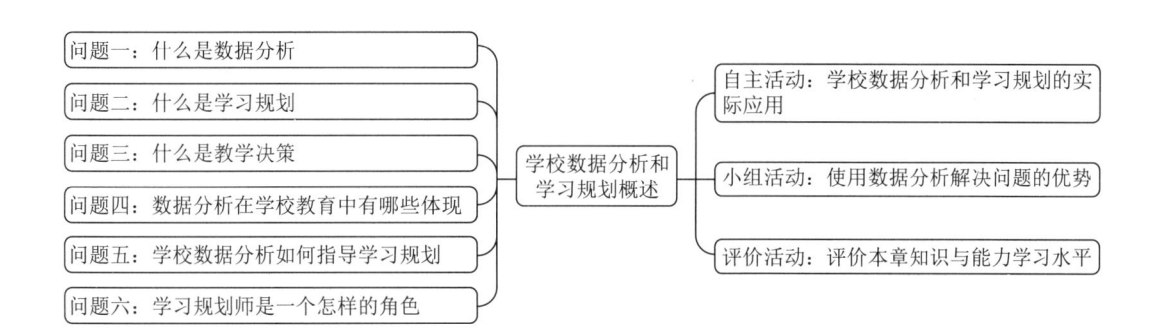

问题	学校数据分析和学习规划概述	活动
问题一:什么是数据分析		自主活动:学校数据分析和学习规划的实际应用
问题二:什么是学习规划		
问题三:什么是教学决策		小组活动:使用数据分析解决问题的优势
问题四:数据分析在学校教育中有哪些体现		
问题五:学校数据分析如何指导学习规划		评价活动:评价本章知识与能力学习水平
问题六:学习规划师是一个怎样的角色		

引 言

技术的兴起给人们带来了前所未有的体验，我们在享受着种种技术便利，同时也要看到新技术正润物细无声地改变着我们的生活方式和学习方式。教育大数据已经悄然走进校园，走进课堂，走进学生的学习和生活，基于教育大数据的数据分析和学习规划也正一步步挖掘教育大数据的潜力，为师生提供更好的教与学环境。

一直以来，教育大数据的价值并没有被充分发掘，数据分析技术在教育大数据上的应用也并未成为常态。事实上，数据分析是追求最大化的数据开发功能，发挥数据作用的重要工具，通过对定性数据和定量数据的采集、分析，数据的价值得以体现。在教育领域，数据分析的结果可以体现具体教育现状、预测趋势，为学习规划和教学决策提供重要参考。

在学校教育中，数据分析是教育转型的有力推手，不仅对夯实智慧教育云具有难以替代的作用，还将助力教育的创新发展，实现教育变革。学校数据分析对学习规划具有指导意义，从学生教育的长远发展来看，学习规划是基于孩子的个性特征、个人发展意愿、心理健康状态等方面，分析学生的学业现状、预测学生未来的发展潜力，探索出适合学生的教育目标、学习方案及发展的可行性路径。因此，推动学校数据分析和学习规划的体系建设，对解决我们国家乃至世界所面临的诸如教育发展不均衡、教育减负等问题，提供了新的思路和解决方法。

问题一：什么是数据分析？

数据分析指用适当的统计、分析方法对收集到的大量数据进行分析，将它们加以汇总和理解并消化，以求最大化地开发数据的功能，发挥数据的作用。数据分析是为了提取有用信息和形成结论而对数据加以详细研究和概括总结的过程。

数据分析的目的是把隐藏在一大批看起来杂乱无章的数据中的信息汇总和提炼出来，从而找出所研究对象的内在规律。在实际应用中，数据分析可帮助人们做出判断，以便采取适当行动。数据分析是有组织、有目的地收集数据、分析数据，使之成为信息的过程。比如，在产品的整个生命周期，包括从市场调研到售后服务和最终处置的各个过程都需要适当运用数据分析，以提升其有效性。设计人员在开始进行设计之前，要通过广泛的调查，分析所得数据以判定设计方向。

问题二：什么是学习规划？

规划是融合多种要素和多方人士看法的某一特定领域的发展愿景，意即进行比较全面的、长远的发展计划，是对未来整体性、长期性、基本性问题的思考，设计未来整套行动方案。比如城乡建设规划，就是把规划与建设紧密联系在一起，就要考虑土地征用、规划设计图纸等一系列问题。实际上，规划具有综合性、系统性、时间性、强制性等特点。规划需要准确而实际的数据，以及运用科学的方法进行从整体到细节的设计。依照相关技术规范及标准制订有目的、有意义、有价值的行动方案。其目标具有针对性，数据具有相对精确性，理论依据详实且充分。

规划的制订从时间上需要分阶段，由此可以使行动目标更加清晰，使行动方案更具可行性，使数据更具精确性，使经济运作更具可控性以及收支合理性。

合理的规划要根据所规划的内容整理出当前有效、准确及详实的信息和数据，并以其为基础进行定性与定量地预测，而后依据结果制定目标及行动方案。所制订的方案应符合相关技术及标准，更应充分考虑实际情况及预期能动力。

规划是实际行动的指导，因此目标必须具备确定性、专一性、合理性、有效性及可行性。其作为实际行动的基础，更应充分考虑实际行动中的可能情况，以及对未知的可能情况做具体的预防措施，以降低规划存在的漏洞或实际行动中可能情况的发生所产生的不可挽回的后果或影响。

在《远距离开放教育词典》中，学习规划是学生为获取知识而制订的比较全面或长远的学习计划。它的特点是科学性和系统性。学生通过对未来的学习内容、步骤、方法的设计，有目的地实施规划，获得知识，达到掌握和运用知识的目的。

实际上，对于学校建设而言，学习规划是以学生为中心的，学校数据分析是学习规划的基础。学校数据分析不仅仅是数据在学校教育中的应用，而且是通过学校教育应用反向驱动数据分析技术和学生建模应用，从而可以促进传统教育领域长期问题的解决，甚至可以跨越传统学习方式而直接分析全校学生的数据特征，以此数据分析为基础来进行面向学生的个性化学习的规划问题。这样，从根本上促进学校教育管理科学化变革，促进教学模式改革，促进个性化教育变革，促进教育评价体系改革，促进教育研究变革等。

问题三：什么是教学决策？

有研究认为任何实践活动无不包含着决策和执行。判断与决策是人类（及动物或机器）根据自己的愿望（效用、个人价值、目标、结果等）和信念（预期、知识、手段等）选择行动的过程。相类似的，学者庄锦英认为广义的决策包含判断与决策两种成分。判断主要研究人们推知或直觉尚不清楚事件及其结果或后果的过程。决策是个体需要运用自己的感知、记忆、思维等认知能力，对情境做出判断与选择的动态过程。在这个过程中，能否应用数据进行分析是决策的重要支持能力之一。

关于教师教学决策，有研究认为课程研究者、开发者和教师的关系相当密切，这种密切的关系使得教师的角色从课程实施者转变为教学决策者和独立自主的课程开发者。学者张朝珍认为教师教学决策本质上是一种选择性认识活动，是教师对教学活动诸要素的判断与选择。教师在进行教学决策时，具体选择什么、怎么选择和为什么做出这样的选择，不仅仅是技术过程，更是教学认识论持续起作用的过程。学者杨豫晖、宋乃庆也认为教学决策是教师的教学信念、教师知识、教学思维方式与具体情境交互作用的内隐思维过程和相应外在行为表现的统一，具有过程性和内隐思维性的整体特征，是影响教育教学质量的更深层因素。另外，也有研究者指出教师课程决策是指教师在学校教学情境中对教学的方向、目标及其实现方法、途径、策略所做出的个性化决定。

综上所述，首先，教师教学决策是教师依据自己的感知、记忆、思维等认知能力，通过反思性行动对教学情境做出判断与选择，并在课堂教学中付诸实施的动态过程。其中，能否应用数据分析是重要的能力之一。其次，虽然国内外不同学者对教师教学决策的界定及解释，涉及到教师个体的信念、价值观、教师知识、教师个体差异等各种因素，但都不约而同地强调教师反思是影响教学决策能力发展的核心因素。

问题四：数据分析在学校教育中有哪些体现？

一、数据分析推动教育转型

2011年5月，乔布斯与比尔·盖茨会面讨论关于教育和未来学校问题时曾经说过一句著名的话："为什么IT改变了几乎所有领域，却唯独对教育的影响小得令人吃惊？"这便是"乔布斯之问"。这句话背后所蕴含的教育技术问题，直接涉及教育场景与新兴的信息技术融合发展的衡量准则。

信息技术对教育的影响度，实质上不能以信息技术使用的数量为准则，而应以使用的效果为标准。"乔布斯之问"能够代表教育技术专业人员的想法，从专业的角度总希望使用信息技术改变以往的学习形态，这便有了"颠覆传统教育"之类的期待。这种"无区分"应用信息技术的现象，恰恰与原本学习规律的学习生态相矛盾，应用将被技术工具束缚住。

大数据技术在教育中的应用，实际上是在原有学习规律的基础上，通过实际数据分析，获得更精准的结论，有效指导后续的各项决策和行动举措，从而优化教育转型。

二、数据分析夯实智慧教育云

随着信息大爆炸时代的来临，海量的信息资源逐渐成为负累，越来越多的行业开始转向云平台，云存储、云计算业务。各种云平台的出现是该转变的最重要环节之一，而数据分析进一步夯实了各种云平台应用。

目前我们接触到的一些云平台，譬如用于存储的云平台，它支持大容量内容资源的云端存储和上传下载，只需要登录账号就可以实现。随着人工智能、云计算和大数据等先进的科学技术被融合起来，云平台更加智能化，加上数据分析的应用，对一些行业已经产生了变革性的影响。譬如在电商行业，云平台能够基于用户的购买和搜索数据，精准制定用户画像，向用户推送大数据商城里最匹配用户标签的产品，并同步获得反馈数据，长此以往，用户画像越来越精准，被推荐的内容匹配度也会越来越高。

在教育行业，专注于智慧教育的云平台体系也开始被构建和应用。此类教育云平台，根据学科知识点目录建立内容体系。将学生、教师、家长都纳入进来。首先，平台对学生的学情数据进行分析并反馈给教师，教师根据学情数据为学生提供精准、个性化的教学服务；家长也能够基于可视化的学情数据分析报告，了解孩子的学习情况，获得与教师对等的学情信息，从而家长也能够在智慧教育云平台上根据孩子的需求给孩子提供对应的学习指导服务。

1. 智慧教育云平台的教育服务标准化体系

智慧教育云平台建立了一套标准化的教育服务体系。在智慧教育云平台上，知识点进行流转并提供定制服务，譬如习题、学习资料、微课和一对一、一对多的教学服务；学生在学习中不会的知识点被流转到教师空间；教师可以根据学生不会的知识点提供定制化的教学辅导；家长也可以基于孩子不会的单个知识点寻求平台教师的在线辅导，而非根据学科报辅导班，让孩子进行繁杂的重复性学习。学生、教师、家长就自然构成了平台上的用户，不同角色之间基于数据和内容建立明确的关系和服务。

2. 智慧教育云平台的价值

（1）用户价值：升级三通两平台

实现教育现代化、创新教学模式、提高教育质量，迫切需要大力推进教育信息化。当前和今后一个时期，要大力推进"三通两平台"建设，即宽带网络校校通、优质资源班班通、网络学习空间人人通，建设教育资源公共服务平台、教育管理公共服务平台。通过"三通两平台"建设力争实现四个新突破，即教育信息化基础设施建设新突破、优质数字教育资源共建共享新突破、信息技术与教育教学深度融合新突破、教育信息化科学发展机制的新突破。

智慧教育云平台打通了各个教育场景下各个教育角色之间内容和服务的通道，通过数据分析实现信息技术与教育教学的深度融合与突破，促进三通两平台再度升级。

（2）教育价值：突破时空限制

基于移动互联网技术，智慧教育云平台上的教育资源突破时空限制得以实时实地的流转，一些相对落后地区的学生也可以享受到优质教育资源，关键在于，这些优质教育资源是依托数据分析匹配给这些学生的，是符合学生学习层级的。所以智慧教育云平台在实现教育资源优质均衡发展的同时，也实现了教育教学的个性化，高效减负。

（3）社会价值：城市教育现代化

于社会而言，教育是城市社会发展的重要一环，智慧教育的发展亦是智慧城市发展的一个重要指标。随着智慧教育云平台的长期应用与探索，智慧教育得到长足发展时，也必然推动智慧城市的建设，促进城市教育的现代化。

三、数据分析引领创新教育

作为信息社会的新阶段，大数据时代已经到来。对于教育来说，内容包括利用大数据提升教育治理水平，推进"互联网＋教育"，应用大数据弥补教育短板，推动教育创新与变革。数据分析的应用可以概括为几大关键词：用户、需求、识别、体验。

1. 知识数据分析，开启机器理解人的时代

为更好地满足用户精准化的知识需求，同时随着人工智能技术的飞速发展，以颗粒化、标签化、结构化为主要特征的数字化知识内容应运而生。数字化属性的内容，通过数据分析计基于相应策略与算法的知识精准推送成为可能。同时，数字化属性的内容可以更好地被人工智能所学习、理解和运用，从而开启了让机器理解人的时代。

（1）知识颗粒化，将知识细分为最小单位

如今，传统大规模综合性的信息平台逐渐被专一的渠道内容所取代，越来越多的内容被生产者和运营者进行精细的颗粒化处理，储备作为"颗粒知识"之一，准备推送给关注该"颗粒知识"主题的受众。

（2）知识标签化，多维度标注与定位

在数字化营销的时代，建立多维度标签体系是营销中常用的方法。例如在营销过程中，通过对用户的日常行为分析，为用户打上"商务人士""育婴妈妈""在校学生""奢侈品粉丝"等个性化标签。借助用户标签，可以对用户进行细化分类，准确勾勒用户画像，深入挖掘潜在用户信息，并依据业务目标进行精准营销。

在搜索领域，行业领先搜索引擎运营商对用户浏览行为及价值取向进行跟踪分析后，为用户提供定制化的搜索结果，例如，同样输入"polo"，针对经常关注时尚及服装的用户优先展现服装信息，针对经常关注商务及汽车的用户优先展现汽车信息。用户针对特定领域的搜索需求，在数据的分析下更加明晰，不同标签体系下的客户，对同一内容的搜索呈现差异化结果，这正是标签体系为搜索引擎带来的价值。

（3）知识结构化，实现知识呈现的千人千面

被细分为颗粒、打上众多维度标签的数字化内容，又该如何组合成为满足不同受众需求的内容成品呢？这就要依靠基于用户的数据与特征所研发出的策略与算法，在需求出现

后，第一时间构建适合受众的个性化知识结构与体系，并组织相匹配的颗粒化、标签化内容，实现内容的个性化精准推送，真正做到"千人千面"。

2. 教学与学习内容的数字化转变

在传统的教学模式中，教师凭借个人的教学经验组织教学内容，学生的知识获取只能通过课本这种单一的方式进行。这些优质的教学内容只能依托于纸张、以有形化的属性存在，其传播与应用的效率、方式大大受限。

随着互联网时代的到来，数字化资源以更加丰富的形式和数量，拓展了学校中师生获取知识与资源的途径。但与此同时，数字化资源由于数量激增、获取成本低，增加了教师搜索、筛选资源的工作强度；学生面对海量的数字化资源，更是茫然无措，疲于应付做不完的试卷、看不完的微课，大大加重了其学习负担。数字化资源的弊端已经凸显，引发的问题亟待解决。

一旦将数字化属性的教学内容应用于实际的教学场景中，就可以很好地解决这个问题。在教学内容生成的过程中，如果可以对其进行颗粒化、标签化、结构化的数字化处理，那么在使用过程中，丰富的、数字化的教学与学习内容将根据不同教师、学生的个性化需要，实现对教师、学生的个性化推送，充分发挥互联网和人工智能技术作为先进生产力的优势，以更智慧的方式，服务于当下的教育教学。

问题五：学校数据分析如何指导学习规划？

从某种程度上来说，通过合理的规划可以逐步接近理想目标，有规划与没规划在后期的发展中会越来越明显。因此，在学生的学业发展过程中，提前做出学习规划，对学生的成长与未来发展大有裨益。

一、学校数据分析对学习规划的指导意义

当前，数据分析（特别是教育大数据分析）给教育行业带来了重大影响。数据分析是用适当的统计分析方法对收集来的大量数据进行分析，提取有用信息和形成结论而对数据加以详细研究和概括总结的过程。数据分析可帮助教师和学校做出科学判断，以便采取适当行动。

在教育特别是在学校教育中，数据成为教学改进最为显著的指标。通常，这些数据主要是指考试成绩。当然，也可以包括入学率、出勤率、辍学率、升学率等。对于具体的课堂教学来说，数据分析应该是能说明教学效果的，比如学生识字的准确率、作业的正确率、多方面发展的表现率——课上举手次数，回答问题的次数、时长与正确率，师生互动的次

数与时长。具体来说，每个学生回答一个问题所用的时间是多长，不同学生在同一问题上所用时长的区别有多大，整体回答的正确率是多少，这些具体的数据经过专门的收集、分类、整理、统计、分析就成为大数据。

基于大数据的精确学情诊断、个性化学习分析和智能决策支持，大大提升了教育品质，对促进教育公平、提高教育质量、优化教育治理都具有重要作用，大数据已成为实现教育现代化必不可少的重要支撑。

二、学校数据分析对学习规划的价值

1. 促进个性化学习

除了学生的学习行为可以被记录下来外，学生的学习资源数据也可以被精确地记录下来，如观看资源的时长、回答问题的正确率、重复次数、参考阅读、回访率和其他资源信息，通过大数据可以定制个人学习报告，分析学习过程中潜在的学习规律，还可以找到学生的学习特点、兴趣爱好和行为倾向，并对所有教育状态信息一目了然。大数据技术使教育围绕学习者展开，使传统的集体教育方式转化为个性学习方式。同时还伴随着教育者和学习者思维方式的改变，进一步朝着个性化学习的方向迈出重要的一大步，使得精准的个性化学习成为可能。

例如美国亚利桑那州立大学运用在线教育服务系统来提高学生的数学水平，系统通过数据分析区分出每个学生的优缺点，并提供有针对性的指导，全校2000名学生使用该系统两学期后，毕业率从64%提高到75%，学生成绩也获得了大幅增长。

2. 实现差异化教学

大数据可以在保障教育规模的情况下实现差异化，一方面可以因材施教，教师可以根据学生的不同需求推荐合适的学习资源，另一方面可以达成更大的教育规模。比如，MOOC（慕课）平台突破了传统教育中实体教室的限制，课程受众面极广，能同时满足数十万学习者的学习需求。在教学过程中，MOOC平台可依托大数据构建学习者体验模型，对其线上课程进行评估，进行线上课程的再设计、改变课程学习顺序、优化教学策略，为每一个学习者提供不同的教学服务，从而实现规模化下的多样化、个性化教学。

3. 实施精细化管理

传统教育环境下，教育管理部门或决策制订者依据的数据是受限的，一般是静态的、局部的、零散的、滞后的数据，或是逐级申报、过滤加工后的数据。很多时候只能凭经验在做管理、决策。大数据根据社会各方面的综合数据来源，可实现实时、精确地观察和分析，对于推进教育管理从经验型、粗放型、封闭型向精细化、智能化、可视化转变具有重要意义。

除此之外，大数据还能根据学生的喜好，为他们的课程、时段和可选节次做推荐，帮助学校课程设计咨询专家解决学生所面临的选课难题；通过智能分析为教师和课程设计者提供反馈，使他们能有的放矢地改进教材。

4. 提供智能化服务

大数据可以采集与分析管理者、家长、教师、学生的各方面行为记录，全面提升服务质量，为学生、教师、家长等提供更好的服务。

对教育大数据的全面收集、准确分析、合理利用，已成为学校提升服务能力，形成用数据说话、用数据决策、用数据管理，利用数据开展精准服务的驱动力。

如在择校服务方面，运用大数据智能分析技术可助力破解教育择校感性化难题，推进理性择校。美国教育科学院推出了此类服务，该服务通过对全美7000多所高校的各类资源指标（如所在地区、学费、奖学金资助情况、入学率和毕业率等）进行数据分析，并对所有大学进行排序和筛选，进而帮助家长和学生找到理想中的大学。

问题六：学习规划师是一个怎样的角色？

学习规划师是帮助进行学习决策的专业人员。学习规划师不规划决策本身；相反，他们支持决策者(学生、教师、管理者等)通过协调信息和活动来进行决策。他们的作用是创造一个合乎逻辑的系统决策过程，支持决策者来做出最佳行动方案。学习规划师作为促进学生学习的协调人，往往处于冲突的中间。他们通常对一个项目和一个学习者有很多的了解，因此通常负责预测意外的结果。一般来说，学习规划师做出优质的规划需要一个有条理的过程，清楚地定义能生成最优解的步骤，这一过程应体现以下原则。

全面：考虑所有重要的选择和影响；

高效：过程不应浪费时间或金钱；

包容：受计划影响的人有机会参与；

信息：利益相关者（受影响的人）能够理解最后的决定；

综合：个别的、短期的决定应支持战略性的长期目标；

逻辑：每一步都通向下一步；

透明：所有参与的人都了解这一过程的运作方式。

好的规划是有洞察力的、全面的和战略性的。学习规划师应该真正努力理解学习综合问题，而不仅仅是一个单一的视角或表现。有效规划需要正确定义问题和提出关键问题。

规划过程不应限于提出的第一个解决办法或参会人员所关心的内容。规划需要为一个往往无法预测的未来做准备，因此必须包含不确定性。预报通常应说明范围和概率，而不是估计，规划通常应该包含意外开支。这种应急计划可以包括各种行动，有些只有在未来条件需要时才实施。

通常，每一个学习分析和学习规划过程都是不同的，以反映具体情况。例如，特定的学习规划过程可能有其范围、利益相关者、问题陈述或目标。在某些情况下，拟定计划可能因条件变化或利益相关方能够更好地理解这些问题而需要几个周期的发展和调整。有时学习数据分析和学习规划过程面临的障碍需要重新审视基本假设（如范围、问题陈述或目标），或者调整过程。在这种情况下，学习规划师需要具备灵活性、反应能力、创造力和优先排序的能力，以实现基于数据分析的以学生为中心的个性化学习规划。

本章内容小结

本章我们首先学习了数据分析、学习规划和教学决策是什么（知识检查点1-1、1-2、1-3）。数据分析是为了提取有用信息和形成结论而对数据加以详细研究和概括总结的过程。学习规划是学生为获取知识而制订的比较全面或长远的学习计划。教师教学决策是教师通过反思性行动对教学情境做出判断与选择，并在课堂教学中付诸实施的动态过程。

其次学习了数据分析在教育中的体现与价值（能力里程碑1-1），了解了数据分析对教育转型、智慧教育云和创新教育的重要作用。还学习了数据分析如何指导学习规划，了解了学校数据分析对学习规划的意义和价值，以及学习规划师对学习规划的价值（能力里程碑1-2、1-3）。

本章内容的思维导图如图1-1所示。

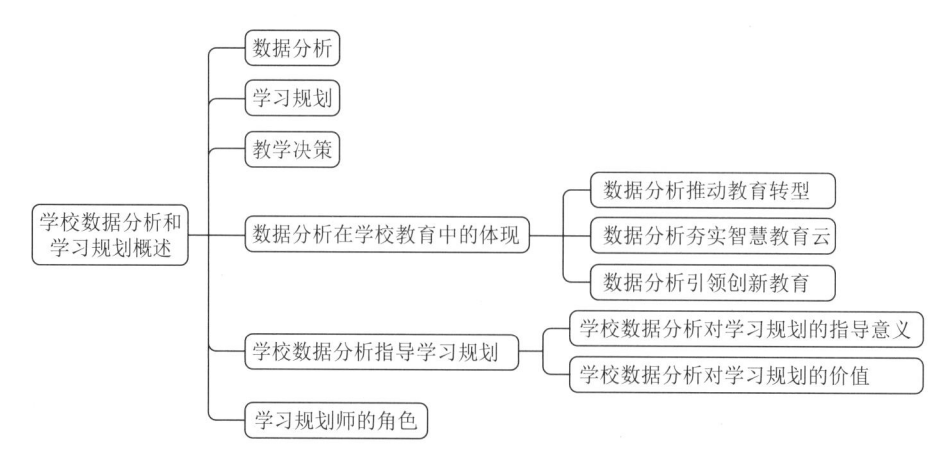

图1-1 思维导图

自主活动：学校数据分析和学习规划的实际应用

请学习者在学习完本章内容后，进行自我反思，并记录个人学习心得。

小组活动：使用数据分析解决问题的优势

请学习者围绕本章的学习主题进行组内交流，并做好小组学习记录。

评价活动：评价本章知识与能力学习水平

一、名词解释

数据分析（知识检查点 1-1）

学习规划（知识检查点 1-2）

教学决策（知识检查点 1-3）

二、简述题

1. 你理解的数据分析的作用是什么？请说说你认为它对指导学习规划有何促进作用（知识检查点 1-1、1-2；能力里程碑 1-2）。

2. 你认为教学决策对学生有什么样的帮助？从教师与学生的需求角度谈谈你的看法（知识检查点 1-3）。

三、实践项目

选择当前学校教学中的一个问题，梳理可采集的数据类型，对梳理的数据进行简单分析，形成针对该问题的数据分析方案，根据方案进行学习规划（知识检查点 1-1、1-2、1-3；能力里程碑 1-2、1-3）。

第二章　智慧校园的数据分析和学习规划体系环境建设

本章学习目标

在本章的学习中，要努力达到如下目标：
- ◆ 了解智慧校园的数据分析体系是怎样的（知识检查点2-1）。
- ◆ 掌握智慧校园的校长信息化领导力是怎样的（知识检查点2-2）。
- ◆ 能够理解智慧校园管理体系、评价体系的构成（能力里程碑2-1）。
- ◆ 能够理解智慧校园管理工具对现代化学校管理的作用（能力里程碑2-2）。

本章核心问题

智慧校园的数据分析体系是怎样的？教育大数据环境下，智慧校园的数据分析和学校规划体系环境如何建设？

本章内容结构

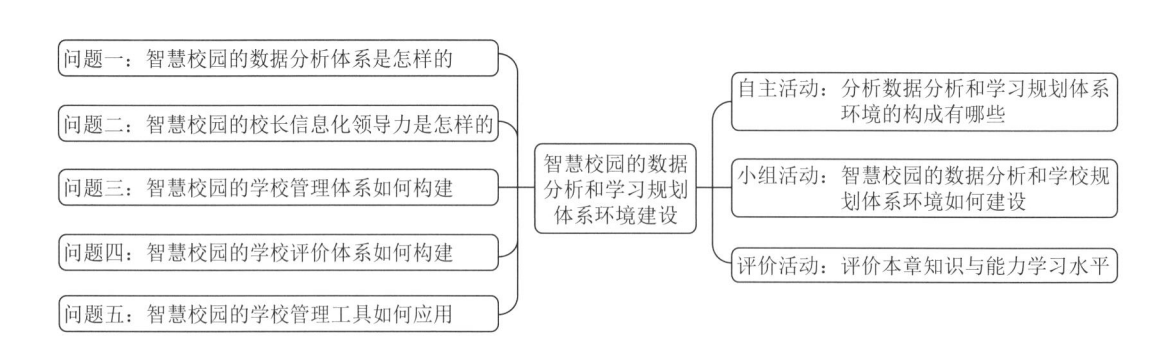

| 问题一：智慧校园的数据分析体系是怎样的 |
| 问题二：智慧校园的校长信息化领导力是怎样的 |
| 问题三：智慧校园的学校管理体系如何构建 |
| 问题四：智慧校园的学校评价体系如何构建 |
| 问题五：智慧校园的学校管理工具如何应用 |

智慧校园的数据分析和学习规划体系环境建设
- 自主活动：分析数据分析和学习规划体系环境的构成有哪些
- 小组活动：智慧校园的数据分析和学校规划体系环境如何建设
- 评价活动：评价本章知识与能力学习水平

引言

在智慧校园的建设过程中，特别倡导的是支持随时随地的学习方式，也就是"校园即课堂"的理念。这样,智慧校园的数据分析和学习规划体系环境可以被看作是支持学习的、拓展的智慧课堂环境的一部分。在这样的环境下,基于大数据的教育决策需要多渠道、多类型的数据集合。教育大数据来源的标准化、规范化是保证教育管理部门数据统计的关键,收集数据场景的缺失可能会导致数据获取不足、数据处理错误、无效信息冗余、有效信息遗漏,将降低教育决策的可用性和科学性,增加教育决策的风险性。

因此,构建标准化、规范化的教育数据管理措施和工具,能够保障被采集数据的有效性、一致性和准确性,是开展基于大数据的教育决策工作的基础和前提。智慧校园的数据分析和学习规划体系,要求智慧校园在管理层面建立与之相应的信息化领导力、组织架构、管理体系、评价体系以及高效的管理工具等一系列的环境。

问题一:智慧校园的数据分析体系是怎样的?

在当前的智慧校园体系建设中,通过应用教育数据能够挖掘并分析智慧校园体系中所产生的各类数据信息,从而为学校的教学、学习及管理等提供多方面的数据服务,这也是实现智慧校园体系的重要表现形式之一。

在智慧校园建设中应用教育大数据,不仅是为了获取大量的数据信息,更重要的是对这些数据进行分析处理,这就是智慧校园的数据分析体系。数据分析体系在智慧校园体系构建中发挥着巨大的作用,它对已经获取到的大量结构化、半结构化以及非结构化数据进行加工处理,从而提取出其中有价值的信息与知识。根据教育大数据和智慧校园的特征,数据分析体系在智慧校园构建中的作用包括以下几个方面。

一、构建学校数据管理支持平台

智慧校园构建中要实现智慧化管理的目标,还需要对学校在招生、师资、学校资产等多个方面进行充分的数据分析,从而构建学校的数据管理支持平台。

招生数据分析:根据学校以往招生情况中的地区、性别以及特长生等数据信息,并对这类数据信息进行分析,从而为学校未来招生计划的制定与实施提供有效的数据。同时也可以根据学生毕业情况的反馈,对学校的课程设置等内容进行调整。通过分析招生数据与毕业数据,可以对招生各个项目的招生趋势进行分析,并分析学校的生源情况,从而优化学校的资源配置。

师资数据分析:学校发展中,师资队伍建设具有重要意义,智慧校园构建中也必须关注师资质量分析。通过对学校的教师在学历、职称、岗位、聘用方式以及科研等多个方面的数据进行分析,能够为调整学校的师资配置结构,加强与完善学校的考核制度,为教师晋升提供科学依据。同时也可以根据该数据分析结果,明确师资队伍建设的薄弱部分,并引进优秀的人才。

财务数据分析：通过应用教育大数据可以对学校多年来的财务数据信息进行收集与分析，结合学校的实际发展需求，形成学校发展所需的相关财务数据，从而对学校的各类资源进行优化配置，并通过应用教育大数据从多个方面加强学校的财务管理，制定科学的预算管理方案。在其分析的过程中需要对学校的各类设施设备、房屋财产、水能、电能等多方面资源数据信息进行收集，实时获取各类学校资源设备的使用情况，并制定行之有效的管理措施。

二、提高教学管理质量与效率

在智慧校园构建中应用教育大数据，还可以有效地提升其管理质量与管理效率。一方面可以提供可靠的教研数据支持，可以应用教育大数据构建教师画像，对教师的任课情况、科研情况、学生成绩、职位晋升等多方面的内容进行收集，从而形成完整的教师成长轨迹。在应用大数据的基础上，教师可以科学地调整教学策略，学校也可以针对学生的情况，对教师的教学水平进行评定。

另一方面还可以对教师和学生的学习行为进行相关的数据分析。比如，对学生的出勤率、课堂表现以及成绩、获奖等情况进行收集与评价，从而为学生提供更加专业、科学的个性化学业诊断报告，指导学生对自己的学习规划进行调整。教师也可以对相关的分析数据进行参考，从而对教学内容、教学资源等进行调整。

三、提供全面的支持服务数据

1. 分析学生的校园卡消费数据

学生在使用校园卡的过程中也会产生大量的数据信息，这也是构成智慧校园的主要数据信息来源之一。通过对校园卡中的数据进行分析与挖掘，能够实时获取诸如餐厅、图书馆的人流量，帮助学生合理安排自己的时间，不仅避免了拥堵，还能有效提升学生开展各项活动的效率。通过应用教育大数据，学生能够获得更多学习、生活方面所需的支持与服务。

2. 分析健康数据

随着人们对生活质量的追求越来越高，在智慧校园构建中应用数据分析还可以对学校师生的健康数据进行更加深入的分析与收集。学校应该对教职工健康情况进行收集与整理，掌握教职工的健康情况，从而为他们提供更加全面的健康服务。学校还可以通过对学校师生的健康情况进行分析，提供具有针对性的体检内容，让学校师生掌握更加全面的健康信息。

四、实现智能化帮助

智慧校园构建的一个重要标志就是实现智能化帮助。如果出现新的业务处理信息，就需要结合智慧校园中个体角色的不同，设置不同的提醒场景，并能够及时提醒相关人员处理该事项，例如可以向教师、学生提供待办事项提醒的系统项目。教师与学生在智慧校园系统下可以获得诸如上课提醒、学习进度提醒、学分累计提醒。这是可以通过应用教育大数据对大量的个体信息进行分析实现的。智慧校园构建中还需要持续关注教师、学生以及家长的需求，对该模块进行持续的完善与改进。

问题二：智慧校园的校长信息化领导力是怎样的？

教育大数据环境下，学校信息化建设是一项系统而复杂的工程，影响因素很多，校长信息化领导力属于关键性影响因素。校长在学校的信息化建设以及学校改进等方面起着举足轻重的作用。早在2012年，教育部在《教育信息化十年发展规划（2012～2020）》（以下简称《规划》）中，首次提出了"学校教育信息化领导力"。如关于2020年基础教育信息化发展目标，《规划》指出，学校信息化建设基本配置与应用水平指标中的第二个维度是"提升学校教育信息化领导力、教师教育技术运用力、专业人员支持力"。为促进中小学校长专业发展，全面提升中小学校长信息化领导力提出了指导意见。

教育部于2014年12月颁布了《中小学校长信息化领导力标准（试行）》（以下简称《标准》）。《标准》将校长的信息化领导力作为引领学校信息化发展、加快基础教育信息化步伐的重要路径。教育信息化的发展对校长领导效能的保障提出了诸多挑战，校长的信息化领导力已成为有效保障其领导效能的重要手段。

一、校长信息化领导力的概念

校长信息化领导力的概念由校长技术领导力概念引申而来，这一点在国内外的研究中都有所体现。20世纪90年代，信息技术飞速发展，逐渐融入到教育教学中，教育行政部门领导的技术领导力显得尤为重要，国内外学者对此展开了深入的研究。我国教育研究者对校长信息化领导力给出了多种定义。

肖玉敏指出，校长信息化领导力指的是校长作为学校的技术领导者领导学校所有成员制定学校信息化发展规划、创建信息化教学环境、建立并执行一定的技术使用标准和问责制度，成功地促进技术在学校各个方面有效应用的能力。

孙祯祥指出，校长信息化领导力就是校长在推进学校教育信息化建设的过程中，能够规划、建设信息化发展愿景，并能影响和带领全体师生员工共同实现这个愿景的能力与智慧。

还有学者对校长信息化领导力的能力要求提出了自己的观点，认为校长信息化领导力主要由基本的信息素养、信息化系统规划能力、信息化应用指导能力、信息化管理评价能力、信息化沟通协调能力和信息化规制建设能力六部分构成。

杨蓉等采用因素法和系统理论确定了校长信息化领导力评估的五个一级指标，即信息化系统规划的能力、信息化应用的领导能力、信息化教育中对人的领导能力、信息化文化的建设能力以及校长的内在信息素养。

本书认为浙江师范大学教育学院孙祯祥教授在《校长信息化领导力的构成与模型》一文中对校长信息化领导力做出的界定更为适合当前人工智能、大数据技术背景下的"校长信息化领导力"的定义，所谓校长信息化领导力，就是校长或学校管理者在推进学校教育信息化建设的过程中，能够规划、建设信息化发展愿景，并能影响和带领师生员工共同实现这个愿景的能力与智慧。

二、人工智能时代校长新角色：CIO

2016年6月，教育部印发了《教育信息化"十三五"规划》（以下简称"十三五规划"）。十三五规划提出："要在各级各类学校逐步建立由校领导担任首席信息官（CIO）的制度，全面统筹本单位信息化的规划与发展，加强信息化专业队伍建设，确保各级各类学校信息化管理与服务工作得到落实"。自此，"首席信息官"概念也进入到了中小学。

2018年4月，教育部印发《教育信息化2.0行动计划》（以下简称《计划》），开启了我国教育信息化工作的新征程。《计划》明确要求"各级各类学校应普遍施行由校领导担任首席信息官（CIO）的制度"，以便统筹学校信息化的规划与发展。一方面，CIO制度是推进教育信息化2.0的重要保障措施；另一方面，教育信息化2.0也对CIO制度提出了新的更高要求。

首席信息官CIO（Chief Information Officer），其职责是全面统筹本单位信息化工作的规划与发展。这种制度让学校领导担任学校教育信息化的第一责任人，是真正把教育信息化当成学校重要工作的关键之举。十三五规划之后，全国有多个城市及研究机构开始把建立中小学首席信息官工作，或写入政策文件，或列入师干培训规划，或开展课题研究。

三、学校CIO信息化领导力的构成

CIO作为全面统筹本校信息化规划与发展的行政管理者，要正确把握教育信息化转型升级的动因、特征方向与本质内涵，要善于着眼全局，聚焦重点，系统推进本校教育信息化工作。教育信息化2.0时代，随着学校对信息技术的依赖性加强，学校对信息化要求标准也不断提高。CIO作为领导者的角色定位不断加强，也迫使CIO的发展趋于全面，要求CIO不仅是技术专家、管理专家，还要成为战略专家，这对CIO能力结构提出了新的更高要求。

在教育改革与教育信息化推进的大潮中，中小学校长需要扮演 CIO 的角色。校长作为学校的"一把手"，要具备信息化领导力需要提升以下几个方面的能力。

1. 学校信息化的规划能力

CIO 要发挥全校教师的集体智慧，引进优秀企业的技术和产品，做好学校信息化的整体规划。学校信息化规划是一个系统工程，需要结合多方因素，才能制定符合时代特征和学校实情的规划。

教育信息化给学校带来了发展机遇，同时也带来了不确定性。作为学校的决策人，CIO 要有变革的思想，主动适应信息化大潮，为学校教育教学与技术的深度融合创造条件；其次，CIO 不能被动等待上级主管部门的信息化政策，应该主动适应新技术，敢为人先，在教学中引入先进的教学信息化工具，促进教学模式发生变革，推进学校信息化建设；第三，CIO 要结合国家和地方政策，以及当前教育技术的发展现状，积极主动地对学校信息化发展进行规划；第四，信息化规划需要资金的支持，CIO 必须加强同社会机构、社区以及企业的合作，多渠道筹措资金，为学校信息化建设工作提供保障；最后，随着信息化的深入，学校的信息化设备越来越多，需要提前制定规划，需要考虑培养专门的信息技术人员来从事这项工作。

2. 信息化教学评估体系的构建能力

CIO 作为学校的信息化领导，需要对教师信息化教学做出评估。所以，学校需要建立科学、规范、合理的评估体系，精准评估每位教师的信息化教学水平；同时，要建立激励机制，将教师职称评定与信息化教学能力结合起来，以此鼓励教师更好地将技术与课堂结合。只有教师的专业化，才能促进教学水平的提升，所以 CIO 要给予教师信息化培训的机会，全面提高教师的信息素养。

3. 信息化教学资源的建设能力

我国不同地区或学校的信息化资源建设状况整体差异较大，尤其是偏远、贫困、落后的农村地区，其信息化资源建设水平较差，远远落后于发达地区的中小学校。所以，如何能够把优质资源流转至本校，这一问题亟待解决。以质量和公平为资源建设导向，提升 CIO 的信息化教学资源建设能力，可从两个方面着手：其一，CIO 需致力于引进丰富且创新的网络教学资源平台，通过当前的新技术，如大数据、人工智能等能够自动筛选出优质、精准的资源推送给学校、教师；其二，除了建设优质网络教学资源平台外，校长还可组织教师和管理人员自主建设学校的信息化教学资源，搭建适合本校的资源共享体系，以便促进教育公平。

4. CIO 的信息素养

在我国教育信息化的进程中，CIO 是学校信息化建设的决策者，也是学校建设的带头人，CIO 的信息素养关乎其个人的领导力。部分 CIO 希望为教师和学生创造良好的信息技术环境，鼓励教师合理地使用技术，但由于其自身技术知识的局限性，在出现不一样的意见和建议时，CIO 很难做出判断，同时，CIO 信息素养的缺乏也会影响学校信息化愿景的确立。因此，CIO 要经常关注教育信息化对学校整体教学氛围和具体教学环节的影响，了解和学习教育技术，这样就可以评价课堂上信息技术的使用是否发挥了应有的作用。另外，CIO 在日常的工作和管理中，也要有意识地、积极地使用信息技术，提高工作效率，对提高教师使用信息技术的积极性起到引领作用。

问题三：智慧校园的学校管理体系如何构建？

一、学校管理体系的概述

智慧校园管理主要指以校级管理团队为核心，以中层管理者、利益相关者及基层意见领袖组成的集体领导，围绕学校基本目标，对学校各项工作、各种因素，按照教育工作规律和管理规律充分发挥人力、物力、财力的效能，进行计划、组织、指导和控制等活动的过程。学校的基本目标可分为学校总体目标和分类目标，前者包括办学和教育总方针、定量目标和保证措施。学校管理过程就是对学校管理信息进行分析、处理，从而实现目标的过程。

良好的管理需要依靠体系的保障，只有体系完善才能更好地约束、规范人的行为，校园才能管理规范。为了保障智慧校园管理的有效运转，就必须建立一整套管理体系，作为管理工作的章程和准则，使管理规范化。

二、智慧校园管理体系的构成

智慧校园管理人员运用现代教育技术手段来收集信息，了解管理对象，制订工作计划或决策学校工作，通过指导信息实施对学校工作的调度与控制，通过反馈信息来检查和评价学校工作效果。得益于大数据，智慧校园管理系统能准确、及时地反映学校各项工作的当前状态，能利用过去的数据预测未来趋势，能从全局出发辅助学校各职能部门以及校长管理学校。根据学校管理各职能部门及其工作任务，通常可将智慧校园管理划分为人员管理、教学管理、财产与财务管理以及行政管理等。

1. 人员管理

人员管理包括教职工管理和学生管理。教职工管理主要包括教职工本人的有关情况及其家庭情况的档案管理，任教学科、专业、教学、科研成果和业务进修等信息；全校教师招聘、执行及激励、奖惩制度的管理等信息。通过对上述内容的登录、分类、检索查询和输出各类统计报表等，对全校的教职工总体情况统筹管理及规划，以便进一步提升教学质量，引导教师向更加专业化的方向发展。

学生管理主要指的是对学生工作的综合性管理。主要包括招生信息管理、学生基本信息、家庭情况的档案管理、学生编班、学籍管理、学生成绩、毕业去向、学生操行及奖惩管理等。其主要功能是对上述有关数据的登录、统计、排序、查询和存档等。学生成绩管理主要包括各科成绩、日常学习状态、自主学习能力等，用于评价学生的学习能力，以便及时了解各科教学和各年级学习质量，为学生的学习提供统筹管理及规划依据。学生操行及奖惩管理主要辅助学生管理部门进行学期末或学年末的学生操行综合测评，包括优秀学生、各项奖金评选和学生处分记录等。

2. 教学管理

教学管理主要包括教学领导和科研管理。教学领导主要包括营造优质的教学环境、领导智慧课堂发展与教学研究、落实教学评估等。营造优质的教学环境主要是指规划与建设能开展智慧课堂的学习环境，更新与维护教学设备，提供完善的教学资源，整合教学媒体，从而提升教学效能。领导课程发展与教学研究主要是指能根据教师需求，支持进修研习，促进教师专业发展，引导教师建立教学档案，整理教学资源并落实校本课程建设。落实教学评估主要是指通过成立教学辅助小组，辅导需要教学协助的新教师，提供教学改进意见，尽早适应智慧校园环境，通过制定具体的评价指标，有效实施教学评价，从而达到教学领导的目标。

科研管理主要包括学校科研项目的规划、科研经费的使用情况、科研成果登录和评估等。此外，除上述学校内部管理信息，各级政府以及教育行政管理部门对学校教育的指示、安排等信息也是学校管理不可缺少的内容。

3. 行政管理

行政管理主要是指通过建立人事制度、制定管理程序以使学校工作得以运行的各种人员支持，资金预算、收、支，学校校本资源、学校房屋、场所及其设施的新建、扩建和改造、仪器设备、电教器材及其他固定资产的管理更加完善和高效。依据人事制度，建立公开遴选制度及各项管理程序，明确职责，并经书面化的公告进行宣传，分层负责有效协调、整合各处室工作，确保各项工作正常运行。行政管理主要包括人事制度、管理程序、基建管理及体育、卫生管理等。

4. 学校财产与财务管理

学校财产就是学校的设备和物资，主要由仪器设备管理和学校固定资产管理两部分组成。学校财产及财务管理是学校管理的重要任务之一，有效能、有效率地使用可利用的财政资源与资产，支持改进学生的学习成果，教师的教学成果，对其使用的控制及监控能够更好地执行国家的财经政策和纪律、合理使用资金、充分发挥经济效益，从而更好地为学校教学服务。

智慧校园管理除包括以上几方面外，信息化的环境中，管理一定是及时有效的，能对当前的状态予以调整、改善、优化，以保证智慧校园的管理效率和效果。

三、智慧校园管理体系的实施

智慧校园管理体系不是靠拍脑门，闭门造车想出来的，而是根据上级教育主管部门的体系与要求、教育形势的发展、教育发展的需要以及本校实情制定的，需要学校领导、学校各职能部门的负责人商议研讨后制定。制定完成后，制度试行稿经全体教师评议后才能实施，实施一段时间后达到预期的管理效果才能正式生效。

1. 组织领导

校长要清楚自己作为领导者应该承担的责任，建立共同愿景，成立管理委员会，并在实施过程中不断反思。实施过程中的各项举措，需要有明确的责任人和明确的考核制度。对应学校的年级组、教研组，能够形成切实有效的推进管理关系，有明确的推进和管理办法。

2. 经费保障

财政部门安排教育信息化经费，用于学校信息化基础设施建设、教研费用和重点项目建设。学校从公用经费中提取出一定比例的费用，用于信息化教学资源更新和日常运维。同时开展校企等合作，建立多元化经费投入机制，确保智慧校园建设的可持续发展。

3. 考评制度

智慧课堂名师、智慧课堂应用成果，在评职称中优先考虑；智慧课堂指标占教师整体评优评先的指标增加；学校不能对教师有传统考评和智慧课堂考评两套考评标准，考评制度都应有明确的说明，并严格执行，才能保障管理制度的有效实施。

4. 政策及激励制度

在智慧校园管理上，校长不但要制定教育信息化运营、管理政策及激励管理体系，而且要鼓励并起到带头示范作用，当然最重要的是在学校形成提高教与学效率和效果的氛围。恰当的激励制度可以调动学校各部门的积极性，从而促进学校核心能力、竞争发展能力的提高，是管理体系高效实施的有力保障。

问题四：智慧校园的学校评价体系如何构建？

一、评价体系概述

近年来，教育部、各省市相继出台了智慧校园建设规范标准，为智慧校园的设计与规划者、建设与实施者指明正确方向，规范建设内容。而要保障智慧校园建设启用起来、用得好、有效果，就迫切需要构建一套完整的智慧校园评价体系，高效客观地评价智慧校园的各项能力。智慧校园评价体系对未来学校智慧化的建设、应用与评估具有积极意义，通过评价体系，可以挖掘出更多优秀的智慧校园案例，提升其他学校建设智慧校园的积极性。

二、评价体系指标构成

1. 建设规划能力

工欲善其事，必先利其器。智慧校园的成功与否，关键看前期的完整规划和后期的落地执行，因此，建设规划能力需包含智慧校园建设目标、标准和实施的具体规划。在智慧校园建设中，规划建设对后期实施具有很强的推动作用，为了让目标更加贴近实际，应根据实际情况制定不同阶段的目标，包含近期、中期和远期等目标，各阶段在进行过程中现实情况与愿景会有或多或少的偏差，可以根据实施情况及时进行修正。

2. 教与学的指导能力

智慧校园建设最终要落实到教学过程中，信息化教与学指导能力的评价是智慧校园评价中重要的指标。简单来说，教与学指导能力是指能够选取适合的技术与适配的资源来助力教师教学和学生学习，一方面指导教师教学方式创新，提升教学效果；另一方面引导学生学习方式创新，找到自己的"最近发展区"，找到适合自己的学习方式，学会学习，从而获取理想的学习成果。

从时代角度来说，智慧教育是未来教育的发展趋势，正在引发教育的大变革。传统教育的发展理念、教学模式、学习方式、课程管理等都在发生深刻的变革，如果教师不顺应时代潮流、不积极应对挑战，其专业能力将难以达到规定标准，将会被时代所抛弃。所以，教师教学能力和学生自主学习能力也是智慧校园建设的重要抓手。

3. 环境与资源建设能力

在信息化的教学与学习过程中需要信息化环境和资源作为保障，信息化的环境和资源是智慧校园建设的基础。值得注意的是，这里所说的信息化环境不仅包含由物理设施组成的教学环境，更强调信息化校园文化的培养，这就要求管理者们通过学校的各项活动向教师和学生传达信息素养，紧跟社会发展需求，建立学习型学校，形成终身学习的校园文化氛围。

在智慧校园中，学生对资源提出了更高的要求，要想满足不同学生群体的个性化需求，运用数据化的资源管理手段是关键。信息化环境下对学习资源数量和质量的硬性要求使我们必须重视资源的建设模式，从传统的静态化、同质化、小众化资源建设模式，转变为动态化、多样化、大众化资源建设模式，让更多学习者成为学习资源的建设者，形成"群建共享"的学习资源应用模式。此外，在资源建设的过程中要加强资源平台和交流平台的建设，平台的稳定性直接关系学习体验。

4. 行政管理与评估能力

马宁等学者指出要促进学校信息化建设的顺利开展，就必须有全面而合理的管理体系的保障。学校的管理应该是基于群策群力的民主管理，为了达成共同目标，管理团队成员需要彼此分工协作。行政不仅是对学校的未来走向进行引导，也能组织成员团结一致，更是规范成员行为的重要途径。信息化的管理与评估必须认识到信息技术的重要性，对学校成员在学习、交流以及工作中所用到的信息技术资源进行合理评价，在评价的过程中重视对组织成员的信息技术意识和能力的培养，在学校的人力、物力、财力等的分配上给出合理的方案。

智慧校园评价体系指标的构成如表2-1所示。

表2-1 智慧校园评价体系指标构成

评价体系	评价指标	具体内容
智慧校园评价体系	建设规划能力	协助校长带领全体成员建立共同的信息化发展愿景或目标
		组织校长、教师、学生相互交流信息化发展愿景，促进共同发展
		具有负责的、勇于承担风险的精神，敢于向学校推广新技术，促进教育创新
		在政策和资金的规划上，对落实教育信息化计划进行支持
		跟踪并评估信息化建设规划的进展，不断调整，不断完善
		领导学校进行教育改革，促使信息技术成为学校机构改革和课程改革的支架
	教与学的指导能力	扶持教师运用信息技术来改善教学，提供教师培训机会并确保其得到良好的专业学习与发展
		组织教师进行信息化教研并成立科研小组指导教师实现信息技术与课程整合，不断优化课程设置
		激励学生识别、应用恰当的技术来支持学习，以促使学生达到高水平的学业成绩，并促进其全面发展
		参与信息化基础设施建设，为校长、管理层、教师、家长、学生之间构建一个实现信息传播、科技教育和专业发展的网络平台

续表

智慧校园评价体系指标构成

评价体系	评价指标	具体内容
智慧校园评价体系	环境与资源建设能力	分配资金、人力资源和教学资源,确保技术应用计划的完成和持续实施
		采取措施推动技术体系不断改进,支持技术的周期性更新,确保规范技术应用的常规性、目的性和有效性
		帮助校长建立学校信息化管理团队,确保学校各项信息化建设与各项规划有序进行
		引导学校全体成员营造良好的信息化校园文化
	行政管理与评估能力	将人才培养规划、技术应用规划和其他规划与政策法规结合起来,合理地分配各部分工作,从而促进学校的科学发展
		建立有效的设备、信息和人力资源分配与管理体系,促使管理工作合理化
		对员工信息技术方面的知识、技能和教学效果进行评价,并依据评价结果采取措施,促进高质量的教师专业发展
		运用信息技术管理、评价行政体制和运作机制

问题五:智慧校园的学校管理工具如何应用?

基于大数据的学校管理工具,能够对学校各类数据信息进行最为全面的收集和精准的分析,并不断地完善符合本校实际教学与管理情况的资源库和数据库,使学校有效利用数据,科学规范地调动各个部门的职能,发挥各个部门的积极性和创造性,建设符合现代学校的新型管理模式,是智慧校园支撑平台的重要组成部分。

一、智能化管理工具概述

1. 智能化管理工具的内涵

智慧校园的智能化管理工具是基于云计算、大数据、人工智能等新一代信息技术,围绕学校教育决策、教学管理、学习管理、行政管理等方面进行设计与开发,旨在创新提供符合现代学校管理模式,通过资源整合与集成等科学手段提高学校管理效能。智能化管理工具告别"感觉"和"经验",以数据驱动决策,已成为教育决策的方向和实践路径。

2. 智能化管理工具的特点

智能化管理工具主要通过对学校数据的收集、处理、传送、分析等来实现对学校的管理,在学校管理中具有信息收集全面、处理准确、传送快捷、分析科学等特点。基于大数据与智慧校园管理模式融合的技术框架，利用大数据挖掘技术和空间分析方法，遵循整体性原则，为学校教育管理者提供全面、客观的教育问题分析，通过智能算法为教育政策的制定提供决策支持。

二、智能化管理工具赋能学校管理决策

智能化管理工具在学校的应用是学校现代化发展的必然趋势，不仅可以实现资源的统一合理调配，还可以提高管理质量，规范管理行为，提高管理的透明度，大大节约管理成本，减少人为的失误。

1. 智能行政决策管理

在行政管理上，学校管理部门能够运用智能化管理工具动态监测学校基础设施使用动态、招生预测、教职工和学生出勤率、党政管理、学校安全监控、教学事件、财务分析、资产使用情况、资助情况等，建立大数据分析模型并进行可视化分析，能够实现智能分析与评估管理全过程。

智能化管理工具对于学校行政大数据的呈现是可视化的，相关操作管理员可通过视频窗口以及动静态图片对数据进行监管处理和统计分析，帮助决策者更加直接、客观地看到数据分析结果和数据之间的结构以及逻辑关系，从而做出风险预测，更快地做出合适的决策。

2. 资源管理

学校的资源建设一直是学校管理的重要组成部分，及时了解本校资源建设现状有利于及时修正和调整学校政策措施。智能管理工具为学校提供资源监管服务，使学校能够高效监管本地资源建设情况、教师校本资源贡献情况、资源与学生匹配情况等。智能化管理工具基于资源的标签化、结构化、碎片化等特点，采集与分析教师与学生使用资源的大数据，规划、建设、管理和优化本校教学资源。

3. 教研组教学预防管理

智能化管理工具提供了数据预警机制，教研组可以通过智能化管理工具进行学科间的数据比较，更加清楚地了解整个教研组的相关情况，促进所有成员进行有效的资源整理及课堂优化。

智能化管理工具不仅可以对所有教研组数据进行比较，还可以对教研组单个成员数据进行对比，寻找问题，提供支持，解决问题。一般采取数据对比与数据会商的方式进行，一方面将预警对象的数据与优秀教师的数据进行对比分析，指导预警对象向优秀教师学习如何使用资源、数据，如何进行学生辅导；另一方面指导预警对象整理、观察本人数据的变化，观察自己的数据变化情况，分析阶段性问题。

三、智能化管理工具赋能教师教学

1. 教学动态监测

在教学动态监测方面，智能化管理工具支持智慧教学发展的需要，基于大数据技术，智能化管理工具可以收集各班级的课堂测评、课后作业、考务等动态数据，形成教师的班级和个人教学报告，并将数据反馈给学校的教研管理者和教师本人。学校教研组织结合区域及本校整体教学情况，为教师提出教学指导意见，引导教师利用技术长处，优化教学方式，提升教学效果。智能化管理工具使校长能与学校领导团队成员利用学校的教学数据评估学校教学的有效性，如图2-1所示。

智能化管理工具的教学数据分析报告能够显示知识点的难点或漏洞，需要教师在教学中突破重点。教学数据报告的动态推进率也是评估教师教学质量的参考，依据发展性原则持续跟踪班级的成绩、测评等各类数据走势，分析增长率。这样针对教授不同班型的教师，既实现了公平性原则，也能调动全体教师的积极性，引导教师向研究型、专家型教师转变。

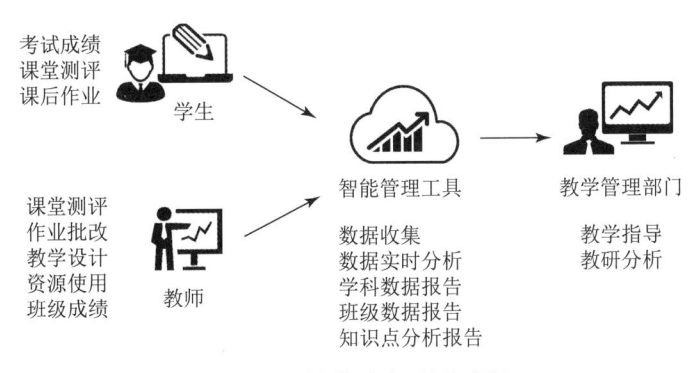

图 2-1　教学动态监测过程

2. 教学评价

在智慧校园环境下，教学管理者需要在信息中找到正确的信息来评价教师，这就需要选择合适的管理工具应用到教学评价当中。在教学评价方面，智能化管理工具通过建立全过程精准的动态评价机制，实现动态的教学评价结果，具备信息评价能力。形成性评价和总结性评价同样重要，评价教学过程能帮助教师及时发现问题并改正，从而减少不必要的损失。智能化管理工具应用于教学中，能够完整地记录教学的过程信息，为教师进行教学评价提供数据支持。

四、智能化管理工具赋能学生学习

1. 学业实时监测

智能化管理工具通过收集每个学生的课前、课中、课后的各类静态和动态学习细粒度数据，实时、全面地监测和掌握学生的学习过程，最终形成学生个人和班级的学情诊断报告、能力素养报告，建立学生学业档案，帮助学校教育管理者和教师培养学生的高级思维拓展能力、创新能力、决策能力及解决问题的能力，促进学生取得高水平的学业成绩。

如国外的某职能管理工具，集数据科学、统计学、心理测量、内容绘图、机器学习、标记和基础架构于一身，旨在最大限度地实现个性化。该平台的统计分析模型用来判断哪些适合学生学习。系统会给每一个内容打分，然后根据分数排序来决定学生下一个该学习的内容是什么。每个模块的内容可大可小，有可能是一个小问题，也可能是一个学习活动，而且内容打分的一个很重要的基础就是知识图谱。知识图谱是精准定位学生学习掌握程度的一种重要方式，具有可扩展、可伸缩、可测量的特性。知识图谱是基于自适应本体来实现的，便于系统更好地决定哪些内容是适合学生学习的。

教学管理者通过智能化管理工具提供的数据分析结果，精准定位每个学生对知识点的覆盖情况、知识点能力层级等学习问题，找准学校整体学业水平和教学薄弱点，改进教学策略与方法，提升教师在课堂教学中解决学生学习问题的针对性与教学效率。

2. 学生评价

智能化管理工具能够根据学生平时的学习数据和阶段性成绩数据，按照评价规则，自动生成直观的评价报告，包括形成性评价报告和总结性评价报告。教师根据这些报告，能够辅助学生进行成长与发展的规划，实现学生的个性化发展。

例如，在可汗学院平台上，学生每次与系统发生的交互都被记录下来，如每个学生答对和答错的习题数量、每天用于写作业的时间等。这些数据形成统计模型，用以判断学生是否"精通"某个学科领域。这些数据还会向学生、教师和家长提供学习进程的实时汇报，报告会以一个概述性的饼状图展现。有了这些评价，许多问题就有了答案：学生花费在他们答对的问题上的时间多，还是花费在答错的问题上的时间多？学生做错题是因为没有理解教材内容，还是仅仅因为疲惫？等等。

随着大数据的积聚、理论算法的革新、计算能力的提升以及 5G 时代的到来，必将推动智慧校园飞速发展。在未来，借助互联网、云平台、智能终端等应用，学生学习的时空限制将被打破，实现无边界学习；学习数据都将被转化为辅助教学的有用信息；学习的方式更加多元化，学生可以享受个性化的学习；AI 将成为教师的好助手；未来的学校将注

第二章　智慧校园的数据分析和学习规划体系环境建设

重引导学生树立正确的世界观、价值观、人生观等。未来的教育将真正拥有智慧，智慧教育时代正在快速向我们走来。

本章内容小结

本章我们首先学习了智慧校园的数据分析体系（知识检查点2-1），了解数据分析在学校数据管理支持平台、支持服务数据、智能帮助系统中的应用；其次，我们还学习了智慧校园的校长信息化领导力的基本概念和CIO的重要意义（知识检查点2-2），了解到二者与学校信息化间的关系；然后，我们学习了学校管理体系和评价体系的构建（能力里程碑2-1），帮助我们了解智慧校园环境建设的诸多要素；最后，我们学习了学校管理工具的应用（能力里程碑2-2），明白智能管理工具如何为学生学习和教师教学赋能。

本章内容的思维导图如图2-2所示。

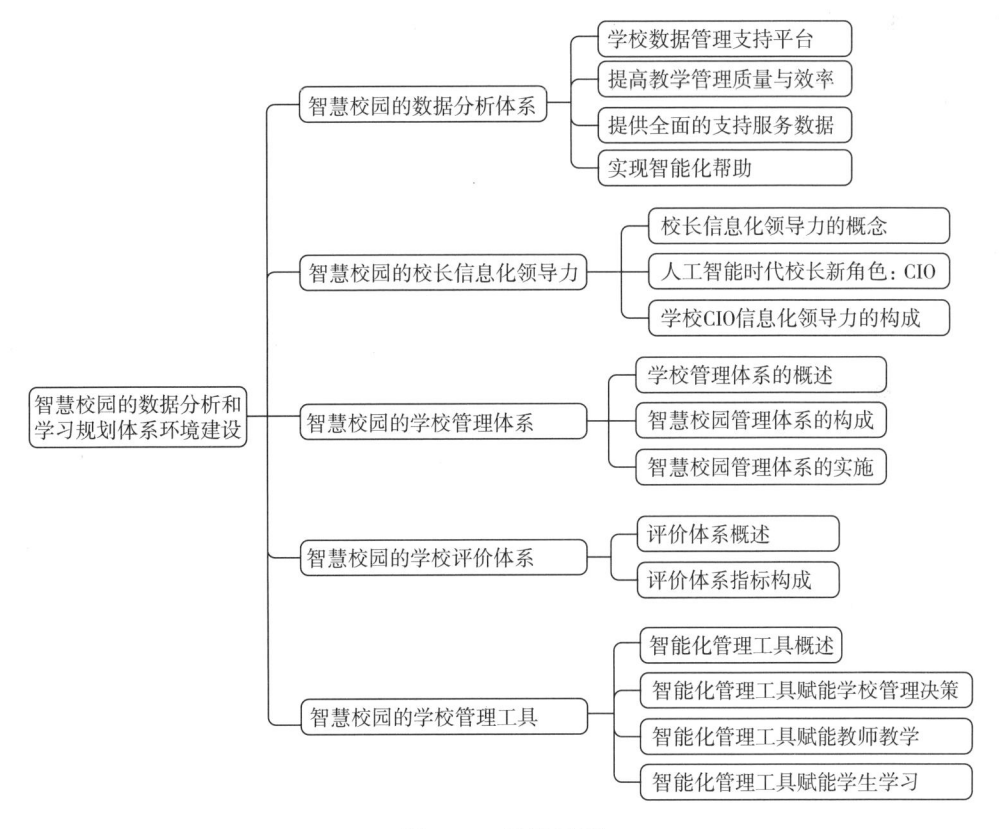

图2-2　思维导图

自主活动：分析数据分析和学习规划体系环境的构成有哪些

请学习者在学习完本章内容后，进行自我反思，并记录个人学习心得。

· 027 ·

小组活动：智慧校园的数据分析和学校规划体系环境如何建设

请学习者围绕本章的学习主题进行组内交流，并做好小组学习记录。

评价活动：评价本章知识与能力学习水平

一、名词解释

数据分析体系（知识检查点 2-1）

校长信息化领导力（知识检查点 2-2）

二、简述题

1.你理解的数据分析体系是怎样的？请说说你认为它对智慧校园的建设有何促进作用（知识检查点 2-1；能力里程碑 2-1）。

2.你理解的校长信息化领导力是怎样的？请说说你认为它对智慧校园的建设有何促进作用（知识检查点 2-2；能力里程碑 2-1）。

三、实践项目

根据你所在学校的智慧校园建设情况，梳理学校在数据分析体系、校长信息化领导力、学校管理体系、评价体系和管理工具等方面的优势和不足，并设计改进方案（知识检查点 2-1、2-2；能力里程碑 2-1、2-2）。

第三章 学校数据分析和教学决策的教育应用

本章学习目标

在本章的学习中，要努力达到如下目标：
- 了解什么是数据驱动的教学（知识检查点3-1）。
- 了解什么是数据驱动的教学决策（知识检查点3-2）。
- 熟悉学校数据分析为教学决策带来的变革（能力里程碑3-1）。
- 掌握应用学校数据分析优化教学决策的方法（能力里程碑3-2）。
- 掌握应用学校数据分析了解学情的方法（能力里程碑3-3）。

本章核心问题

学校数据驱动下，教学和教学决策发生了哪些改变？如何应用学校数据分析优化教学决策？如何应用学校数据分析了解学情？

本章内容结构

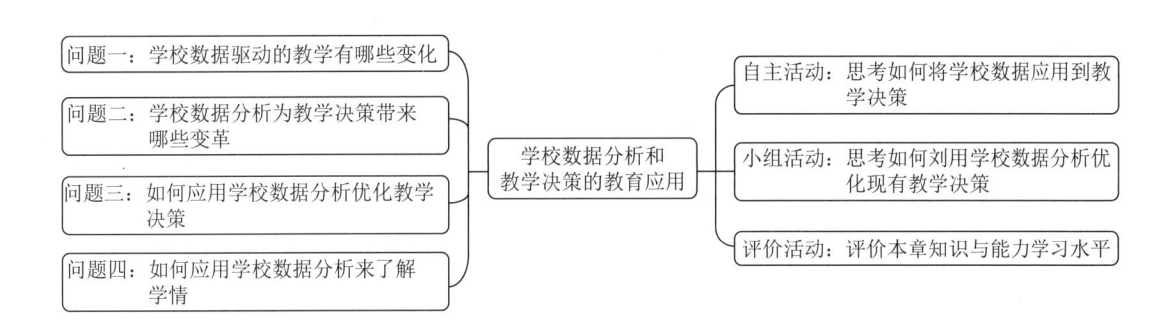

```
问题一：学校数据驱动的教学有哪些变化
问题二：学校数据分析为教学决策带来哪些变革
问题三：如何应用学校数据分析优化教学决策
问题四：如何应用学校数据分析来了解学情
                                        ├── 学校数据分析和教学决策的教育应用 ──┤
                                                                              自主活动：思考如何将学校数据应用到教学决策
                                                                              小组活动：思考如何刘用学校数据分析优化现有教学决策
                                                                              评价活动：评价本章知识与能力学习水平
```

引 言

现代学校教学的形式相较于工业时代的"班级授课制"已有较大改变，学生们可以参与小组学习，平板电脑和智能终端等设备也逐步进入课堂教学当中。但教学模式仍然是标准化的教材、课程、习题，教学评价仍参照统一标准，基于平均值。基于统一标准和平均值实施的教学，会同时损害位于正态分布曲线两侧的学生，会使低于群体进度的学生越学越吃力、成绩越来越差、厌学情绪越来越严重；而高于群体进度的学生学习进度和学习需求得不到满足。

大数据技术使传统教学模式和方法发生了巨大改变，基于大数据的教学是通过全程收集学生学习的动态和静态大数据，并对学习规律进行科学分析，为教学提供科学的数据参考依据，从而提高教学有效性和教学质量。这样，一方面可以使学生学习更为有效，实现个性化学习；另一方面有助于教师精准定位每个学生和每个学习群体的学情，从而优化教学设计，调整教学进度，最终实现"先学后教、以学定教"的新型教学模式。

问题一：学校数据驱动的教学有哪些变化？

一、教师教学模式的变化

1. 基于数据的个性化教学

教育的意义在于引导，让学生学习合适的内容，让教师教授学生不会的内容。进入教学场景，通过对课前、课中、课后的教学全场景数据的有效采集，大量真实、完整、有效的数据得以留存与传递，利用人工智能、大数据技术对数据样本的分析，教师随时评估一个学生对某一个知识点的掌握情况，再对学生的学习情境进行科学分析，了解学生特征并组织优质和适配的内容。这样，通过分析学生在学习过程中表现出的个别及共性问题，调整教学策略和方法。这样的个性化教学可以为所有师生进行千人千面的用户画像，满足师生的个性化需求，实现教学资源的精准推送。

进入智能时代，教师教学真正从用经验教学转向用数据教学，教学不再完全依靠教师。人机协同课堂的涌现使教师的工作发生了一定的转变，传道授业解惑任务中的重复性劳动和数据分析工作基本上可以由机器支持。教师真正成为学生"灵魂的工程师"，成为学生学习的陪伴者、动力的激发者、情感的呵护者。

2. 教师从以"教"为主变为以"育"为主

传统教学过程中，教师立足于教材内容做教研，研究的问题不外乎知识怎么传授，依赖经验胜过于内在学情，长期形成以"教"为主的局面，教学过程往往重在传授过程，学生的个性化需求难以得到重视。伴随着大数据的助力，现在的学生可以通过信息化手段发现自身薄弱点，通过智能推送或自动搜索寻找合适的方法进行短板弥补。学生获取知识的途径和方法的多样化，要求教师借助信息化手段开展教学，以适应日益变化的教与学环境。

人工智能时代的教育使师生关系、学校与学生的关系发生根本变化，学生的主体地位、创造性将得到更加充分的表现。因此，教育研究的重心将由以"教"为主向以"育"为主转变，把过去重视研究如何教、如何为教服务的工作重点，转向研究如何让学生学、如何助力学生找到适合自己的学习方法。

因此，学生在学习的过程中，通过实时的数据记录和反馈，学生就能够不断发现自己学习上的优势和劣势，总结反思，继续发扬优势，克服劣势，长此以往，学生便能够正确认识和理解学习的价值，对学习产生浓厚兴趣，良好的学习习惯也就会得以养成，乐学善学、勤于反思的素养得以提升。

二、学生学习方式的变化

1. 基于数据分析的个性化学习过程

如今，我们正在经历一场由大数据、云计算和人工智能等科技引领的变革，学生正逐步从传统学习环境走向智慧学习环境，他们的学习方式也相应发生了改变。智慧课堂可以收录学生课前、课中、课后的全场景学习行为数据，数据通过后台的智能算法进行分析，为学生描绘属于他个人的数据用户画像。系统根据一幅幅画像特征及学生学习轨迹智能、精准地推送适合他的学习资源，如微课、习题、动画或公开课等。这样，在全过程的学习中，学生都可以采用最适合自己的学习资源和方式进行学习，达到事半功倍的效果。

2. 数据分析支持的教学模式下的自主学习

学校数据分析支持的教学模式使教学重心立足于引导学生发现问题、寻找方法、解决问题的基础上，从教师主导向学生主导转变。在这样的形态下，教学可以做到精细化，关注重点将放在如何让学生学会学习、如何引导学生学习和学生能力的培养方面。

课前：发布预习是教师提前了解学生对知识点认识程度的前测。通过预习，学生能从中得到引导，找出自己的知识盲点，尝试对盲点进行自主突破。

课中：在智慧课堂学习中，教师就像节目主持人，逐步引导学生通过前置性学习发现学习上的不足、课上就自身短板提出疑问。同时，教师通过有效提问或其他干预方式，引导学生从宽度和学习深度进行拓展学习。

课后：通过课前学情分析和课上学情数据的反馈，教师根据学生的知识掌握情况，有针对性地布置作业。基于"最近发展区"理论，学生需要完成更高层次要求的作业。在课后，学生仍需自主学习，才能满足作业条件，实现自主学习能力的强化。

三、学校决策过程的变化

教学常规管理是教学工作的重心，是提高教学质量的基本保证。技术支持的教学范式经历了经验模仿、计算辅助和数据驱动三个阶段。随着时代的变革、技术的发展，教学范式逐渐转型，教育的科学性和技术的智能性也逐渐增强，如图3-1所示。

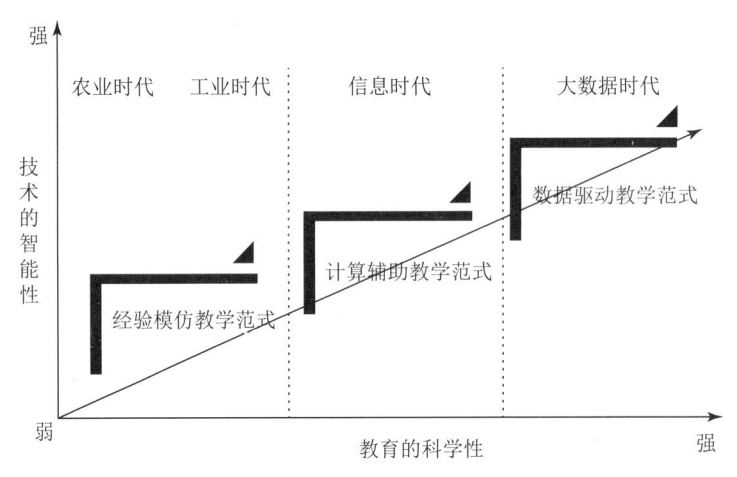

图3-1 技术支持的教学范式发展的三个阶段

经验模仿教学范式及计算辅助教学范式主要依赖于听评课进行课堂分析与管理，进而促进教师调整教学。对学生的学习管理依赖于教师的直接检查、辅导。所以，这两种教学范式的教学管理依赖于人与人之间的经验传递来实现。以"教务处—教研组长（备课组长）—任课教师"为主线的教学管理系统，有一定的成功经验和成果，但与技术支持的系统相比较，也存在一定的不足：作业批改任务繁重，数量与质量无法区分；学生学习方法、过程、情感等目标无法衡量。这些不足之处也对教学提出了"精细化管理"的需求。

1. 基于数据的科学决策

经历了21世纪前10年的信息化基础环境建设，以及最近10年自上而下整体部署推进的"三通两平台"建设，各类教育信息化应用建设已基本成型，教育数据正在逐渐形成，对已经积累产生的数据进行有效挖掘、分析和应用，使得数据驱动的教学范式应运而生。

数据驱动的教学范式、精细化的教学管理需要以管理科学化作为保障。基于数据的科学决策，通过智能决策支持解决管理过程科学化的问题，一方面实现了教学数据的打通、汇聚与交换，形成学生、班级、学校多级数据体系；另一方面实现了校园数据的分析与加工,并创建校园数据库,创建分析、度量、诊断、预测等各类模型,生成可视化分析图,从而为学习效果分析与评价和过程控制与激励提供依据,最终为学校管理者提供基于数据与模型的教学决策建议,真正实现了数据驱动的管理过程的科学化。

2. 教育质量动态监测

教与学的问题往往是在过程中产生的,难以有效采集到学生的学习、作业等过程的数据,教育质量监测通常是阶段性的测评。大数据技术的智慧教育应用,动态收集教与学的动态过程数据,为教育管理者提供全面、客观的教育问题分析,全面掌握和跟踪学生学习过程数据和教师教学过程数据,收集的数据是多种多样的细粒度数据。教育管理者能够通过可视化的数据全面监测和分析区域和学校课堂教学数据、课后自主学习数据、历次考试和测评等数据,为教育决策提供科学化、可量化的数据依据。

问题二:学校数据分析为教学决策带来哪些变革?

传统的教学决策主要依赖于以往教学经验和偏好,而不依赖于数据;教研目标主要是以教材内容为中心的分析、讲解、操作,而没有把使用教材的人作为中心。在智慧课堂中,教学和学习场景受到教育大数据的支持,教师可以通过数据分析调整教学决策。当学生的学习活动发生在大数据环境中时,教师将能够获取到过去无法收集的课内课外学习数据,并能够将数据重新整合,海量数据的多维度与精准性,让教师教研活动更具有针对性,辅导更具有时效性,教学更注重学生个体,从而促进教学的改善。

一、学校大数据平台赋能教学流程

作为一种资源,伴随着数据交换共享和数据服务应用的技术发展,不断积淀的数据开始逐渐发挥它的价值,对经济发展、社会治理、人民生活、教育都产生了重大影响。教育大数据是大数据的一个子集,特指教育领域的大数据,是整个教育活动过程中所产生的以及根据教育需要采集到的、一切用于教育发展并可创造巨大潜在价值的数据集合。基于学校大数据平台的教学应用模型可以包括:数据收集、数据挖掘与分析、预测、数据可视化反馈、评价分析,如图 3-2 所示。

1. 数据收集

学生的数据收集主要有三方面来源,一是对学生校内学习活动的数据及课外产生的数据,校内学习数据为学生在课堂上的表现及学习成绩的评定等,课外数据主要为学生通过互联网等形式学习的数据;二是与学生学习无直接关联的个人倾向数据,如兴趣爱好、情感等方面的数据;三是学生与家长、教师及同伴等的交流数据。

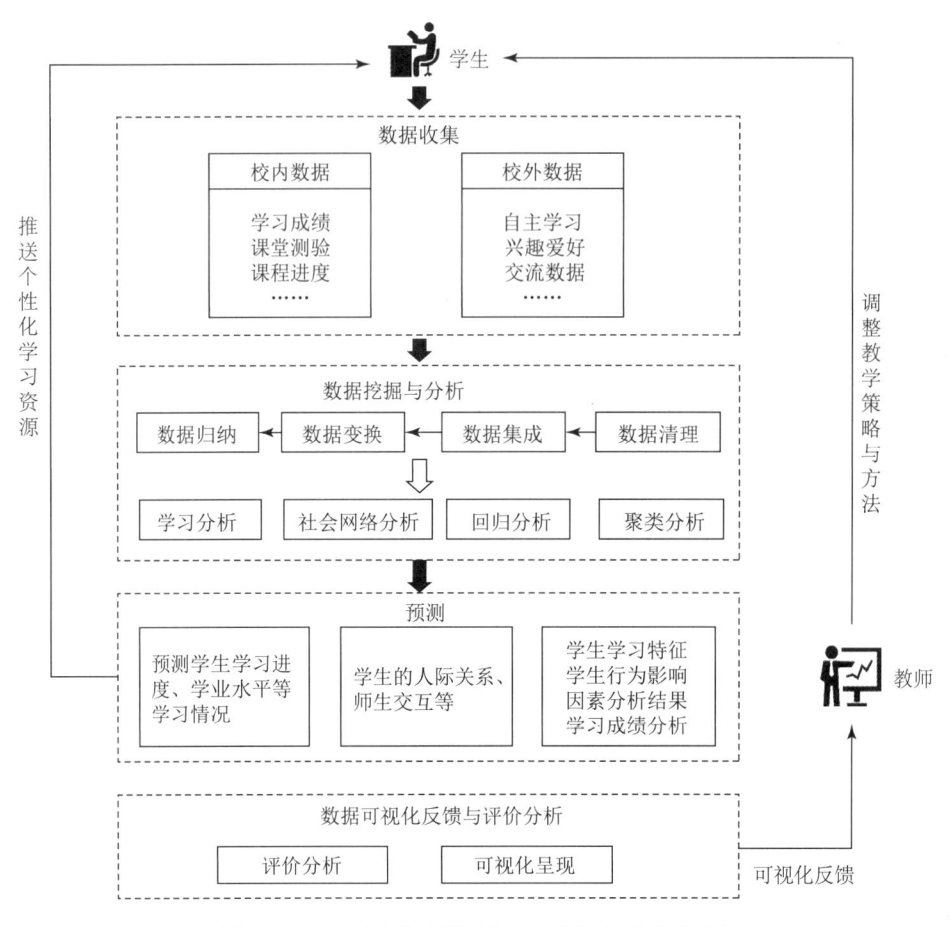

图 3-2　基于学校大数据平台的教学应用模型

2. 数据挖掘与分析

数据挖掘是将数据价值化的过程，即将原始数据转化为有用信息的过程。学习分析是依据采集到的数据，分析、预测学生未来表现并发现潜在的教育、心理及安全等问题以便进行适应性干预的技术。在学习分析过程中，学习干预作为与教学过程直接关联的部分，是改善、提升学习成效的关键。

3. 预测

通过大数据，我们能够对人们的整体学习状况和个体的知识掌握情况产生独到的见解。我们对"学习的学习"可以说只是一种"可能性"。我们可以基于高度的可能性，对个体为提高其学业成绩需要实施的行为做出预测。比如选择最有效的教材、教学风格和反馈机制。

4. 数据可视化反馈与评价分析

数据可视化旨在借助于图形化手段，清晰、有效地传达与沟通信息。利用可视化工具

（如智能终端、云平台、系统等）能够清晰地把学生学习情况和行为反馈给教师和管理者，教师通过可视化的数据对学生的各种行为进行评价与分析，比如学生的学习效果能否达到预期的目标等，从而及时调整教学策略以及教学方法。

可以看出，学校大数据平台支持的教学流程有其动态性，教学步调与内容可以随着数据的收集、分析和反馈不断地进行调整。基于大数据和人工智能的教育应用，能够精准分析学生学习的薄弱环节，并快速为学生智能推送最佳适配的各类学习资源和学习任务，让学生知道学什么、怎么学并愿意学，帮助每个学生根据自身的特性选择不同的学习路径抵达学习终点，实现个性化学习；同时，可以支持教师对学生进行精准分析，让所有学生能够高效获取所需的资源和服务。

二、学校数据分析支持教师决策

1. 教学从关注学生整体到关注学生个体

传统课堂是"班级授课制"，教学方式是"教师讲、学生听"，教学内容是统一和标准化的内容，教学步调更关注班级整体。然而，传统教学很难满足当前学生的个性化需求，尤其是有的学生"吃不饱"，有的学生"吃不了"的两级化需求不能得到个性化满足。

任何一种教学方式的变革都是对时代发展的回应。当前智慧教育环境下，教师要使用数据改善教学方式，让教师的教学真正从以"教"为中心转到以"学"为中心，使个性化、自主学习落到实处，为每个学生创造适合的教育。

大数据通过数据计算与分析，可以发现个体差异，并对知识的传递进行个性化处理，使学生能更好地适应特定的学习环境、偏好和学习能力，从而优化教学。

实际上，在智慧课堂环境中，每个学生的学习活动、过程及知识状态等数据将通过智能应用（如自适应系统、智能终端、智能阅卷系统等）被记录，并生成个人学情报告、个人学习档案和评价体系。教师通过学情分析报告，精准定位学生个性化学习问题与班级的普遍问题，找准学生个性与共性的薄弱点、聚集学生学习的障碍点，发现问题，预测学生表现。在此基础上改进教学策略与方法，进行分层、分类教学，提升教师在课堂教学中解决学生学习问题的针对性与教学有效性。

2. 教研从依靠个人力量到依靠群体力量

过去开展教研工作往往基于个体的经验，基于对教学工作经验性的总结分析，在一定程度上已经影响了教研工作的整体水平。在智能时代，教育工作者要成为"数据脱盲者"，需要知道如何通过数据来追踪学生的学习进度。同时教师需要建立学习共同体，促进教师学习，帮助教师从教中学，从学中教，借此不断自我完善。

学习共同体是"以学习为目标，学习者基于一定的学习任务，在学习过程中彼此沟通交流，分享各种学习资源，形成了相互影响、相互促进的人际关系。"基于大数据的学习共同体，使及时的跨校际、跨区域教研活动成为可能，极大地提升了教师学习、交流、研究的便利性。

（1）本校数据分析支持的教研

在本校，教研组成员的使用数据是公开的，数据覆盖全年级学生学业数据、课程教学计划、教学大纲以及校本资源数据。依据学校教学数据的收集、整理和分析，能有效确立教研主题，让研究直指现实问题的解决。

基于大数据的整体学情分析，从学习主体、学习方法、学习模式等多维度，体现出年级、班级、学生有效学习的情况、优势、局限性等；明确学生在学习中存在的深层次问题及问题的性质、类型、程度和原因。教研组教师通过对这些数据的分析，最终形成科学、理性的判断，有利于教研组进行团队教学研究，加强对各科教师教学的指导，从而改进、优化、调控教与学，提升教师"教"的针对性。

（2）区域数据分析支持的教研

区域教育大数据应用具有其开放性和共享性，区域教研形成的区域大数据教研分析报告，从知识点难易度分布、教学设计、课堂教学、课例研讨至专家指导等数据极其丰富，为教师自主开发符合本区域特点的教学资源提供数据依据。

区域教育大数据的共享性，具有强大的集聚效应，使优秀的教案、课件以及备课资料等共享至区域成为可能。教师在分享与合作中优势互补，及时发现自己在教育教学中出现的问题，学习到新的教学方法和模式，从而达到学习效率的最大化，提高了自身的素质和教学能力。

问题三：如何应用学校数据分析优化教学决策？

大数据作为一种新的科学管理方法和工具，在教育教学决策方面体现出了前瞻性、科学性、灵活性的特点，在大数据挖掘技术和分析技术充分运用的条件下，深度挖掘和分析教育教学数据信息，促进教育决策向科学化、民主化、智慧化的方向发展。而当前教育决策机制发展面临的困境，主要受制于教学与学习数据无法全过程地采集和分析，那么，如何在当前环境下逐步实现基于数据驱动的教学决策？可以从以下几个方面来进行建设和优化。

一、政策引领、机制创新

大数据的建设要以政策为导向，制定明确的目标，按照政策标准要求，形成与教学相适应的"可感知、可诊断、可分析"的教学环境。区域和学校领导必须将教育信息化作为发展的重要目标，充分认识到数据对教学的重要性。从2009年开始，美国专业教学标准委员会、教师教育认证委员会和教师教育学院联合会等专业组织共同开启了"数据决策项目"，不仅陆续将"数据驱动教学决策"纳入教师资格的认证标准中，而且开发了一系列测量工具用以评价教师的具体表现。截至目前，美国各州均已积极参与到这一改革浪潮中，兴起了"美国数据质量运动"。当然，正如美国"数据决策项目"主任、数据驱动教学决策权威曼迪纳契所言："任何改革的持续推进，最好是通过激发相应主体的内在需求，而不是靠外在的认证力量。因此，区域和学校的领导者必须从政策引领以及机制创新方面来推进区域数据驱动教学的决策。

1. 政策指导

政府把大数据建设及相关的智慧教育建设作为当地教育发展的一项既定政策，教育局、电教馆关于区域数据建设需要有指导性红头文件，以国家建设标准为依据，落实本地建设标准。具体到建设规划、建设标准，具有可执行性。

2. 组织保障

成立专门的办公室并确立带头人组织的推进大数据的建设，有明确的组织架构和明确的责任人；针对学校有响应衔接的组织架构，组织架构下沉到年级、教研组。

3. 资金保障

基础环境：基础环境升级或改造以及基础设备的配备是大数据建设的基础，因此政府能够支持基础环境升级或改造以及基础设备的配备。

教研经费：为了保障基于数据驱动的教学决策的顺利推进，教师教研活动必不可少，因此相配套的教研活动需有专项经费保障，并由专项小组来组织推进。

4. 制度保障

制定基于大数据教学的绩效考核、评优评先，应涉及各个层级的角色，如教育局对校长的考核、教育局对教师的职称评审、学校对教师的评优评先、学校对教师的日常教学管理与评价等。

二、提升教师及决策者的数据素养

利用大数据改善教育教学决策的关键在于提升教师、教育管理者的数据素养，树立数据驱动决策的管理意识，掌握必要的数据处理技能，摆脱对旧有决策习惯的路径依赖。数据素养是指教育决策者能够在复杂的情境中定位数据，使用相应的工具对数据进行分析和表征，并能解释和评估数据分析结果，进而对具体情境进行说理的能力。数据素养区别于信息素养，但其是信息素养的重要组成部分，是大数据环境下教育决策者应该具备的核心素养之一。数据素养由数据意识、数据能力和数据伦理三部分构成。

1. 数据素养

数据素养是大数据时代公民的基本素养，公民必须重视数据的价值、善用数据。教师、教育管理者的数据意识指的是对自己教育教学工作中接触到的与教学相关的数据有敏锐的嗅觉，能够使用这些数据指导自己的教育教学工作，从而进行科学决策，在教与学的互动过程中能够使用数据对学生进行针对性的教学，实现因材施教。

2. 数据能力

数据能力包括数据定位能力、数据分析与解读能力、数据反思与决策能力。

数据定位能力是指教师及教育管理者能够利用必要的数据采集工具，能够采集和定位到教学和管理决策中所需要的相关数据。数据分析与解读能力是指教师及教育管理者能够对收集和系统分析后的教学数据进行甄别，哪些数据可以有效地指导教学与决策，哪些数据是可以剔除的无效数据等，同时能够理解这些数据背后的意义和作用。数据反思与决策能力是指教师及教育管理者能够利用已经甄别后的数据指导自己的教学和管理工作，教师能尽快调整自己的教学策略以满足学生的个性化需求，并为学生开发个性化、针对性的课程，教育管理者能根据数据快速地进行决策，做出准确判断。

3. 数据伦理

大数据时代的数据往往是在海量数据中分析挖掘数据的相关性，对教学和管理能够起到指导性作用，但是信息和数据的安全问题也值得人们注意，教师必须重视数据安全，保护用户隐私，提高数据使用的伦理道德。

在当前教育大数据的环境下，教师和教育管理者应及时通过参与数据应用相关的校内外培训、网络课程、学术论坛等方式提高自身的数据素养，能够使用和善用数据来指导自己的工作，让数据素养成为当前大数据、云计算时代下的教师和教育管理者必备专业能力。

三、构建数据支持系统

当前，大部分教育系统的信息化基础服务设施存在着数据兼容性差、数据质量参差不齐、智能化水平低等问题，难以满足大数据环境下对教育管理信息系统的性能要求。因此，迫切需要升级改造教育信息化综合服务设施，科学规划与合理选择教育管理决策的方法和途径。

首先，要在已有建设成果的基础上，对传统的教育信息管理设施进行升级改造，构建教育科学决策支持服务系统。

人工智能时代，智慧教育发展的核心竞争力是教学全场景数据的有效采集与反馈。有效的教学数据不是某个教学环节中产生的数据，而是包括智慧教育内部子系统之间、软硬件设备之间、学校与学校之间、区域与区域之间互联互通的教学数据。但是在真正的学校教学中，一些硬件设备的各个子系统之间都未能实现数据传递，在线备课系统、作业系统、教学评价系统都是来自不同企业的产品集成。这就导致在教学中产生的数据是结构性极差的零散数据，难以实现关联、产生价值，阻断了教学智慧生成的路径。我们必须打通教学全场景，让教育数据基于统一的标准在同一个智慧教育平台上互联互通，实现数据的有效传递。显然内容、应用、平台一体化的教学设备是实现教学数据有效留存、传递的关键，也是促进技术赋能于教育的关键。

其次，各区域、学校在推进教育信息化的进程中要顺应智慧教育建设的发展潮流，广泛部署校园物联网基础设施，如智慧教育云平台、教学专用智能终端、学习专用智能终端、基于物联网的网络设备等智能设备，为教育大数据的收集提供基础条件，建成智能化、数据化的区域和校园一体化的综合管理服务系统。

四、消除数据孤岛

数据的标准化、规范化是保证各教育部门数据资源共享，实现大数据驱动教师教学决策的前提条件。然而，由于各级部门信息管理系统的条块分割缺乏业务协调和数据资源共享机制，形成科层制模式下的数据孤岛，难以促成教育数据的共享与融合。针对目前数据采集困难、缺乏统一规划的现状，学校、区域应该统一"一盘棋"，应由区域教育主管部门的统筹领导下建设数据支持系统，建设时需要选择云端和教学、学习终端一体化的平台，建立统一的数据管理服务平台，实现数据的规范化、模块化，为建立数据共享机制提供平台支撑，这样方可实现数据在各个教育部门之间的平滑传递，为教学决策提供全方位的数据支持。

问题四：如何应用学校数据分析来了解学情？

教育大数据平台支撑的教学模式下，教学过程数据无处不在，如课前的预习数据，课上的学习数据、做题数据、考试的测试数据、课后的作业数据、作业的作答时间、作答的正确率等。对于这些有价值的鲜活数据，使用传统的方式无法将其进行整合、处理，要想发挥数据的价值，需要各种类型的数据分析与决策工具的支持。

一、个体学习报告数据分析

1. 个体学习报告数据分析的应用

个体学习报告是基于学习者个体大数据的学习分析应用。个体学习报告应用通过采集学生课前、课中、课后的全场景学习数据，对学生各个学科的学习情况进行深入的综合分析，为学生提供综合的学习报告。学生通过个人学习报告的数据，可以清楚地看到自己掌握了哪些知识点，哪些知识点是易错的，易错题的症结在哪儿，然后有的放矢，攻克难点。

2. 个体学习报告数据分析的价值

传统的教学方式以及工具无法快速、便捷地找到学生学习的薄弱点，重复性的学习、题海战术成为常态，但并没有解决学生的根本问题。如何找到问题所在成为关键。在智慧课堂的环境中，个体学习报告应用扮演的正是一个医生的角色，通过"望闻问切"，以及深入的数据分析，帮助教师、学生、家长发现学生学习中的问题，并对症下药。这使得整个教学方案的制定有了数据的依据，教学策略的制定更加科学、更加有效。

个体学习报告应用展现的学习数据是学生真实学习情况的反映，可以精确地记录学生的整个学习轨迹，清晰地反映出学生在每个知识点上面的学习记录，学生能够快速地知道知识点的学习情况。个体学习报告应用展现的学习数据可以反映出学生不会的知识点有哪些，每个知识点的掌握层级，对应每一个知识点的症结是什么，需要如何去调整。

举例来说，我们通过个体学习报告应用可以看出某同学数学学科的整体学习掌握得非常好，除三角函数之外的其他知识点都掌握得很好，不仅做题少，正确率还能达到100%，所以这些知识点相关的习题，完全可以不做。相反地，在三角函数这个知识点上，做题量很大，却没有较高的正确率。当教师与学生交流时，可以发现该学生只能笼统地总结成没有掌握知识点。深入数据分析并研究后，发现该学生不是没有掌握三角函数，而是计算出错，在所有题目上发生的都是这个问题。针对计算问题，数学老师有针对性地教了该同学运算技巧，很快该同学的做题正确率有了明显提高。

二、整体学习报告数据分析

1. 整体学习报告数据分析的应用

整体学习报告数据分析的是群体学习者的大数据，针对大量的学生在学习过程中产生的数据，将易错点、难点、热点等数据挖掘出来，并以标签化、模型化、可视化的形式呈现出来。根据整体学习报告数据分析呈现的数据，教师将易错知识点有针对性地推送给学生个体，提高学生的学习效率。

2. 整体学习报告数据分析的价值

整体学习报告数据反映的是大部分人的特征，相对个体数据，它更关注的是共性。通过对大量数据的分析和挖掘，找到普遍存在的现象和规律。整体学习报告可以反映大部分学生在某个知识点学习过程中存在的问题。

整体学习报告通过对群体学习数据的分析和总结为学生个体的学习提供参考和依据。为学生个体学习重难点的选择、学习方法的选择、学习策略的制定提供了数据依据。整体学习报告使学生可以借鉴其他学生的学习经验，根据自己的实际情况调整学习策略；使教师在备课时，对难点、重点的把握有了数据依据，也更加科学、合理。

三、家校互动数据分析

1. 家长获得更详细的学情

传统的模式下，家长对于孩子学情的关注很局限，对于孩子学情的了解大多数只是局限于哪个学科不好，对于孩子具体到每个学科下的知识点，掌握得如何，难点、不会的知识点是哪些，这些知识点存在什么样的问题，该如何去学习，解决存在的知识短板。针对这些问题，家长往往一头雾水，学情了解不足，导致做学习规划时也抓不住问题的核心，家长也只能干着急。智慧课堂的环境下，家长了解孩子学情的途径发生了巨大变化，家长对于孩子学情的了解也更加直接、精准。学情报告为家长提供了基于每个知识点的各个学科的学习情况，知识点的掌握层级，应该选择什么样的学习方案去学习。

2. 基于学情数据的家校沟通

家长通过手机就可以快速获取详细的学情数据，学情获取十分便利，让家长真正走近了学校，走近了教师，缩短了家校之间的距离，形成了家校的合力，提升了家校沟通效率。同时提升了学校教育的实效性，为架起家校之间沟通的桥梁打下了坚实的基础。家长才能够真正给孩子在学校的教育助力，真正实现家校共育。

家长端应用支持作业拍照扫描，可对作业扫描后进行智能批改，提供孩子的作业数据报告，同时批改结果也会及时地反馈给教师，为教师的备课提供数据依据。家长还可以查看孩子各个学科的学习日报，了解孩子最近的学习状况，发现问题，可以和班主任老师及时沟通，尽早解决问题。

案例分析

河北省遵化市第一中学

始建于1902年的遵化一中是一所百年老校，她如一棵参天大树，承载着一代又一代人的梦想，培育了一代又一代的学子。走进遵化一中，你会惊叹于她的百年文化积淀、厚重人文底蕴、浓厚学术氛围；你会感慨于遵化一中人的上下一心，精诚团结，她的各项工作均取得了显著的成绩。

近年来，遵化一中开始不断完善教育信息化基本设施，通过不断地研发与探究，形成了符合智慧教育理念的"智慧教学""智慧备课""智慧办公"模式，成为了真正意义上的智慧学校。回首2008年，对于不少人来说，他们正在经历着经济上前所未有的困难，而对于遵化一中来说也遭遇着学校发展方向上的种种问题与压力。因为科技在高速发展，信息化概念被提出，高考制度已改革，而遵化一中却依旧停留在传统教育阶段，课堂以灌输式和题海战术为主，面临着学生在学习过程中自主意识不强，教师在教学过程中对学生学习情况掌握不足等各种问题。那么，遵化一中究竟如何才能转型从而适应"新高考"？如何突破发展瓶颈？如何走出发展困境？如何重现昔日辉煌？

所以，要想重新担当教育的引领者，遵化一中就必须改变传统的办学模式，以信息化、智能化带动学校教育的现代化，通过大数据分析和动态评价，使全校师生可以充分利用优质的教育资源，实现教育的现代化和管理决策的智慧化，从而解决生源大量流失的问题。因此，在不断地探索与尝试中，遵化一中引入了智慧课堂，全力打造"智慧化校园，信息化建设"，设立以智慧课堂为主导的智慧教学研究团队，摸索适合高中的教学模式，将智慧课堂的功能与学科课堂教学完美融合。与此同时，开展新教师汇报课、优秀教师引路课，全面提升教师智慧教学的整体水平和素养，培训教师使用AI平台。更为了不断拓展学生的视野，通过各类大赛提升学生的学习兴趣。

在实践中，遵化一中发现智慧课堂一方面可以让教师从传统、机械的工作中解放出来，留有更多的精力研究"教与学"；并从依赖于经验进行教学，转变为对海量教学案例和行为的数据分析，精准定位学生学习的薄弱点，进而及时调整教学策略，给予差异化的教学辅导。另一方面，智慧课堂也让学生脱离"填鸭式"教育，逐步提高自主学习能力。课堂主体从教师转变为学生，教师借助多媒体使得教学变得更加生动、直观，学生也更活跃地参与其中。另外，学生的学习也不再受时间和地点的限制，即使是放假期间，学生在家里只要动动手指，依然可以做题，还能随时与教师进行互动，获得自己想要的知识。

遵化一中纪莉莉老师从未来十年时代变革以及新时代学习渠道改变着眼分析，结合智慧教育平台、特点提出"做走心的智慧教育"观点。她所采用的导学、独学、互学、助学、引学、解学、评学、督学八学教学法，实现了教学精准定位，她的课堂给学生以最大的平等和尊重。纪老师利用新的教学媒介和手段实现了她一直秉承的教育理念：有教无类，因材施教。

在纪老师的带动下成立了智慧课堂研究中心，为学校建设做出了很大的贡献。她说"任何一种好的教学工具、教学手段，教师会用、想用、喜欢用，就是评价其成功与否的唯一标准。"由于教师们没有明确的操作指导，与教学衔接还不是很熟练，因此个别人有畏难情绪，这也是正常的。为了解决这一问题，她以智慧课堂研究中心为依托，准备成立智慧课堂名师工作室，通过工作室的辐射和引领实现学校内部和联盟校的共建和发展。为更多的学生提供最先进的教学手段支持下的智慧课堂教学，让每一个学生都能享受到平等的教育资源，让每一个学生的个性化差异都能得到应有的尊重，让每一个学生都能享受到成功给他们带来的喜悦，让每一个学生都变得自信满满、乐观向上，彰显智慧教育真正的魅力。

纪老师的教学有四个环节：第一，推送任务清单；第二，小组合作；第三，教师精讲；第四，评价检测。首先就是推送任务清单，根据以往的教学经验，对学生的重难点进行一次预设。根据数据分析的学情，预设两个难点；然后，给学生推送两个微课，一个是自己录制的微课，一个是在网上找的微课。接着，给学生推送任务清单，不是"你要补哪儿，你要看第几页，你要怎么样"的那种，而是加工的习题，以选择题的形式展现。例如，一节课有10个知识点，纪老师会排列这10个知识，然后出1个多选题，学生没有掌握哪个知识点，就点击哪个知识点。这样一看就能知道，哪个知识点有50个学生不会？哪个知识点有6个学生不会？这些人都是谁？在智慧课堂中，这个测验一直都有。针对预设的知识点和学生的自学情况，推送几个习题，在习题中，学生会暴露某些问题，再加上他们反馈的信息，根据这些信息进行二次备课。即使她已经准备好有些知识点的ppt及视频，但通过测验，纪老师发现学生已经掌握了这些知识点，那这些知识点她就不会重点讲，努力让学生在基础知识上达成共识，得出一个更加准确的结论；然而，对于重难点，她依旧会着重讲解。

一般来说，第二天就要上课，学生前一天晚上八九点钟才反馈信息给纪老师，纪老师要专心准备ppt，还要重新选题，重点准备学生提出来的问题，取代了以往从教师的角度出发，单方面认定学习难点的模式。这样一来，很好地让她从无意义的重复劳动中解放出来，将更多的时间精力放在对学生有意义的工作上。虽然一开始，这样的备课过程对于纪老师来说是痛苦的，她需要花更多的时间和精力，但的确对学生、对教师来说都是非常有意义的！日积月累下来，通过平台上孩子反馈的学情结合自己的教学经验，纪老师也能更好地把控备课方向，最大化提高工作效率。据学生的学情，一个学科当中，学生做出来的题可能还会有问题，那么在课后，教师会督促学生的学习，给学生推送作业。

上述各个环节都渗透着一位教师对智慧教育的理解。纪老师说："我们应该做走心的智慧教育，落地的智慧教育，它是可操作的，不是在自己的想法中随意构建的，或者说个人想法中的很多问题，并不是学生真正存在的。"校长赵金波表示："人工智能和大数据带来的改变是学校教育的主体从教师转变为学生，实现了智慧教育。遵化一中开启智慧课堂，就是希望借助技术使教学变得更加生动、直观，并诱发学生的情感活动，使他们更活跃地参与其中。"

本章内容小结

本章我们学习了学校数据驱动的教学在教师教学模式、学生学习方式、学校决策过程等方面的变化，了解到学校数据分析在教学决策领域的变革，不仅为学校大数据平台赋能教学流程，还能够支持教师决策（知识检查点3-1、3-2）。其次，我们学习了如何应用学校数据分析优化教学决策，了解了学校数据分析对政策、教师和决策者的数据素养、构建数据支持系统和消除数据孤岛的作用（能力里程碑3-1、3-2）。我们还学习了如何应用学校数据分析了解学情，学习了个体学习报告、整体学习报告、家校互动数据等数据分析方法（能力里程碑3-3）。最后，我们学习了河北省遵化市第一中学的案例，学习该校智慧教理念下的数据分析的实际应用，在解放教师和学生的同时，探索新教法，实现了教学精准定位。

本章内容的思维导图如图3-3所示。

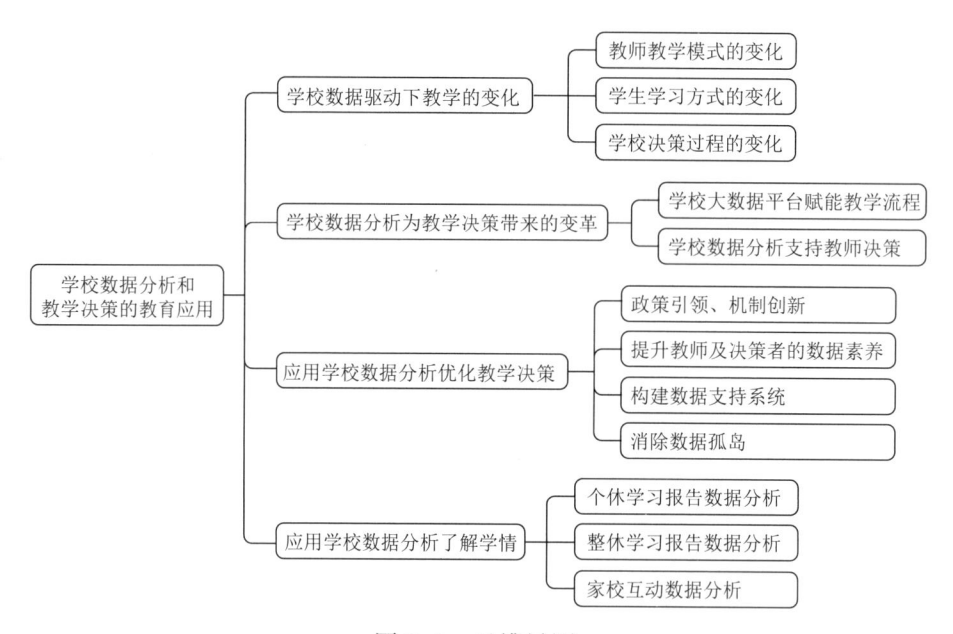

图 3-3　思维导图

自主活动：思考如何将学校数据应用到教学决策

请学习者在学习完本章内容后，进行自我反思，并记录个人学习心得。

小组活动：思考如何利用学校数据分析优化现有教学决策

请学习者围绕本章的学习主题进行组内交流，并做好小组学习记录。

评价活动：评价本章知识与能力学习水平

一、名词解释

数据驱动的教学（知识检查点3-1）

数据驱动的教学决策（知识检查点3-2）

二、简述题

1. 你觉得学校数据对教学有何帮助？请说一说你理解的数据驱动的教学（知识检查点3-1）。

2. 你理解的教学决策的依据是什么？请说一说你对数据驱动的教学决策的理解（知识检查点3-2）。

3. 请反思你在做教学决策时，决策路径是否与数据驱动的教学决策类似，你准备如何改进教学决策（能力里程碑3-1，能力里程碑3-2）？

4. 结合你所在学校的现状，思考如何利用数据分析了解本校学情（能力里程碑3-3）。

三、实践项目

选择当前学校教学决策中的一个问题，按照学校数据驱动教学决策的价值理念，规划学校教学决策的实施方案（知识检查点3-1、3-2；能力里程碑3-1、3-2）。

第四章　学校数据分析和学习规划的应用

本章学习目标

在本章的学习中，需要达到如下目标：
- ◆ 了解数字化环境下的最近发展区理论（知识检查点 4-1）。
- ◆ 了解大数据时代学生信息素养培养的重要性（知识检查点 4-2）。
- ◆ 掌握大数据环境下学生学习方式所发生的转变（能力里程碑 4-1）。
- ◆ 掌握智慧双师给学生提供的个性化学习方法（能力里程碑 4-2）。
- ◆ 掌握通过移动终端支持学校数据分析和双师课堂的方法（能力里程碑 4-3）。

本章核心问题

如何找到学生的最近发展区？智慧双师如何帮助学生解决问题？

本章内容结构

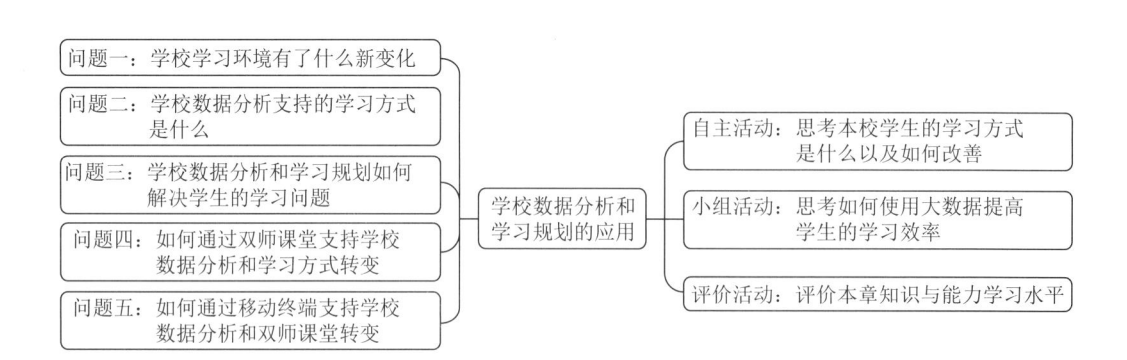

- 问题一：学校学习环境有了什么新变化
- 问题二：学校数据分析支持的学习方式是什么
- 问题三：学校数据分析和学习规划如何解决学生的学习问题
- 问题四：如何通过双师课堂支持学校数据分析和学习方式转变
- 问题五：如何通过移动终端支持学校数据分析和双师课堂转变

→ 学校数据分析和学习规划的应用

- 自主活动：思考本校学生的学习方式是什么以及如何改善
- 小组活动：思考如何使用大数据提高学生的学习效率
- 评价活动：评价本章知识与能力学习水平

引言

纵观历史，结绳记事、图符、简牍等有形化的记录方式承载了人类文明发展的历史，从口耳相传到文字记录，使得人类文明得以流传。

随着人类文明的不断发展，出现了纸张，书籍逐渐成为了承载知识的主要方式。然而，当人们进入以知识为核心的时代，纸质化的内容已经无法满足知识内容的快速生产及部署的需求。在20世纪四五十年代后，人类社会进入第三次科技革命，随着计算机应用的发展，信息产业逐渐兴起，数字化内容相较于纸质书籍也被更多的人所接受。

2011年，亚马逊宣称，本年度每售出100本纸质书的同时，有105本电子书售出。据花旗分析师Mark Mahaney当时的预估，2012年电子书销量将超过纸质书的10%，在此之前，亚马逊已经销售了15年纸质书，电子书则仅仅用了4年时间便有了如此快速的增长，数字化内容相比传统的有形化内容有着不可比拟的优势。

然而，随着互联网时代的不断发展，知识与信息成指数增长，人们很难快速地从海量信息中找到自己需要的内容。当前鱼龙混杂的数字内容越来越难以满足用户对高质量知识的需求。

随着人工智能技术的发展，通过对信息的进一步分化，以颗粒化、标签化、结构化为主要特征的数字化内容能够被人们更好地利用起来，信息检索的理念也从人们主动搜索内容转变为尝试让机器理解人。如何运用大数据，让数字化的学习内容促进学生学习，也成为了一个越来越备受关注的问题。

问题一：学校学习环境有了什么新变化？

一、数字化环境下的最近发展区理论

最近发展区理论是苏联教育家维果茨基提出的，所谓最近发展区，是指一个学生现有的学业发展水平和他通过接受教学之后所能达到的更高的发展水平之间存在的差距，这个差距区域叫作最近发展区。

那么，学生的最近发展区该如何评估，又如何根据最近发展区帮助学生学习呢？针对这些问题，亚利桑那大学和布朗大学的研究者通过数学模型推论，结合神经网络算法得出了"最优学习的85%规则"。研究者在推导过程中，首先用了一个比较简单的数学模型做理论推导，又用了一个AI神经网络学习算法和一个模拟生物大脑的神经网络模型做模拟实验，得出一个精确解：15.87%。也就是说，当你在做任何一种训练的时候，如果有85%左右的内容是熟悉的，15%左右的内容是陌生的、新鲜的，那么这个时候你就很容易调动大脑所有的资源去思考那15%的陌生内容，从而高效地掌握新的知识。

遵循85%规则，如，学生在学习英语时，一般情况下，85%是他所熟悉的内容，15%是陌生的，这样才能让学生充满兴趣，继续学习下去。所以，千万不要在学生基本词汇还未达标、基本语法还未掌握的情况下，强制学生去学习更难的内容，这样会让学生对英语的学习失去信心。不只是英语学科，其他学科也同样不能在学生没有完全掌握的情况下，反复让其进行高强度练习。

传统的教学中，教学中很难实现"最优学习85%规则"，因为教师很难详尽地了解每个学生每个阶段的掌握程度，因此，做到因人而异的教学也比较困难。在当前大数据的广泛应用下，通过分析学生产生的数据，能帮助教师找到学生的最近发展区，进而进行有针对性的教学。

二、国际化的信息素养能力

21世纪伊始，除了传统认知中的能力培养，信息素养也成为这个时代下应具备的基本能力之一，为了让大数据更充分地发挥作用，信息素养的培养至关重要。2002年，美国成立了非营利组织P21，致力于推动所有的学习者掌握"21世纪核心技能"，其中包括了学习与创新、数字素养、职业和生活技能的培养。2014年，芬兰新课纲正式实施，新课纲包含了7大核心能力的培养，信息素养作为7大核心能力之一被列入其中，其目的是提升学生的实践能力、责任感、信息处理能力、创新能力、合作和社交能力。

在芬兰赫尔辛基市政府有一项合作学习项目，就是让学生通过参与地方机构的日常工作，增加与地方伙伴的合作，进而获得经验，实现包括信息素养在内的核心素养的发展。同时，该项目也在调查如何更合理地使用电子设备来促进学习。在项目中，学生掌握了设备的使用方法及信息的处理能力，同时必要的合作和沟通能力也得到了锻炼。

在世界范围内，各国开始重视信息素养的培养，体现了世界各国对学生信息处理能力以及数字化设备的应用能力等能力的重视。

问题二：学校数据分析支持的学习方式是什么？

一、自主学习能力的培养

关于自主学习的定义，这里引用杨治良在《心理学辞典》一书中的描述：学生在教师的指导下，根据自己的学习能力及学习任务要求，即将自己视为学习活动的主体，又将自己视为学习活动的客体，有意识地调节、控制正在进行的学习活动，主动获取知识与技能。

自主学习能力的培养也是学习习惯的培养。学生不愿自主学习，只是被动地完成教师留下的任务，这一现象普遍存在。如何让学生能够主动学习？在传统的教与学过程中，为了促进学生养成自主学习习惯，教师会要求学生进行预习，希望学生能够有所思考。但是从整体的效果来看，学生也只是把预习当成了自己需要完成的任务去执行。在大数据时代，我们可以使用资源智能推送来帮助学生逐步培养自主学习的习惯。

二、教育大数据支持下的自主学习

不断解决问题的过程就是不断学习的过程，教育大数据提供了多样的智能推送机制，以此支持下的自主学习主要靠引导学生解决当前不会的问题。现在新闻类APP已经成为人们生活的必需品，用户可以及时获取自己想要看的资讯。APP能"投其所好"的根本原因便是采用了智能推送技术。智能推送技术通过对文章和用户打标签的方式，匹配用户喜好的内容，这样的技术同样可以应用在自主学习上。

现实中，很多学生并不清楚自己学习过程中的问题出现在哪里，借助教育大数据的力量，帮助学生发现问题，精准推送当前知识薄弱点，让学生及时获取想要的信息，不仅能提高学生的学习兴趣，还能大大提高其学习效率。而利用大数据来发现学生的问题的前提是有一个能够承载学生数据的终端，为了保证数据的准确性，专属的学习系统尤为重要。借助工具、依托大数据来帮助学生感受去娱乐化、沉浸式的学习体验，帮助学生解决问题，培养学习习惯。

三、案例分析：以一款学习机为基础的学习

通过学校数据分析，可以让每个学生都带有个体特征，这些属性也就构成了学生用户画像的基础部分。当学生打开学习终端，完成在终端上的基本设置，学习终端就对学生数据有了一定的了解。在学习机上，学生登录后，便会看到学习助手。基于学生的基本画像，通过平台大数据算法，学习助手给学生推送学习内容，无论学生是否能够清楚自己薄弱的知识点，学习助手都可以快速定位该学生需要强化学习的知识点。学习助手帮助学生定位问题是为了让学生能够发现自己不会的知识点，而让学生能够进一步学习的关键是他的问题能够被解决。

解决问题还需要学生理解知识点及其应用。换个角度来说，学生在学习某一个知识点后，在做练习时会产生一定的错题，学生往往着眼于订正错题而不是学会知识点。事实上，简单地知道答案、修改结果不能从根本上帮助学生掌握知识点。所以想要彻底掌握知识点，学生需要对知识点进行深入学习，然后练习、巩固。在这个过程中，学习机能够根据学生学习过程中产生的数据进行分析，将适合学生的优质资源及时推送。

在上面的案例中，学生从发现问题到解决问题的过程都是跟着大数据的指引完成的，虽然学生可能不清楚自己哪个知识点有问题，哪个知识点已经掌握，但是数据已经帮助其进行了一定的分析，并帮助学生在学习上产生了一定程度的突破。

问题三：学校数据分析和学习规划如何解决学生的学习问题？

一、学校规划师对学生的指导

1. 学校规划师的定位

学校规划师着眼于辅助学生学习，不仅可以帮助学生发现问题、解决问题，还可以解决学生羞于提问的问题。另外，有一些问题是学生通过自主学习或是大课堂式的学习无法解决的，而规划师在此刻便发挥着非常重要的作用。发现问题，解决问题的过程，就是规划师借助大数据的力量，精准定位学生薄弱知识点，给出学习建议的过程。

2. 学校规划师与学生的沟通方式

现实生活中，很多家长常常碰到的问题就是：孩子不听话、不学习，自己和孩子无法进行交流，让孩子学习也不听，等等。其实，大部分家长都忙于工作与家庭之间，疏于和孩子的沟通，大部分家长会出现"你要做什么""你不能做什么"等说教式的沟通，久而久之，孩子不愿意听从家长的建议，家长不懂得倾听孩子的想法，相互之间的沟通便陷入死循环。

为了解决这个问题，学校规划师可以成为亲子之间、师生之间沟通的桥梁。通过"人机交互"及时掌握学生的具体情况，反馈给家长和教师。"人机交互"主要分为以下四步。

（1）了解学生：建立学生画像，包括学生的兴趣爱好、目标、问题点，与学生建立联系。

（2）理解学生：和家长沟通，传递学生的想法，给家长沟通建议，给家长换位思考的空间。

（3）及时肯定：对学生产生的进步及时给予肯定，并告知家长，提醒家长适时地鼓励学生。

（4）学习建议：引导学生找到自己的学习目标，跟进学生完成相关学习任务。

不论是师生还是亲子之间的沟通，都需要换位思考，理解、引导及鼓励是对于学生和家长而言更为有效、更容易带来正向改变的沟通方式。

二、教师对学生问题的解决

1. 教师的定位

新时代的教育背景要求教师具有较强的专业学科知识，以及对学科知识的整体构建意识，还要具有不断提高知识系统的建构能力及教学能力。

随着互联网技术及大数据的发展，技术打破了传统课堂教学的封闭围墙，把课堂教学带入到一个无限广阔而又全新的领域，时间、空间，甚至连课堂的主体都将是无限的宽泛。

教师可以基于学生的学习数据，快速、精准地定位学生的问题，并通过多元化的服务方式高效解决学生的个性化问题。

2. 教师对学生问题的解决方式

（1）基于数据，发现问题

对于教师来说，一节课上完最想知道的就是有多少学生掌握了本节课的知识，掌握程度又如何。在传统教学中，我们只能通过让学生做练习，抽取个别学生的回答来推测学生知识掌握的情况。对于剩下的大部分学生，最多只能通过让学生自己举手或观察学生的表情确定解答习题的正确率。现在通过互联网技术，依托云计算、大数据以及移动互联网等技术，借助计算机、平板电脑、智能手机等终端，为学生和教师架起了一座沟通的桥梁。

根据学生日常使用所产生的答题数据，由平台进行统计分析，找出学生的薄弱知识点，教师可针对学生答题数据的正确率来大致判断学生在某一知识点上存在的问题。学生在学生端进行自主学习时，机器就会及时将数据传到数据库，并进行科学有效的分析，智能生成错题本，帮助学生持续解决错题、难点；系统还会根据学生的知识点掌握情况，智能生成学生的成绩单；教师在监测到数据之后，会为学生量身定做学习计划，提炼出错题所对应的知识点，每一位教师都有自己的任务清单，学生的学习需求就会精准的匹配到对应的教师，做到及时发现问题。

（2）学情分析，挖掘问题

由于传统课堂技术的限制，教师不得不根据自身经验或者学生的测试结果来判断学生的学习情况，前者缺乏科学的数据支持，后者数据整理速度较慢、数据量庞大且杂乱、降低了工作效率。区域教育平台则利用大数据分析技术自动对各类数据进行深度整理和挖掘，从中找出规律性的变化，提供真实反映学生学习现状的分析结果，使教师能够更快、更精准地认识学生、服务学生。

智慧课堂应用大数据技术，可以将学生的测验情况以直观的图表形式展现出来，教师能快速发现学生的问题所在，并根据每位学生的学习分析报告制订学生专属的学习内容，随时发布新的题目，难易程度可以随时调控，满足不同学生的学习需要。

具体操作过程包括：教师团队在监测到学生产生的数据之后，要对学生的数据进行深度挖掘，用横向比较、纵向延伸的方法对学生进行画像，找出问题所在。通过数据，可以了解学生学习的详细情况，可以看到学生的答题详情和学习轨迹，包括学生每一道题的答题时长、正确率等。一般的，如果学生的答题时长与平均答题时长相差很大，则说明学生没有认真答题，这时的答题数据可不作为参考，教师可另行推送一份试题，对学生进行检测，对再次产生的数据进行分析即可；如果学生的答题时长在平均答题时长之间，一般认为是有效数据，可查看学生的答题数据在不同难度下的正确率和学生当时的答题详情，从而确定学生在哪个知识点下出现了问题，出现了什么样的问题，我们该如何解决，等等。

（3）发起服务，解决问题

①夯实基础，加强理解

根据发现的错误和学生画像，对错误进行分析。如果教师根据数据、试题难度、正确率、教师经验、学科特点等分析得到的结果为知识性错误，说明学生只是某些概念没有理解或者某个知识点需要求助，这时可以开启智慧学习，以语音、文字、图片或者视频等方式随时随地帮助学生解决问题，这种学习方式可以同时服务多名学生，更加及时和高效。如果学生的基础较差，那么教师在进行服务时可向学生推送微课和试题，学生通过观看微课进行自主学习，再通过试题来检测学习效果，如果学生的学习效果依然不够理想，教师还可通过一对一的直播辅导，对典型错题进行精讲精练，以点带面，直到解决学生的问题。教师通过有目的地引导学生，总结出"变"的表面现象有"不变"的实质，不仅只讲解题目本身，更重视整个知识体系的构建，健全学生的知识结构体系，锻炼学生的思维能力。

②融会贯通，提高技能

如果教师根据数据、试题难度、正确率、教师经验、学科特点等分析得到的结果为逻辑性错误，说明学生的基础知识掌握得还可以，但是对知识点（概念）的理解较为浅显，思维单一，知其然却不知其所以然。究其原因主要还是对某些知识缺乏灵活运用，不能融会贯通。这时教师可以通过直播讲解学生的错题，重点讲解解题方法和解题技巧，讲解试题的顺序为由浅入深、步步深入，同时可以在课后推送重在解题方法和解题技巧方面的试题，让学生有针对性地进行练习，要针对试题涉及的知识点及内容认真地加以复习、巩固，做操作题时多与理论相联系，多做试题分析。这样可以有效地培养和训练学生的发散思维能力、观察能力和逆向思维能力。

③培养兴趣，思维创新

如果教师根据数据、试题难度、正确率、教师经验、学科特点等分析得到的结果为习惯性错误，则说明学生受惯性思维的影响较大。如果不能打破思维定式、灵活运用所学知识，就会被惯性思维俘虏。这时教师可在服务的时候解决思维策略问题，要思考：切入点是什么，应遵循的原则有哪些。对学有余力的学生提倡多做课本以外的习题，加大自学力度，夯实基础，拓展学生的知识深度、广度、角度。注意学习质量和效果的问题，不盲目图快。还要重视基础知识、基本概念、基本思想和基本活动经验的积累。提醒学生注重学习兴趣的培养，引导学生主动探索答案，让学生体会到成功的乐趣，建立自信，引导学生触类旁通。

三、人工智能辅助解决学生问题

随着大数据的不断发展，大数据算法的提升促进了人工智能的发展。很多人会问：教师是否将被取代？当前的人工智能发展其实并不完善，当人们疑惑人工智能是否已经发展到非常成熟的阶段的时候，教师就会被取代。

华东师范大学叶澜教授提到：教育是直面人的生命、通过人的生命、为了人的生命质量的提高而进行的社会实践活动，是以人为本的社会中最体现生命关怀的一种事业。她也说过，教育不是为了培养工具人、技术人、知识人或运动人，而是为了培养多方面整体发展的人。

那么人工智能可能替代的到底是什么？事实上，可以被替代的是那些需要重复做的事情，如布置作业、批改作业；需要搜集大量信息资料、数据积淀和分析的事情，如把很多教师的教学经验汇聚到机器里，计算最佳教学路径；需要精准定位的事情，如学生的学习难点、障碍点等。这些事情被替代，教与学将会被定位得更精准，教师就能有更多时间教书育人。所以人工智能替代的是教师的部分工作而不是教师自身，人工智能可以辅助教师解决学生问题。

问题四：如何通过双师课堂支持学校数据分析和学习方式转变？

教育行业对课堂的改革探索经历了从线下到线上的发展过程。自 2013 年以来，历经了慕课、翻转课堂、拍照搜题、三通两平台、在线一对一、直播等热点，热点一个接一个，令人目不暇接。最近几年"双师课堂"逐渐成熟起来，互联网技术的发展为课堂教学的师资问题提供了新的解决思路和发展方向。

一、双师课堂的兴起

目前主流的双师课堂，顾名思义就是由远程的授课教师通过大屏幕对线下教室的学生进行直播授课，同时线下教室有一位辅导老师在班内负责维护课堂秩序、答疑、布置作业等，因为有两名教师同时进行，所以称为双师课堂。双师课堂实质上是从线下模式向线上模式过渡的中间形态。

文章《这块屏幕可能改变命运》是一个典型的双师课堂的写照，文章中的学校在十年前就实施了双师课堂，利用卫星网络将成都学校优秀的课堂实录同步播放到欠发达地区的中学课堂上，逐步形成了"网上名校名师，线下自校教师"的课堂教学模式。人大附中也于 2013 年最早将双师课堂模式应用于教学中。可见双师课堂并不是新模式，也不是唯一的新技术，只是对传统教育培训机构（尤其是 K12 领域）来说是新生事物而已。

二、双师课堂支持学校数据分析和学习方式转变

双师课堂是"互联网+"时代的新兴产物，是当今教育模式积极适应时代和科技发展的重要表现。双师课堂绝不是简单的单向传播、教师讲和学生听的关系，如果是这样，双

师课堂仅仅是传统课堂教学的翻版而已。

双师课堂对互联网技术的依赖性强。它需要采用一定的互联网技术，如果没有技术的支撑，也无法实现远程实时直播互动，双师课堂也就成了空话。除了引入大屏幕及平板等，还要引入优质课程资源、在线测评等技术，同时这些也构成了课堂升级的新的技术成本。但是目前双师和在线测评还没有很好地结合起来，多是简单的答题器，双师课堂应该充分整合在线题库及测评技术。

双师课堂在很大程度上要解决优秀师资匮乏和区域教学资源不均衡的问题，因此引入的基本上是优秀的名师资源和优质的课程。呈现在双师课堂上，就由在线直播教师"一位顶级牛师"加一位"助教教师"构成教师主体。上课模式为"顶级牛师"通过一面高清直播大屏在线上进行实时讲课，"助教教师"在课堂上进行一对一答疑、针对性辅导、查漏补缺、巩固练习等课堂服务，学生通过答题器参与课堂问答，不仅活跃了课堂氛围，系统的即时统计还能让授课教师快速掌握学生的学习结果。

鉴于双师课堂在远程情况下直播，名师只是负责讲解课程，输出优质知识内容，不可能对本地学生的教学内容、进度和掌握程度给予个性化的数据分析和教学设计，所以对于后续的学生学习效果环节则由线下的辅导老师负责，造成了课堂授课与学习、反馈环节的分割。从这个程度上来看，本地师资对课堂教学的作用也不容小觑，需要本地教师在数据分析和教学模式的设计上下功夫，对学生的个性化差异和不同需求给予适当的照顾。

简单来说，双师课堂的最终本质就是学生坐在线下教室里，在辅导教师的监督下，看视频录播。以当前视频学习资源易获取的程度，双师课堂最终竞争的是个性化学习的转变，取决于线下本地辅导教师的水平。从这一点上来说，双师课堂的重点还是聚焦在本地教师的教学上，教师如何通过数据分析来为学生做好规划，如何通过线上名师教学来进行精准教学，在这些方面仍然需要发挥主导作用，学生作为学习主体的作用仍然需要给予大力支持。

三、双师课堂的应用与思考

互联网技术对教育变革产生的影响无法忽视，但对于K12教育来说，技术仅是实现课堂教学高效和教学目标价值最大化的手段，而比技术更为重要的还是教育本身。

1. 交互教学方式转变，强化师生双向沟通

图4-1所示的教学三要素模型对于解构双师课堂是一个比较有用的分析模式，教学三要素模型展示了教学过程中的核心因素：教学的内容、主题、学习目标，学生，教师。他们之间存在着三种重要关系。首先，学生和学习内容、学习目标之间的关系为"认知轴"；其次，教师和教学内容、学习目标之间的关系是"再现轴"；最后，教师和学生之间的关系是"互动轴"。

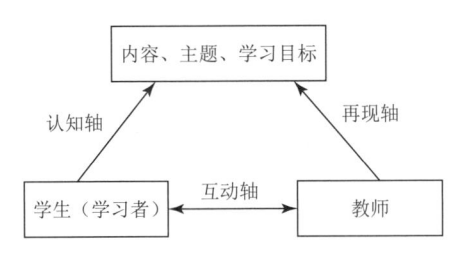

图 4-1　教学三要素模型（传统模式）

如图 4-2 所示，传统的单一教师授课模式中，教师承担着两方面的角色：与学生的互动和对知识的再现。而在双师课堂中，教师 1（授课型教师）的角色更丰富了，与学生之间的互动轴可以适当地由教师 2（助教型教师）来承担。

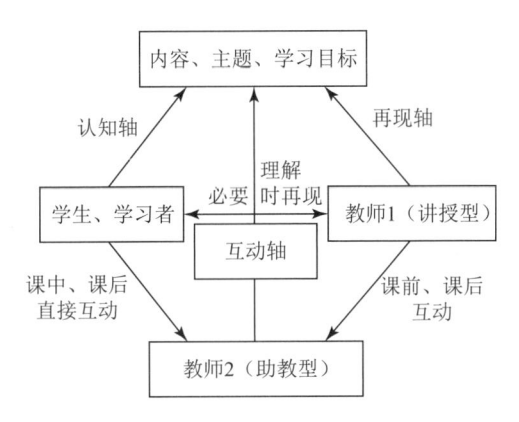

图 4-2　教学四要素模型（双师模式）

带来教学方式改变的是教师 2（助教型教师）扮演的角色，不仅在备课时要与教师 1 直接互动，领悟课堂所学，还要在课堂上与学生直接互动，及时把握教学节奏，同时还要在课后承担"再现内容"任务，帮助学生进行巩固。可想而知，如果保证好的课堂效果，对于教师 2 的要求是比较高的。在双师课堂试点班级的家长对于双师课堂的评价也侧面印证了这一点：对双师课堂的好评中，绝大多数都点名提到了辅导老师的勤恳、有亲和力、认真负责。

名师之所以成为名师，不仅是因为其有超强的知识再现能力，更应该有超强的互动能力，互动其实体现了教师对课堂的整体掌控能力。可以说，再现轴的质量关系到教师能否成为优秀教师，互动轴的质量影响到教师能否成为名师。

2. "教测"结合，构建完整教学闭环

双师课堂仅仅部分解决了"教"的问题，而高质量的教学效果，是由"教 -> 学 -> 练 -> 测 -> 评"这些环节构成的，仅仅解决"教"的问题是远远不够的。双师课堂应构成完整的"教 -> 学 -> 练 -> 测 -> 评"闭环，让双师课堂回归提升教学效果的本质，才能真正

发挥双师课堂的优势，让价格高昂的设备和技术投入发挥应有的价值。

3. 数据分析技术应引入双师课堂

大数据这个概念几乎人人皆知，但是在教育和培训行业，"数据思维"还没有得到广泛传播，大数据这三个字在大多数教育培训行业的管理者和教师中，仅仅是一个抽象的概念而已。没有教育大数据的支撑，双师课堂仍然会陷于只有教学而没有数据反馈的单向传播。运用教育大数据技术，可以记录课程每个章节、每个课件、每道习题的学生的学习情况（如课件观看比例、答题比例、答题正确率）等，用于评估学生的掌握程度和教师的教学效果。所以，结合双师课堂的发展和应用可以看出，双师课堂不仅要考虑到技术和成本的问题，还要考虑课堂学生学习效果等问题。双师课堂给我们带来了便利，教育和科学技术的发展是密不可分的，作为现代教育者应该做到积极主动地适应科技的发展和时代的潮流，发掘更新的、更加实用、高效，更加优质的教学模式。

问题五：如何通过移动终端支持学校数据分析和双师课堂转变？

近些年来，人工智能、移动互联网、数据分析技术获得了长足的发展。在科技的指导下，双师课堂的双师角色发挥的作用也逐渐发生转变，并向与学生移动终端相结合的形式过渡升级，从课堂部署到教学内容都在悄然发生着变化，基于移动终端的双师课堂正在构建可持续发展的课堂教育新生态。

一、课堂部署与云端相连

1. 从固定的课堂直播大屏到随时随地学习的智能终端

就双师课堂而言，作为课堂主体的学生常常兴奋于能够借助互联网这种新颖的方式去学习知识，但是这种方式只能在部署了直播大屏的学校课堂里才能实现。离开课堂，互联网技术驱动的学习就戛然而止，无法贯穿教育的各个场景和各个环节。

要借力互联网实现更加智慧的学习，学生必须要有一个学习专用的智能学习终端。依托飞速发展的移动互联技术，摆脱课堂的限制，实现随时随地学习的常态化应用。

从双师课堂的直播大屏到实现常态化应用的学习专用智能终端，不仅仅是载体外观上的改变。学习专用的智能终端，遵循基本的课堂教学规律，将语音识别技术、数据分析技术、书写原笔迹抓取技术、图文识别技术、人工智能技术、双屏异显技术综合应用起来，还原学生的课堂学习场景，保留传统的书写习惯，既可以通过屏幕观看微课，还能在屏幕上直接书写，书写内容可以得到即时的结果反馈。

2. 从远程直播技术到智慧教育云平台的系统化建设

移动终端结合的双师课堂将智慧教育云平台与端部署紧密连接起来。当智能化的学习终端走进课堂，对应地，智能化的教学终端也得以配套应用；课堂前端服务器的部署则保证了教学终端与学习终端的互动互联，共同构筑了课堂的端部署战略，并接入智慧教育云平台，构建以课堂为中心，覆盖教与学全流程的智慧教育系统化解决方案。

智慧教育云平台围绕教与学的过程，建设资源共建共享平台、数据管理平台、覆盖全教学流程的应用平台，提供服务各类用户角色的教学空间和学习空间。在常态化的教学应用过程中，智慧教育云平台能够整合海量教育数据，通过数据分析将资源标签化，形成用户画像，为学生学习、教师教学匹配最适合的内容，为学校、教育主管部门提供管理决策的依据。

端部署中最重要的是对网络的部署，通过自动触发节点，进行智慧课堂智能组网上课。部署方式是按照互联网—校园网—端设备—移动网络的模式，实现各个网络的自动连接，进行数据传输，满足课上数据交互，满足常态化需求。

在资源联动和内容部署下，智慧教育云平台通过智能缓存、智能解析完成云存储、云计算和端存储、端计算的混合应用，实现端学习，解决信息化课堂受限的问题。这一技术突破改变了这个时代，带来了显著的价值。

3. 双师角色转变

在传统的双师课堂上，直播教师和辅导教师的"教"占据主导地位，学生只是被动地接受知识的传递，而且每个学生接受的是同样的知识，做同样的习题。线下的辅导老师需要审阅与指导每个学生的随堂检测题，往往顾及不到所有的学生。当学生遇到问题时，线下辅导老师往往统一布置练习题让学生进行强化训练。而且每次布置作业，辅导老师在批阅上就会耗费很长时间。这样的课堂教学忽视了学生的主体地位和学生知识接受程度的差异化，没有充分实现因材施教，直接或间接地影响学生的学习效果。

随着技术与教育场景的融合发展，尤其是大数据技术和人工智能技术的驱动，双师课堂变得逐渐智慧起来，数据分析技术真正发挥其作用，帮助教师与学生做出更科学的规划。在双师课堂中，学习规划师和名师代替了直播老师和线下辅导老师，基于学生数据来更精准地展开以学生为中心的教学服务。

（1）学习规划师以学为导，以数定教

远程传授知识的名师所教的内容不再依赖教学大纲和自身丰富的教学经验，反而是看学生需要什么。这一点，在智慧教育云平台的部署下，学习规划师基于这个教育需求应运而生。学生在智能学习终端上的学习行为可以得到即时的识别和反馈，这些学习数据被实时记录、存储。对于出错知识点的学习数据，智能化的学习终端能够与智慧教育云平台已有的标签化的学习数据进行快速匹配，精准定位该出错知识点的问题所在。学习规划师基于学生的学情数据报告，可以指导教师在备课、授课时根据学生不会的知识点展开教学，并基于学生不会的知识点推送相对应的资源给学生。这个过程主要还是引导学生自主学习，自主解决问题。

由此可见，学生能够告别书山题海，更加有选择性地学习。哪些是已经掌握的知识点，哪些是尚未攻克的知识点，明确这一点，学生就可以有的放矢地集中精力去突破未知，解决疑惑，把有限的学习时间用在获得新知上，给学习做减法，减负学习。

（2）名师点拨，实现教与学的精准匹配

当学生在学习规划师的引导下，通过推送的微课和习题仍无法自主解决问题时，需要更专业的教师来进行讲解。根据学生自身的学情数据报告，智慧教育云平台把学生的用户画像和教师的用户画像进行匹配，让最适合教这个知识点的名师来教这个学生。名师根据学生的水平和倾向提供他最大程度能接受知识的授课方式。在智慧教育云平台上，所有教师都需要围绕学生不会的知识点进行备课，制作教学视频，平台根据教育服务的标准化体系评选名师。

二、学习内容符合最近发展区

或许我们经常听到一句话"1万小时定律"，说的是练习一万个小时就会有成果，所以在教育过程中，不论是教师还是家长，都努力让孩子用大量的时间做练习题。简言之就是搞题海战术。以军事化的管理、严格的时间规划、大量高强度的习题而显著，在这种教育模式下，学生就连吃饭、跑步都要学习。有人将这种教育模式称为应试教育中的典型，将学校变成了一个工厂，学生只是用学校特定的流程制造出来的产品，这样的教育是没有任何灵魂的。

但实际上，1万个小时必须在最近发展区才能有成果，教师提供给学生的学习内容要在学生现有的学业发展水平之上，让学生通过接受教学之后能达到更高的发展水平。如果教师讲的内容太深、太难，远远超出了这个学生最近发展区的上限，那么该学生就会听不懂、学不会，就没办法达到更高的高度；反之，如果教师讲得太简单，比他原有水平还要低，这样的教学也不在学生的最近发展区内，他就不屑于听讲，也无法进步。

所以从学生的角度来看，学生需要一个了解自己水平的教师，一位能够准确定位自己的最近发展区的教师。这位教师能够持续给自己比现有能力水平稍高难度和广度的内容，引领自己不断进步。而这个过程，与教师自身的水平有多高，教的内容有多精彩并没有直接关系。即使教师水平再高，内容讲得再精彩，讲得太难了，学生听不懂，只能放弃；讲得太容易了，学生一听就懂，会感觉没意思。所以说，再优秀的老师、再优质的内容，如果不适合学生，很可能会造成事倍功半的效果。

三、与移动终端结合的双师课堂应关注育人

学校的核心价值是"育人",正如德国哲学家卡尔·西奥多·雅斯贝尔斯(Karl Theodor Jaspers)所说:"教育本身意味着,一棵树流动到另一棵树,一朵云推动另一朵云,一个灵魂唤醒另一个灵魂。"当学习规划师和学科教师专注于更高效地因材施教时,教师的教学才真正做到了以学生为中心。当先进的科学技术减轻了教师繁琐、机械化的批改任务,教师便能利用更多的时间和精力去关注每个学生的智能倾向,引导学生塑造健康的人格。

未来的学校利用信息化的手段,保证了学校每一个环节的"育人"效果,自上而下采取专业的管理、教学方式。未来的学校是对标准化教育的一种超越,提升了学校的发展品位、发展内涵与办学质量。

综合来看,技术是为教育服务的,即使拥有了先进的技术,也不能依赖技术自发地对教育产生变革式的影响,关键还在于,以学生为本,利用技术让学习更精准、高效,努力构建符合学生自身发展规律的路径。学生从被动学习走向主动学习,从浅层学习走向深层学习,教师从体力劳动走向智力劳动、智慧劳动,这才是一种幸福的课堂生活。每一节课都促进学生思维的生长,增加思维的含量,加大思维的流量,这就是我们所期望的课堂愿景。

案例分析

四川省广安中学

四川省广安中学是世纪伟人邓小平同志的母校,是一所拥有深厚人文底蕴的百年名校。在过去的一百多年里,广安中学一直积极探索创新,保持高水准的教学水平,同样,在智慧课堂这条道路上,它依然走在了前列。进入新时代,如何让百年老校焕新颜,在新高考中独占鳌头是学校领导班子思考的问题。经过多次论证,学校一致认为,在新高考中仍然要把优化教学质量、提高课堂效率作为教学改革的重点,要把构建以学生为中心的教学与管理模式作为学校发展的目标。

经过多次的考察和学校内部研讨,学校选择了智慧课堂,借他山之石,开辟广安中学特色教育的新道路。为了让教师们顺利转变智慧课堂的教学模式,学校多次组织全体教师进行培训,强化智慧课堂的教学理念,学习智能终端的操作方法。学校还成立学科教研组,探讨出一套"六部曲"的智慧课堂教学方法,譬如自主预习、课前小测、分层设问、合作学习、精讲指导、巩固拓展。

在"六部曲"教学过程中,教师秉承"数据分析,先学后教,以学定教,自主发展"的原则组织教学活动。得益于AI平台的运转,教师能够从学生学习的轨迹中发现导致学

习病灶的蛛丝马迹，并引导学生以适合的内容加强训练，逐个击破拦路虎。以前教师们总希望通过大量、多次的练习来检测学生的掌握程度，却总发现问题时而反复出现，这给教师教学造成了一定的不确定性。智慧课堂用数据说话，让教师的每一步教学规划都胸有成竹、有据可依。

经过实地探索和实践，智慧教育理念先行，广安中学课堂的变化如润物细无声，于点滴处书写着更智慧的教学模式。现在，广安中学的全体师生已经将智慧课堂融入到常态化的教学和学习生活中。教师上传教学资源总量达到 20124 个，极大地丰富和沉淀了校本资源库。教师的教学观念得到改变，智慧课堂水平得以提高。在广安市区智慧课堂授课比赛中，广安中学取得了优异成绩，有四位教师获得一等奖、四位教师获得二等奖。学生更是掌握了自主学习的方法，积极探究，开拓思维，多元发展，综合素质显著提升。

广安中学的智慧课堂之路，不仅让广安中学发展为广安市区党委、政府办区域性最好的、唯一的"中华名校"试点学校，也让广安中学的学生在人生的关键阶段获取到正确的学习方法，开拓了思维，丰富了眼界，发展了多元能力，为未来的人生道路打下了坚实的基础。教书更育人，广安中学不负百年名校之名。在 AI 教育布局和应用下，学校长期沉淀的宝贵经验将焕发更大的能量，帮助学校走得更远。无论是对学校发展还是学生的个人成长，广安中学的智慧教育都将会创造另一番广阔天地。

广安中学校长田秀敏表示："如果我们还用昨天的方式教育今天的孩子，那等于抹杀孩子的未来！人工智能时代下教与学的联系越来越紧密，教师应借助更高效的教学方式引领学生更智慧地学习，让学校素质教育的发展更上一个台阶。"

本章内容小结

本章我们首先学习了学校学习环境的新变化，了解到数字化环境下的最近发展区理论和国际化的信息素养能力（知识检查点 4-1、4-2）；然后学习了学校数据分析支持的学习方式（能力里程碑 4-1），了解到自主学习和教育大数据支持下的自主学习的差异，并通过学习机的案例加强了这种认识；接着学习了学校数据分析和学习规划如何解决学习问题，认识到学校规划师、教师和人工智能等解决学生问题的方式方法（能力里程碑 4-2）；还学习了双师课堂支持学校数据分析和学习方式的转变，包括双师课堂的发展、实践意义、应用和思考等内容；最后学习了如何通过移动终端支持学校数据分析和双师课堂转变（能力里程碑 4-3）。本章的最后介绍了四川省广安中学的案例，为我们展示了"六部曲"的智慧课堂教学方法等内容。

本章内容的思维导图如图 4-3 所示。

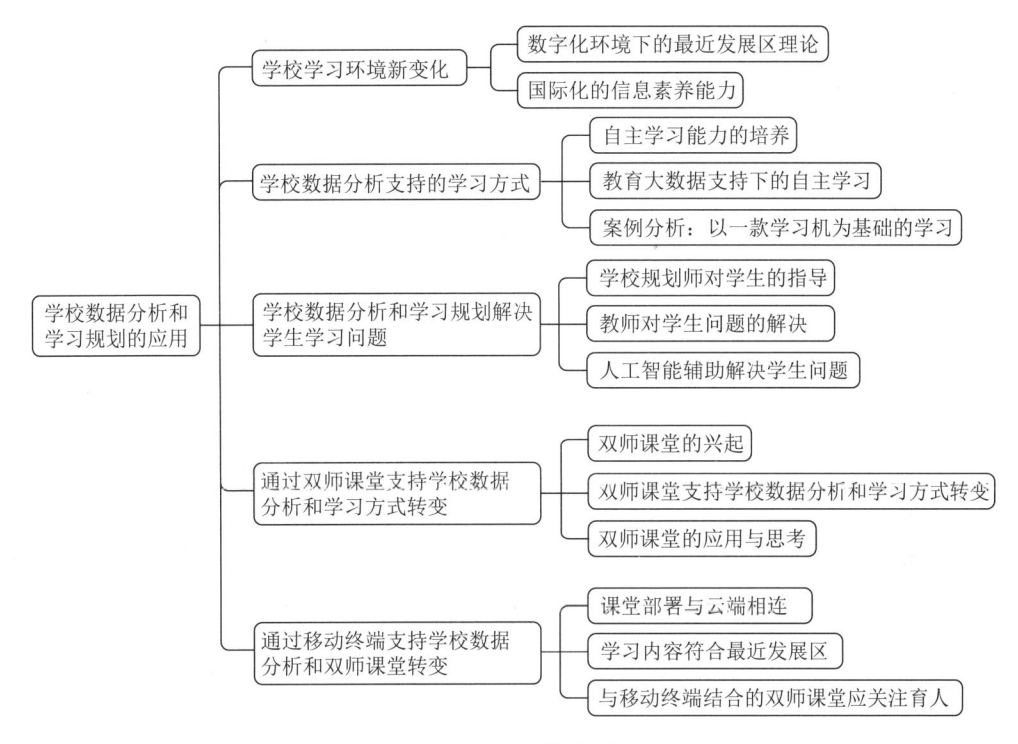

图 4-3　思维导图

> **自主活动：思考本校学生的学习方式是什么以及如何改善**

请学习者在学习完本章内容后，进行自我反思，并记录个人学习心得。

> **小组活动：思考如何使用大数据提高学生的学习效率**

请学习者围绕本章的学习主题进行组内交流，并做好小组学习记录。

> **评价活动：评价本章知识与能力学习水平**

一、名词解释

最近发展区（知识检查点 4-1）

信息素养（知识检查点 4-2）

二、简述题

1. 你觉得大数据为学习带来了哪些改变（能力里程碑4-1）？
2. 请谈一谈你准备如何运用学校数据分析和学习规划改善学生学习问题（能力里程碑4-2，能力里程碑4-3）。

三、实践项目

选择当前学生学习中的一个问题，梳理学生的学习方式，根据双师课堂寻找符合本校实际情况的学习方式（知识检查点4-1、4-2；能力里程碑4-1、4-2、4-3）。

第五章　数据分析和学习规划的智慧课堂应用案例

本章学习目标

在本章的学习中，要努力达到如下目标：
◆ 能够参考案例进行中小学智慧课堂数据分析体系建设（能力里程碑5-1）。
◆ 能够参考案例进行中小学智慧课堂学习规划体系建设（能力里程碑5-2）。
◆ 能够参考案例对中小学智慧课堂设计方案进行改进（能力里程碑5-3）。

本章核心问题

如何进行智慧课堂的数据分析？如何进行智慧课堂的学习规划？如何实现家校协同的教育模式？

本章内容结构

```
案例一：关注留守儿童的学习——以榆
       林市靖边县第四中学为例
案例二：数据化的自主学习——以临沂        数据分析和学习规划的
       市高新区高级中学为例           ——智慧课堂应用案例
案例三：疫情中的不间断学习——以齐
       齐哈尔市第三中学校为例

自主活动：如何设计有数据分析和学习
         规划支持的智慧课堂
小组活动：如何形成家校协同的教育模式
评价活动：评价本章知识与能力学习水平
```

引　言

行成于思，毁于随。学习对人的发展具有长远的影响，做好学习规划是学习过程中一件十分重要的事，数据分析能用直观的数据结果展现学习过程和学习结果，是进行学习规划的必要工具。

随着全国各地的学校建设智慧课堂的力度不断加大，智慧课堂的优势和效果初显，许多智慧课堂案例的成果值得我们关注，数据分析与学习规划是智慧课堂的重要内容，二者也在影响着最终的教学效果。如何实现数据驱动下的智慧课堂，让数据分析与学习规划贯穿学习的全过程，成为减负增效的秘密武器，学校、教师和家长都应该扮演什么样的角色，这些对于智慧课堂的发展至关重要。

案例一：关注留守儿童的学习——以榆林市靖边县第四中学为例

一、智慧课堂对教学的改变

这是一场西部落后地区的学校教育大变革。2015年2月，刘致中被调到靖边四中担任校长，上任后就面临着4大历史遗留问题：一、学校基础设施陈旧，学生活动场所窄小，硬件设施落后；二、学校生源中留守儿童占30%，外来务工子女占50%，服务区学生占20%，因此，学生自主学习习惯较差，大多数学生的学习只能发生在课堂上；三、家长文化层次普遍偏低，忙于生计，无法督促孩子的学习，更别谈辅导作业；四、学校的师资不仅匮乏，还频繁调动，教师信息技术水平较低，教学任务繁重，且整体教师教龄偏大，平均年龄38岁，因此，教师职业倦怠感比较明显。学校最初情况如图5-1所示。

2003年配置的微机室	雨后砖操场上的水坑
多年的木质门窗	办公楼外侧	教师办公室多年失修

图5-1　靖边四中最初情况

校长刘致中深感课堂教学改革之迫切，为此他召开各种课改会议，探讨在无法提高家长的文化水平、也无法让家长返乡督促学生学习的情况下，作为校方，究竟应该如何有效地激发学生的学习兴趣？如何培养学生良好的学习习惯和自主学习能力？又如何缓解师资匮乏、硬件落后带来的困境？

2015年5月，在世界教育信息化大会上，他第一次看到了信息技术与课堂教学的深度融合，经过考察，他们发现该平台不仅可以很好地避免学生打游戏、浏览不良网页，而且该平台还会收集学生的错题并归类，错题本会根据学生的学习轨迹智能推送适合他的习题，帮助学生进行补充性学习。2017年靖边四中引进智慧教育平台，并将其应用于智慧课堂（见图5-2）。同时，学生在全流程的学习中，可以针对自身薄弱点进行自主学习，采用适合自己的学习方式，享受到优质的教育资源，这在很大程度上缓解了师资匮乏的问题，减轻了学校和教师的负担。

图 5-2 靖边四中智慧课堂

2017年，学校组建了2个智慧班；到2018年，学校组建了8个智慧班，再到2019年的19个智慧班，甚至还有好多学生想进智慧班，但因名额有限无法加入。校长刘致中说："从学校层面来说，我校原来是县城里的二流学校，现在发展得比较好，城市和周边孩子的回归都实现了。从教师层面来说，最早从1995年开始，只有语数外三位老师，到现在为止，我们的1200个学生、80位教师全部融入智慧课堂。这些年，不少教师参加了大赛，成绩都很显赫，得到了素质和能力的提升；从学生层面来说，学生的积极性不仅得到了提升，学习习惯也得到了改变，课堂学习效率快速提高。"

而如今，经过5年的发展，令人为之惊叹的是，靖边四中也从一个落后地区的普通学校，一跃成为拥有教育部评定的"全国基础教育信息化应用典型示范案例"学校，并且作为陕西省唯一一所带着智慧教育成果参加陕西省第一届教育创新大会成果展的初中，在全校学生、家长、教师的共同见证下，从一名"掉队生"变成了当地学校中的"领队生"。

二、探索改变留守儿童命运的教育之路

通过这几年的努力，学校改变了许多留守儿童的命运，学校认为改变留守儿童的主要工具就是AI。经过这几年的探索、实践，学校建成了"125智慧课堂"。

"1"是培养"全面发展的人"。培养全面发展的人是教育发展的重中之重，是核心问题。

"2"指的是学习活动分两步走，课前预习新知识，课堂上内化提升。具体可以从5个方面来理解，"2备"，指的是有两次备课；"2主"，指的是教师主导，学生主体；"2精"，指的是精准学习、精准教学；"2减"指的是教师减负，学生减负。

"5"是指课堂内化知识的过程分为5步：一是重申目标、明确任务；二是交流心得、反馈学情；三是师生互动、释疑解惑；四是合作探究、巩固提升；五是拓展延伸、归纳总结。

三、校长信息化领导力

学校要进行智慧课堂的改革，课堂教育信息化，智慧课堂建设。刘致中认为有一个核心关键，那就是校长必须亲自参与。学校课堂改革一定是一把手的事，如果一把手不参与，委托给相关领导、副校长、教务主任，效果就会大打折扣。

为此，学校专门成立了一个领导小组来推进这项工作。领导小组共有6部分人组成，分别为校长、副校长、教务处副主任、智慧班教师、学校信息技术负责人、平台网络负责人。同时保证每一个环节、每一个任务都有详细的解读。

在教师培训方面，学校的做法是"走出去，请进来"，出去看，把专家请回来。因此，学校在培训的时候，会请外面的专家来指导，这样的教育信息化培训已经进行了多次。此外，学校还对周边许多学校的教师进行培训。例如，2018年9月28日学校邀请专家对县800多位教师进行培训。

四、教师信息化领导力

在提升教师信息化领导力方面，学校也做了很多努力，最终形成了制度性规范。

第一，要求学校的每位教师一周上一节公开课。针对有的教师不愿意实施智慧课堂的问题，学校用制度推动教师拥抱智慧课堂。经过一周一节课、一个学期二十几节课的洗礼，许多教师都能很娴熟地组织智慧课堂。

第二，坚持每周召开领导小组例会。会议由校长来主持，对上一周智慧课堂的基本情况进行总结，提出工作注意事项和后期工作安排。形成定期家校反馈机制，教师每周定期给家长反馈，家长也很重视。针对七、八年级，学校每学期最少两次组织家长参与课堂的活动，到班级里面去听课。

第三，学校坚持发布每学期的《数字化自主学习课堂简报》。除了课堂简报，学校主要的工作也通过简报方式来展现。从2015年开始，学校的《数字化自主学习课堂简报》已经发布到第21期了，这21期简报，不仅展示了数字化自主学习课堂的成果，还是学校自主学习课堂的21次大事记。

案例二：数据化的自主学习——以临沂市高新区高级中学为例

临沂市高新区高级中学，在政策引领及技术的推动下，逐步意识到数据驱动给教育教学带来的变化。作为一所高中学校，急需解决资源限于书面、各学科自行其道、考点反复训练等问题。学校于 2017 年引入智慧课堂，建设数据支撑、名单定向、以学定教的课堂。经过两年的常态化应用以及学校思辨小组的深入实践，形成了具有本校特色的智慧教育理论与实践成果。

一、智慧课堂六大思辨策略

学校在引入智慧课堂后，组织建设了以学生为中心，以新思想、新技术、新工具为主导的小组思辨课堂。形成具有本校特色的智慧课堂的六大思辨策略，策略以智慧课堂为基础思辨条件，以班级共同体为思辨环境，以班级小组为组织策略，以难点生成为目标，以诚信错题集为训练，破解了课堂中"先学后教""以学生为主体""深度学习""精讲指导""精准练习""思维工具"六大难题。

其中，在破解"精讲指导"难题的过程中，学校采用"难点生成策略"，将传统教学过程中的教师确定难点，转变为由学生生成难点，由学生对学习难点进行三级过滤。让课堂讲授过程转变为学生自己不断寻找难点、解决难点的过程，如图 5-3 所示，通过智慧云平台，所有三级难点的过滤生成与持续解决的过程变得清晰、简单、明了。

图 5-3　学生使用专用智能终端进行小组思辨课堂学习

二、备课与教研："研究学生"数据化、名单化

教师通过教学智能终端与学生智慧终端的备课、测评等数据的交互与采集，获得每个学生具体的学情数据，在课堂上对学生小组未解决的重难点进行有针对性的辅导，使学生

能够得到充实、有效的练习，形成良好的学法、学风。教师通过课程的习题报告，查看小组和班级在该课程上的答题数量、正确率等集体反馈数据；也可查看每个学生知识点的正确率、答题数量等数据，如图 5-4、5-5 所示。

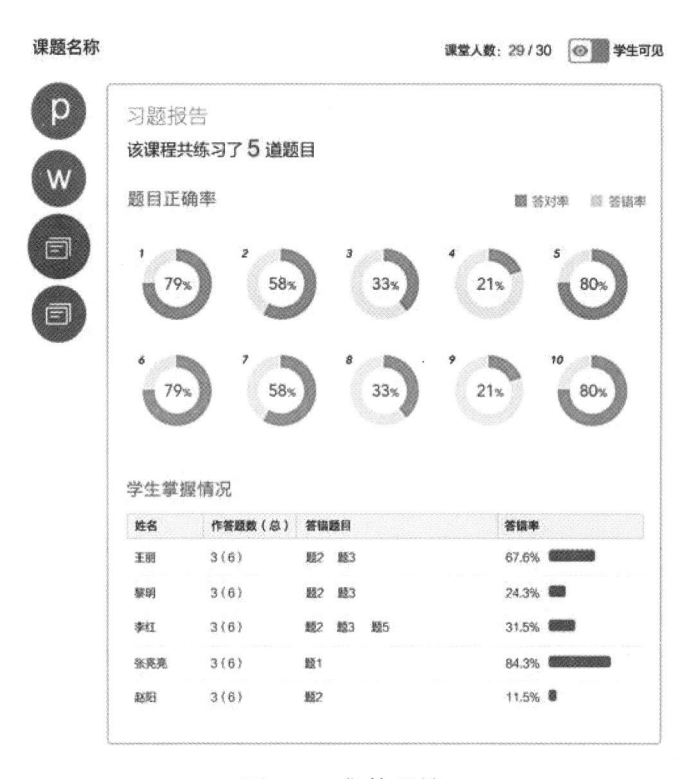

图 5-4　集体反馈

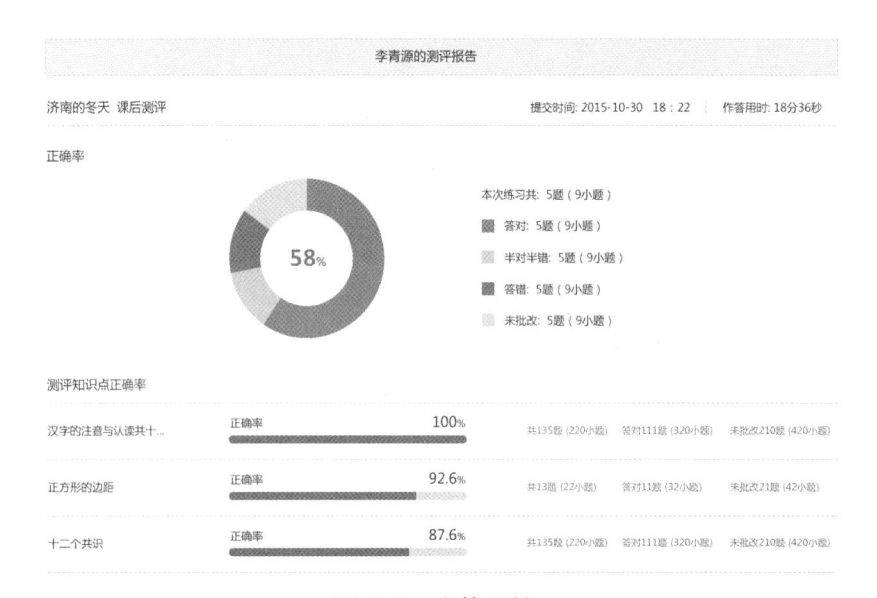

图 5-5　个体反馈

三、教学管理："生本课堂"数据化、名单化

通过教学智慧终端的全教学场景数据采集与学生智能终端全学习场景数据采集，为智慧课堂管理平台提供了全过程、全学科、全人员、全要素的数据，形成了本校的可视化、可量化数据。为学生每周评比、教师常态化统计、课堂评比奖励等提供了科学依据。如图 5-6 所示，高一 6 班在极难题上的正确率达到了 80%，难题正确率达到了 40.92%，可见此班级的成绩比其他班级优秀。

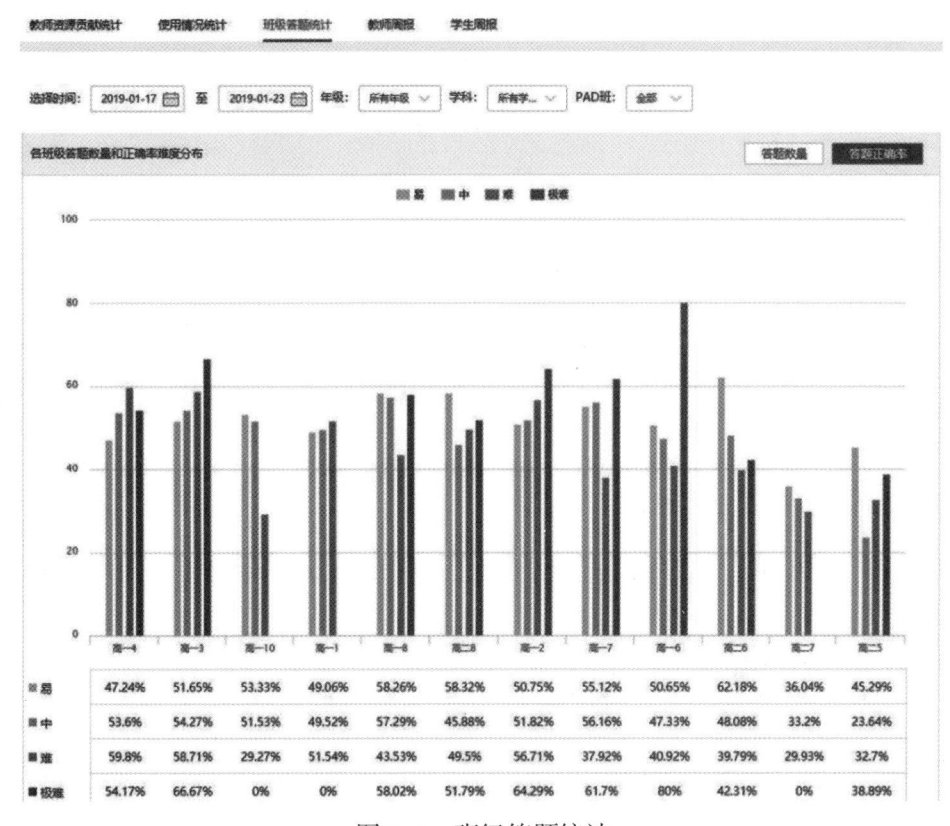

图 5-6　班级答题统计

四、智慧课堂：自主学习，告别题海战术

智慧课堂及时用详实的数据把教与学的过程清晰地展现出来，使教师更关注个体差异；准确具体的学情报告可清晰呈现每一个学生的优势与薄弱点，使学生学得更精准。让学生只学自己不会的，把学生从书山题海中的重复练习中解放出来，学生可以把更多的学习精力花在真正问题的解决上，减轻学习负担。如图 5-7 所示，在第 51 周，学校学生总错题重做正确率达到 65.88%，张富同学重做错题共计 1031 道，错题重做正确率已达到 92.43%。可见，学生在自主学习和错题重做上积极性很高。

	复习刷题	复习刷题正确率	推荐答题	推荐答题正确率	错题重做	错题重做正确率
平均答题数据	30.01	46.35%	13.11	54.37%	41.53	65.88%

姓名	班级	复习刷题	复习刷题正确率	推荐答题	推荐答题正确率	错题重做	错题重做正确率
张富	高一7	191	30.37%	1007	35.95%	1031	92.43%
郑成成	高一8	1203	41.23%	58	36.21%	992	83.67%
王坤	高一7	1099	53.87%	98	27.55%	803	82.44%
刘文秀	高一7	933	50.91%	161	34.16%	660	90.91%

图 5-7 学生周报

五、技术与教育的深度融合

课堂，是师生共同的主阵地，直接决定着教师自身及每个学生的切身感受及收获，决定着人才培养质量和考试成效。目前，在课堂这个主战场，世界上许多国家采用的方略是小组合作学习。这个模式能够极大发挥群体的积极功能，提高个体的学习动力和能力，达到完成特定的教学任务的目的，改变了教师垄断整体课堂的信息源而学生处于被动地位的局面，从而激发了学生的主动性、创造性。但是，在运作这个模式的过程中，普遍存在"注重形式、忽视实质、缺乏实效"的现象，针对这种情况，临沂高新区高级中学提出了小组思辨课堂教学策略。

1. 小组思辨的两大要义

小组思辨课堂教学策略主要包含两大要义：思辨和小组。

思辨是高中学习深度的标志。教师对学生自学、练习中生成的教学难点，转化为能思能辨的好问题、好情境、好实验、好活动等教学任务，运用阅读、思考、分析、比较、归纳、表达等思辨手段解决难点，达到深度学习。

小组是思辨的基本组织。通过小组成员自主、合作、探究的方式，把"教师教学目标"转化为"小组思辨目标"，在小组内与小组间实施思辨教学，最终促进每一个学生在小组内有效参与、达成目标。

2. 小组思辨的基本理念

（1）学习目标：一课一得，学得更精准。

"一课一得"，学生一堂课掌握一个知识点，对一个知识点进行巩固训练，能减轻学生的作业负担，让学生在训练时重点突出，针对一个知识点进行多方面训练，进而增强学习效果。

（2）学习程序：先学后教，学得更快捷。

教师的"教"是为学生的"学"服务的；学生不是教师"教"会的，而是自己"学"会的。"先学"，指学生要先自主学习，明确学习的目标、要求、方法、重难点，对学习内容进行难度区分，筛选出学习的重点、难点。"后教"，指针对预习筛选的重难点进行思辨教学，思辨教学的内容是学生自学及小组学习后不能理解和掌握的地方；学生自学或小组合作能够完成的内容，尽可能让学生来完成。

（3）学习方法：探究思辨，学得更深刻。

复杂问题、困难问题等重难点问题的解决是学习深度的标志，不是通过"传递学习"能解决的，必须通过探究思辨才能成为学生自己的学习成果。学生自学后和课堂上对重难点问题的突破以及训练检测中，要充分让学生在小组内进行交流，在交流中学会质疑、释疑、倾听、共享、互助等思辨素养，从而达到深度学习。

（4）学习结果：诚信学习，学得更真实。

"难题错题，解决了是激励，不解决是打击。"学习必须是诚信的，在学习的过程中根据自己的学习程度对学习内容进行难易区分、标注，做到"人人清楚自己的难题错题、不断解决自己的难题错题"。线下纸质作业使用彩色笔工具标注，线上作业使用错题集自动收集，发挥学生本人及小组合作解决难题错题的愿望与能力，发挥小组合作互助的优势，予以辅导、帮助、解决。

（5）学习评价：激励发展，学得有价值。

学习本质是不断提升学生的自身效能感与价值感，而非简单的、外在知识点的累加。学习要在适度满足需求、体现个人价值的过程中持续推进。推进小组团队与个体激励措施，教师及学生都要关注精彩题目的完成与展示，使学习充满成就感、价值感。努力减少以错题汇报、以错题讲解为主的课堂，关注学生对错题和难题的讨论、探究，让学生在解决错题和难题的过程中感受合作、学习、成功的乐趣，增强学习兴趣和信心。

3. 小组思辨的操作策略

小组思辨课堂策略，具体可细化为智慧教育云平台策略、班级共同体策略、专家小组策略、难点生成策略、诚信错题集策略、思维导图策略六大策略，六大策略各成体系，又相互融合。

（1）思辨条件：智慧教育云平台策略

智慧教育云平台，主要指学校的智慧教育云平台与其他云平台形成移动网校模式。智慧教育云平台提供了丰富的学习资源与多元化的学习方式，课堂成为技术、资源和学习深度融合的地方。教师一方面要把有效资源上传、融合到云平台，使云平台成为充满教师个人魅力的"师本资源"，另一方面要把云平台资源融合到学生的学习过程中，使学习变成"一边是无限丰富的资源，一边是孜孜求学的学生"的"人机交融"的境界。

（2）思辨环境：班级共同体策略

班级共同体策略，是指班级统一建设学习小组，促进各学科一体化教学形式，推进小组学习策略的有效实施。班主任统一安排小组成员及座区，统一管理与评价小组，采取统一的小组学习方法。这样，九个学科的教学方式一样，多个学科教师组成共同体，一起更好地促进学生的学习，学生的学习效率自然就提高了。

（3）思辨组织：专家小组策略

专家，就是水平高的"小老师"。比如，语文《窦娥冤》一课，指定一个小组提前一个月学习，我们称为"超前学习"，他们自学、查资料、合作探究、请教老师……这样，全班同学在学习这节课的时候，这个小组就成了该课题的"专家"，可以为同学的学习提供帮助，上台讲课当老师。

专家小组策略，使每个学生有了当"专家"的机会，很好地解决了"学习深度"不足的问题。

（4）思辨目标：难点生成策略

如何解决传统教学中教师"讲得太多"的问题？传统方法是要求教师找准重难点内容，给学生"精讲精练"。智慧教育云平台让课堂变成了"难点三步走"，学生对学习难点进行三级过滤：

通过任务单、检测题进行检测，自己学会的内容，不再到小组中解决，不会的内容才带到小组中去合作解决，这是一级过滤；

在小组合作学习中学会的内容，不再交给教师讲解，小组合作学习中无法解决的内容才交给教师讲解，这是二级过滤；

教师只讲学生二级过滤后的难题，教师"被动"精讲。教师讲解后学生仍不会的内容，由错题集自动收集，学生课后继续学习，这是三级过滤。

三级不断过滤的难点，是学生分层次真实生成的学习难点，小组合作学习解决一级难点，教师讲解解决二级难点，课后继续解决三级难点，学习过程就成为了自我挑战、不断打怪升级的过程。

（5）思辨训练：诚信错题集策略

在纸质作业中，遇到难题、错题，可以用彩色笔标出来或者照抄到错题集上。但是会存在错题难题太多，标出来很费力、很难看，整理错题集也无从下手且耗费精力等问题，而且纸质错题集本质上还是一种"重复抄写练习"。

线上智慧错题集克服了纸质错题集的缺点：无论是自主学习、当堂学习，还是巩固练习，智慧教育云平台都能及时进行线上检测，限时完成，即刻批改。智慧教育云平台会随时生成错题集，学生哪道题做错了，三种智能助手共同帮助学生解决错题：一是教师可以通过云平台为每一个学生或小组推荐个性化的巩固题目。二是云平台会根据每个学生的错题智能推送错题的同类题目，错题不清理，推荐不停止，成为错题的"闹钟"。三是学生可以根据自己的学习程度，选择ABC三层难度的练习。

智慧教育云平台的错题集，使因材施教变得简单、及时、准确，就好像给学生学习下着"透地雨"，实现真正的智慧高效学习。

（6）思辨工具：思维导图策略

课堂需要具体的思考工具，学生缺少思考工具，思考就变成了"空想"。思维导图是一种图形思维工具，使用图形、色彩以及线条等直观的工具，把抽象的文字变成了图像。提倡、指导学生使用思维导图代替学习笔记，使用图像进行记录、整理、讨论、改错，全面代替学习笔记。

这个策略解决了学生因为没有思考工具而进行"空想"的问题，使学生的思考有条理、有色彩、有深度，思考也变得可爱起来。

4. 小组思辨课堂"三课八步"流程

小组思辨课堂，一般情况下按三课时进行设计，以学生的"难点生成及解决过程"为路径，整个学习过程分为三课，形成"三课八步小组思辨学习"流程。

课前超前探究。教师为专家小组超前推送学习资源，超前时间一般为一个月，可以延长到一个学期。教师指导专家小组超前探究学习，完成学案，绘制思维导图，实现深度学习，达到"专家"水平。

第一课时：自主学习课。学生根据教师推送的学习任务单、学习资源等进行自主学习，并完成自主学习检测题。该操作分为以下三步。

第一步：推送任务。导课，推送任务单、学习资源（含思维导图），明确学习目标。

第二步：个体学习。学生根据学习任务单自主学习，教师组织、指导学生自主学习。

第三步：初测小结。推送初测题目，观察学生试做情况。学生完成初测题目，并提交。

第二课时：合作学习课。分析自主检测题目的完成情况，进行小组合作、集体学习，并完成达标学习检测题。该操作分为以下四步。

①初测导学。教师分析初测情况，明确普遍性难点，个人一级过滤学习难点；教师观察确定普遍性难点，调整学习目标，确定小组学习的重点、要求、形式。学生梳理个体难点准备提交到小组，进行求助。

②小组学习。小组交流难点，互教难点；小组二级过滤学习难点；收集小组学习难点，二次调整教学难点，准备集体学习指导。学生小组对难点进行二级过滤，生成小组难点，提交给教师。

③集体学习。教师对学生生成的小组难点进行讲解指导，促进集体深度学习，夯实学习目标。学生参与教师集体教学，积极参与学习成果展示、研讨，解决小组学习难点。专家小组协助教师进行学习讲解、演示、指导、评价。

④二测总结。推送二次检测题，限时完成，检测学习目标达成情况，学习二次检测；分析二测情况，进行学习总结及复习指导。进行二测学习反思，总结学习。对课堂进行总结，专家小组参与课堂评价，教师对专家小组及普通小组的学习予以总体指导点评。

第三课时：清错复习课。具体操作要点：

该课时主要在自习课上实施教学，学生清理错题集，个体达标，拓展学习。教师监督指导学生清理错题集，推送分层复习题。

六、教研与管理转型

学生不光站在了课堂中央，也站在了教师教研中央。教师的教研也从"内容为王"中走了出来，走向了学生，研究学生的知识图谱，研究学生的知识体系；观象台，研究学生对知识点的掌握程度；错题集，研究学生错题及其原因、补学资源；学情分析，了解每个知识点的学生掌握率，进行单元补教补学；根据学生练习等级的分布情况，有利于对学生进行分层辅导、分层练习。可以说，传统教研围着教参、教材转，而AI教研模式，则更好地围着名单、数据转，利用数据研究学生，更好地支持学生的学习，实现因材施教，精准服务，支持学生，激励学生。

教学管理同样转变了方向。传统的教学管理，主要管教师，管教师的教学资源与过程，学校领导成了教师的裁判员；而AI管理模式中，学校领导同样也成了学生的观察员，致力于为学生服务。根据全校学生一周的练习数据，优化全校的学习管理；根据班级练习情况数据，优化对每个班级的学习支持；根据学生的个体数据，进行学生典型案例跟进；根据重点题目的学习数据，优化学科教学；根据单元教学数据，加强学生的补教补学；根据教师对学生上课、作业等教学的数据，强化教师对学生的支持。正是基于名单和数据的教学管理，使学生的学习得到了更大的管理保障，学生的各方面需求更容易被满足，学习的成果被表扬与推广。可以说，学生完全站在了学校的中央。

在一系列课堂改革措施落地实施后的一年中，学校整体面貌发生显著变化，多位教师获得国家级、省市级荣誉，高一、高二各学科成绩得到全面提升，高三本科录取率由原来的1%飞跃式提升至20%，各学科、各年级均取得历年来最好成绩。

案例三：疫情中的不间断学习——以齐齐哈尔市第三中学为例

齐齐哈尔市第三中学始建于 1952 年，是一所有着优良人文传统、丰富文化底蕴和卓越教育教学成绩的全日制初级中学，是教育部确立的全国首批信息化试点单位。受新型肺炎疫情影响，为阻断疫情向校园扩散，确保全市师生生命安全和身体健康，齐齐哈尔市下发了全市中小学大面积延迟开学的通知。学校师生不得不各自居家进行教学与学习，打乱了原有的教学计划。对三中来说，2018 年三中已引入了智慧课堂，到现在已常态化使用了两年时间，全校的线上教学启动是两年来智慧课堂成果的显现，使线上教学事半功倍。

一、依托信息化，让教学环节更智能

1. 探索智慧课堂，实现智能化教学模式

三中率先在齐齐哈尔市引进智慧课堂平台后，依托教育信息化，构建智慧教育模式。智慧教育模式基于教学大数据，由课前自主预习、课中探究问效、课后个性学习三部分组成。

（1）课前 – 以学定教

在"停课不停学"中，智慧教育平台为三中每位任课教师都开通了教师空间。通过教师空间，发布预习资料，学生通过智能学习终端或学生空间完成预习作业。教师通过预习数据了解班级整体学情和学生个体学情数据，更加明确和量化学生的掌握程度。教师教学由"备内容"转变为"备学生"，进而调整教学策略，教师的教学真正实现了"变教为导""以学定教"。

（2）课中 – 因材施教

智慧课堂中，教师能够实时查看到每个学生的学习数据，帮助教师关注到每一个学生。三中教师通过智能教学终端与智能学习终端的备课、测评等数据的交互与采集，获得每个学生具体的学情数据，在课堂上对学生未解决的重难点进行有针对性的辅导，使学生能够得到充实有效的练习，形成良好的学法学风。教师通过课程的习题报告，查看班级在该课程的答题数量、正确率等集体反馈数据；也可查看每个学生的知识点正确率、答题数量等个人学情报告。

在"停课不停学中"，学校筛选各科优秀教师采用云课堂为全校学生直播授课。以 2020 年 3 月为例，三中在孙辉校长的带领下，200 多位教师兢兢业业，共开展优质直播课 531 节，通过教师空间累计发布作业 6100 多份。

（3）课后 – 精准辅导

智慧教学提供智能组织、智能批改、学情统计等服务，为教师的个性化教学提供智能辅助工具与精准数据。

在"停课不停学"中，为保障本班教学进度，三中各科本班授课教师通过教师空间组题，为所授课班级学生布置作业，学生通过智能学习终端或学习空间作答后，教师在空间查看作业提交情况并进行批改，对于选择题与填空题，空间会自动批改，教师可手动修改批改的结果。同时，教师可随时查看每个班级、每个学生的作业报告，实时掌握教学情况，调整教学策略，保障教学的闭环。如图 5-8、5-9 所示。

图 5-8　通过智能学习终端提交的作业

图 5-9　作业报告

（4）学生个性化学习

智能学习终端与学生空间，针对每个学生推送薄弱的知识点资源，以及适合学生学习方式的学习内容。学生针对每个薄弱知识点刻意练习，从而避免重复性学习，减轻学生的学习负担，同时，学生能够及时了解每个知识点的掌握情况，提高学习效率。

2. 利用数据分析，实现智能化质量监测

在"停课不停学"中，三中利用智慧课堂平台进行线上教学与学习。全校师生采用云课堂开展直播授课，课前课后，师生通过空间与 APP 完成课堂学习任务，以及个性化的自主学习。因此，对于线上教学的监管，保障教学质量尤为重要。三中采用统一的智慧课堂平台，确保了线上教学的全流程监管。

（1）校本资源积累

截至目前，三中教师共享至平台的资源总量已达 12331 份，智慧教育平台提供的资源量已超 261 万份，并且教师共享的资源仍然在持续增长。通过校本资源的积累，以及资源平台资源在区域的流转，为学校线上智慧教学提供了资源基础。

（2）教学评估

三中校平台为学校提供各班级、各教师、各学生精准的教学数据统计，教学过程性的数据都能在管理平台清晰体现，为学校的教学评估提供数据依据。以三中4月13日至4月17日各班级的学习数据为例，可以清晰地看出各班级在一周内，答题难易程度的分布，为教师教学评估、学校教学决策、教研提供了数据基础，如图5-10所示。

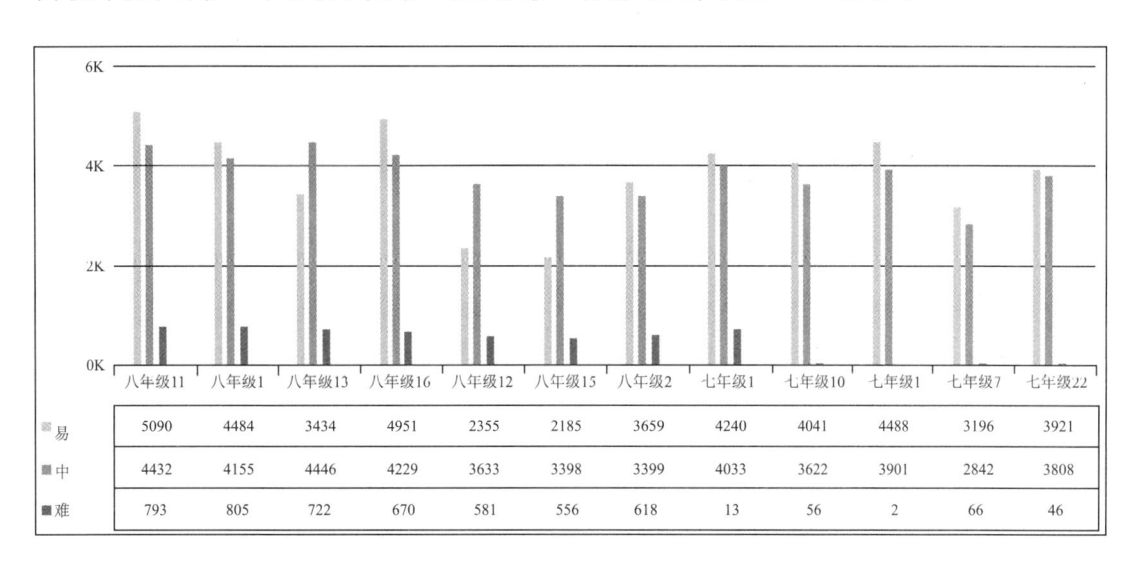

	八年级11	八年级1	八年级13	八年级16	八年级12	八年级15	八年级2	七年级1	七年级10	七年级1	七年级7	七年级22
易	5090	4484	3434	4951	2355	2185	3659	4240	4041	4488	3196	3921
中	4432	4155	4446	4229	3633	3398	3399	4033	3622	3901	2842	3808
难	793	805	722	670	581	556	618	13	56	2	66	46

图5-10　校平台各班答题难易程度数据统计

目前，三中每日教师线上活跃度达到60.3%，各学校教师按照教学计划通过空间为学生布置预习、作业、测评等教学任务。从三中4月13日至4月17日的数据可见，在一周内，教师布置作业共计331199道，作业答题正确率也平均达到60%。可见，教师能够充分利用空间的实践布置教学任务，完成教学的闭环。如图5-11所示。

教师和学生充分利用教师空间和学生空间进行线上教学和学习。短短一个月时间，教师发布作业6103套，学生答题量达到了2534254道。其中最突出的为英语学科，一个月的答题量达到了110余万道。相信这样的练习数量，对于学生的学习巩固是十分有益的。如图5-12、5-13所示。

学生统计项	七日汇总	2020-04-13	2020-04-14	2020-04-15	2020-04-16	2020-04-17	2020-04-18	2020-04-19
作业答题量	331199	80453	38206	83963	56536	55724	8064	8253
作业答题正确量	197911.5	49185.5	20569.5	51459	32932	34613.5	4523	4629
作业答题正确率	0.6	0.61	0.54	0.61	0.58	0.62	0.56	0.56

图5-11　校平台作业答题数据统计

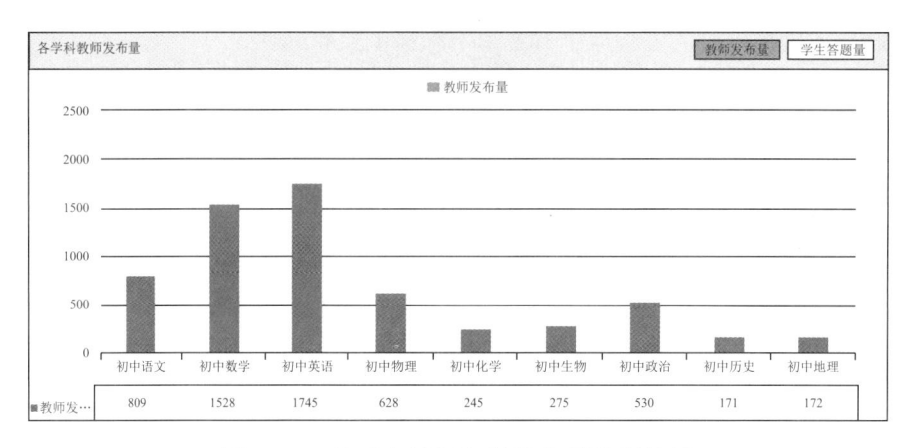

图 5-12　校平台教师各科发布量数据统计

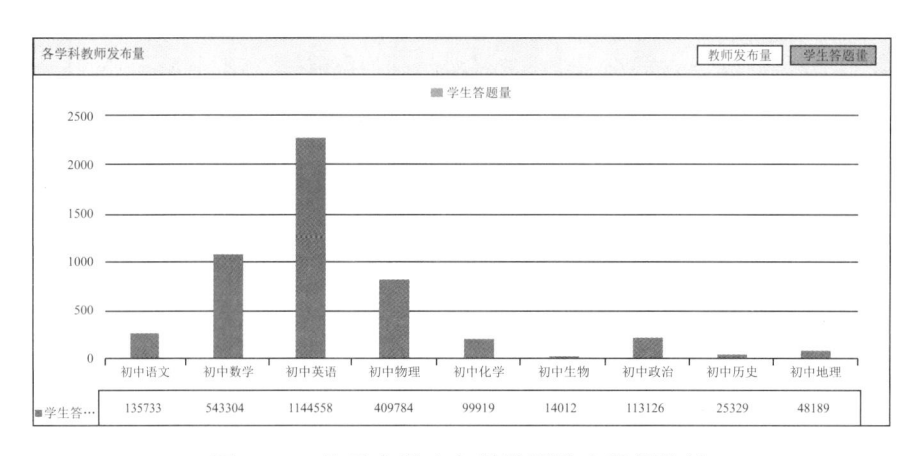

	初中语文	初中数学	初中英语	初中物理	初中化学	初中生物	初中政治	初中历史	初中地理
教师发…	809	1528	1745	628	245	275	530	171	172

图 5-13　校平台学生各科答题分布数据统计

	初中语文	初中数学	初中英语	初中物理	初中化学	初中生物	初中政治	初中历史	初中地理
学生答…	135733	543304	1144558	409784	99919	14012	113126	25329	48189

二、运用信息化，让线上教学更智能

1. 充分做好前期准备，确保线上教学的高位启动

（1）精准落实规章制度

在线上教学工作启动之初，三中就组织了由校领导班子、教研组长及备课组长、骨干教师代表等各层面人员参与的研究小组，特聘市局信息科邵金川科长和教研院王景圆副院长为顾问，研究制定了线上教学的工作方案及相关的八项规章制度，包括线上平台选用与报备制度、教育资源选择与内容审核制度等，使线上教学工作思路更清晰，落实更得力。

（2）精心设计课程安排

坚持"五育"并举的原则，兼顾学校统一规定和学生自主学习，精心制定线上教学的课程安排。课程内容包括以复习巩固知识为主的所有学科教学、体育课以及防疫知识、生命教育、心理健康、文明礼仪、生涯教育、艺术素养等校本课程，努力做到动静结合、劳逸结合，既学习了文化知识，又保障了身心健康。

（3）精确选择平台培训

根据学校实际，三中决定选择的平台具有直播课堂、教学资源的定时定点推送、学生作业及时反馈与批阅等功能，家长随时通过APP掌握学生学情，能够充分实现教师的导、教、评、辅和家长的有效监督。

开课前组织教师、学生及家长参加线上培训，及时推送培训视频；成立教师和学生平台操作学习小组，每组选派已经熟练掌握的教师做导师，进行一对一的指导，使大家尽快过操作关，为线上教学与学生学习做好前期准备。

2. 全面实施常规管理，确保线上教学的高质运行

（1）做实云中教研，确保教师全力上线

一是坚持集体备课。从教学内容、习题选配、互动方式、学生调动、情境创设、实验设计和作业布置等方面全方位进行研究，并结合教学内容针对线上教学存在的问题研究破解办法，群策群力，确保每节课的教案都是在备课组集体研究后确定的。

二是坚持两轮试讲。上课前组内进行试讲，这时听课教师将从学生的视角对教学行为进行过程性研判，指导上课教师形成更佳教案，然后再次试讲，每节上课前至少进行两轮试讲。

三是坚持观课议课。上课时，全组教师听课，课后在微信群中交流反思。一方面教师们会从每节课中不断地吸取经验，极大地提升了专业化水平；另一方面每一位教师都能够准确了解课堂上教与学的真实情况，使线下辅导更有针对性。

通过个人主备、集体研究、试讲研磨、反思提升的形成过程，打造出一节节精品线上直播课。

（2）抓实学生管理，确保学生全员上线

在三中线上教学的过程中，为了适应新的教学和教研模式，学校采取了将常规教学管理方法与平台管理相结合的管理模式。

一是各年级领导坚持参与每个学科的集体备课，参与其中、指导交流；同时年级领导也在坚持听课，及时了解每一节课中教师的教学情况及学生的学习情况，针对发现的问题及时研究解决策略，通过及时总结，把课堂上好的做法，向其他学科的教师进行分享。

二是教师们运用平台数据，可以整理分析关于资源推送的反馈、作业布置和批改情况等，特别是通过这些数据来分析各班学生各学科的学习情况。

三是班主任充分利用平台的数据，监控每个学生的学习全过程：一是对没有按时上线或学习时长不足的学生，进行及时监督；二是通过连麦及答题情况的数据，对课堂学习状

态不好的学生进行帮扶和指导；三是通过微信群将班级学习情况进行总结，激发学生的参与热情。

（3）创新教学策略，确保学生全面上线

通过班主任的监控把学生的上线率保持住了，那怎么能确保学生头脑上线、思维上线呢？

①设计精彩内容，提高线上学习的兴奋度。

一是拓展教学资源。充分利用视频、音频等教学资源创设情境，激发学生参与线上学习的热情；在教学内容上，教师们密切联系实际，关注思想导引，调动学生学习的内驱力。如万春艳老师《大道之行》一课中，先是播放了方明老师的朗读视频，把学生带入情境；在教学内容设计上，在对《大道之行》进行课文分析时，从《大道之行》到林觉民的《与妻书》，再到抗疫战争中的张涎教授在决定常住留观室时写的请战书，被称为现代版的《与夫书》，这样的内容设计从课内到课外，从经典到现实，对学生进行了潜移默化的思想教育。

二是开发线上实验。实验学科的教师们根据教学内容，利用身边的物品器具，设计实验，使学生在线上学习的过程中仍能感受实验教学的魅力；如化学老师刘秀杰为了探究物质的溶解性和酸碱性，找出家里的纯碱和小苏打，把家里的水杯、酒盅和注射器都变成实验的器材，把实验室搬到镜头前，当时同学们在评论区纷纷留言，直呼"太神奇了"。同时教师们还鼓励指导学生自行设计居家实验，组织云端分享，丰富了学生的居家学习生活，培养了学生的探究能力，激发了学生的学习兴趣，真正实现了学习生活化、生活学习化。

三是设计精美课件。教师通过课件的精心设计，思维导读的精炼呈现，弥补线上教学无法板书的弊端，突显教学内容的逻辑性、条理性、层次性。

②创设多维互动，提高线上学习的参与度。

教师们充分开发并创新运用平台的各项功能，增强了课堂互动性。一是连麦互动，有时同时有两名学生连麦上线，与教师构成师生三人讨论组，实现了师生互动和生生互动；有时采取随机连麦的方式，既能增加课堂神秘感，又能了解不同层次学生的思路和学情。二是答题互动，通过精编选择题，限时解答提交反馈，数据分析后教师可以全面了解学情。三是评论区互动，不能参与连麦的学生，可将自己的想法在评论区中打出来，与教师和同学进行即时交流。

③检测当堂效率，提高线上学习的有效性。

学校将线上教学与问效卷有机结合，实现当堂反馈。每节课结束前教师会通过问效卷，检验学生对当堂知识的掌握情况，为调整教学节奏和进行个性化辅导提供依据。

（4）深化线下辅导，确保学生全速上线

目前线上教学是千人一课，这时线下的作业批改和辅导就显得格外重要了。一是精心布置作业，及时进行批改。教师按照学生的学习水平分层推送预习作业和巩固作业。其中预习作业由学生课前完成，学生带着问题进课堂，学习的专注力更强；巩固作业由学生在课后完成，教师在当天完成批改反馈和个别辅导。二是全面开展线下辅导。针对学生反馈中出现的问题推送相应的微课、课件或类型题等教学资源，并采取多种辅导方式，进行线下的个性化辅导，确保每个学生全速前进。

3. 时刻关注家校共建，确保线上教学的高效推进

为了取得家长的有效配合，学校一直保持与家长的顺畅沟通。

一是统一思想。学校利用新媒体，下发《致家长的一封信》和召开线上家长会等，让家长了解线上教学的必要性、了解学校的教学计划，指导家长如何陪伴孩子学习并进行有效监督，耐心解答家长们的困惑和担心，调动了家长配合的主动性，得到了家长的大力支持与配合。

二是调查研究。通过线上教育所需硬件条件问卷调查及线上教育前期准备工作问卷调查，全面了解每个学生线上学习的硬件条件，帮助学生解决实际困难。

三是领导示范。校长亲自上《开学第一课》，让家长对线上教学充满信心，彻底打消了家长对线上教学效果的怀疑和顾虑，使家长全心支持学校线上教学的高效运行。

四是家校教学数据同步。组织家长安装智慧家校 APP，实时接收教师发布的预习资料、布置的作业、作业批改结果，并同步学生线上学习的数据，形成学习报告，让家长及时了解学生学习的薄弱点，及时与教师沟通，同时针对学生不会的知识点进行针对性补习，实现家校共育。

4. 复课衔接，精准数据分析是基础

随着疫情接近尾声，复课在望。教育部也要求必须精准分析学情，解决学生的个性化问题，避免学生因客观原因掉队。三中从管理层到一线教师也都非常关注复课教学进度衔接的问题。

做好线上教学与复课教学的有效衔接是确保教学质量的关键，三中对复课衔接工作做了深入的研究，在复课后将利用一周的时间进行四步衔接：整体梳理、筛查测评、专项训练和分层辅导。通过这四个步骤，将线上教学的内容进行进一步的夯实后，自然过渡到复课后的教学内容。从而实现了线上教学与复课后教学的有效衔接。

智慧教育平台为学校的复课和精准的教学衔接提供了支撑。其一，在智慧教育平台上，每一位教师在空间中都可以查看班级学生近阶段学习的知识点和掌握层级；其二，在每一个知识点下，都准备了难、中、易三个层级的微课，教师可以推荐给学生，学生在手机 APP 中也可以找到，用以补弱或提升。

三、用数据说话，助力实现精准教学

1. 教师空间的学情分析

以东胜区实验中学七年级 205 班数学学科"相反数"这个知识点下的学生数据为例，教师可以在教师空间的学情分析模块清楚地看到"相反数"这个知识点下所有学生目前的掌握情况。如图 5-14、5-15 所示，205 班的学生处在 A、B、C 层级的人数分别为 6、19、21 人，在下方更可以清楚地看到每个学生针对这个知识点下不同难度习题的答题正确率以及每个人关于这个知识点的详细答题数据。通过大数据的统计分析，给 205 班数学教师有力的数据支撑，来帮助教师快速、真实地掌握班级和个人两个维度的学情，从而助力教学。

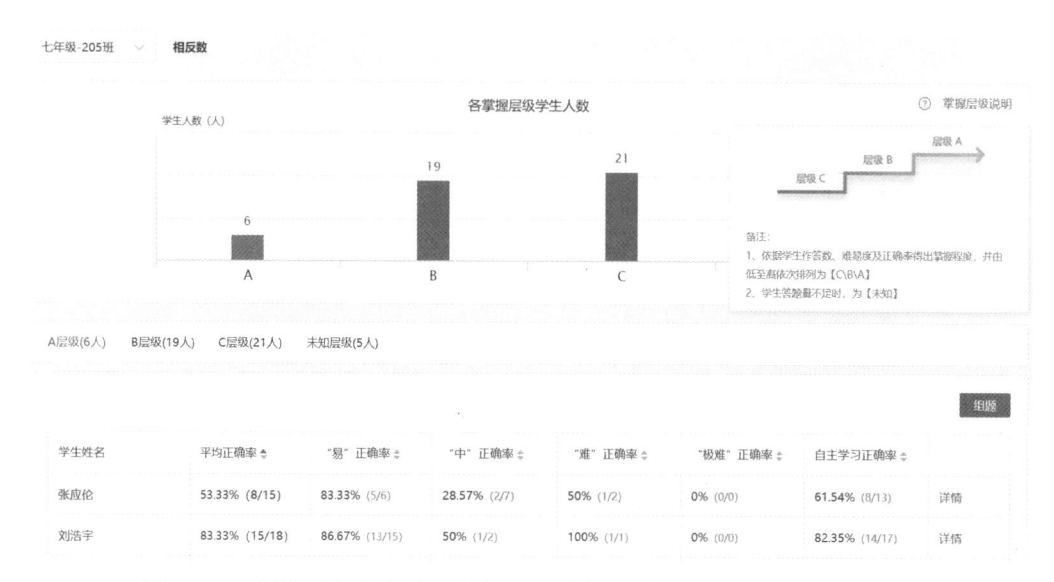

图 5-14 东胜区实验中学七年级 205 班知识点"相反数"的掌握详情

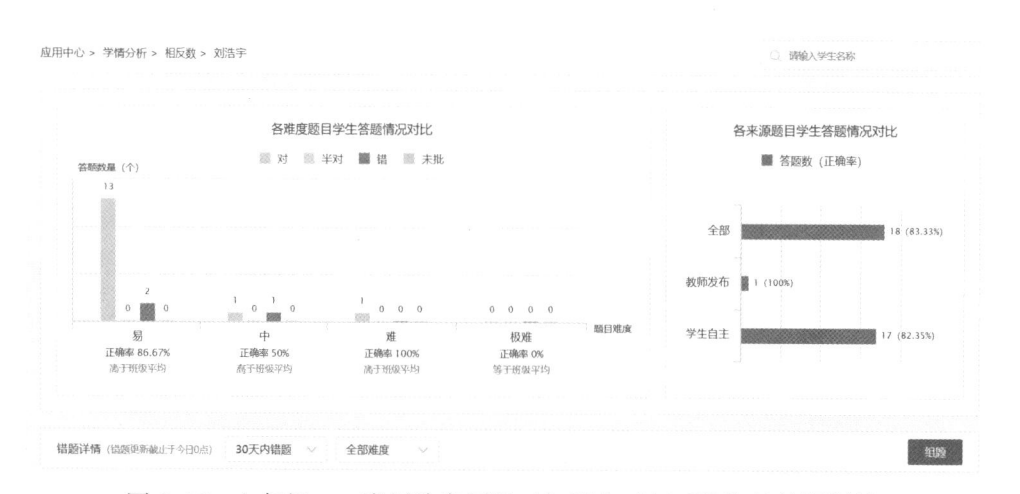

图 5-15 七年级 205 班刘浩宇同学对知识点"相反数"的答题详情

2. 智慧教育数据团队助力学校教学

通过对后台数据的分析与统计，可以发现，在 2020 年 1 月至 4 月，东胜区实验中学八年级处于 C 层级的知识点共有 78 个，其中处于 C 层级学生人数最多的前两个知识点分别为"二次根式的概念"和"二次根式有意义的条件"，分别为 139 人和 130 人。这明显说明八年级学生对"二次根式"的相关知识点掌握较为薄弱，如图 5-16、5-17 所示。

图 5-16　2020 年 1 月至 4 月八年级学生处于 C 层级知识点的数据统计（部分截图）

图 5-17　对处于 C 层级的知识点数据进行筛选

根据此数据反馈出来的问题，建议学校对该知识点进行全年级的教学调研，看是否要对此知识点进行专题讲解；同时智慧教育教研团队也能给到学校相应的支持，从而补齐八年级学生关于"二次根式"的知识点短板。

3. 精准到个人的微观数据

同样，智慧教育平台上的数据也可以给学校提供具体到每个知识点的掌握层级分布以及学生名单。如图5-18、5-19、5-20所示，2020年1月至4月，知识点"同类二次根式"和"勾股定理"处于 C 层级和 B 层级的人数分别为 85 人和 56 人。同时，我们也可以看到这些学生的具体名单，帮助教师快速定位班级内学生的知识点短板，进行强化训练。

图5-18　2020年1月至4月知识点"同类二次根式"处于C层级的学生（部分截图）

4. 家长APP：打通家校共育通道

家长 APP 是专为家长提供的一款家校共育的 APP。家长只需绑定孩子的学习账号，即可同步查看孩子在学校所有的学习数据，更直接地了解到孩子在学校的学习情况，从而更好地配合学校监督和管理孩子。目前，东胜区实验中学智慧课堂班级的家长已经全部安装家长 APP，这给学校和家长之间建立了高效的学生学情共享通道，促进家校共育。

在今后的工作中，三中将主动适应信息技术与学校教育的深度融合新业态，积极探索网络应用与教学过程，高度统一新路径，全面拓展智慧课堂与生命课堂优势互补新思维，依托大数据、云计算，不断重构信息技术环境下教师的教学模式和学生的学习方式，为三

第五章 数据分析和学习规划的智慧课堂应用案例

中智能化教育的持续发展加装科学助推器、智慧加速器,真正发挥信息技术在教育过程中高效能、大功率、长续航的作用,为早日实现教育现代化 2035 宏伟目标做出卓越的贡献。

学校名称	年级名称	学科名称	学生名字	k名称	k类型	掌握层级
东胜实验中学	八年级	初中数学	段闻瑾	勾股定理	知识点	B
东胜实验中学	八年级	初中数学	黄雅涵	勾股定理	知识点	B
东胜实验中学	八年级	初中数学	王星顺	勾股定理	知识点	B
东胜实验中学	八年级	初中数学	燕卓楷	勾股定理	知识点	B
东胜实验中学	八年级	初中数学	徐静怡	勾股定理	知识点	B
东胜实验中学	八年级	初中数学	蒋玉林	勾股定理	知识点	B
东胜实验中学	八年级	初中数学	杨泽函	勾股定理	知识点	B
东胜实验中学	八年级	初中数学	周欣柔	勾股定理	知识点	B
东胜实验中学	八年级	初中数学	王彦楂	勾股定理	知识点	B
东胜实验中学	八年级	初中数学	聂雨涵	勾股定理	知识点	B
东胜实验中学	八年级	初中数学	张书赫	勾股定理	知识点	B
东胜实验中学	八年级	初中数学	杨向宇	勾股定理	知识点	B
东胜实验中学	八年级	初中数学	贾辛鸿卓	勾股定理	知识点	B
东胜实验中学	八年级	初中数学	奥翔禹	勾股定理	知识点	B
东胜实验中学	八年级	初中数学	李轩睿	勾股定理	知识点	B
东胜实验中学	八年级	初中数学	胡世淇	勾股定理	知识点	B
东胜实验中学	八年级	初中数学	杨怀普	勾股定理	知识点	B
东胜实验中学	八年级	初中数学	乔千洳	勾股定理	知识点	B
东胜实验中学	八年级	初中数学	李卓阳	勾股定理	知识点	B
东胜实验中学	八年级	初中数学	袁振尧	勾股定理	知识点	B
东胜实验中学	八年级	初中数学	温馨儿	勾股定理	知识点	B
东胜实验中学	八年级	初中数学	张驰昊	勾股定理	知识点	B
东胜实验中学	八年级	初中数学	苏琦雯	勾股定理	知识点	B
东胜实验中学	八年级	初中数学	张涵涵	勾股定理	知识点	B
东胜实验中学	八年级	初中数学	王怡蒲	勾股定理	知识点	B
东胜实验中学	八年级	初中数学	张予豪	勾股定理	知识点	B
东胜实验中学	八年级	初中数学	米雪彤	勾股定理	知识点	B
东胜实验中学	八年级	初中数学	张琦悦	勾股定理	知识点	B
东胜实验中学	八年级	初中数学	樊锦玺	勾股定理	知识点	B
东胜实验中学	八年级	初中数学	王然萆	勾股定理	知识点	B
东胜实验中学	八年级	初中数学	吴尚池	勾股定理	知识点	B

图 5-19　2020 年 1 月至 4 月知识点"勾股定理"处于 B 层级的学生名单(部分截图)

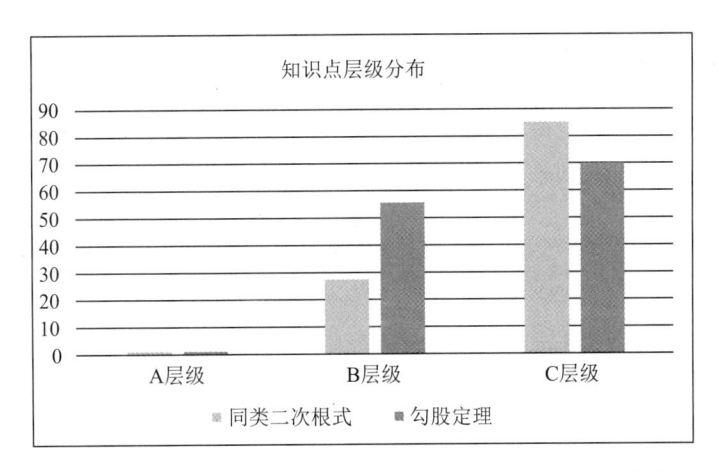

图 5-20　知识点"同类二次根式""勾股定理"八年级学生掌握层级分布

本章内容小结

本章我们学习了榆林市靖边县第四中学、临沂市高新区高级中学、齐齐哈尔市第三中学的智慧课堂应用案例,借鉴了这三所学校在智慧课堂中实施数据分析和学习规划的方法。

本章内容的思维导图如图 5-21 所示。

· 085 ·

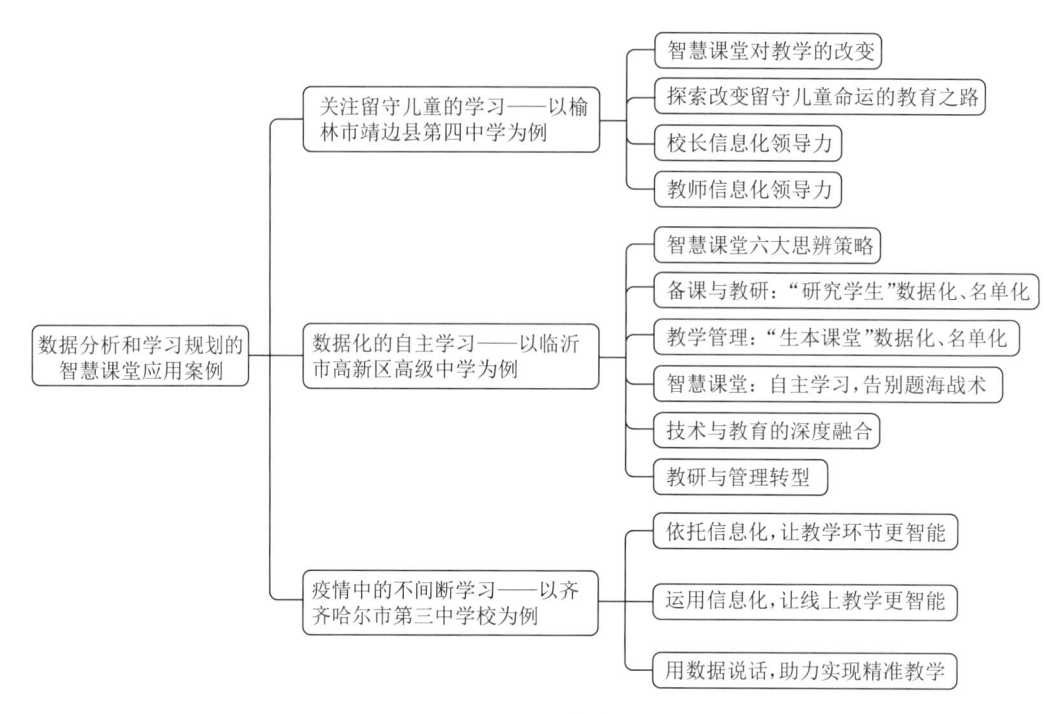

```
                          ┌─ 智慧课堂对教学的改变
          ┌─ 关注留守儿童的学习——以榆 ─┼─ 探索改变留守儿童命运的教育之路
          │  林市靖边县第四中学为例      ├─ 校长信息化领导力
          │                          └─ 教师信息化领导力
          │
          │                          ┌─ 智慧课堂六大思辨策略
          │                          ├─ 备课与教研:"研究学生"数据化、名单化
数据分析和学习规划的 ─┤ 数据化的自主学习——以临沂 ─┼─ 教学管理:"生本课堂"数据化、名单化
智慧课堂应用案例      │  市高新区高级中学为例       ├─ 智慧课堂:自主学习,告别题海战术
          │                          ├─ 技术与教育的深度融合
          │                          └─ 教研与管理转型
          │
          │                          ┌─ 依托信息化,让教学环节更智能
          └─ 疫情中的不间断学习——以齐 ─┼─ 运用信息化,让线上教学更智能
             齐哈尔市第三中学校为例      └─ 用数据说话,助力实现精准教学
```

图 5-21　思维导图

自主活动：如何设计有数据分析和学习规划支持的智慧课堂

请学习者在学习完本章内容后，进行自我反思，并记录个人学习心得。

小组活动：如何形成家校协同的教育模式

请学习者围绕本章的学习主题进行组内交流，并做好小组学习记录。

评价活动：评价本章知识与能力学习水平

一、简述题

结合本章所学，请说一说临沂市高新区高级中学的智慧课堂中有哪些数据分析和学习规划的应用，都做了哪些方面的具体工作，有哪些值得借鉴的地方（能力里程碑 5-1、5-2）。

二、实践项目

参考本案例中数据驱动下的智慧课堂建设情况，结合学校实际信息化发展现状，对本校的智慧课堂进行设计（能力里程碑 5-1、5-2、5-3）。

参考资料

[1] 何克抗. 21世纪以来的新兴信息技术对教育深化改革的重大影响[J]. 电化教育研究, 2019(3).

[2] 李彤彤, 黄洛颖, 邹蕊, 等. 基于教育大数据的学习干预模型构建[J]. 中国电化教育, 2016(6): 16–20.

[3] 维克托·迈尔·舍恩伯格, (英)肯尼思·库克耶. 与大数据同行：学习和教育的未来[M]. 华东师范大学出版社, 2015.

[4] 孙祯祥. 教育信息化进程中的教师领导力[M]. 电子科技大学出版社, 2018.

[5] 布鲁斯·乔伊斯, 玛莎·韦尔, 艾米丽·卡尔霍恩. 教学模式(第八版)[M]. 兰英译. 北京：中国人民大学出版社, 2014.6.

[6] 孙曙辉, 刘邦奇. 智慧课堂[M]. 北京：北京师范大学出版集团, 2016: 52–53.

[7] 郑燕林, 柳海民. 大数据在美国教育评价中的应用路径分析[J]. 中国电化教育, 2015.

[8] 杨现民, 王榴卉, 唐斯斯. 教育大数据的应用模式与政策建议[J]. 电化教育研究, 2015.

[9] 贾云海. 变革·学习者主权[M]. 北京：北京商务印刷馆, 2017.

[10] 肖玉敏. 校长的技术领导力研究[D]. 华东师范大学, 2008.

[11] 孙祯祥. 校长信息化领导力的构成与模型[M]. 现代远距离教育, 2010(2).

[12] 张仙, 张婷. 培养面向信息化的学校领导力[J]. 中小学信息技术教育, 2009(2).

[13] 化方, 杨晓宏. 中小学校长信息化领导力绩效指标体系研究[J]. 中国教育信息化(基础教育), 2010(2).

[14] 杨蓉, 王陆. 中小学校长信息化领导力评估指标体系初探[J]. 中小学信息技术教育, 2007(2).

[15] 谢忠新, 张际平. 基于系统视角的校长信息化领导力评价指标研究[J]. 现代教育技术, 2009, 19(4).

[16] 张养力. 教育信息化2.0视域下中小学首席信息官(CIO)制度的困境及出路[J]. 电化教育研究, 2019(5).

[17] 赵彩霞. 互联网 + 环境下高校教师面临的挑战与专业素养发展研究 [J]. 继续教育，2016(8): 92-96.

[18] 余胜泉, 杨现民, 程罡. 泛在学习环境中的学习资源设计与共享 – "学习元"的理念与结构 [J]. 北京师范大学现代教育技术研究所 100875.

[19] 王金震. 学校信息化管理的理念及实践创新研究 [J]. 信息技术与信息化，2014(8): 45-46.

[20] 方琰. 数字化环境下的评价研究 [J]. 基础教育参考 2018(15):43.

[21] 维克托·迈尔·舍恩伯格,(英)肯尼思·库克耶. 与大数据同行：学习和教育的未来 [M]. 华东师范大学出版社, 2015.

[22] 徐健. 大数据技术在智慧校园中的现状及发展趋势 [J]. 电子商务, 2019(2): 57-58.

反侵权盗版声明

电子工业出版社依法对本作品享有专有出版权。任何未经权利人书面许可，复制、销售或通过信息网络传播本作品的行为；歪曲、篡改、剽窃本作品的行为，均违反《中华人民共和国著作权法》，其行为人应承担相应的民事责任和行政责任，构成犯罪的，将被依法追究刑事责任。

为了维护市场秩序，保护权利人的合法权益，我社将依法查处和打击侵权盗版的单位和个人。欢迎社会各界人士积极举报侵权盗版行为，本社将奖励举报有功人员，并保证举报人的信息不被泄露。

举报电话：（010）88254396；（010）88258888
传　真：（010）88254397
E-mail：dbqq@phei.com.cn
通信地址：北京市万寿路173信箱
电子工业出版社总编办公室
邮　编：100036